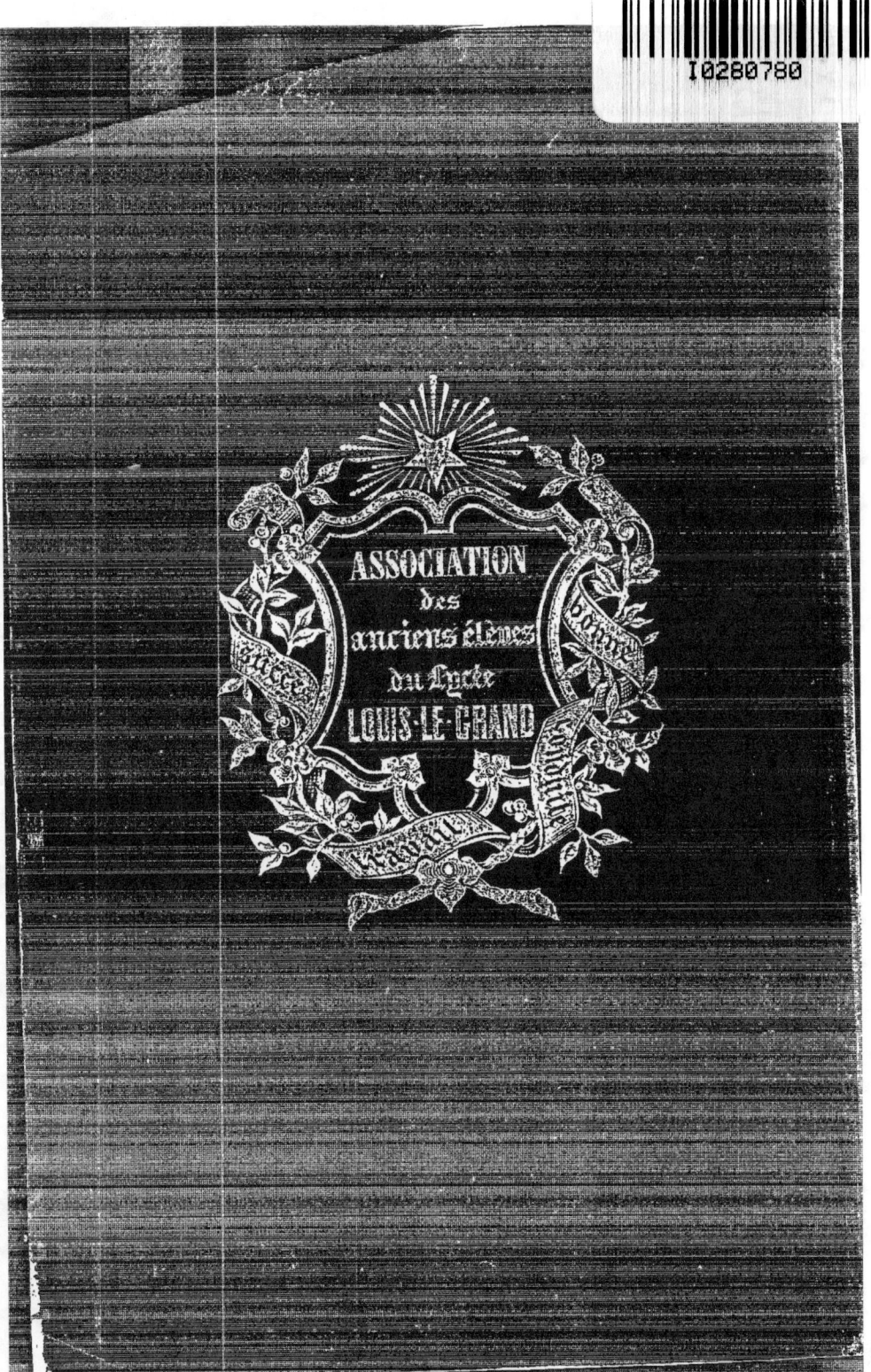

LES
GRANDS ÉCRIVAINS
DE LA FRANCE

NOUVELLES ÉDITIONS

PUBLIÉES SOUS LA DIRECTION

DE M. AD. REGNIER

Membre de l'Institut

ŒUVRES

DE

P. CORNEILLE

TOME VII

PARIS. — IMPRIMERIE DE CH. LAHURE ET Cie
Rue de Fleurus, 9, à Paris.

OEUVRES

DE

P. CORNEILLE

NOUVELLE ÉDITION

REVUE SUR LES PLUS ANCIENNES IMPRESSIONS
ET LES AUTOGRAPHES

ET AUGMENTÉE

de morceaux inédits, des variantes, de notices, de notes, d'un lexique des mots
et locutions remarquables, d'un portrait, d'un fac-simile, etc.

PAR M. CH. MARTY-LAVEAUX

TOME SEPTIÈME

PARIS
LIBRAIRIE DE L. HACHETTE ET Cie
BOULEVARD SAINT-GERMAIN

1862

AGÉSILAS

TRAGÉDIE

1666

NOTICE.

Agésilas fut joué pour la première fois sur le théâtre de l'Hôtel de Bourgogne, suivant toute apparence au mois de février 1666, et non « à la fin d'avril » comme l'ont dit les frères Parfait[1]. Les funérailles de la reine Anne d'Autriche, morte le 19 janvier[2], et le deuil que la cour prit à cette occasion, interrompirent tout divertissement et durent contribuer au peu de succès de l'ouvrage. Robinet s'exprime ainsi dans sa *Lettre en vers à Madame* du 6 mars 1666 :

> Ne vous mettez point aux fenêtres
> Ni n'allez point traîner vos guêtres
> Pour voir des masques, ces jours gras,
> Bonnes gens, vous n'en verrez pas.
> Messieurs les fous de tous étages
> Seront une fois de faux sages,
> Pour le respect (bien entendu)
> Par tout françois justement dû
> Aux cendres de cette princesse,
> Que nous pleurons encor sans cesse.
> Mais vous avez pour supplément
> Le noble divertissement
> Que vous donnent les doctes veilles
> De l'aîné des braves Corneilles :
> Son charmant *Agésilaus*,
> Où sa reine coule d'un flus

[1]. *Histoire du Théâtre françois*, tome X. p. 21.
[2]. Voyez Robinet, *Lettre* du 24 janvier 1666, et la *Gazette* du 23 janvier, p. 95. Les dictionnaires biographiques indiquent le 29 janvier comme date de la mort de la Reine.

Qui fait admirer à son âge
Ce grand et rare personnage.

Cette faible louange trouva peu d'écho. La pièce ne suscita ni cabale, ni libelles, ni parodies : elle tomba obscurément, et nous ne pouvons même retrouver la trace de cette chute, dont le souvenir ne nous a guère été conservé que par deux vers d'une épigramme, que Boileau fit à l'occasion d'*Attila*[1].

Un concurrent redoutable venait de se faire jour. *Agésilas* parut trois mois après l'*Alexandre* de Racine. « La révolution qui se fit alors dans les sentiments du public, dit Jolly[2], le parti que prit le plus grand nombre en faveur du nouveau poëte, forment une époque à laquelle on peut rapporter la naissance d'un genre inconnu de tragédie, où l'amour dominoit sur toutes les autres passions. M. Quinault l'avoit ébauché avec quelque succès, dix ans auparavant[3], mais non pas avec autant d'éclat. »

« *Agésilas*, comme nous l'apprennent les frères Parfait, n'a jamais été remis au théâtre. »

Le privilége de cette tragédie a été donné à Corneille le « vingt-quatrième mars 1666, » et l'Achevé d'imprimer a pour date : « le 3. iour d'Avril 1666. »

Voici le titre exact de la pièce dans l'édition originale : AGESILAS, TRAGEDIE. En Vers libres rimez[5]. Par P. Corneille. *A Rouen, et se vend à Paris, chez Guillaume de Luyne, Libraire Iuré au Palais.....* M.DC.LXVI. *Auec priuilege du Roy.* Le volume, de format in-12, se compose de deux feuillets, de 88 pages, et d'un dernier feuillet contenant le privilége.

1. Voyez ci-après la Notice d'*Attila*, p. 101.
2. *Avertissement* en tête du *Théâtre* de Corneille, p. LXV.
3. Voyez tome VI, p. 469 et la note 1.
4. *Histoire du Théâtre françois*, tome X, p. 27.
5. « On prétend que la mesure des vers qu'il employa dans *Agésilas* nuisit beaucoup au succès de cette tragédie. Je crois au contraire que cette nouveauté aurait réussi, et qu'on aurait prodigué les louanges à ce génie si fécond et si varié, s'il n'avait pas entièrement négligé dans *Agésilas*, comme dans les pièces précédentes, l'intérêt et le style. » (Voltaire, *Préface d'Agésilas*.) — On sait que Voltaire a fait à son tour, dans *Tancrède*, un essai non pas des vers libres inégaux, mais des vers croisés.

AU LECTEUR.

Il ne faut que parcourir les *Vies d'Agésilas* et *de Lysander* chez Plutarque, pour démêler ce qu'il y a d'historique dans cette tragédie[1]. La manière dont je l'ai traitée n'a point d'exemple parmi nos François, ni dans ces précieux restes de l'antiquité qui sont venus jusqu'à nous; et c'est ce qui me l'a fait choisir. Les premiers qui ont travaillé pour le théâtre, ont travaillé sans exemple, et ceux qui les ont suivis y ont fait voir quelques nouveautés de temps en temps. Nous n'avons pas moins de privilége. Aussi notre Horace, qui nous recommande tant la lecture des poëtes grecs par ces paroles:

Vos exemplaria Græca
Nocturna versate manu, versate diurna[2],

ne laisse pas de louer hautement les Romains d'avoir osé quitter les traces de ces mêmes Grecs, et pris d'autres routes :

Nil intentatum nostri liquere poetæ;
Nec minimum meruere decus, vestigia Græca
Ausi deserere[3].

Leurs règles sont bonnes; mais leur méthode n'est pas de notre siècle; et qui s'attacheroit à ne marcher que sur leurs pas, feroit sans doute peu de progrès, et divertiroit mal son auditoire. On court, à la vérité, quelque risque

1. Voyez ci-après, p. 8, note 1.
2. « Feuilletez nuit et jour les modèles que les Grecs nous ont laissés. » (*Art poétique*, vers 268 et 269.)
3. « Nos poëtes n'ont négligé aucune tentative, et n'ont pas mérité peu de gloire en osant abandonner les traces des Grecs. » (*Ibidem*, vers 285-287.)

de s'égarer, et même on s'égare assez souvent, quand on s'écarte du chemin battu ; mais on ne s'égare pas toutes les fois qu'on s'en écarte : quelques-uns en arrivent plus tôt où ils prétendent, et chacun peut hasarder à ses périls.

LISTE DES ÉDITIONS QUI ONT ÉTÉ COLLATIONNÉES
POUR LES VARIANTES DE D'*AGÉSILAS*.

ÉDITION SÉPARÉE.

1666 in-12.

RECUEILS.

1668 in-12; | 1682 in-12.

ACTEURS[1].

AGÉSILAS, roi de Sparte.
LYSANDER, fameux capitaine de Sparte.
COTYS, roi de Paphlagonie[2].
SPITRIDATE, grand seigneur persan.
MANDANE, sœur de Spitridate.
ELPINICE, } filles de Lysander.
AGLATIDE, }
XÉNOCLÈS, lieutenant d'Agésilas.
CLÉON, orateur grec, natif d'Halicarnasse.

La scène est à Éphèse.

---

1. Agésilas régna de l'an 399 à l'an 361. On sait que Plutarque a écrit sa vie ainsi que celle de Lysandre. Le même auteur nomme Cotys et Spitridate, mais il ne les donne point pour prétendants aux filles d'Agésilas. Il dit dans la vie de ce roi : « Il.... passa jusqu'au royaume de Paphlagonie, où il fit alliance auec le roy Cotys, qui recercha affectueusement son amitié.... comme fit aussi Spitridates, lequel abandonna Pharnabazus pour se rendre à Agesilaus.... Il (Spitridates) auoit.... vne fort belle fille preste à marier, qu'Agesilaus feit espouser à ce roy Cotys. » (Vie d'Agésilas, chapitre XI, traduction d'Amyot.) Quant à Mandane, c'est un personnage d'invention. Il en est presque de même d'Elpinice et d'Aglatide. Plutarque ne les nomme pas, et nous dit seulement à leur sujet, dans la Vie de Lysandre (chapitre XXX), que les Spartiates « condamnèrent en grosse amende deux citoyens, qui auoient fiancé ses deux filles du viuant de leur pere, et puis les refuserent quand ilz virent qu'à sa mort il se trouua.... pauure. » Xénoclès et Cléon sont indiqués par Plutarque, le premier au chapitre XVI de la Vie d'Agésilas, le second au chapitre XX, et dans la Vie de Lysandre : voyez ci-après, p. 37, note 1.

2. Région de l'Asie Mineure, entre le Pont et la Bithynie.

AGÉSILAS.
TRAGÉDIE.

ACTE I.

SCÈNE PREMIÈRE.
ELPINICE, AGLATIDE.

AGLATIDE.
Ma sœur, depuis un mois nous voilà dans Éphèse[1],
Prêtes à recevoir ces illustres époux
Que Lysander, mon père, a su choisir pour nous ;
Et ce choix bienheureux n'a rien qui ne vous plaise.
Dites-moi toutefois, et parlons librement,   5
    Vous semble-t-il que votre amant
Cherche avec grande ardeur votre chère présence ?
Et trouvez-vous qu'il montre, attendant ce grand jour,
    Cette obligeante impatience
Que donne, à ce qu'on dit, le véritable amour ?   10

ELPINICE.
Cotys est roi, ma sœur ; et comme sa couronne
    Parle suffisamment pour lui,
Assuré de mon cœur, que son trône lui donne,
De le trop demander il s'épargne l'ennui.

---

1. Voyez Plutarque, *Vie d'Agésilas*, chapitre VII.

Ce me doit être assez qu'en secret il soupire,
Que je puis deviner ce qu'il craint de trop dire,
Et que moins son amour a d'importunité,
    Plus il a de sincérité.
Mais vous ne dites rien de votre Spitridate :
Prend-il autant de peine à mériter vos feux
    Que l'autre à retenir mes vœux?

AGLATIDE.

C'est environ ainsi que son amour éclate :
Il m'obsède à peu près comme l'autre vous sert.
On diroit que tous deux agissent de concert,
Qu'ils ont juré de n'être importuns l'un ni l'autre :
Ils en font grand scrupule; et la sincérité
Dont mon amant se pique, à l'exemple du vôtre,
Ne met pas son bonheur en l'assiduité.
Ce n'est pas qu'à vrai dire il ne soit excusable :
Je préparai pour lui, dès Sparte, une froideur
    Qui, dès l'abord, étoit capable
    D'éteindre la plus vive ardeur;
Et j'avoue entre nous qu'alors qu'il[1] me néglige,
Qu'il se montre à son tour si froid, si retenu,
    Loin de m'offenser, il m'oblige,
Et me remet un cœur qu'il n'eût pas obtenu.

ELPINICE.

J'admire cette antipathie
Qui vous l'a fait haïr avant que de le voir,
Et croirois que sa vue auroit eu le pouvoir
    D'en dissiper une partie;
Car enfin Spitridate a l'entretien charmant,
L'œil vif, l'esprit aisé, le cœur bon, l'âme belle.
A tant de qualités s'il joignoit un vrai zèle....

---

1. L'édition de 1692 et Voltaire d'après elle ont changé *qu'alors qu'il* en *que lorsqu'il*.

ACTE I, SCÈNE I.

AGLATIDE.
Ma sœur, il n'est pas roi, comme l'est votre amant.
ELPINICE.
Mais au parti des Grecs il unit deux provinces ;   45
Et ce Perse vaut bien la plupart de nos princes[1].
AGLATIDE.
Il n'est pas roi, vous dis-je, et c'est un grand défaut.
Ce n'est point avec vous que je le dissimule,
J'ai peut-être le cœur trop haut ;
Mais aussi bien que vous je sors du sang d'Hercule[2] ;   50
Et lorsqu'on vous destine un roi pour votre époux,
J'en veux un aussi bien que vous.
J'aurois quelque chagrin à vous traiter de reine,
A vous voir dans un trône assise en souveraine,
S'il me falloit ramper dans un degré plus bas ;   55
Et je porte une âme assez vaine
Pour vouloir jusque-là vous suivre pas à pas.
Vous êtes mon aînée, et c'est un avantage
Qui me fait vous devoir grande civilité ;
Aussi veux-je céder le pas devant[3] à l'âge,   60
Mais je ne puis souffrir autre inégalité.
ELPINICE.
Vous êtes donc jalouse, et ce trône vous gêne
Où la main de Cotys a droit de me placer !
Mais si je renonçois au rang de souveraine,

---

1. Lysandre, envoyé par Agésilas au pays de l'Hellespont, « practiqua et fit rebeller contre son maistre vn capitaine persien nommé Spitridates, vaillant homme de sa personne, et qui estoit grand ennemy de Pharnabazus, et auoit vne armée qu'il mena à Agesilaus. » (Plutarque, *Vie de Lysandre*, chapitre XXIV, traduction d'Amyot.)

2. Lysandre était « vn de ceux-là qui estoient descendus de la vraye race d'Hercules, et qui neantmoins n'auoient point de part à la royauté. « (Plutarque, *ibidem*, chapitre XXIV.) — Entre tous les Héraclides établis à Sparte, les deux maisons des Eurytionides et des Agiades étaient les seules qui eussent le droit de succéder au trône. Agésilas appartenait à la première.

3. Voyez au tome VI, p. 391, note 1.

Voudriez-vous y renoncer ? 65
AGLATIDE.
Non, pas sitôt : j'ai quelque vue
Qui me peut encore amuser.
Mariez-vous, ma sœur; quand vous serez pourvue,
On trouvera peut-être un roi pour m'épouser.
J'en aurois un déjà, n'étoit ce rang d'aînée 70
Qui demandoit pour vous ce qu'il vouloit m'offrir,
Ou s'il eût reconnu qu'un père eût pu souffrir
Qu'à l'hymen avant vous on me vît destinée.
Si ce roi jusqu'ici ne s'est point déclaré,
Peut-être qu'après tout il n'a que différé, 75
Qu'il attend votre hymen pour rompre son silence.
Je pense avoir encor ce qui le sut charmer ;
Et s'il faut vous en faire entière confidence,
Agésilas m'aimoit, et peut encor m'aimer.
ELPINICE.
Que dites-vous, ma sœur ? Agésilas vous aime ! 80
AGLATIDE.
Je vous dis qu'il m'aimoit, et que sa passion
Pourroit bien être encor la même ;
Mais cet amusement de mon ambition
Peut n'être qu'une illusion.
Ce prince tient son trône et sa haute puissance 85
De ce même héros dont nous tenons le jour ;
Et si ce n'étoit lors que par reconnoissance
Qu'il me témoignoit de l'amour,
Puis-je être sans inquiétude
Quand il n'a plus pour lui que de l'ingratitude, 90
Qu'il n'écoute plus rien qui vienne de sa part[1] ?
Je ne sais si sa flamme est pour moi foible ou forte ;

---

1. « Après la mort d'Agis, Lysander, qui.... auoit plus de credit et d'authorité en la ville de Sparte que nul autre, entreprit de faire tomber la royauté sur Agesilaus. » Ensuite ce fut encore Lysandre qui détermina Agésilas à passer

Mais la reconnoissance morte,
L'amour doit courir grand hasard.
ELPINICE.
Ah ! s'il n'avoit voulu que par reconnoissance 95
Être gendre de Lysander,
Son choix auroit suivi l'ordre de la naissance,
Et Sparte, au lieu de vous, l'eût vu me demander;
Mais pour mettre chez nous l'éclat de sa couronne
Attendre que l'hymen m'ait engagée ailleurs, 100
C'est montrer que le cœur s'attache à la personne.
Ayez, ayez pour lui des sentiments meilleurs.
Ce cœur qu'il vous donna, ce choix qui considère
Autant et plus encor la fille que le père,
Feront que le devoir aura bientôt son tour; 105
Et pour vous faire seoir où vos desirs aspirent,
Vous verrez, et dans peu, comme pour vous conspirent
La reconnoissance et l'amour.
AGLATIDE.
Vous voyez cependant qu'à peine il me regarde :
Depuis notre arrivée il ne m'a point parlé; 110
Et quand ses yeux vers moi se tournent par mégarde....
ELPINICE.
Comme avec lui mon père a quelque démêlé,
Cette petite négligence,
Qui vous fait douter de sa foi,
Vient de leur mésintelligence, 115
Et dans le fond de l'âme il vit sous votre loi.

en Asie et lui fit obtenir tout ce qu'il demandait aux Spartiates pour la conduite de la guerre; mais arrivé à Éphèse, Agésilas « eut incontinent à desplaisir l'honneur qu'il vit que on y faisoit à Lysander.... Parquoy il commença à se porter de ceste sorte enuers luy : .... il contredisoit à tous ses conseilz, et toutes les entreprises que il mettoit en auant, mesmement celles ausquelles il se monstroit plus affectionné, il n'en faisoit pas vne, ains en prenoit d'autres à executer plustost que celles-la. » (Voyez Plutarque, *Vie d'Agésilas*, chapitres III, VI et VII.)

AGLATIDE.

A tous hasards, ma sœur, comme j'en suis mal sûre,
Si vous me pouviez faire un don de votre amant,
Je crois que je pourrois l'accepter sans murmure.
Vous venez de parler du mien si dignement.... 120

ELPINICE.

Aimeriez-vous Cotys, ma sœur?

AGLATIDE.

      Moi? nullement.

ELPINICE.

 Pourquoi donc vouloir qu'il vous aime?

AGLATIDE.

 Les hommages qu'Agésilas
Daigna rendre en secret au peu que j'ai d'appas,
M'ont si bien imprimé l'amour du diadème, 125
 Que pourvu qu'un amant soit roi,
 Il est trop aimable pour moi.
Mais sans trône on perd temps : c'est la première idée
Qu'à l'amour en mon cœur il ait plu de tracer;
 Il l'a fidèlement gardée, 130
 Et rien ne peut plus l'effacer.

ELPINICE.

Chacune a son humeur : la grandeur souveraine,
Quelque main qui vous l'offre, est digne de vos feux;
 Et vous ne ferez point d'heureux
 Qui de vous ne fasse une reine. 135
Moi, je m'éblouis moins de la splendeur du rang;
Son éclat au respect plus qu'à l'amour m'invite :
Cet heureux avantage ou du sort ou du sang
Ne tombe pas toujours sur le plus de mérite.
Si mon cœur, si mes yeux en étoient consultés, 140
 Leur choix iroit à la personne,
Et les hautes vertus, les rares qualités
 L'emporteroient sur la couronne.

ACTE I, SCÈNE I.

AGLATIDE.
Avouez tout, ma sœur : Spitridate vous plaît.
ELPINICE.
Un peu plus que Cotys ; et si votre intérêt 145
Vous pouvoit résoudre à l'échange....
AGLATIDE.
Qu'en pouvons-nous ici résoudre vous et moi ?
En l'état où le ciel nous range,
Il faut l'ordre d'un père, il faut l'aveu d'un roi,
Que je plaise à Cotys, et vous à Spitridate. 150
ELPINICE.
Pour l'un je ne sais quoi m'en flatte,
Pour l'autre je n'en réponds pas ;
Et je craindrois fort que Mandane,
Cette incomparable Persane,
N'eût pour lui des attraits plus forts que vos appas. 155
AGLATIDE.
Ma sœur, Spitridate est son frère,
Et si jamais sur lui vous aviez du pouvoir....
ELPINICE.
Le voilà qui nous considère.
AGLATIDE.
Est-ce vous ou moi qu'il vient voir ?
Voulez-vous que je vous le laisse ? 160
ELPINICE.
Ma sœur, auparavant engagez l'entretien ;
Et s'il s'en offre lieu, jouez d'un peu d'adresse,
Pour votre intérêt et le mien.
AGLATIDE.
Il est juste en effet, puisqu'il n'a su me plaire,
Que je vous aide à m'en défaire. 165

SCÈNE II.

SPITRIDATE, ELPINICE, AGLATIDE.

ELPINICE.

Seigneur, je me retire : entre les vrais amants
Leur amour seul a droit d'être de confidence,
Et l'on ne peut mêler d'agréable présence
    A de si précieux moments.

SPITRIDATE.

Un vertueux amour n'a rien d'incompatible   170
    Avec les regards d'une sœur.
    Ne m'enviez point la douceur
De pouvoir à vos yeux convaincre une insensible :
Soyez juge et témoin de l'indigne succès
    Qui se prépare pour ma flamme ;   175
    Voyez jusqu'au fond de mon âme
D'une si pure ardeur où va le digne excès ;
Voyez tout mon espoir au bord du précipice ;
Voyez des maux sans nombre et hors de guérison ;
Et quand vous aurez vu toute cette injustice,   180
    Faites-m'en un peu de raison.

AGLATIDE.

Si vous me permettez, Seigneur, de vous entendre,
De l'air dont votre amour commence à m'accuser,
    Je crains que pour en bien user
    Je ne me doive mal défendre.   185
Je sais bien que j'ai tort, j'avoue et hautement
    Que ma froideur doit vous déplaire ;
Mais en cette froideur un heureux changement
    Pourroit-il fort vous satisfaire ?

SPITRIDATE.

En doutez-vous, Madame, et peut-on concevoir...? 190

ACTE I, SCÈNE II.

AGLATIDE.

Je vous entends, Seigneur, et vois ce qu'il faut voir :
Un aveu plus précis est d'une conséquence
      Qui pourroit vous embarrasser ;
Et même à notre sexe il est de bienséance
      De ne pas trop vous en presser. 195
A Lysander mon père il vous plut de promettre
D'unir par notre hymen votre sang et le sien ;
La raison, à peu près, Seigneur, je la pénètre,
Bien qu'aux raisons d'État je ne connoisse rien.
Vous ne m'aviez point vue, et facile ou cruelle, 200
      Petite ou grande, laide ou belle,
Qu'à votre humeur ou non je pusse m'accorder,
La chose étoit égale à votre ardeur nouvelle,
Pourvu que vous fussiez gendre de Lysander.
Ma sœur vous auroit plu s'il vous l'eût proposée ; 205
J'eusse agréé Cotys s'il me l'eût proposé.
Vous trouvâtes tous deux la politique aisée ;
Nous crûmes toutes deux notre devoir aisé.
      Comme à traiter cette alliance
Les tendresses des cœurs n'eurent aucune part, 210
Le vôtre avec le mien a peu d'intelligence,
Et l'amour en tous deux pourra naître un peu tard.
      Quand il faudra que je vous aime,
    Que je l'aurai promis à la face des Dieux,
      Vous deviendrez cher à mes yeux ; 215
      Et j'espère de vous le même.
Jusque-là votre amour assez mal se fait voir ;
Celui que je vous garde encor plus mal s'explique :
Vous attendez le temps de votre politique,
      Et moi celui de mon devoir. 220
      Voilà, Seigneur, quel est mon crime ;
Vous m'en vouliez convaincre, il n'en est plus besoin ;
J'en ai fait, comme vous, ma sœur juge et témoin :

Que ma froideur lui semble injuste ou légitime,
La raison que vous peut en faire sa bonté 225
 Je consens qu'elle vous la fasse;
Et pour vous en laisser tous deux en liberté,
 Je veux bien lui quitter la place.

SCÈNE III.

SPITRIDATE, ELPINICE.

SPITRIDATE.

Elle ne s'y fait pas, Madame, un grand effort,
Et feroit grâce entière à mon peu de mérite, 230
Si votre âme avec elle étoit assez d'accord
Pour se vouloir saisir de ce qu'elle vous quitte.
Pour peu que vous daigniez écouter la raison,
 Vous me devez cette justice,
Et prendre autant de part à voir ma guérison, 235
Qu'en ont eu vos attraits à faire mon supplice.

ELPINICE.

Quoi? Seigneur, j'aurois part....

SPITRIDATE.

     C'est trop dissimuler
La cause et la grandeur du mal qui me possède;
Et je me dois, Madame, au défaut du remède,
 La vaine douceur d'en parler. 240
  Oui, vos yeux ont part à ma peine,
  Ils en font plus de la moitié;
Et s'il n'est point d'amour pour en finir la gêne,
Il est pour l'adoucir des regards de pitié.
 Quand je quittai la Perse, et brisai l'esclavage 245
Où, m'envoyant au jour, le ciel m'avoit soumis,
Je crus qu'il me falloit parmi ses ennemis
D'un protecteur puissant assurer l'avantage.

ACTE I, SCÈNE III.

Cotys eut, comme moi, besoin de Lysander;
Et quand pour l'attacher lui-même à nos familles, 250
    Nous demandâmes ses deux filles,
Ce fut les obtenir que de les demander.
Par déférence au trône il lui promit l'aînée;
    La jeune me fut destinée.
Comme nous ne cherchions tous deux que son appui, 255
Nous acceptâmes tout sans regarder que lui.
J'avois su qu'Aglatide étoit des plus aimables,
On m'avoit dit qu'à Sparte elle savoit charmer;
    Et sur des bruits si favorables
    Je me répondois de l'aimer. 260
Que l'amour aime peu ces folles confiances!
Et que pour affermir son empire en tous lieux,
Il laisse choir souvent de cruelles vengeances
Sur qui promet son cœur sans l'aveu de ses yeux!
    Ce sont les conseillers fidèles 265
Dont il prend les avis pour ajuster ses coups;
Leur rapport inégal vous fait plus ou moins belles,
Et les plus beaux objets ne le sont pas pour tous.
A ce moment fatal qui nous permit la vue
    Et de vous et de cette sœur, 270
    Mon âme devint toute émue,
Et le trouble aussitôt s'empara de mon cœur;
    Je le sentis pour elle tout de glace,
    Je le sentis tout de flamme pour vous;
    Vous y régnâtes en sa place, 275
Et ses regards aux miens n'offrirent rien de doux.
Il faut pourtant l'aimer, du moins il faut le feindre;
    Il faut vous voir aimer ailleurs :
Voyez s'il fût jamais un amant plus à plaindre,
Un cœur plus accablé de mortelles douleurs. 280
C'est un malheur sans doute égal au trépas même
Que d'attacher sa vie à ce qu'on n'aime pas;

Et voir en d'autres mains passer tout ce qu'on aime,
C'est un malheur encor plus grand que le trépas.

ELPINICE.

Je vous en plains, Seigneur, et ne puis davantage, 285
 Je ne sais aimer ni haïr;
Mais dès qu'un père parle, il porte en mon courage
Toute l'impression qu'il faut pour obéir.
Voyez avec Cotys si ses vœux les plus tendres
Voudroient rendre à ma sœur l'hommage qu'il me rend.
Tout doit être à mon père assez indifférent,
Pourvu que vous et lui vous demeuriez ses gendres.
Mais à vous dire tout, je crains qu'Agésilas
N'y refuse l'aveu qui vous est nécessaire :
C'est notre souverain.

SPITRIDATE.

   S'il en dédit un père, 295
Peut-être ai-je une sœur qu'il n'en dédira pas.
Ce grand prince pour elle a tant de complaisance,
Qu'à sa moindre prière il ne refuse rien;
Et si son cœur vouloit s'entendre avec le mien[1]....

ELPINICE.

Reposez-vous, Seigneur, sur mon obéissance, 300
 Et contentez-vous de savoir
Qu'aussi bien que ma sœur j'écoute mon devoir.
Allez trouver Cotys, et sans aucun scrupule....

SPITRIDATE.

Perdriez-vous pour moi son trône sans ennui?

ELPINICE.

Le voilà qui paroît. Quelque ardeur qui vous brûle, 305
Mettez d'accord mon père, Agésilas et lui.

1. *Var.* Et si ce cœur vouloit s'entendre avec le mien.... (1666 et 68)

SCÈNE IV.

COTYS, SPITRIDATE.

COTYS.
Vous voyez de quel air Elpinice me traite,
Comme elle disparoît, Seigneur, à mon abord.
SPITRIDATE.
Si votre âme, Seigneur, en est mal satisfaite,
Mon sort est bien à plaindre autant que votre sort.   310
COTYS.
Ah! s'il n'étoit honteux de manquer de promesse!
SPITRIDATE.
Si la foi sans rougir pouvoit se dégager!
COTYS.
Qu'une autre de mon cœur seroit bientôt maîtresse!
SPITRIDATE.
Que je serois ravi, comme vous, de changer!
COTYS.
Elpinice pour moi montre une telle glace,   315
Que je me tiendrois sûr de son consentement.
SPITRIDATE.
Aglatide verroit qu'une autre prît sa place
    Sans en murmurer un moment.
COTYS.
Que nous sert qu'en secret l'une et l'autre engagée
Peut-être ainsi que nous porte son cœur ailleurs?   320
Pour voir notre infortune entre elles partagée,
    Nos destins n'en sont pas meilleurs.
SPITRIDATE.
Elles aiment ailleurs, ces belles dédaigneuses;
    Et peut-être, en dépit du sort,
Il seroit un moyen et de les rendre heureuses,   325
Et de nous rendre heureux par un commun accord.

COTYS.

Souffrez donc qu'avec vous tout mon cœur se déploie.
Ah! si vous le vouliez, que mon sort seroit doux!
Vous seul me pouvez mettre au comble de ma joie.

SPITRIDATE.

Et ma félicité dépend toute de vous.   330

COTYS.

Vous me pouvez donner l'objet qui me possède.

SPITRIDATE.

Vous me pouvez donner celui de tous mes vœux :
Elpinice me charme.

COTYS.

Et si je vous la cède?

SPITRIDATE.

Je céderai de même Aglatide à vos feux.

COTYS.

Aglatide, Seigneur! Ce n'est pas là m'entendre,   335
Et vous ne feriez rien pour moi.

SPITRIDATE.

Ne vous devez-vous pas à Lysander pour gendre?

COTYS.

Oui; mais l'amour ici me fait une autre loi.

SPITRIDATE.

L'amour! il n'en faut point écouter qui le blesse,
Et qui nous ôte son appui.   340
L'échange des deux sœurs n'a rien qui l'intéresse,
Nous n'en serons pas moins à lui;
Mais de porter ailleurs sa main[1], qui leur est due,
Seigneur, au dernier point ce sera l'irriter,
Et sa protection perdue,   345
N'avons-nous rien à redouter?

---

1. On lit : « *la* main, » dans l'édition de 1692 et dans celle de Voltaire 1764).

ACTE I, SCÈNE IV.

COTYS.
Si je n'en juge mal, sa faveur n'est pas grande,
 Seigneur, auprès d'Agésilas ;
Il n'obtient presque rien de quoi qu'il lui demande.

SPITRIDATE.
Je vois qu'assez souvent il ne l'écoute pas ; 350
 Mais pour un différend frivole,
 Dont nous ignorons le secret,
Ce prince avoueroit-il un amour indiscret,
 D'un tel manquement de parole ?
Lui qui lui doit son trône, et cet illustre rang 355
D'unique général des troupes de la Grèce,
Pourroit-il le haïr avec tant de bassesse,
Qu'il pût autoriser ce mépris de son sang ?
Si nous manquons de foi, qu'aura-t-il lieu de croire ?
En aurions-nous pour lui plus que pour Lysander ? 360
Pensez-y bien, Seigneur, avant qu'y hasarder
 Nos sûretés et votre gloire.

COTYS.
Et si ce différend, que vous craignez si peu,
Lui fait pour notre hymen refuser un aveu[1] ?

SPITRIDATE.
Ma sœur n'a qu'à parler, je m'en tiens sûr par elle. 365

COTYS.
Seigneur, l'aimeroit-il ?

SPITRIDATE.
 Il la trouve assez belle,
Il en parle avec joie, et se plaît à la voir.
Je tâche d'affermir ces douces apparences ;
 Et si vous voulez tout savoir,

---

1. *Var.* Lui fait pour notre hymen refuser son aveu (*a*). (1666 et 68)

(*a*) Cette leçon a été reproduite par l'édition de 1692 et par celle de Voltaire (1764).

Je pense avoir de quoi flatter mes espérances. 370
Prenez-y part, Seigneur, pour l'intérêt commun.
Quand nous aurons tous deux Lysander pour beau-père,
Ce roi s'allie à vous, s'il devient mon beau-frère ;
Et nous aurons ainsi deux appuis au lieu d'un.

COTYS.

Et Mandane y consent?

SPITRIDATE.

Mandane est trop bien née 375
Pour dédire un devoir qui la met sous ma loi.

COTYS.

Et vous avez donné pour elle votre foi?

SPITRIDATE.

Non ; mais à dire vrai, je la tiens pour donnée.

COTYS.

Ah! ne la donnez point, Seigneur, si vous m'aimez,
Ou si vous aimez Elpinice. 380
Mandane a tout mon cœur, mes yeux en sont charmés ;
Et ce n'est qu'à ce prix que je vous rends justice.

SPITRIDATE.

Elpinice ne rend votre foi qu'à sa sœur,
Et ce n'est qu'à ce prix qu'elle-même se donne.

COTYS.

Hélas! et si l'amour autrement en ordonne, 385
Le moyen d'y forcer mon cœur?

SPITRIDATE.

Rendez-vous-en le maître.

COTYS.

Et l'êtes-vous du vôtre?

SPITRIDATE.

J'y ferai mon effort, si je vous parle en vain ;
Et du moins, si ma sœur vous dérobe à toute autre,
Je serai maître de ma main. 390

COTYS.

Je ne le puis celer, qui que l'on me propose,
Toute autre que Mandane est pour moi même chose.

SPITRIDATE.

Il vous est donc facile, et doit même être doux,
Puisqu'enfin Elpinice aime un autre que vous,
  De lui préférer qui vous aime ;   395
  Et du moins vous auriez l'honneur,
  Par un peu d'effort sur vous-même,
  De faire le commun bonheur.

COTYS.

Je ferois trois heureux qui m'empêchent de l'être !
J'ose, j'ose vous faire une plus juste loi :   400
Ou faites mon bonheur dont vous êtes le maître,
Ou demeurez tous trois malheureux comme moi.

SPITRIDATE.

  Eh bien ! épousez Elpinice :
  Je renonce à tout mon bonheur,
  Plutôt que de me voir complice   405
D'un manquement de foi qui vous perdroit d'honneur.

COTYS.

  Rendez-vous à votre Aglatide,
  Puisque votre cœur endurci
Veut suivre obstinément un faux devoir pour guide :
Je serai malheureux, vous le serez aussi.   410

FIN DU PREMIER ACTE.

ACTE II.

SCÈNE PREMIÈRE.
SPITRIDATE, MANDANE.

SPITRIDATE.
Que nous avons, ma sœur, brisé de rudes chaînes !
    En Perse il n'est point de sujets ;
    Ce ne sont qu'esclaves abjets[1],
Qu'écrasent d'un coup d'œil les têtes souveraines :
Le monarque, ou plutôt le tyran général,   415
    N'y suit pour loi que son caprice,
N'y veut point d'autre règle et point d'autre justice,
Et souvent même impute à crime capital
Le plus rare mérite et le plus grand service ;
Il abat à ses pieds les plus hautes vertus,   420
S'immole insolemment les plus illustres vies,
Et ne laisse aujourd'hui que les cœurs abattus
    A couvert de ses tyrannies.
Vous autres, s'il vous daigne honorer de son lit,
    Ce sont indignités égales :   425
La gloire s'en partage entre tant de rivales,
Qu'elle est moins un honneur qu'un sujet de dépit.
    Toutes n'ont pas le nom de reines,
    Mais toutes portent mêmes chaînes,
    Et toutes, à parler sans fard,   430
Servent à ses plaisirs sans part à son empire ;

---

1. Voyez tome I, p. 169, note 1.

Et même en ses plaisirs elles n'ont autre part
Que celle qu'à son cœur brutalement inspire
  Ou ce caprice, ou le hasard.
Voilà, ma sœur, à quoi vous avoit destinée,   435
A quel infâme honneur vous avoit condamnée
  Pharnabaze[1], son lieutenant :
Il auroit fait de vous un présent à son prince,
Si pour nous affranchir mon soin le prévenant
N'eût à sa tyrannie arraché ma province.   440
  La Grèce a de plus saintes lois,
  Elle a des peuples et des rois
  Qui gouvernent avec justice :
La raison y préside, et la sage équité ;
Le pouvoir souverain par elles limité,   445
  N'y laisse aucun droit de caprice[2].
L'hymen de ses rois même y donne cœur pour cœur ;
  Et si vous aviez le bonheur
Que l'un d'eux vous offrît son trône avec son âme,
  Vous seriez, par ce nœud charmant,   450
  Et reine véritablement,
  Et véritablement sa femme.
    MANDANE.
Je veux bien l'espérer : tout est facile aux dieux ;
  Et peut-être que de bons yeux
En auroient déjà vu quelque flatteuse marque ;   455
Mais il en faut de bons pour faire un si grand choix.
Si le roi dans la Perse est un peu trop monarque,
En Grèce il est des rois qui ne sont pas trop rois :
Il en est dont le peuple est le suprême arbitre ;
Il en est d'attachés aux ordres d'un sénat ;   460

---

1. Pharnabaze, satrape d'une partie de l'Asie Mineure, qui, après le retour d'Agésilas en Grèce, battit avec Conon, près de Cnide, la flotte de Lacédémone.

2. *Var.*   N'y laisse aucun droit au caprice. (1666 et 68)

Il en est qui ne sont enfin, sous ce grand titre,
  Que premiers sujets de l'État.
Je ne sais si le ciel pour régner m'a fait naître,
Et quoi qu'en ma faveur j'aye encor vu paroître,
  Je doute si l'on m'aime ou non ;   465
  Mais je pourrois être assez vaine
  Pour dédaigner le nom de reine
Que m'offriroit un roi qui n'en eût[1] que le nom.

SPITRIDATE.

Vous en savez beaucoup, ma sœur, et vos mérites
Vous ouvrent fort les yeux sur ce que vous valez.   470

MANDANE.

Je réponds simplement à ce que vous me dites,
Et parle en général comme vous me parlez.

SPITRIDATE.

Cependant et des rois et de leur différence
Je vous trouve en effet plus instruite que moi.

MANDANE.

Puisque vous m'ordonnez qu'ici j'espère un roi,   475
Il est juste, Seigneur, que quelquefois j'y pense.

SPITRIDATE.

N'y pensez-vous point trop ?

MANDANE.

                            Je sais que c'est à vous
A régler mes desirs sur le choix d'un époux :
  Mon devoir n'en fera point d'autre ;
Mais quand vous daignerez choisir pour une sœur,   480
Daignez songer, de grâce, à faire son bonheur
  Mieux que vous n'avez fait le vôtre.
D'un choix que vous m'aviez vous-même tant loué,
Votre cœur et vos yeux vous ont désavoué ;
Et si j'ai, comme vous, quelques pentes secrètes,   485

---

1. L'édition de 1692 a changé *qui n'en eût* en *qui n'auroit*.

Seigneur, si c'est ainsi que vous les rencontrez,
Jugez, par le trouble où vous êtes,
De l'état où vous me mettrez¹.
SPITRIDATE.
Je le vois bien, ma sœur, il faut vous laisser faire :
Qui choisit mal pour soi choisit mal pour autrui ; 490
Et votre cœur, instruit par le malheur d'un frère,
A déjà fait son choix sans lui.
MANDANE.
Peut-être ; mais enfin vous suis-je nécessaire ?
Parlez : il n'est desirs ni tendres sentiments
Que je ne sacrifie à vos contentements. 495
Faut-il donner ma main pour celle d'Elpinice ?
SPITRIDATE.
Que sert de m'en offrir un entier sacrifice,
Si je n'ose et ne puis même déterminer
A qui pour mon bonheur vous devez la donner ?
Cotys me la demande, Agésilas l'espère. 500
MANDANE.
Agésilas, Seigneur ! Et le savez-vous bien ?
SPITRIDATE.
Parler de vous sans cesse, aimer votre entretien,
Vous donner tout crédit, ne chercher qu'à vous plaire....
MANDANE.
Ce sont civilités envers une étrangère,
Qui font beaucoup d'éclat, et ne produisent rien. 505
Il jette par là des amorces
A ceux qui, comme nous, voudront grossir ses forces ;
Mais quelque haut crédit qu'il me donne en sa cour,
De toute sa conduite il est si bien le maître,
Qu'au simple nom d'hymen vous verriez disparoître 510
Tout ce qu'en ses faveurs vous prenez pour amour.

1. L'édition de 1682 donne, par erreur : *mettez*, pour *mettrez*.

SPITRIDATE.
Vous penchez vers Cotys, et savez qu'Elpinice
Ne veut point être à moi qu'il ne soit à sa sœur!
MANDANE.
Je vous réponds de tout, si vous avez son cœur.
SPITRIDATE.
Et Lysander pourra souffrir cette injustice? 515
MANDANE.
Lysander est si mal auprès d'Agésilas,
Que ce sera beaucoup s'il en obtient un gendre;
Et peut-être sans moi ne l'obtiendra-t-il pas:
Pour deux, il auroit tort[1], s'il osoit y prétendre.
Mais, Seigneur, le voici; tâchez de pressentir 520
Ce qu'en votre faveur il pourroit consentir.
SPITRIDATE.
Ma sœur, vous êtes plus adroite;
Souffrez que je ménage un moment de retraite:
J'aurois trop à rougir, pour peu que devant moi
Vous fissiez deviner de ce manque de foi. 525

SCÈNE II.

LYSANDER, SPITRIDATE, MANDANE, CLÉON.

LYSANDER.
Quoique en matière d'hyménées
L'importune langueur des affaires traînées
Attire assez souvent de fâcheux embarras,
J'ai voulu qu'à loisir vous puissiez[2] voir mes filles,
Avant que demander l'aveu d'Agésilas 530

1. Toutes les éditions publiées du vivant de Corneille et celle de Voltaire (1764) portent *tout*, pour *tort*, qui est évidemment la vraie leçon; c'est celle de Thomas Corneille (1692).
2. Dans l'édition de Voltaire (1764) : *puissiez*.

Sur l'union de nos familles.
Dites-moi donc, Seigneur, ce qu'en jugent vos yeux,
S'ils laissent votre cœur d'accord de vos promesses,
Et si vous y sentez plus d'aimables tendresses
Que de justes desirs de pouvoir choisir mieux.   535
Parlez avec franchise, avant que je m'expose
  A des refus presque assurés,
  Que j'estimerai peu de chose
  Quand vous serez plus déclarés;
Et n'appréhendez point l'emportement d'un père :   540
Je sais trop que l'amour de ses droits est jaloux,
  Qu'il dispose de nous sans nous,
Que les plus beaux objets ne sont pas sûrs de plaire.
L'aveugle sympathie est ce qui fait agir
  La plupart des feux qu'il excite;   545
Il ne l'attache pas toujours au vrai mérite :
Et quand il la dénie, on n'a point à rougir.

    SPITRIDATE.

Puisque vous le voulez, je ne puis me défendre,
Seigneur, de vous parler avec sincérité :
Ma seule ambition est d'être votre gendre;   550
Mais apprenez, de grâce, une autre vérité :
Ce bonheur que j'attends, cette gloire où j'aspire,
Et qui rendroit mon sort égal au sort des Dieux,
N'a pour objet.... Seigneur, je tremble à vous le dire;
  Ma sœur vous l'expliquera mieux.   555

SCÈNE III.

LYSANDER, MANDANE, CLÉON.

LYSANDER.

Que veut dire, Madame, une telle retraite?
Se plaint-il d'Aglatide, et la jeune indiscrète

Répondroit-elle mal aux honneurs qu'il lui fait?

MANDANE.

Elle y répond, Seigneur, ainsi qu'il le souhaite,
 Et je l'en vois fort satisfait ;   560
Mais je ne vois pas bien que par les sympathies
 Dont vous venez de nous parler,
 Leurs âmes soient fort assorties[1],
Ni que l'amour encore ait daigné s'en mêler.
Ce n'est pas qu'il n'aspire à se voir votre gendre, 565
Qu'il n'y mette sa gloire, et borne ses plaisirs ;
Mais puisque par son ordre il me faut vous l'apprendre,
Elpinice est l'objet de ses plus chers desirs.

LYSANDER.

Elpinice! Et sa main n'est plus en ma puissance!

MANDANE.

Je sais qu'il n'est plus temps de vous la demander ; 570
Mais je vous répondrois de son obéissance,
 Si Cotys la vouloit céder.
Que sait-on si l'amour, dont la bizarrerie
Se joue assez souvent du fond de notre cœur,
N'aura point fait au sien même supercherie? 575
S'il n'y préfère point Aglatide à sa sœur?
Cet échange, Seigneur, pourroit-il vous déplaire,
 S'il les rendoit tous quatre heureux?

LYSANDER.

Madame, doutez-vous de la bonté d'un père?

MANDANE.

Voyez donc si Cotys sera plus rigoureux : 580
Je vous laisse avec lui, de peur que ma présence

---

1. Il y a ici comme un souvenir des vers 359 et 360 de *Rodogune*. Corneille du reste a souvent exprimé cette même idée presque dans les mêmes termes. Voyez tome II, p. 308 et 309.

N'empêche une sincère et pleine confiance.
(A Cotys.)
Seigneur, ne cachez plus le véritable amour[1]
Dont l'idée en secret vous flatte.
J'ai dit à Lysander celui de Spitridate ;   585
Dites le vôtre à votre tour.

SCÈNE IV.

LYSANDER, COTYS, CLÉON.

COTYS.

Puisqu'elle vous l'a dit, pourrois-je vous le taire ?
Jugez, Seigneur, de mes ennuis :
Une autre qu'Elpinice à mes yeux a su plaire ;
Et l'aimer est un crime en l'état où je suis.   590
LYSANDER.
Ne traitez point, Seigneur, ce nouveau feu de crime :
Le choix que font les yeux est le plus légitime ;
Et comme un beau desir ne peut bien s'allumer
S'ils n'instruisent le cœur de ce qu'il doit aimer,
C'est ôter à l'amour tout ce qu'il a d'aimable,   595
Que les tenir captifs sous une aveugle foi ;
Et le don le plus favorable
Que ce cœur sans leur ordre ose faire de soi
Ne fut jamais irrévocable.
COTYS.
Seigneur, ce n'est point par mépris,   600
Ce n'est point qu'Elpinice aux miens n'ait paru belle ;
Mais enfin (le dirai-je ?) oui, Seigneur, on m'a pris,
On m'a volé ce cœur que j'apportois pour elle :
D'autres yeux, malgré moi, s'en sont faits les tyrans,

---

[1]. Voltaire fait des quatre derniers vers une scène à part, la scène IV.

Et ma foi s'est armée en vain pour ma défense ;   605
Ce lâche, qui s'est mis de leur intelligence,
Les a soudain reçus en justes conquérants.

LYSANDER.

Laissez-leur garder leur conquête.
Peut-être qu'Elpinice avec plaisir s'apprête
A vous laisser ailleurs trouver un sort plus doux,   610
Quand un autre pour elle a d'autres yeux que vous,
Qu'elle cède ce cœur à celle qui le vole,
Et qu'en ce même instant qu'on vous le surprenoit,
Un pareil attentat sur sa propre parole
Lui déroboit celui qu'elle vous destinoit.   615
Surtout ne craignez rien du côté d'Aglatide :
Je puis répondre d'elle, et quand j'aurai parlé,
Vous verrez tout son cœur, où mon vouloir[1] préside,
Vous payer de celui qu'elle vous a volé.

COTYS.

Ah ! Seigneur, pour ce vol je ne me plains pas d'elle.

LYSANDER.

Et de qui donc ?

COTYS.

L'amour s'y sert d'une autre main.

LYSANDER.

L'amour !

COTYS.

Oui, cet amour qui me rend infidèle....

LYSANDER.

Seigneur, du nom d'amour n'abusez point en vain,
Dites d'Agésilas la haine insatiable :
C'est elle dont l'aigreur auprès de vous m'accable,   625
Et qui de jour en jour s'animant contre moi,
Pour me perdre d'honneur m'enlève votre foi,

---

1. Voltaire (1764) a substitué *pouvoir* à *vouloir*.

ACTE II, SCÈNE IV.

COTYS.

Ah! s'il y va de votre gloire,
Ma parole est donnée, et dussé-je en mourir,
Je la tiendrai, Seigneur, jusqu'au dernier soupir;   630
Mais quoi que la surprise ait pu vous faire croire,
    N'accusez point Agésilas
D'un crime de mon cœur, que même il ne sait pas.
Mandane, qui m'ordonne à vos yeux de le dire,
Vous montre assez par là quel souverain empire   635
    L'amour lui donne sur ce cœur.
Ne considérez point si j'aime ou si l'on m'aime;
En matière d'honneur ne voyez que vous-même,
Et disposez de moi comme veut cet honneur.

LYSANDER.

L'amour le fera mieux; ce que j'en viens d'apprendre
M'offre un sujet de joie où j'en voyois d'ennui :
    Épouser la sœur de mon gendre,
    C'est le devenir comme lui.
Aglatide d'ailleurs n'est pas si délaissée
Que votre exemple n'aide à lui trouver un roi;   645
Et pour peu que le ciel réponde à ma pensée,
Ce sera plus de gloire et plus d'appui pour moi.
Aussi ferai-je plus : je veux que de moi-même
Vous teniez cet objet qui vous fait soupirer;
Et Spitridate, à moins que de m'en assurer,   650
    N'obtiendra jamais ce qu'il aime.
Je veux dès aujourd'hui savoir d'Agésilas
S'il pourra consentir à ce double hyménée,
    Dont ma parole étoit donnée.
Sa haine apparemment ne m'en avouera pas: 655
Si pourtant par bonheur il m'en laisse le maître,
J'en userai, Seigneur, comme je le promets;
    Sinon, vous lui ferez connoître
    Vous-même quels sont vos souhaits.

COTYS.

Ah! que Mandane et moi n'avons-nous mille vies, 660
    Seigneur, pour vous les immoler!
Car je ne saurois plus vous le dissimuler,
Nos âmes en seront également ravies.
Souffrez-lui donc sa part en ces ravissements;
Et pardonnez, de grâce, à mon impatience.... 665

LYSANDER.

Allez : on m'a vu jeune, et par expérience
Je sais ce qui se passe au cœur des vrais amants.

SCÈNE V.

LYSANDER, CLÉON.

CLÉON.

Seigneur, n'êtes-vous point d'une humeur bien facile
D'applaudir à Cotys sur son manque de foi?

LYSANDER.

    Je prends pour l'attacher à moi 670
    Ce qui s'offre de plus utile.
    D'un emportement indiscret
    Je ne voyois rien à prétendre :
    Vouloir par force en faire un gendre,
Ce n'est qu'en vouloir faire un ennemi secret. 675
Je veux me l'acquérir : je veux, s'il m'est possible,
    A force d'amitiés si bien le ménager,
    Que quand je voudrai me venger,
    J'en tire un secours infaillible.
    Ainsi je flatte ses desirs, 680
J'applaudis, je défère à ses nouveaux soupirs,
    Je me fais l'auteur de sa joie,
Je sers sa passion, et sous cette couleur

Je m'ouvre dans son âme une infaillible voie
A m'en faire à mon tour servir avec chaleur.   685

                    CLÉON.
Oui, mais Agésilas, Seigneur, aime Mandane :
Du moins toute sa cour ose le deviner ;
Et promettre à Cotys cette illustre Persane,
C'est lui promettre tout pour ne lui rien donner.

                    LYSANDER.
Qu'à ses vœux mon tyran l'accorde ou la refuse,   690
        De la manière dont j'en use,
        Il ne peut m'ôter son appui ;
Et de quelque façon que la chose se passe,
        Ou je fais la première grâce,
Ou j'aigris puissamment ce rival contre lui.   695
J'ai même à souhaiter que son feu se déclare.
Comme de notre Sparte il choquera les lois,
C'est une occasion que lui-même il prépare,
Et qui peut la résoudre à mieux choisir ses rois.
Nous avons trop longtemps asservi sa couronne   700
        A la vaine splendeur du sang ;
Il est juste à son tour que la vertu la donne,
Et que le seul mérite ait droit à ce haut rang.
Ma ligue est déjà forte, et ta harangue est prête[1]
        A faire éclater la tempête,   705
Sitôt qu'il aura mis ma patience à bout.

---

1. On dit que Lysandre vouloit faire étendre le droit de parvenir à la royauté à tous les naturels spartiates, « à celle fin que ce loyer d'honneur fust affecté non à ceux qui seroyent descendus de la race d'Hercules, mais à tous ceux qui le ressembleroient en vertu, laquelle l'auoit rendu luy-mesme egal aux Dieux en honneur ; car il esperoit bien que quand on jugeroit ainsi de la royauté, il n'y auroit homme en la ville de Sparte qui plus tost fust eleu roy que luy : au moyen de quoy, il attenta premierement de le suader à ses citoyens par viues raisons, et à ces fins apprit par cœur une harangue, que luy composa Cleon halicarnassien sur ce propos. » (Plutarque, *Vie de Lysandre*, chapitres XXIV et XXV, traduction d'Amyot ; voyez aussi la *Vie d'Agésilas*, chapitre XX.)

Si pourtant je voyois sa haine enfin bornée
Ne mettre aucun obstacle à ce double hyménée,
Je crois que je pourrois encore oublier tout.
En perdant cet ingrat, je détruis mon ouvrage ; 710
Je vois dans sa grandeur le prix de mon courage,
Le fruit de mes travaux, l'effet de mon crédit.
Un reste d'amitié tient mon âme en balance :
Quand je veux le haïr je me fais violence,
Et me force à regret à ce que je t'ai dit. 715
Il faut, il faut enfin qu'avec lui je m'explique,
    Que j'en sache qui peut causer
Cette haine si lâche, et qu'il rend si publique,
Et fasse un digne effort à le désabuser.

CLÉON.

Il n'appartient qu'à vous de former ces pensées ; 720
Mais vous ne songez point avec quels sentiments
    Vos deux filles intéressées
    Apprendront de tels changements.

LYSANDER.

Aglatide est d'humeur à rire de sa perte :
Son esprit enjoué ne s'ébranle de rien. 725
Pour l'autre, elle a, de vrai, l'âme un peu moins ouverte,
Mais elle n'eut jamais de vouloir que le mien.
Aussi je me tiens sûr de leur obéissance.

CLÉON.

Quand cette obéissance a fait un digne choix,
Le cœur, tombé par là sous une autre puissance, 730
N'obéit pas toujours une seconde fois.

LYSANDER.

Les voici : laisse-nous, afin qu'avec franchise
    Leurs âmes s'en ouvrent à moi.

SCÈNE VI.

LYSANDER, ELPINICE, AGLATIDE.

LYSANDER.

J'apprends avec quelque surprise,
Mes filles, qu'on vous manque à toutes deux de foi : 735
Cotys aime en secret une autre qu'Elpinice,
   Spitridate n'en fait pas moins.

ELPINICE.

      Si l'on nous fait quelque injustice,
Seigneur, notre devoir s'en remet à vos soins.
Je ne sais qu'obéir.

AGLATIDE.

         J'en sais donc davantage : 740
Je sais que Spitridate adore d'autres yeux ;
Je sais que c'est ma sœur à qui va cet hommage,
Et quelque chose encor qu'elle vous diroit mieux.

ELPINICE.

Ma sœur, qu'aurois-je à dire ?

AGLATIDE.

            A quoi bon ce mystère ?
Dites ce qu'à ce nom le cœur vous dit tout bas, 745
Ou je dirai tout haut qu'il ne vous déplaît pas.

ELPINICE.

Moi, je pourrois l'aimer, et sans l'ordre d'un père !

AGLATIDE.

Vous ne savez que c'est d'aimer ou de haïr[1],
Mais vous seriez pour lui fort aise d'obéir.

ELPINICE.

Qu'il faut souffrir de vous, ma sœur !

---

1. *Var.* Vous ne savez que c'est d'aimer ni de haïr. (1666 et 68)

AGLATIDE.

　　　　　　　　　　Le grand supplice 750
De voir qu'en dépit d'elle on lui rend du service!

LYSANDER.

Rendez-lui la pareille. Aime-t-elle Cotys ?
Et s'il falloit changer entre vous de partis....

AGLATIDE.

　　Je n'ai pas besoin d'interprète,
Et vous en dirai plus, Seigneur, qu'elle n'en sait. 755
Cotys pourroit me plaire, et plairoit en effet,
Si pour toucher son cœur j'étois assez bien faite;
Mais je suis fort trompée, ou cet illustre cœur
　　　　N'est pas plus à moi qu'à ma sœur.

LYSANDER.

Peut-être ce malheur d'assez près te menace. 760

AGLATIDE.

J'en connois plus de vingt qui mourroient en ma place,
Ou qui sauroient du moins hautement quereller
　　　　L'injustice de la fortune;
Mais pour moi, qui n'ai pas une âme si commune,
　　　Je sais l'art de m'en consoler. 765
　　　Il est d'autres rois dans l'Asie
Qui seront trop heureux de prendre votre appui;
Et déjà, je ne sais par quelle fantaisie,
J'en crois voir à mes pieds de plus puissants que lui.

LYSANDER.

Donc à moins que d'un roi tu ne veux plus te rendre?

AGLATIDE.

Je crois pour Spitridate avoir déjà fait voir
　　　Que ma sœur n'a rien à m'apprendre
　　　　Sur le chapitre du devoir.
Elle sait obéir, et je le sais comme elle:
C'est l'ordre; et je lui garde un cœur assez fidèle 775
　　　　Pour en subir toutes les lois;

ACTE II, SCÈNE VI.

Mais pour régler ma destinée,
Si vous vous abaissiez jusqu'à prendre ma voix,
  Vous arrêteriez votre choix
  Sur une tête couronnée, 780
Et ne m'offririez que des rois.
LYSANDER.
C'est mettre un peu haut ta conquête.
AGLATIDE.
La couronne, Seigneur, orne bien une tête.
Je me la figurois sur celle de ma sœur,
  Lorsque Cotys devait l'y mettre; 785
Et quand j'en contemplois la gloire et la douceur,
  Que je ne pouvois me promettre,
Un peu de jalousie et de confusion
Mutinoit mes desirs et me souleuoit l'âme;
  Et comme en cette occasion 790
Mon devoir pour agir n'attendoit point ma flamme....
ELPINICE.
La gloire d'obéir à votre grand regret
  Vous faisoit pester en secret :
C'est l'ordre; et du devoir la scrupuleuse idée....
AGLATIDE.
Que dites-vous, ma sœur? qu'osez-vous hasarder, 795
Vous qui tantôt...?
ELPINICE.
            Ma sœur, laissez-moi vous aider,
  Ainsi que vous m'avez aidée.
AGLATIDE.
Pour bien m'aider à dire ici mes sentiments,
  Vous vous prenez trop mal aux vôtres;
Et si je suis jamais réduite aux truchements, 800
  Il m'en faudra[1] bien chercher d'autres.

---

1. On lit : « Il m'en faudroit, » dans l'édition de 1692 et dans celle de Voltaire (1764).

Seigneur, quoi qu'il en soit, voilà quelle je suis.
J'acceptois Spitridate avec quelques ennuis;
De ce petit chagrin le ciel m'a dégagée,
  Sans que mon âme soit changée. 805
Mon devoir règne encor sur mon ambition :
Quoi que vous m'ordonniez, j'obéirai sans peine;
  Mais de mon inclination,
 Je mourrai fille, ou vivrai reine.

ELPINICE.

Achevez donc, ma sœur : dites qu'Agésilas.... 810

AGLATIDE.

  Ah! Seigneur, ne l'écoutez pas :
Ce qu'elle vous veut dire est une bagatelle;
Et même, s'il le faut, je la dirai mieux qu'elle.

LYSANDER.

Dis donc. Agésilas....

AGLATIDE.

   M'aimoit jadis un peu.
Du moins lui-même à Sparte il m'en fit confidence; 815
Et s'il me disoit vrai, sa noble impatience
  De vous en demander l'aveu
  N'attendoit qu'après l'hyménée
  De cette aimable et chère aînée.
Mais s'il attendoit là que mon tour arrivé 820
  Autorisât à ma conquête
La flamme qu'en réserve il tenoit toute prête,
Son amour est encore ici plus réservé;
Et soit que dans Éphèse un autre objet me passe,
Soit que par complaisance il cède à son rival, 825
  Il me fait à présent la grâce
  De ne m'en dire bien ni mal.

LYSANDER.

D'un pareil changement ne cherche point la cause :
Sa haine pour ton père à cet amour s'oppose;

Mais n'importe, il est bon que j'en sois averti. 830
J'agirai d'autre sorte avec cette lumière;
Et suivant qu'aujourd'hui nous l'aurons plus entière[1],
    Nous verrons à prendre parti[2].

SCÈNE VII.
ELPINICE, AGLATIDE.

ELPINICE.
Ma sœur, je vous admire, et ne saurois comprendre
    Cet inépuisable enjouement, 835
Qui d'un chagrin trop juste a de quoi vous défendre,
Quand vous êtes si près de vous voir sans amant.

AGLATIDE.
Il est aisé pourtant d'en deviner les causes.
Je sais comme il faut vivre, et m'en trouve fort bien.
    La joie est bonne à mille choses, 840
    Mais le chagrin n'est bon à rien.
Ne perds-je pas assez, sans doubler l'infortune,
Et perdre encor le bien d'avoir l'esprit égal?
    Perte sur perte est importune,
Et je m'aime un peu trop pour me traiter si mal. 845
Soupirer quand le sort nous rend une injustice,
C'est lui prêter une aide à nous faire un supplice.
Pour moi, qui ne lui puis souffrir tant de pouvoir,
Le bien que je me veux met sa haine à pis faire.
    Mais allons rejoindre mon père: 850
J'ai quelque chose encore à lui faire savoir.

---

1. Ce vers et le suivant ont été omis, par erreur, dans l'édition de 1682
2. L'acte finit ici dans l'édition de 1666, qui n'a point la scène VII

FIN DU SECOND ACTE.

ACTE III.

SCÈNE PREMIÈRE.
AGÉSILAS, LYSANDER, XÉNOCLÈS.

LYSANDER.
Je ne suis point surpris qu'à ces deux hyménées
Vous refusiez, Seigneur, votre consentement :
J'aurois eu tort d'attendre un meilleur traitement
Pour le sang odieux dont mes filles sont nées. 855
Il est le sang d'Hercule en elles comme en vous,
Et méritoit par là quelque destin plus doux ;
Mais s'il vous peut[1] donner un titre légitime,
    Pour être leur maître et leur roi,
C'est pour l'une et pour l'autre une espèce de crime 860
    Que de l'avoir reçu de moi.
J'avois cru toutefois que l'exil volontaire
Où l'amour paternel près d'elles m'eût réduit,
Moi qui de mes travaux ne vois plus autre[2] fruit
    Que le malheur de vous déplaire, 865
    Comme il délivreroit vos yeux
    D'une insupportable présence,
A mes jours presque usés obtiendroit la licence
    D'aller finir sous d'autres cieux.
C'étoit là mon dessein ; mais cette même envie, 870
Qui me fait près de vous un si malheureux sort,

---

1. L'édition de 1682 a seule *veut*, au lieu de *peut*.
2. L'édition de 1692 et Voltaire (1764) ont changé *autre* en *d'autre*.

Ne sauroit endurer ni l'éclat de ma vie,
  Ni l'obscurité de ma mort.
AGÉSILAS.
Ce n'est pas d'aujourd'hui que l'envie et la haine
  Ont persécuté les héros.   875
Hercule en sert d'exemple, et l'histoire en est pleine,
Nous ne pouvons souffrir qu'ils meurent en repos.
Cependant cet exil, ces retraites paisibles,
Cet unique souhait d'y terminer leurs jours,
Sont des mots bien choisis à remplir leurs discours : 880
Ils ont toujours leur grâce, ils sont toujours plausibles ;
  Mais ils ne sont pas vrais toujours ;
Et souvent des périls, ou cachés ou visibles,
Forcent notre prudence à nous mieux assurer
  Qu'ils ne veulent se figurer.   885
Je ne m'étonne point qu'avec tant de lumières
  Vous ayez prévu mes refus ;
Mais je m'étonne fort que les ayant prévus,
Vous n'en ayez pu voir les raisons bien entières.
Vous êtes un grand homme, et de plus mécontent : 890
J'avouerai plus encor, vous avez lieu de l'être.
Ainsi de ce repos où votre ennui prétend
Je dois prévoir en roi quel désordre peut naître,
Et regarde en quels lieux il vous plaît de porter
Des chagrins qu'en leur temps on peut voir éclater. 895
Ceux que prend pour exil ou choisit pour asile
  Ce dessein d'une mort tranquille,
Des Perses et des Grecs séparent les États.
L'assiette en est heureuse, et l'accès difficile ;
Leurs maîtres ont du cœur, leurs peuples ont des bras ;
Ils viennent de nous joindre avec une puissance
A beaucoup espérer, à craindre beaucoup d'eux ;
Et c'est mettre en leurs mains une étrange balance,
Que de mettre à leur tête un guerrier si fameux.

C'est vous qui les donnez l'un et l'autre à la Grèce : 905
L'un fut ami du Perse[1], et l'autre son sujet.
Le service est bien grand, mais aussi je confesse
Qu'on peut ne pas bien voir tout le fond du projet.
Votre intérêt s'y mêle en les prenant pour gendres;
Et si par des liens et si forts et si tendres 910
Vous pouvez aujourd'hui les attacher à vous,
    Vous vous les donnez plus qu'à nous.
Si malgré le secours, si malgré les services
Qu'un ami doit à l'autre, un sujet à son roi,
Vous les avez tous deux arrachés à leur foi, 915
Sans aucun droit sur eux, sans aucuns bons offices,
    Avec quelle facilité
N'immoleront-ils point une amitié nouvelle
    A votre courage irrité,
Quand vous ferez agir toute l'autorité 920
De l'amour conjugale et de la paternelle,
Et que l'occasion aura d'heureux moments
    Qui flattent vos ressentiments?
    Vous ne nous laissez aucun gage :
Votre sang tout entier passe avec vous chez eux. 925
Voyez donc ce projet comme je l'envisage,
Et dites si pour nous il n'a rien de douteux.
Vous avez jusqu'ici fait paroître un vrai zèle,
Un cœur si généreux, une âme si fidèle,
Que par toute la Grèce on vous loue à l'envi ; 930
Mais le temps quelquefois inspire une autre envie.
Comme vous, Thémistocle avoit fort bien servi,
Et dans la cour de Perse il a fini sa vie.

LYSANDER.

Si c'est avec raison que je suis mécontent,

---

1. On lit : « *de* Perse, » dans les éditions de 1682, de 1692 et dans celle de Voltaire (1764) : c'est probablement une erreur.

ACTE III, SCÈNE I.

Si vous-même avouez que j'ai lieu de me plaindre,   935
Et si jusqu'à ce point on me croit important
Que mes ressentiments puissent vous être à craindre,
   Oserois-je vous demander
   Ce que vous a fait Lysander
Pour leur donner ici chaque jour de quoi naître,   940
Seigneur? et s'il est vrai qu'un homme tel que moi,
Quand il est mécontent, peut desservir son roi,
   Pourquoi me forcez-vous à l'être?
Quelque avis que je donne, il n'est point écouté;
Quelque emploi que j'embrasse, il m'est soudain ôté :
Me choisir pour appui, c'est courir à sa perte.
Vous changez en tous lieux les ordres que j'ai mis;
Et comme s'il falloit agir à guerre ouverte,
   Vous détruisez tous mes amis,
Ces amis dont pour vous je gagnai les suffrages   950
Quand il fallut aux Grecs élire un général[1],
Eux qui vous ont soumis les plus nobles courages,
Et fait ce haut pouvoir qui leur est si fatal :
Leur seul amour pour moi les livre à leur ruine;
Il leur coûte l'honneur, l'autorité, le bien;   955
Cependant plus j'y songe, et plus je m'examine,
Moins je trouve, Seigneur, à me reprocher rien.

     AGÉSILAS.

Dites tout : vous avez la mémoire trop bonne
Pour avoir oublié que vous me fîtes roi,
   Lorsqu'on balança ma couronne   960
   Entre Léotychide[2] et moi.
Peut-être n'osez-vous me vanter un service
   Qui ne me rendit que justice,

---

1. Voyez plus haut, p. 12, note 1.
2. Après la mort du roi Agis, frère d'Agésilas, Lysandre porta ce dernier au trône, en soutenant que Léotychide était bâtard, qu'il n'était point le fils d'Agis, mais d'Alcibiade. Voyez la *Vie d'Agésilas*, chapitre III.

Puisque nos lois vouloient ce qu'il sut maintenir ;
Mais moi qui l'ai reçu, je veux m'en souvenir.   965
   Vous m'avez donc fait roi, vous m'avez de la Grèce
Contre celui de Perse établi général ;
Et quand je sens dans l'âme une ardeur qui me presse
      De ne m'en revancher pas mal,
A peine sommes-nous arrivés dans Éphèse,   970
Où de nos alliés j'ai mis le rendez-vous,
Que sans considérer si j'en serai jaloux,
      Ou s'il se peut que je m'en taise,
      Vous vous saisissez par vos mains
      De plus que votre récompense ;   975
Et tirant toute à vous la suprême puissance,
      Vous me laissez des titres vains.
On s'empresse à vous voir, on s'efforce à vous plaire ;
On croit lire en vos yeux ce qu'il faut qu'on espère ;
On pense avoir tout fait quand on vous a parlé.   980
Mon palais près du vôtre est un lieu désolé ;
Et le généralat comme le diadème
M'érige sous votre ordre en fantôme éclatant,
En colosse d'État qui de vous seul attend
      L'âme qu'il n'a pas de lui-même,   985
      Et que vous seul faites aller
Où pour vos intérêts il le faut étaler.
Général en idée, et monarque en peinture,
De ces illustres noms pourrois-je faire cas
S'il les falloit porter moins comme Agésilas   990
      Que comme votre créature,
Et montrer avec pompe au reste des humains
En ma propre grandeur l'ouvrage de vos mains ?
Si vous m'avez fait roi, Lysander, je veux l'être.
Soyez-moi bon sujet, je vous serai bon maître ;   995
Mais ne prétendez plus partager avec moi
      Ni la puissance ni l'emploi.

ACTE III, SCÈNE I.

Si vous croyez qu'un sceptre accable qui le porte,
A moins qu'il prenne une aide à soutenir son poids,
   Laissez discerner à mon choix   1000
Quelle main à m'aider pourroit être assez forte.
Vous aurez bonne part à des emplois si doux,
   Quand vous pourrez m'en laisser faire ;
Mais soyez sûr aussi d'un succès tout contraire,
Tant que vous ne voudrez les tenir que de vous¹. 1005
 Je passe à vos amis qu'il m'a fallu détruire.
Si dans votre vrai rang je voulois vous réduire,
Et d'un pouvoir surpris saper² les fondements,
Ils étoient tout à vous ; et par reconnoissance
   D'en avoir reçu leur puissance,   1010
Ils ne considéroient que vos commandements.
Vous seul les aviez faits souverains dans leurs villes,
Et j'y verrois encor mes ordres inutiles,
A moins que d'avoir mis leur tyrannie à bas,
Et changé comme vous la face des États.   1015
   Chez tous nos Grecs asiatiques
Votre pouvoir naissant trouva des républiques,
Que sous votre cabale il vous plut asservir :
La vieille liberté, si chère à leurs ancêtres,
Y fut partout forcée à recevoir dix maîtres³ ;   1020

---

1. « Qu'il me soit permis de dire ici que, dans mon enfance, le P. de Tournemine, jésuite, partisan outré de Corneille, et ennemi de Racine, qu'il regardait comme janséniste, me faisait remarquer ce morceau (à partir du vers 976), qu'il préférait à toutes les pièces de Racine. » (Voltaire, *Préface d'Agésilas*.) — L'idée première de cette partie de la scène est dans le rapide entretien rapporté deux fois par Plutarque, dans la *Vie de Lysandre*, chapitre XXIII, et dans la *Vie d'Agésilas*, chapitre VIII. On peut voir aussi l'*Histoire grecque* de Xénophon, livre III, chapitre IV, 8 et 9.

2. Il y a ici une faute étrange dans l'édition de 1682 : *frapper*, pour *saper*.

3. « En toutes les villes où il passoit, si elles estoyent gouuernées par authorité du peuple, ou qu'il y eust quelque autre sorte de gouuernement, il (*Lysandre*) y laissoit en chacune vn capitaine ou gouuerneur lacedæmonien, auec vn conseil de dix officiers, de ceux qui parauant auoyent eu amitié et intelligence auec luy. » (Plutarque, *Vie de Lysandre*, chapitre XIII.)

Et dès qu'on murmuroit de se la voir ravir,
On voyoit par votre ordre immoler les plus braves
    A l'empire de vos esclaves.
J'ai tiré de ce joug les peuples opprimés :
En leur premier état j'ai remis toutes choses ;   1025
Et la gloire d'agir par de plus justes causes,
A produit des effets plus doux et plus aimés.
J'ai fait, à votre exemple, ici des créatures,
Mais sans verser de sang, sans causer de murmures ;
Et comme vos tyrans prenoient de vous la loi,   1030
Comme ils étoient à vous, les peuples sont à moi.
    Voilà quelles raisons ôtent à vos services
        Ce qu'ils vous semblent mériter,
        Et colorent ces injustices
Dont vous avez raison de vous mécontenter.   1035
Si d'abord elles ont quelque chose d'étrange,
Repassez-les deux fois au fond de votre cœur ;
Changez, si vous pouvez, de conduite et d'humeur ;
    Mais n'espérez pas que je change.

            LYSANDER.

S'il ne m'est pas permis d'espérer rien de tel,   1040
Du moins, grâces aux Dieux, je ne vois dans vos plaintes
Que des raisons d'État et de jalouses craintes,
Qui me font malheureux, et non pas criminel.
Non, Seigneur, que je veuille être assez téméraire
Pour oser d'injustice accuser mes malheurs :   1045
L'action la plus belle a diverses couleurs ;
Et lorsqu'un roi prononce, un sujet doit se taire.
Je voudrois seulement vous faire souvenir
Que j'ai près de trente ans commandé nos armées
Sans avoir amassé que ces nobles fumées[1]   1050

---

1. « La pauvreté de Lysander, qui vint à estre descouuerte à sa mort, rendit sa vertu plus claire et plus illustre qu'elle n'estoit en son viuant, quand on veid que tant d'or et d'argent qui estoit passé par ses mains.... jamais il

Qui gardent les noms de finir[1].
Sparte, pour qui j'allois de victoire en victoire,
M'a toujours vu pour fruit n'en vouloir que la gloire,
Et faire en son épargne entrer tous les trésors
Des peuples subjugués par mes heureux efforts. 1055
Vous-même le savez, que quoi qu'on m'ait vu faire,
Mes filles n'ont pour dot que le nom de leur père[2] ;
Tant il est vrai, Seigneur, qu'en un si long emploi
J'ai tout fait pour l'État, et n'ai rien fait pour moi.
Dans ce manque de bien Cotys et Spitridate, 1060
L'un roi, l'autre en pouvoir égal peut-être aux rois,
M'ont assez estimé pour y borner leur choix ;
Et quand de les pourvoir un doux espoir me flatte,
   Vous semblez m'envier un bien
Qui fait ma récompense, et ne vous coûte rien. 1065

AGÉSILAS.

Il nous seroit honteux que des mains étrangères
Vous payassent pour nous de ce qui vous est dû.
Tôt ou tard le mérite a ses justes salaires,
Et son prix croît souvent, plus il est attendu.
D'ailleurs n'auroit-on pas quelque lieu de vous dire, 1070
Si je vous permettois d'accepter ces partis,
Qu'amenant avec nous Spitridate et Cotys,
Vous auriez fait pour vous plus que pour notre empire ?
Que vos seuls intérêts vous auroient fait agir ?
Et pourriez-vous enfin l'entendre sans rougir ? 1075

n'en auoit aggrandy ny augmenté sa maison d'vne seule maille. »)Plutarque, *Vie de Lysandre,* chapitre xxx, traduction d'Amyot.)

1. Malherbe a dit à la fin d'une de ses odes :

> Apollon, à portes ouvertes,
> Laisse indifféremment cueillir
> Les belles feuilles toujours vertes
> Qui gardent les noms de vieillir.

Voyez l'édition de M. Lalanne, tome I, p. 188, pièce LIII.
2. Voyez plus haut, p. 3, note 1.

Vos fil.es sont d'un sang que Sparte aime et révère
Assez pour les payer des services d'un père.
Je veux bien en répondre, et moi-même au besoin
J'en ferai mon affaire, et prendrai tout le soin.

LYSANDER.

Je n'attendois, Seigneur, qu'un mot si favorable 1080
Pour finir envers vous mes importunités ;
Et je ne craindrai plus qu'aucun malheur m'accable,
  Puisque vous avez ces bontés.
Aglatide surtout aura l'âme ravie
  De perdre[1] un époux à ce prix ; 1085
Et moi, pour me venger de vos plus durs mépris,
Je veux tout de nouveau vous consacrer ma vie.

SCÈNE II.

AGÉSILAS, XÉNOCLÈS.

AGÉSILAS.

D'un peu d'amour que j'eus Aglatide a parlé :
Son père qui l'a su dans son âme s'en flatte ;
Et sur ce vain espoir il part tout consolé 1090
Du refus que j'en fais aux vœux de Spitridate :
Tu l'as vu, Xénoclès, tout d'un coup s'adoucir.

XÉNOCLÈS.

Oui ; mais enfin, Seigneur, il est temps de le dire,
Tout soumis qu'il paroît, apprenez qu'il conspire,
Et par où sa vengeance espère y réussir. 1095
Ce confident choisi, Cléon d'Halicarnasse,
  Dont l'éloquence a tant d'éclat,
Lui vend une harangue à renverser l'État[2],
Et le mettre bientôt lui-même en votre place.

---

1. On lit *prendre*, au lieu de *perdre*, dans l'édition de 1692.
2. Voyez ci-dessus, p. 37, note 1.

ACTE III, SCÈNE II.

En voici la copie, et je la viens d'avoir 1100
D'un des siens sur qui l'or me donne tout pouvoir,
De l'esclave Damis, qui sert de secrétaire
    A cet orateur mercenaire,
    Et plus mercenaire que lui,
Pour être mieux payé vous les[1] livre aujourd'hui. 1105
On y soutient, Seigneur, que notre république
Va bientôt voir ses rois devenir ses tyrans,
A moins que d'en choisir de trois ans en trois ans,
    Et non plus suivant l'ordre antique
    Qui règle ce choix par le sang; 1110
Mais qu'indifféremment elle doit à ce rang
Élever le mérite et les rares services.
    J'ignore quels sont les complices;
Mais il pourra d'Éphèse écrire à ses amis;
Et soudain le paquet entre vos mains remis 1115
    Vous instruira de toutes choses.
    Cependant j'ai fait mon devoir.
Vous voyez le dessein, vous en savez les causes;
Votre perte en dépend: c'est à vous d'y pourvoir.

        AGÉSILAS.

A te dire le vrai, l'affaire m'embarrasse; 1120
J'ai peine à démêler ce qu'il faut que je fasse,
    Tant la confusion de mes raisonnements
        Étonne mes ressentiments.
Lysander m'a servi: j'aurois une âme ingrate
Si je méconnoissois ce que je tiens de lui; 1125
Il a servi l'État, et si son crime éclate,
    Il y trouvera de l'appui.
    Je sens que ma reconnoissance
Ne cherche qu'un moyen de le mettre à couvert;

---

1. *Les* (c'est-à-dire Lysandre et Cléon) est la leçon de toutes les éditions publiées du vivant de Corneille. Thomas Corneille (1692) et Voltaire (1764) y ont substitué *la*.

Mais enfin il y va de toute ma puissance : 1130
    Si je ne le perds, il me perd.
Ce que veut l'intérêt, la prudence ne l'ose;
Tu peux juger par là du désordre où je suis. 1135
Je vois qu'il faut le perdre; et plus je m'y dispose,
    Plus je doute si je le puis.
    Sparte est un État populaire,
Qui ne donne à ses rois qu'un pouvoir limité :
    On peut y tout dire et tout faire
    Sous ce grand nom de liberté.
Si je suis souverain en tête d'une armée, 1140
    Je n'ai que ma voix au sénat,
Il faut y rendre compte; et tant de renommée
Y peut avoir déjà quelque ligue formée
    Pour autoriser l'attentat.
Ce prétexte flatteur de la cause publique, 1145
Dont il le couvrira, si je le mets au jour,
Tournera bien des yeux vers cette politique
Qui met chacun en droit de régner à son tour.
Cet espoir y pourra toucher plus d'un courage;
Et quand sur Lysander j'aurai fait choir l'orage, 1150
Mille autres, comme lui jaloux ou mécontents,
Se promettront plus d'heur à mieux choisir leur temps.
Ainsi de toutes parts le péril m'environne :
Si je veux le punir, j'expose ma couronne;
Et si je lui fais grâce, ou veux dissimuler, 1155
Je dois craindre....

            XÉNOCLÈS.
    Cotys, Seigneur, vous veut parler[1].
            AGÉSILAS.
Voyons quelle est sa flamme, avant que de résoudre
S'il nous faudra lancer ou retenir la foudre.

---

1. *Var.*   Cotys, Seigneur, veut vous parler. (1666 et 68)

SCÈNE III.

AGÉSILAS, COTYS, XÉNOCLÈS.

AGÉSILAS.

Si vous n'êtes, Seigneur, plus mon ami qu'amant,
Vous me voudrez du mal avec quelque justice ; 1160
Mais vous m'êtes trop cher, pour souffrir aisément
Que vous vous attachiez au père d'Elpinice :
      Non qu'entre un si grand homme et moi
Ce qu'on voit de froideur prépare aucune haine ;
Mais c'est assez pour voir cet hymen avec peine 1165
      Qu'un sujet déplaise à son roi.
D'ailleurs je n'ai pas cru votre âme fort éprise :
Sans l'avoir jamais vue, elle vous fut promise ;
Et la foi qui ne tient qu'à la raison d'État
Souvent n'est qu'un devoir qui gêne, tyrannise, 1170
Et fait sur tout le cœur un secret attentat.

COTYS.

      Seigneur, la personne est aimable :
Je promis de l'aimer avant que de la voir,
Et sentis à sa vue un accord agréable
      Entre mon cœur et mon devoir. 1175
La froideur toutefois que vous montrez au père
M'en donne un peu pour elle, et me la rend moins chère :
      Non que j'ose après vos refus
Vous assurer encor que je ne l'aime plus.
Comme avec ma parole il nous falloit la vôtre, 1180
Vous dégagez ma foi, mon devoir, mon honneur ;
Mais si vous en voulez dégager tout mon cœur,
      Il faut l'engager à quelque autre.

AGÉSILAS.

Choisissez, choisissez, et s'il est quelque objet

   A Sparte, ou dans toute la Grèce,   1185
Qui puisse de ce cœur mériter la tendresse,
   Tenez-vous sûr d'un prompt effet.
En est-il qui vous touche? en est-il qui vous plaise?

COTYS.

Il en est, oui, Seigneur? il en est dans Éphèse;
Et pour faire en ce cœur naître un nouvel amour, 1190
Il ne faut point aller plus loin que votre cour :
L'éclat et les vertus de l'illustre Mandane....

AGÉSILAS.

Que dites-vous, Seigneur? et quel est ce desir?
Quand par toute la Grèce on vous donne à choisir,
   Vous choisissez une Persane!   1195
Pensez-y bien, de grâce, et ne nous forcez pas,
   Nous qui vous aimons, à connoître
Que pressé d'un amour, qui ne vient pas de naître,
Vous ne venez à moi que pour suivre ses pas[1].

COTYS.

Mon amour en ces lieux ne cherchoit qu'Elpinice; 1200
Mes yeux ont rencontré Mandane par hasard;
Et quand ce même amour, de vos froideurs complice,
S'est voulu pour vous plaire attacher autre part,
Les siens ont attiré toute la déférence
Que j'ai cru devoir rendre[2] à votre aversion;   1205
Et je l'ai regardée, après votre alliance,
   Bien moins Persane de naissance
   Que Grecque par adoption.

AGÉSILAS.

Ce sont subtilités que l'amour vous suggère,
Dont nous voyons pour nous les succès incertains. 1210
Ne pourriez-vous, Seigneur, d'une amitié si chère

---

1. *Var.* Vous ne venez à nous que pour suivre ses pas. (1666 et 68)
2. Le mot *rendre* est omis dans l'édition de 1682.

Mettre le grand dépôt en de plus sûres mains?
Pausanias[1] et moi nous avons des parentes;
Et jamais un vrai roi ne fait un digne choix
  S'il ne s'allie au sang des rois. 1215
COTYS.
Quand on aime, on se fait des règles différentes.
Spitridate a du nom et de la qualité;
Sans trône, il a d'un roi le pouvoir en partage;
Votre Grèce en reçoit un pareil avantage;
Et le sang n'y met pas tant d'inégalité, 1220
  Que l'amour où sa sœur m'engage
  Ravale fort ma dignité.
Se peut-il qu'en l'aimant ma gloire se hasarde
  Après l'exemple d'un grand roi,
Qui, tout grand roi qu'il est, l'estime et la regarde 1225
  Avec les mêmes yeux que moi?
Si ce bruit n'est point faux, mon mal est sans remède;
Car enfin c'est un roi dont il me faut l'appui.
  Adieu, Seigneur : je la lui cède,
  Mais je ne la cède qu'à lui. 1230

SCÈNE IV.
AGÉSILAS, XÉNOCLÈS.
AGÉSILAS.
D'où sait-il, Xénoclès, d'où sait-il que je l'aime?
Je ne l'ai dit qu'à toi : m'aurois-tu découvert?
XÉNOCLÈS.
Si j'ose vous parler, Seigneur, à cœur ouvert,
  Il ne le sait que de vous-même.

---

1. Pausanias fut pendant plusieurs années roi de Lacédémone avec Agésilas. Les Spartiates le bannirent l'an 395 avant Jésus-Christ.

L'éclat de ces faveurs dont vous enveloppez 1235
De votre faux secret le chatouilleux mystère,
Dit si haut, malgré vous, ce que vous pensez taire,
Que vous êtes ici le seul que vous trompez.
De si brillants dehors font un grand jour dans l'âme;
Et quelque illusion qui puisse vous flatter, 1240
    Plus ils déguisent votre flamme,
Plus au travers du voile ils la font éclater.

AGÉSILAS.

Quoi? la civilité, l'accueil, la déférence,
Ce que pour le beau sexe on a de complaisance,
Ce qu'on lui rend d'honneur[1], tout passe pour amour?

XÉNOCLÈS.

Il est bien malaisé qu'aux yeux de votre cour
    Il passe pour indifférence;
Et c'est l'en avouer assez ouvertement
Que refuser Mandane aux vœux d'un autre amant.
Mais qu'importe après tout? Si du plus grand courage
Le vrai mérite a droit d'attendre un plein hommage,
    Seroit-il honteux de l'aimer?

AGÉSILAS.

Non, et même avec gloire on s'en laisse charmer;
Mais un roi, que son trône à d'autres soins engage,
    Doit n'aimer qu'autant qu'il lui plaît 1255
Et que de sa grandeur y consent l'intérêt.
    Vois donc si ma peine est légère :
Sparte ne permet point aux fils d'une étrangère
De porter son sceptre en leur main;
Cependant à mes yeux Mandane a su trop plaire; 1260
Je veux cacher ma flamme, et je le veux en vain.
Empêcher son hymen, c'est lui faire injustice;
    L'épouser, c'est blesser nos lois;

---

1. Les éditions de 1666 et de 1668 portent *d'honneurs*, au pluriel.

ACTE III, SCÈNE IV.

Et même il n'est pas sûr que j'emporte son choix.
La donner à Cotys, c'est me faire un supplice ; 1265
M'opposer à ses vœux, c'est le joindre au parti
Que déjà contre moi Lysander a pu faire ;
Et s'il a le bonheur de ne lui pas déplaire,
J'en recevrai peut-être un honteux démenti.
Que ma confusion, que mon trouble est extrême ! 1270
    Je me défends d'aimer, et j'aime ;
Et je sens tout mon cœur balancé nuit et jour
      Entre l'orgueil du diadème
      Et les doux espoirs de l'amour.
En qualité de roi, j'ai pour ma gloire à craindre ; 1275
En qualité d'amant, je vois mon sort à plaindre :
Mon trône avec mes vœux ne souffre aucun accord,
Et ce que je me dois me reproche sans cesse
      Que je ne suis pas assez fort
      Pour triompher de ma foiblesse. 1280

XÉNOCLÈS.

Toutefois il est temps ou de vous déclarer,
Ou de céder l'objet qui vous fait soupirer.

AGÉSILAS.

Le plus sûr, Xénoclès, n'est pas le plus facile.
Cherche-moi Spitridate, et l'amène en ce lieu ;
Et nous verrons après s'il n'est point de milieu 1285
    Entre le charmant et l'utile.

FIN DU TROISIÈME ACTE.

ACTE IV.

SCÈNE PREMIÈRE.

SPITRIDATE, ELPINICE.

SPITRIDATE.

Agésilas me mande ; il est temps d'éclater.
Que me permettez-vous, Madame, de lui dire?
M'en désavouerez-vous si j'ose me vanter
    Que c'est pour vous que je soupire,   1290
Que je crois mes soupirs assez bien écoutés
Pour vous fermer le cœur et l'oreille à tous autres,
Et que dans vos regards je vois quelques bontés
    Qui semblent m'assurer des vôtres?

ELPINICE.

Que serviroit, Seigneur, de vous y hasarder?   1295
Suis-je moins que ma sœur fille de Lysander?
Et la raison d'État qui rompt votre hyménée
Regarde-t-elle plus la jeune que l'aînée?
S'il n'eût point à Cotys refusé votre sœur,
J'eusse osé présumer qu'il eût aimé la mienne ;   1300
Et m'aurois dit moi-même, avec quelque douceur :
« Il se l'est réservée, et veut bien qu'on m'obtienne. »
Mais il aime Mandane ; et ce prince, jaloux
De ce que peut ici le grand nom de mon père,
N'a pour lui qu'une haine obstinée et sévère   1305
Qui ne lui peut souffrir de gendres tels que vous.

SPITRIDATE.

Puisqu'il aime ma sœur, cet amour est un gage

ACTE IV, SCÈNE I.

Qui me répond de son suffrage :
Ses desirs prendront loi de mes propres desirs ;
  Et son feu pour les satisfaire   1310
   N'a pas moins besoin de me plaire,
Que j'en ai de lui voir approuver mes soupirs.
Madame, on est bien fort quand on parle soi-même,
   Et qu'on peut dire au souverain :
« J'aime et je suis aimé, vous aimez comme j'aime ; 1315
Achevez mon bonheur, j'ai le vôtre en ma main. »

ELPINICE.

Vous ne songez qu'à vous, et dans votre âme éprise
Vos vœux se tiennent sûrs d'un prompt et plein effet.
Mais que fera Cotys, à qui je suis promise ?
Me rendra-t-il ma foi s'il n'est point satisfait ?   1320

SPITRIDATE.

La perte de ma sœur lui servira de guide
A tourner ses desirs du côté d'Aglatide.
D'ailleurs que pourra-t-il, si contre Agésilas
Ce grand homme ni moi nous ne le servons pas ?

ELPINICE.

   Il a parole de mon père   1325
Que vous n'obtiendrez rien à moins qu'il soit content ;
Et mon père n'est pas un esprit inconstant
Qui donne une parole incertaine et légère.
Je vous le dis encor, Seigneur, pensez-y bien :
Cotys aura Mandane, ou vous n'obtiendrez rien. 1330

SPITRIDATE.

Dites, dites un mot, et ma flamme enhardie....

ELPINICE.

   Que voulez-vous que je vous die ?
Je suis sujette et fille, et j'ai promis ma foi ;
Je dépends d'un amant, et d'un père, et d'un roi.

SPITRIDATE.

N'importe, ce grand mot produiroit des miracles. 1335

Un amant avoué renverse tous obstacles :
Tout lui devient possible, il fléchit les parents,
Triomphe des rivaux, et brave les tyrans.
Dites donc, m'aimez-vous?

ELPINICE.

Que ma sœur est heureuse.

SPITRIDATE.

Quand mon amour pour vous la laisse sans amant, 1340
Son destin est-il si charmant
Que vous en soyez envieuse?

ELPINICE.

Elle est indifférente, et ne s'attache à rien.

SPITRIDATE.

Et vous?

ELPINICE.

Que n'ai-je un cœur qui soit comme le sien!

SPITRIDATE.

Le vôtre est-il moins insensible? 1345

ELPINICE.

S'il ne tenoit qu'à lui que tout vous fût possible,
Le devoir et l'amour....

SPITRIDATE.

Ah! Madame, achevez :
Le devoir et l'amour, que vous feroient-ils faire?

ELPINICE.

Voyez le Roi, voyez Cotys, voyez mon père :
Fléchissez, triomphez, bravez, 1350
Seigneur, mais laissez-moi me taire.

SPITRIDATE[1].

Venez, ma sœur, venez aider mes tristes feux
A combattre un injuste et rigoureux silence.

---

1. On lit dans l'édition de 1692 : SPITRIDATE, *à Mandane qui paroît.* Voltaire (1764) coupe ici la scène et fait de ce qui suit la scène II, ayant pour personnages : MANDANE, ELPINICE, SPITRIDATE.

ELPINICE.

Hélas! il est si bien de leur intelligence,
  Qu'il vous dit plus que je ne veux.   1355
J'en dois rougir. Adieu : voyez avec Madame
Le moyen le plus propre à servir votre flamme.
Des trois dont je dépens elle peut tout sur deux :
L'un hautement l'adore, et l'autre au fond de l'âme;
Et son destin lui-même, ainsi que notre sort,   1360
  Dépend de les mettre d'accord.

SCÈNE II.

SPITRIDATE, MANDANE.

SPITRIDATE.

Il est temps de résoudre avec quel artifice
  Vous pourrez en venir à bout,
Vous, ma sœur, qui tantôt me répondiez de tout,
  Si j'avois le cœur d'Elpinice.   1365
Il est à moi ce cœur, son silence le dit,
Son adieu le fait voir, sa fuite le proteste;
  Et si je n'obtiens pas le reste,
Vous manquez de parole, ou du moins de crédit.

MANDANE.

Si le don de ma main vous peut donner la sienne, 1370
Je vous sacrifierai tout ce que j'ai promis;
Mais vous, répondez-vous que ce don vous l'obtienne,
Et qu'il mette d'accord de si fiers ennemis?
Le Roi, qui vous refuse à Lysander pour gendre,
Y consentira-t-il si vous m'offrez à lui?   1375
Et s'il peut à ce prix le permettre aujourd'hui,
  Lysander voudra-t-il se rendre?
Lui qui ne vous remet votre première foi
Qu'en faveur de l'amour que Cotys fait paroître,

Ne vous fait-il pas cette loi 1380
Que sans le rendre heureux vous ne le sauriez être?
SPITRIDATE.
Cotys de cet espoir ose en vain se flatter :
L'amour d'Agésilas à son amour s'oppose.
MANDANE.
Et si vous ne pensez à le mieux écouter,
Lysander d'Elpinice en sa faveur dispose. 1385
SPITRIDATE.
Ne me cachez rien, vous l'aimez.
MANDANE.
Comme vous aimez Elpinice.
SPITRIDATE.
Mais vous m'avez promis un entier sacrifice.
MANDANE.
Oui, s'il peut être utile aux vœux que vous formez.
SPITRIDATE.
Que ne peut point un roi?
MANDANE.
Quels droits n'a point un père?
SPITRIDATE.
Inexorable sœur!
MANDANE.
Impitoyable frère,
Qui voulez que j'éteigne un feu digne de moi,
Et ne sauriez vous faire une pareille loi!
SPITRIDATE.
Hélas! considérez....
MANDANE.
Considérez vous-même....
SPITRIDATE.
Que j'aime, et que je suis aimé. 1395
MANDANE.
Que je suis aimée, et que j'aime.

ACTE IV, SCÈNE II.

SPITRIDATE.

N'égalez point au mien un feu mal allumé :
Le sexe vous apprend à régner sur vos âmes.

MANDANE.

Dites qu'il nous apprend à renfermer nos flammes ;
Dites que votre ardeur, à force d'éclater, 1400
S'exhale, se dissipe, ou du moins s'exténue,
Quand la nôtre grossit sous cette retenue,
Dont le joug odieux ne sert qu'à l'irriter.
Je vous parle, Seigneur, avec une âme ouverte ;
Et si je vous voyois capable de raison, 1405
Si quand l'amour domine, elle étoit de saison....

SPITRIDATE.

Ah! si quelque lumière enfin vous est offerte,
Expliquez-vous, de grâce, et pour le commun bien,
    Vous ni moi ne négligeons rien.

MANDANE.

Notre amour à tous deux ne rencontre qu'obstacles 1410
    Presque impossibles à forcer ;
Et si pour nous le ciel n'est prodigue en miracles,
Nous espérons en vain nous en débarrasser.
Tirons-nous une fois de cette servitude
    Qui nous fait un destin si rude. 1415
Bravons Agésilas, Cotys et Lysander :
Qu'ils s'accordent sans nous, s'ils peuvent s'accorder.
Dirai-je tout? cessons d'aimer et de prétendre,
    Et nous cesserons d'en dépendre,

SPITRIDATE.

N'aimer plus! Ah! ma sœur!

MANDANE.

                J'en soupire à mon tour ;
Mais un grand cœur doit être au-dessus de l'amour.
Quel qu'en soit le pouvoir, quelle qu'en soit l'atteinte,
    Deux ou trois soupirs étouffés,

Un moment de murmure, une heure de contrainte,
Un orgueil noble et ferme, et vous en triomphez.   1425
    N'avons-nous secoué le joug de notre prince
Que pour choisir des fers dans une autre province?
Ne cherchons-nous ici que d'illustres tyrans,
    Dont les chaînes plus glorieuses
Soumettent nos destins aux obscurs différends   1430
    De leurs haines mystérieuses?
Ne cherchons-nous ici que les occasions
De fournir de matière à leurs divisions,
Et de nous imposer un plus rude esclavage
Par la nécessité d'obtenir leur suffrage?   1435
Puisque nous y cherchons tous deux la liberté,
Tâchons de la goûter, Seigneur, en sûreté :
Réduisons nos souhaits à la cause publique,
    N'aimons plus que par politique,
Et dans la conjoncture où le ciel nous a mis,   1440
Faisons des protecteurs, sans faire d'ennemis.
A quel propos aimer, quand ce n'est que déplaire
    A qui nous peut nuire ou servir?
S'il nous en faut l'appui, pourquoi nous le ravir?
Pourquoi nous attirer sa haine et sa colère?   1445

SPITRIDATE.

    Oui, ma sœur, et j'en suis d'accord :
Agésilas, ici maître de notre sort,
Peut nous abandonner à la Perse irritée,
Et nous laisser rentrer, malgré tout notre effort,
Sous la captivité que nous avons quittée.   1450
Cotys ni Lysander ne nous soutiendront pas,
S'il faut que sa colère à nous perdre s'applique.
Aimez, aimez-le donc, du moins par politique,
    Ce redoutable Agésilas.

MANDANE.

Voulez-vous que je le prévienne,   1455

ACTE IV, SCÈNE II.

    Et qu'en dépit de la pudeur
D'un amour commandé l'obéissante ardeur
Fasse éclater ma flamme auparavant la sienne[1]?
On dit que je lui plais, qu'il soupire en secret,
Qu'il retient, qu'il combat ses désirs à regret;   1460
Et cette vanité qui nous est naturelle
Veut croire ainsi que vous qu'on en juge assez bien;
Mais enfin c'est un feu sans aucune étincelle :
J'en crois ce qu'on en dit, et n'en sais encor rien.
S'il m'aime, un tel silence est la marque certaine 1465
    Qu'il craint Sparte et ses dures lois;
Qu'il voit qu'en m'épousant, s'il peut m'y faire reine,
    Il ne peut lui donner des rois[2];
Que sa gloire....

SPITRIDATE.

              Ma sœur, l'amour vaincra sans doute :
Ce héros est à vous, quelques lois qu'il redoute : 1470
Et si par la prière il ne les peut fléchir,
Ses victoires auront de quoi l'en affranchir.
Ces lois, ces mêmes lois s'imposeront silence
    A l'aspect de tant de vertus;
Ou Sparte l'avouera d'un peu de violence,   1475
Après tant d'ennemis à ses pieds abattus.

MANDANE.

C'est vous flatter beaucoup en faveur d'Elpinice,
Que ce prince après tout ne vous peut accorder
    Sans une éclatante injustice,
A moins que vous ayez l'aveu de Lysander.   1480

---

1. Thomas Corneille (1692) et Voltaire après lui (1764) ont ainsi modifié ce vers :

    Ose faire éclater ma flamme avant la sienne?

2. *Var.*   Il ne peut lui donner de rois (a). (1666 et 68)

(a) Cette leçon a été reproduite par l'édition de 1692 et par Voltaire (1764).

D'ailleurs en exiger un hymen qui le gêne,
Et lui faire des lois au milieu de sa cour,
N'est-ce point hautement lui demander sa haine,
Quand vous lui promettez l'objet de son amour?

SPITRIDATE.

Si vous saviez, ma sœur, aimer autant que j'aime....

MANDANE.

Si vous saviez, mon frère, aimer comme je fais,
Vous sauriez ce que c'est que s'immoler soi-même,
Et faire violence à de si doux souhaits.
Je vous en parle en vain. Allez, frère barbare,
Voir à quoi Lysander se résoudra pour vous ; 1490
Et si d'Agésilas la flamme se déclare,
  J'en mourrai, mais je m'y résous.

SCÈNE III.

SPITRIDATE, MANDANE, AGLATIDE.

AGLATIDE.

Vous me quittez, Seigneur; mais vous croyez-vous quitte,
Et que ce soit assez que de me rendre à moi?

SPITRIDATE.

Après tant de froideurs pour mon peu de mérite, 1495
Est-ce vous mal servir que reprendre ma foi?

AGLATIDE.

Non; mais le pouvez-vous, à moins que je la rende?
Et si je vous la rends, savez-vous à quel prix?

SPITRIDATE.

Je ne crois pas pour vous cette perte si grande,
Que vous en souhaitiez d'autre que vos mépris. 1500

AGLATIDE.

Moi, des mépris pour vous!

ACTE IV, SCÈNE III.

SPITRIDATE.

     C'est ainsi que j'appelle
Un feu si bien promis, et si mal allumé.

AGLATIDE.

Si je ne vous aimois, je vous aurois aimé,
Mon devoir m'en étoit un garant trop fidèle.

SPITRIDATE.

Il ne vous répondoit que d'agir un peu tard,   1505
  Et laissoit beaucoup au hasard.
Votre ordre cependant vers une autre me chasse,
Et vous avez quitté la place à votre sœur.

AGLATIDE.

Si je vous ai donné de quoi remplir la place,
Ne me devez-vous point de quoi remplir mon cœur?

SPITRIDATE.

J'en suis au désespoir; mais je n'ai point de frère
Que je puisse à mon tour vous prier d'accepter.

AGLATIDE.

Si vous n'en avez point par qui me satisfaire,
Vous avez une sœur qui vous peut acquitter :
Elle a trop d'un amant et si sa flamme heureuse   1515
Me renvoyoit celui dont elle ne veut plus,
  Je ne suis point d'humeur fâcheuse,
Et m'accommoderois bientôt de ses refus.

SPITRIDATE.

  De tout mon cœur je l'en conjure :
Envoyez-lui Cotys, et même Agésilas,   1520
Ma sœur, et prenez soin d'apaiser ce murmure,
Qui cherche à m'imputer des sentiments ingrats.
Je vous laisse entre vous faire ce grand partage,
Et vais chez Lysander voir quel sera le mien.
Madame, vous voyez, je ne puis davantage;   1525
Et qui fait ce qu'il peut n'est plus garant de rien.

SCÈNE IV.

AGLATIDE, MANDANE.

AGLATIDE.

Vous pourrez-vous résoudre à payer pour ce frère,
Madame, et de deux rois daignant en choisir un,
Me donner en sa place, ou le plus importun,
  Ou le moins digne de vous plaire?   1530
    MANDANE.
  Hélas!
    AGLATIDE.
  Je n'entends pas des mieux
  Comme il faut qu'un hélas s'explique;
Et lorsqu'on se retranche au langage des yeux,
  Je suis muette à la réplique[1].
    MANDANE.
Pourquoi mieux expliquer quel est mon déplaisir? 1535
  Il ne se fait que trop entendre.
    AGLATIDE.
Si j'avois comme vous de deux rois à choisir,
Mes déplaisirs auroient peu de chose à prétendre.
  Parlez donc, et de bonne foi :
Acquittez par ce choix Spitridate envers moi.   1540
Ils sont tous deux à vous.
    MANDANE.
    Je n'y suis pas moi-même.
    AGLATIDE.
Qui des deux est l'aimé?
    MANDANE.
    Qu'importe lequel j'aime,

---

1. « On trouve dans une lettre manuscrite d'un homme de ce temps-là qu'il s'éleva un murmure très-désagréable dans le parterre, à ce vers d'Aglatide. » (Voltaire, *Préface d'Agésilas*.)

Si le plus digne amour, de quoi qu'il soit d'accord,
　　Ne peut décider de mon sort?
　　　　　　　AGLATIDE.
　　Ainsi je dois perdre espérance　　　　　　1545
　　D'obtenir de vous aucun d'eux?
　　　　　　　MANDANE.
　　Donnez-moi votre indifférence,
　　Et je vous les donne tous deux.
　　　　　　　AGLATIDE.
C'en seroit un peu trop : leur mérite est si rare,
　　Qu'il en faut être plus avare.　　　　　　1550
　　　　　　　MANDANE.
Il est grand, mais bien moins que la félicité
　　De votre insensibilité.
　　　　　　　AGLATIDE.
Ne me prenez point tant pour une âme insensible :
Je l'ai tendre, et qui souffre aisément de beaux feux;
Mais je sais ne vouloir que ce qui m'est possible, 1555
　　Quand je ne puis ce que je veux.
　　　　　　　MANDANE.
Laissez donc faire au ciel, au temps, à la fortune :
　　Ne voulez que ce qu'ils voudront;
Et sans prendre¹ d'attache, ou d'idée importune,
Attendez en repos les cœurs qui se rendront.　1560
　　　　　　　AGLATIDE.
Il m'en pourroit coûter mes plus belles années
Avant qu'ainsi deux rois en devinssent le prix;
Et j'aime mieux borner mes bonnes destinées
　　Au plus digne de vos mépris.
　　　　　　　MANDANE.
Donnez-moi donc, Madame, un cœur comme le vôtre,
Et je vous les redonne une seconde fois;

---

1. Il y a, par erreur, *perdre*, au lieu de *prendre*, dans l'édition de 1682.

AGÉSILAS.

Ou si c'est trop de l'un et l'autre,
Laissez-m'en le rebut, et prenez-en le choix.

AGLATIDE.

Si vous leur ordonniez à tous deux de m'en croire,
Et que l'obéissance eût pour eux quelque appas¹, 1570
Peut-être que mon choix satisferoit ma gloire,
Et qu'enfin mon rebut ne vous déplairoit pas.

MANDANE.

Qui peut vous assurer de cette obéissance?
Les rois, même en amour, savent mal obéir;
Et les plus enflammés s'efforcent de haïr 1575
Sitôt qu'on prend sur eux un peu trop de puissance.

AGLATIDE.

Je vois bien ce que c'est, vous voulez tout garder:
Il est honteux de rendre une de vos conquêtes,
Et quoi qu'au plus heureux le cœur veuille accorder,
L'œil règne avec plaisir sur deux si grandes têtes; 1580
Mais craignez que je n'use aussi de tous mes droits.
Peut-être en ai-je encor de garder quelque empire
    Sur l'un et l'autre de ces rois,
Bien qu'à l'envi pour vous l'un et l'autre soupire,
Et si j'en laisse faire à mon esprit jaloux, 1585
Quoique la jalousie assez peu m'inquiète,
Je ne sais s'ils pourront l'un ni l'autre pour vous
    Tout ce que votre cœur souhaite.

(A Cotys.)

Seigneur, vous le savez, ma sœur a votre foi²,
    Et ne vous la rend que pour moi. 1590
    Usez-en comme bon vous semble;
    Mais sachez que je me promets

---

1. Voyez tome I, p. 148, note 3.
2. Voltaire fait des six derniers vers la scène VI (voyez ci-dessus, p. 62, note 1), ayant pour personnages COTYS, MANDANE, AGLATIDE.

De ne vous la rendre jamais,
A moins d'un roi qui vous ressemble.

SCÈNE V.

COTYS, MANDANE.

MANDANE.

L'étrange contre-temps que prend sa belle humeur !
    Et la froide galanterie
D'affecter par bravade à tourner son malheur
    En importune raillerie !
Son cœur l'en désavoue, et murmurant tout bas....

COTYS.

Que cette belle humeur soit véritable ou feinte,   1600
Tout ce qu'elle en prétend ne m'alarmeroit pas,
    Si le pouvoir d'Agésilas
Ne me portoit dans l'âme une plus juste crainte.
Pourrez-vous l'aimer ?

MANDANE.
        Non.

COTYS.
           Pourrez-vous l'épouser ?

MANDANE.

Vous-même, dites-moi, puis-je m'en excuser ?   1605
Et quel bras, quel secours appeler à mon aide,
Lorsqu'un frère me donne, et qu'un amant me cède ?

COTYS.

N'imputez point à crime une civilité
Qu'ici de général vouloit l'autorité.

MANDANE.

Souffrez-moi donc, Seigneur, la même déférence   1610
Qu'ici de nos destins demande l'assurance.

COTYS.
Vous céder par dépit, et d'un ton menaçant
Faire voir qu'on pénètre au cœur du plus puissant,
Qu'on sait de ses refus la plus secrète cause,
Ce n'est pas tant céder l'objet de son amour, 1615
Que presser un rival de paroître en plein jour,
Et montrer qu'à ses vœux hautement on s'oppose.

MANDANE.
Que sert de s'opposer aux vœux d'un tel rival,
 Qui n'a qu'à nous protéger mal
 Pour nous livrer à notre perte? 1620
Seroit-il d'un grand cœur de chercher à périr,
 Quand il voit une porte ouverte
A régner avec gloire aux dépens d'un soupir?

COTYS.
Ah! le change vous plaît[1].

MANDANE.
     Non, Seigneur, je vous aime;
Mais je dois à mon frère, à ma gloire, à vous-même.
 D'un rival si puissant si nous perdons l'appui,
Pourrons-nous du Persan nous défendre sans lui?
L'espoir d'un renouement de la vieille alliance
Flatte en vain votre amour et vos nouveaux desseins.
Si vous ne remettez sa proie entre ses mains, 1630
Oserez-vous y prendre aucune confiance?
 Quant à mon frère et moi, si les Dieux irrités
Nous font jamais rentrer dessous sa tyrannie,
Comme il nous traitera d'esclaves révoltés,
Le supplice l'attend, et moi l'ignominie. 1635
C'est ce que je saurai prévenir par ma mort;

---

1. Cet hémistiche a été ainsi modifié dans l'édition de 1692:
Le changement vous plaît.
— Voltaire a gardé la leçon des éditions antérieures.

ACTE IV, SCÈNE V.

Mais jusque-là, Seigneur, permettez-moi de vivre,
Et que par un illustre et rigoureux effort,
Acceptant les malheurs où mon destin me livre,
Un sacrifice entier de mes vœux les plus doux   1640
Fasse la sûreté de mon frère et de vous.

COTYS.

  Cette sûreté malheureuse
A qui vous immolez votre amour et le mien
  Peut-elle être si précieuse
Qu'il faille l'acheter de mon unique bien ?   1645
Et faut-il que l'amour garde tant de mesure
Avec des intérêts[1] qui lui font tant d'injure ?
Laissez, laissez périr ce déplorable roi,
A qui ces intérêts dérobent votre foi.
Que sert que vous l'aimiez ? et que fait votre flamme
Qu'augmenter son ardeur pour croître ses malheurs,
  Si malgré le don de votre âme
  Votre raison vous livre ailleurs ?
Armez-vous de dédains ; rendez, s'il est possible,
Votre perte pour lui moins grande ou moins sensible ;
Et par pitié d'un cœur trop ardemment épris,
Éteignez-en la flamme à force de mépris.

MANDANE.

L'éteindre ! Ah ! se peut-il que vous m'ayez aimée ?

COTYS.

Jamais si digne flamme en un cœur allumée....

MANDANE.

Non, non ; vous m'en feriez des serments superflus :
Vouloir ne plus aimer, c'est déjà n'aimer plus ;
Et qui peut n'aimer plus ne fut jamais capable
  D'une passion véritable.

---

1. On lit : « Avec tant d'intérêts, » dans l'édition de 1692 et dans celle de Voltaire (1764).

COTYS.
L'amour au désespoir peut-il encor charmer ?
MANDANE.
L'amour au désespoir fait gloire encor d'aimer ; 1665
Il en fait de souffrir et souffre avec constance,
Voyant l'objet aimé partager la souffrance ;
Il regarde ses maux comme un doux souvenir
De l'union des cœurs qui ne sauroit finir ;
Et comme n'aimer plus quand l'espoir abandonne, 1670
C'est aimer ses plaisirs et non pas la personne,
Il fuit cette bassesse, et s'affermit si bien,
Que toute sa douleur ne se reproche rien.
COTYS.
Quel indigne tourment, quel injuste supplice
Succède au doux espoir qui m'osoit tout offrir ! 1675
MANDANE.
Et moi, Seigneur, et moi, n'ai-je rien à souffrir ?
Ou m'y condamne-t-on avec plus de justice ?
Si vous perdez l'objet de votre passion,
Épousez-vous celui de votre aversion ?
Attache-t-on vos jours à d'aussi rudes chaînes ? 1680
Et souffrez-vous enfin la moitié de mes peines ?
Cependant mon amour aura tout son éclat
En dépit du supplice où je suis condamnée ;
Et si notre tyran par maxime d'État
  Ne s'interdit mon hyménée, 1685
Je veux qu'il ait la joie, en recevant ma main,
D'entendre que du cœur vous êtes souverain,
Et que les déplaisirs dont ma flamme est suivie
  Ne cesseront qu'avec ma vie.
Allez, Seigneur, défendre aux vôtres de durer : 1690
  Ennuyez-vous de soupirer,
Craignez de trop souffrir, et trouvez en vous-même
L'art de ne plus aimer dès qu'on perd ce qu'on aime.

ACTE IV, SCÈNE V.

Je souffrirai pour vous, et ce nouveau malheur,
      De tous mes maux le plus funeste,   1695
D'un trait assez perçant armera ma douleur
Pour trancher de mes jours le déplorable reste.

COTYS.

Que dites-vous, Madame? et par quel sentiment....

CLÉON[1].

Spitridate, Seigneur, et Lysander vous prient
De vouloir avec eux conférer un moment.   1700

MANDANE.

Allez, Seigneur, allez, puisqu'ils vous en convient.
Aimez, cédez, souffrez, ou voyez si les Dieux
Voudront vous inspirer quelque chose de mieux.

---

1. Voltaire fait de ce qui suit une scène à part, la scène VIII (voyez ci-dessus, p. 62, note 1, et p. 72, note 2). Dans les éditions anciennes, y compris celle de 1692, le nom de CLÉON ne figure pas même en tête de la scène V.

FIN DU QUATRIÈME ACTE.

ACTE V.

SCÈNE PREMIÈRE.
AGÉSILAS, XÉNOCLÈS.

XÉNOCLÈS.
Je remets en vos mains et l'une et l'autre lettre
Que l'esclave Damis aux miennes vient de mettre. 1705
Vous y verrez, Seigneur, quels sont les attentats....
(Il lui donne deux lettres, dont il lit l'inscription.)
AGÉSILAS.
AU SÉNATEUR CRATÈS, A L'ÉPHORE ARSIDAS.
Spitridate et Cotys sont de l'intelligence?
XÉNOCLÈS.
Non; il s'est caché d'eux en cette conférence;
Il a plaint leur malheur, et de tout son pouvoir; 1710
Mais sa prudence enfin tous deux vous les renvoie,
  Sans leur donner aucun espoir
D'obtenir que de vous ce qui feroit leur joie.
AGÉSILAS.
Par cette déférence il croit les mieux aigrir;
Et rejetant sur moi ce qu'ils ont à souffrir.... 1715
XÉNOCLÈS.
  Vous avez mandé Spitridate,
Il entre ici.
AGÉSILAS.
  Gardons qu'à ses yeux rien n'éclate.

SCÈNE II.

AGÉSILAS, SPITRIDATE, XÉNOCLÈS

AGÉSILAS.

Aglatide, Seigneur, a-t-elle encor vos vœux?

SPITRIDATE.

Non, Seigneur; mais enfin ils ne vont pas loin d'elle,
Et sa sœur a fait naître une flamme nouvelle   1720
    En la place des premiers feux.

AGÉSILAS.

Elpinice?

SPITRIDATE.

  Elle-même.

AGÉSILAS.

        Ainsi toujours pour gendre
Vous vous donnez à Lysander?

SPITRIDATE.

Seigneur, contre l'amour peut-on bien se défendre?
A peine attaque-t-il qu'on brûle de se rendre :   1725
Le plus ferme courage est ravi de céder;
Et j'ai trouvé ma foi plus facile à reprendre
    Que mon cœur à redemander.

AGÉSILAS.

Si vous considériez....

SPITRIDATE.

        Seigneur, que considère
Un cœur d'un vrai mérite heureusement charmé?   1730
L'amour n'est plus amour sitôt qu'il délibère,
Et vous le sauriez trop si vous aviez aimé.

AGÉSILAS.

Seigneur, j'aimois à Sparte et j'aime dans Éphèse.
    L'un et l'autre objet est charmant;
Mais bien que l'un m'ait plu, bien que l'autre me plaise,

Ma raison m'en a su défendre également.
SPITRIDATE.
La mienne suivroit mieux un plus commun exemple.
Si vous aimez, Seigneur, ne vous refusez rien,
    Ou souffrez que je vous contemple
    Comme un cœur au-dessus du mien. 1740
Des climats différents la nature est diverse :
La Grèce a des vertus qu'on ne voit point en Perse.
Permettez qu'un Persan n'ose vous imiter,
Que sur votre partage il craigne d'attenter,
    Qu'il se contente à moins de gloire, 1745
Et trouve en sa foiblesse un destin assez doux
Pour ne point envier cette haute victoire,
Que vous seul avez droit de remporter sur vous.
AGÉSILAS.
Mais de mon ennemi rechercher l'alliance!
SPITRIDATE.
De votre ennemi!
AGÉSILAS.
    Non, Lysander ne l'est pas; 1750
Mais s'il faut vous le dire, il y court à grands pas.
SPITRIDATE.
C'en est assez : je dois me faire violence
Et renonce à plus croire ou mes yeux, ou mon cœur.
Ne m'ordonnez-vous rien sur l'hymen de ma sœur?
Cotys l'aime.
AGÉSILAS.
    Il est roi, je ne suis pas son maître; 1755
Et Mandane ni vous n'êtes pas mes sujets.
L'aime-t-elle?
SPITRIDATE.
    Il se peut. Lui ferai-je connoître
    Que vous auriez d'autres projets?

ACTE V, SCÈNE II.

AGÉSILAS.

C'est me connoître mal; je ne contrains personne.

SPITRIDATE.

Peut-être qu'elle n'aime encor que sa couronne; 1760
Et je ne sais pas bien où pencheroit son choix,
Si le ciel lui donnoit à choisir de deux rois.
Vous l'avez jusqu'ici de tant d'honneurs comblée,
    De tant de faveurs accablée,
Qu'à vos ordres ses vœux sans peine assujettis.... 1765

AGÉSILAS.

L'ingrate!

SPITRIDATE.

    Je réponds de sa reconnoissance,
Et qu'elle ne consent à l'espoir de Cotys
Que pour le maintenir dans votre dépendance.
Pourroit-elle, Seigneur, davantage pour vous[1]?

AGÉSILAS.

Non; mais qui la pressoit de choisir un époux? 1770

SPITRIDATE.

L'occasion d'un roi, Seigneur, est bien pressante.
Les plus dignes objets ne l'ont pas chaque jour;
    Elle échappe à la moindre attente
    Dont on veut éprouver l'amour.
A moins que de la prendre au moment qu'elle arrive,
On s'expose aux périls de l'accepter trop tard,
Et l'asile est si beau pour une fugitive,
Qu'elle ne peut sans crime en rien mettre au hasard.

AGÉSILAS.

Elle eût peu hasardé peut-être pour attendre.

SPITRIDATE.

Voyoit-elle en ces lieux un plus illustre espoir? 1780

---

1. L'édition de 1682 donne seule, par une faute évidente, *nous*, au lieu de *vous*.

AGÉSILAS.
Comme l'amour n'entend que ce qu'il veut entendre,
  Il ne voit que ce qu'il veut voir.
Si je l'ai jusqu'ici de tant d'honneurs comblée,
  De tant de faveurs accablée,
Ces faveurs, ces honneurs ne lui disoient-ils rien? 1785
Elle les entendoit[1] trop bien en dépit d'elle :
  Mais l'ingrate! mais la cruelle!...
Seigneur, à votre tour vous m'entendez trop bien.
Qu'elle aille chez Cotys partager sa couronne;
Je n'y mets point d'obstacle, et n'en veux rien savoir :
Soit que l'ambition, soit que l'amour la donne,
  Vous avez tous deux tout pouvoir.
Si pourtant vous m'aimiez....

SPITRIDATE.
              Soyez sûr de mon zèle.
Ma parole à Cotys est encore à donner.
Mais si cet hyménée a de quoi vous gêner, 1795
  Mandane que deviendra-t-elle?

AGÉSILAS.
Allez, encore un coup, allez en d'autres lieux
Épargner par pitié cette gêne à mes yeux;
Sauvez-moi du chagrin de montrer que je l'aime.

SPITRIDATE.
Elle vient recevoir vos ordres elle-même. 1800

---

1. Ici, par une autre erreur, l'édition de 1682 porte *attendoit*, pour *entendoit*.

SCÈNE III.

AGÉSILAS, SPITRIDATE, MANDANE, XÉNOCLÈS.

AGÉSILAS.
O vue! ô sur mon cœur regards trop absolus!
Que vous allez troubler mes vœux irrésolus!
Ne partez pas, Madame. O ciel! j'en vais trop dire.
MANDANE.
Je conçois mal, Seigneur, de quoi vous me parlez.
Moi partir?
AGÉSILAS.
Oui, partez, encor que j'en soupire. 1805
Que ce mot ne peut-il suffire!
MANDANE.
Je conçois encor moins pourquoi vous m'exilez.
AGÉSILAS.
J'aime trop à vous voir et je vous ai trop vue:
C'est, Madame, ce qui me tue.
Partez, partez, de grâce.
MANDANE.
Où me bannissez-vous? 1810
AGÉSILAS.
Nommez-vous un exil le trône d'un époux?
MANDANE.
Quel trône, et quel époux?
AGÉSILAS.
Cotys....
MANDANE.
Je crois qu'il m'aime;
Mais si je vous regarde ici comme mon roi
Et comme un protecteur que j'ai choisi moi-même,
Puis-je sans votre aveu l'assurer de ma foi? 1815

Après tant de bontés et de marques d'estime,
A vous moins déférer je croirois faire un crime;
Et mon âme....
AGÉSILAS.
Ah! c'est trop déférer, et trop peu.
Quoi? pour cet hyménée exiger mon aveu!
MANDANE.
Jusque-là mon bonheur n'aura qu'incertitude;   1820
Et bien qu'une couronne éblouisse aisément....
SPITRIDATE.
Ma sœur, il faut parler un peu plus clairement :
Le Roi s'est plaint à moi de votre ingratitude.
MANDANE.
Et je me plains à lui des inégalités
Qu'il me force de voir lui-même en ses bontés.   1825
   Tout ce que pour un autre a voulu ma prière,
Vous me l'avez, Seigneur, et sur l'heure accordé[1];
Et pour mes intérêts ce qu'on a demandé
Prête à de prompts refus une digne matière!
AGÉSILAS.
   Si vous vouliez avoir des yeux   1830
Pour voir de ces refus la véritable cause....
SPITRIDATE.
N'est-ce pas assez dire, et faut-il autre chose?
Voyez mieux sa pensée, ou répondez-y mieux.
Ces refus obligeants veulent qu'on les entende :
Ils sont de ses faveurs le comble, et la plus grande.   1835
Tout roi qu'est votre amant, perdez-le sans ennui,
Lorsqu'on vous en destine un plus puissant que lui.
M'en désavouerez-vous, Seigneur!

---

1. Comparez ce vers au vers 1454 de *Cinna*, acte V, scène I, et un peu plus loin, les vers 1982 et suivants aux vers 1696 et suivants de la même pièce, acte V, scène III.

AGÉSILAS.
                    Non, Spitridate.
C'est inutilement que ma raison me flatte :
Comme vous j'ai mon foible ; et j'avoue à mon tour   1840
Qu'un si triste secours défend mal de l'amour.
Je vois par mon épreuve avec quelle injustice
          Je vous refusois Elpinice :
Je cesse de vous faire une si dure loi.
Allez ; elle est à vous, si Mandane est à moi.   1845
Ce que pour Lysander je semble avoir de haine
Fera place aux douceurs de cette double chaîne,
          Dont vous serez le nœud commun ;
Et cet heureux hymen, accompagné du vôtre,
Nous rendant entre nous garant de l'un vers l'autre,
          Réduira nos trois cœurs en un.
Madame, parlez donc.
            SPITRIDATE.
                    Seigneur, l'obéissance
          S'exprime assez par le silence,
Trouvez bon que je puisse apprendre à Lysander
La grâce qu'à ma flamme il vous plaît d'accorder.   1855

SCÈNE IV.
AGÉSILAS, MANDANE, XÉNOCLÈS.
            AGÉSILAS.
En puis-je pour la mienne espérer une égale,
Madame ? ou ne sera-ce en effet qu'obéir ?
            MANDANE.
          Seigneur, je croirois vous trahir
Et n'avoir pas pour vous une âme assez royale,
Si je vous cachois rien des justes sentiments   1860
Que m'inspire le ciel pour deux rois mes amants.
    J'ai vu que vous m'aimiez ; et sans autre interprète
J'en ai cru vos faveurs qui m'ont si peu coûté ;

J'en ai cru vos bontés, et l'assiduité
Qu'apporte à me chercher votre ardeur inquiète. 1865
    Ma gloire y vouloit consentir;
Mais ma reconnoissance a pris soin de la vôtre.
Vos feux la hasardoient, et pour les amortir
J'ai réduit mes desirs à pencher vers un autre.
    Pour m'épouser, vous le pouvez, 1870
Je ne saurois former de vœux plus élevés;
Mais avant que juger ma conquête assez haute,
De l'œil dont il faut voir ce que vous vous devez,
Voyez ce qu'elle donne, ou plutôt ce qu'elle ôte.
    Votre Sparte si haut porte sa royauté, 1875
Que tout sang étranger la souille et la profane:
Jalouse de ce trône où vous êtes monté,
    Y faire seoir une Persane,
C'est pour elle une étrange et dure nouveauté;
Et tout votre pouvoir ne peut m'y donner place, 1880
Que vous n'y renonciez pour toute votre race.
Vos éphores peut-être oseront encor plus;
Et si votre sénat avec eux se soulève,
Si de me voir leur reine indignés et confus,
Ils m'arrachent d'un trône où votre choix m'élève....
Pensez bien à la suite avant que d'achever,
Et si ce sont périls que vous deviez braver.
Vous les voyez si bien que j'ai mauvaise grâce
    De vous en faire souvenir;
Mais mon zèle a voulu cette indiscrète audace, 1890
Et moi je n'ai pas cru devoir la retenir.
Que la suite, après tout, vous flatte ou vous traverse,
Ma gloire est sans pareille aux yeux de l'univers,
S'il voit qu'une Persane au vainqueur de la Perse
Donne à son tour des lois, et l'arrête en ses fers. 1895
Comme votre intérêt m'est plus considérable,
Je tâche de vous rendre à des destins meilleurs.

Mon amour peut vous perdre, et je m'attache ailleurs,
  Pour être pour vous moins aimable.
Voilà ce que devoit un cœur reconnoissant.   1900
  Quant au reste, parlez en maître,
  Vous êtes ici tout-puissant.

AGÉSILAS.

Quand peut-on être ingrat, si c'est là reconnoître?
Et que puis-je sur vous si le cœur n'y consent?

MANDANE.

Seigneur, il est donné; la main n'est pas donnée; 1905
Et l'inclination ne fait que l'hyménée.
Au défaut de ce cœur, je vous offre une foi
Sincère, inviolable, et digne enfin de moi.
Voyez si ce partage aura pour vous des charmes.
Contre l'amour d'un roi c'est assez raisonner.   1910
J'aime, et vais toutefois attendre sans alarmes
  Ce qu'il lui plaira m'ordonner.
Je fais un sacrifice assez noble, assez ample,
  S'il en veut un en ce grand jour;
Et s'il peut se résoudre à vaincre son amour,   1915
J'en donne à son grand cœur un assez haut exemple,
Qu'il écoute sa gloire ou suive son desir,
  Qu'il se fasse grâce ou justice,
Je me tiens prête à tout, et lui laisse à choisir
  De l'exemple ou du sacrifice.   1920

SCÈNE V.

AGÉSILAS, XÉNOCLÈS.

AGÉSILAS.

Qu'une Persane m'ose offrir un si grand choix!
Parmi nous qui traitons la Perse de barbare,
  Et méprisons jusqu'à ses rois,
Est-il plus haut mérite? est-il vertu plus rare?

Cependant mon destin à ce point est amer, 1925
Que plus elle mérite, et moins je dois l'aimer ;
Et que plus ses vertus sont dignes de l'hommage
Que rend toute mon âme à cet illustre objet,
Plus je la dois fermer à tout autre projet
Qu'à celui d'égaler sa grandeur de courage. 1930

XÉNOCLÈS.

Du moins vous rendre heureux, ce n'est plus hasarder.
Puisqu'un si digne amour fait grâce à Lysander,
  Il n'a plus lieu de se contraindre :
Vous devenez par là maître de tout l'État ;
Et ce grand homme à vous, vous n'avez plus à craindre
  Ni d'éphores ni de sénat.

AGÉSILAS.

Je n'en suis pas encor d'accord avec moi-même.
J'aime ; mais, après tout, je hais autant que j'aime ;
Et ces deux passions qui règnent tour à tour
Ont au fond de mon cœur si peu d'intelligence, 1940
Qu'à peine immole-t-il la vengeance à l'amour,
Qu'il voudroit immoler l'amour à la vengeance.
Entre ce digne objet et ce digne ennemi,
  Mon âme incertaine et flottante,
Quoi que l'un me promette et quoi que l'autre attente,
Ne se peut ni dompter, ni croire qu'à demi :
Et plus des deux côtés je la sens balancée,
Plus je vois clairement que si je veux régner,
Moi qui de Lysander vois toute la pensée,
Il le faut tout à fait ou perdre ou regagner ; 1950
Qu'il est temps de choisir.

XÉNOCLÈS.

    Qu'il seroit magnanime
De vaincre et la vengeance et l'amour à la fois !

AGÉSILAS.

Il faudroit, Xénoclès, une âme plus sublime.

XÉNOCLÈS.

Il ne faut que vouloir : tout est possible aux rois.

AGÉSILAS.

Ah! si je pouvois tout, dans l'ardeur qui me presse 1955
Pour ces deux passions qui partagent mes vœux,
  Peut-être aurois-je la foiblesse
  D'obéir à toutes les deux.

SCÈNE VI.

AGÉSILAS, LYSANDER, XÉNOCLÈS.

LYSANDER.

Seigneur, il vous a plu disposer d'Elpinice ;
Nous devons, elle et moi, beaucoup à vos bontés ; 1960
Et je serai ravi qu'elle vous obéisse,
Pourvu que de Cotys les vœux soient acceptés.
J'en ai donné parole, il y va de ma gloire.
Spitridate, sans lui, ne sauroit être heureux ;
Et donner mon aveu, s'ils ne le sont tous deux, 1965
C'est faire à mon honneur une tache trop noire.
  Vous pouvez nous parler en roi.
  Ma fille vous doit plus qu'à moi :
Commandez, elle est prête, et je saurai me taire.
  N'exigez rien de plus d'un père. 1970
Il a tenu toujours vos ordres à bonheur ;
  Mais rendez-lui cette justice
De souffrir qu'il emporte au tombeau cet honneur,
Qui fait l'unique prix de trente ans de service.

AGÉSILAS.

Oui, vous l'y porterez, et du moins de ma part 1975
Ce précieux honneur ne court aucun hasard.
On a votre parole, et j'ai donné la mienne ;
Et pour faire aujourd'hui que l'une et l'autre tienne,

Il faut vaincre un amour qui m'étoit aussi doux
  Que votre gloire l'est pour vous,   1980
Un amour dont l'espoir ne voyoit plus d'obstacle.
Mais enfin il est beau de triompher de soi,
  Et de s'accorder ce miracle,
Quand on peut hautement donner à tous la loi,
Et que le juste soin de combler notre[1] gloire   1985
Demande notre cœur pour dernière victoire.
Un roi né pour l'éclat des grandes actions
  Dompte jusqu'à ses passions,
Et ne se croit point roi, s'il ne fait sur lui-même
Le plus illustre essai de son pouvoir suprême.   1990

(A Xénoclès.)

Allez dire à Cotys que Mandane est à lui;
Que si mes feux aux siens ne l'ont pas accordée,
Pour venger son amour de ce moment d'ennui,
Je veux la lui céder comme il me l'a cédée.
Oyez de plus.

(Il parle à l'oreille à Xénoclès, qui s'en va[2].)

SCÈNE VII.

AGÉSILAS, LYSANDER.

AGÉSILAS.

Eh bien! vos mécontentements   1995
  Me seront-ils encore à craindre?
Et vous souviendrez-vous des mauvais traitements
Qui vous avoient donné tant de lieu de vous plaindre?

LYSANDER.

Je vous ai dit, Seigneur, que j'étois tout à vous;

---

1. L'édition de 1682 donne, par erreur encore, *votre*, pour *notre*.
2. Dans l'édition de Voltaire (1764) : *Il parle bas à Xénoclès, qui sort.* Voyez tome VI, p. 650, note 2.

ACTE V, SCÈNE VII.

Et j'y suis d'autant plus, que malgré l'apparence, 2000
Je trouve des bontés qui passent l'espérance,
Où je n'avois cru voir que des soupçons jaloux.

AGÉSILAS.

Et que va devenir cette docte harangue
Qui du fameux Cléon doit ennoblir la langue[1]?

LYSANDER.

Seigneur....

AGÉSILAS.

Nous sommes seuls, j'ai chassé Xénoclès :
Parlons confidemment. Que venez-vous d'écrire
A l'éphore Arsidas, au sénateur Cratès?
Je vous défère assez pour n'en vouloir rien lire[2];
Tout est encor fermé. Voyez.

LYSANDER.

Je suis coupable,
Parce qu'on me trahit, que l'on vous sert trop bien,
Et que par un effort de prudence admirable,
Vous avez su prévoir de quoi seroit capable,
Après tant de mépris, un cœur comme le mien.
Ce dessein toutefois ne passera pour crime
Que parce qu'il est sans effet; 2015
Et ce qu'on va nommer forfait
N'a rien qu'un plein succès n'eût rendu légitime.
Tout devient glorieux pour qui peut l'obtenir,
Et qui le manque est à punir.

AGÉSILAS.

Non, non; j'aurois plus fait peut-être en votre place :
Il est naturel aux grands cœurs
De sentir vivement de pareilles rigueurs;

---

1. Voyez ci-dessus, p. 37, note 1, et p. 52, vers 1096 et suivants.
2. On lit ici dans l'édition de 1692 un vers de plus, que Voltaire donne également :
  Avec moi n'appréhendez rien.

Et vous m'offenseriez de douter de ma grâce.
Comme roi, je la donne, et comme ami discret
  Je vous assure du secret.   2025
Je remets en vos mains tout ce qui vous peut nuire.
Vous m'avez trop servi pour m'en trouver ingrat;
Et d'un trop grand soutien je priverois l'État
Pour des ressentiments où j'ai su vous réduire.
Ma puissance établie et mes droits conservés   2030
Ne me laissent point d'yeux pour voir votre entreprise.
Dites-moi seulement avec même franchise,
Vous dois-je encor bien plus que vous ne me devez?

LYSANDER.

Avez-vous pu, Seigneur, me devoir quelque chose?
Qui sert le mieux son roi ne fait que son devoir.   2035
En vous de tout l'État j'ai défendu la cause,
Quand je l'ai fait tomber dessous votre pouvoir.
Le zèle est tout de feu quand ce grand devoir presse;
Et comme à le moins suivre on s'en acquitte mal,
Le mien vous servit moins qu'il ne servit la Grèce, 2040
Quand j'en sus ménager les cœurs avec adresse
   Pour vous en faire général.
Je vous dois cependant et la vie et ma gloire;
  Et lorsqu'un dessein malheureux
Peut me coûter le jour et souiller ma mémoire,   2045
La magnanimité de ce cœur généreux....

AGÉSILAS.

Reprochez-moi plutôt toutes mes injustices,
Que de plus ravaler de si rares services.
Elles ont fait le crime, et j'en tire ce bien,
Que j'ai pu m'acquitter et ne vous dois plus rien. 2050
  A présent que la gratitude
Ne peut passer pour dette en qui s'est acquitté[1],

---

1. Ce vers a été omis dans l'édition de 1632.

Vos services, payés d'un traitement si rude,
Vont recevoir de moi ce qu'ils ont mérité.
S'ils ont su conserver un trône en ma famille, 2055
J'y veux par mon hymen faire seoir votre fille :
C'est ainsi qu'avec vous je puis le partager.

LYSANDER.

Seigneur, à ces bontés, que je n'osois attendre,
Que puis-je....

AGÉSILAS.

Jugez-en comme il en faut juger,
Et surtout commencez d'apprendre 2060
Que les rois sont jaloux du souverain pouvoir,
Qu'ils aiment qu'on leur doive, et ne peuvent devoir,
Que rien à leurs sujets n'acquiert l'indépendance,
Qu'ils règlent à leur choix l'emploi des plus grands cœurs;
Qu'ils ont pour qui les sert des grâces, des faveurs,
Et qu'on n'a jamais droit sur leur reconnoissance.
Prenons dorénavant, vous et moi, pour objet,
Les devoirs qu'il faudra l'un à l'autre nous rendre :
N'oubliez pas ceux d'un sujet[1],
Et j'aurai soin de ceux d'un gendre. 2070

SCÈNE VIII.

AGÉSILAS, LYSANDER, AGLATIDE conduite par XÉNOCLÈS.

AGLATIDE.

Sur un ordre, Seigneur, reçu de votre part,
Je viens, étonnée et surprise
De voir que tout d'un coup un roi m'en favorise,
Qui me daignoit à peine honorer d'un regard.

1. *Var.*   N'oubliez plus ceux d'un sujet. (1666 et 68)

AGÉSILAS.
Sortez d'étonnement. Les temps changent, Madame,
Et l'on n'a pas toujours mêmes yeux ni même âme.
Pourriez-vous de ma main accepter un époux?
AGLATIDE.
Si mon père y consent, mon devoir me l'ordonne;
Ce me sera trop d'heur de le tenir de vous.
Mais avant que savoir quelle en est la personne, 2080
Pourrois-je vous parler avec la liberté
Que me souffroit à Sparte un feu trop écouté,
Alors qu'il vous plaisoit, ou m'aimer ou me dire
Qu'en votre cœur mes yeux s'étoient fait un empire?
Non que j'y pense encor; j'apprends de vous, Seigneur,
Qu'on change avec le temps, d'âme, d'yeux et de cœur.
AGÉSILAS.
Rappelez ces beaux jours pour me parler sans feindre;
Mais si vous le pouvez, Madame, épargnez-moi.
AGLATIDE.
Ce seroit sans raison que j'oserois m'en plaindre:
L'amour doit être libre, et vous êtes mon roi. 2090
Mais puisque jusqu'à vous vous m'avez fait prétendre,
N'obligez point, Seigneur, cet espoir à descendre,
  Et ne me faites point de lois
Qui profanent l'honneur de votre premier choix.
  J'y trouvois pour moi tant de gloire, 2095
J'en chéris à tel point la flatteuse mémoire,
Que je regarderois comme un indigne époux
Quiconque m'offriroit un moindre rang que vous.
  Si cet orgueil a quelque crime,
Il n'en faut accuser que votre trop d'estime: 2100
Ce sont des sentiments que je ne puis trahir.
Après cela, parlez; c'est à moi d'obéir.
AGÉSILAS.
Je parlerai, Madame, avec même franchise.

J'aime à voir cet orgueil que mon choix autorise
A dédaigner les vœux de tout autre qu'un roi : 2105
J'aime cette hauteur en un jeune courage ;
Et vous n'aurez point lieu de vous plaindre de moi,
Si votre heureux destin dépend de mon suffrage.

SCÈNE IX.

AGÉSILAS, LYSANDER, COTYS, SPITRIDATE, MANDANE, ELPINICE, AGLATIDE, XÉNOCLÈS.

COTYS.
Seigneur, à vos bontés nous venons consacrer,
  Et Mandane et moi, notre vie. 2110
SPITRIDATE.
De pareilles faveurs, Seigneur, nous font rentrer
  Pour vous faire voir même envie.
AGÉSILAS.
  Je vous ai fait justice à tous,
Et je crois que ce jour vous doit être assez doux,
Qui de tous vos souhaits à votre gré décide ; 2115
Mais pour le rendre encor plus doux et plus charmant,
Sachez que Sparte voit sa reine en Aglatide,
A qui le ciel en moi rend son premier amant.
AGLATIDE.
C'est me faire, Seigneur, des surprises nouvelles.
AGÉSILAS.
Rendons nos cœurs, Madame, à des flammes si belles ;
Et tous ensemble allons préparer ce beau jour
Qui par un triple hymen couronnera l'amour !

FIN DU CINQUIÈME ET DERNIER ACTE.

ATTILA
ROI DES HUNS
TRAGÉDIE
1667

NOTICE.

« *Attila*, dit Voltaire au commencement de la *Préface* qu'il a placée en tête de cette pièce, parut malheureusement la même année qu'*Andromaque*. La comparaison ne contribua pas à faire remonter Corneille à ce haut point de gloire où il s'était élevé : il baissait, et Racine s'élevait. » Tout en reconnaissant la justesse de ces réflexions un peu banales, on ne doit pas oublier qu'*Andromaque* ne fut jouée que huit mois après *Attila*, et ne put par conséquent entraver en rien le succès de cet ouvrage. Ce fut à la troupe de Molière, établie au Palais-Royal, que Corneille le confia. On lit dans le registre de Lagrange, sous la date du 4 mars 1667 : « *Attila*, pièce nouvelle de M. Corneille l'aîné, pour laquelle on lui donna deux mille livres, prix fait. »

Robinet racontant dans une *Lettre en vers à Madame*, du 13 mars 1667, une noce somptueuse, ajoute :

> Mais parlons un peu d'*Attila*:
> Car ce fut cette pièce-là
> Qui servit à ce grand régale
> . . . .
> Cette dernière des merveilles
> De l'aîné des fameux Corneilles
> Est un poëme sérieux,
> Où cet auteur si glorieux,
> Avecque son style énergique,
> Des plus propres pour le tragique,
> Nous peint, en peignant Attila,
> Tout à fait bien ce règne-là,
> Et de telle façon s'explique
> En matière de politique,

Qu'il semble avoir, en bonne foi,
Été grand ministre ou grand roi.
Tel enfin est ce grand ouvrage
Qu'il ne se sent point de son âge,
Et que d'un roi des plus mal né
D'un héros qui saigne du nez,
Il a fait, malgré les critiques,
Le plus beau de ses dramatiques.
  Mais on peut dire aussi cela
Qu'après lui le même *Attila*
Est, par le sieur la Thorillère,
Représenté d'une manière
Qu'il donne l'âme à ce tableau
Qu'en a fait son parlant pinceau.
  Toute la compagnie au reste (*La troupe du Roi, au Palais-Royal.*)
Ses beaux talents y manifeste,
Et chacun selon son emploi
Se montre digne d'être au Roi.
Bref les acteurs et les actrices
De plus d'un sens font les délices
Par leurs attraits, et leurs habits,
Qui ne sont pas d'un petit prix;
Et mêmes une confidente (*Mlle Molière*[1].)
N'y paroît pas la moins charmante,
Et maint, le cas est évident,
Voudroit en être confident.
Sur cet avis, qui vaut l'affiche,
Voyez demain si je vous triche.

La Thorillière père, d'après ce qu'on sait de son genre de talent[2], était loin de posséder l'énergie sauvage qui eût été nécessaire pour remplir dignement le rôle d'Attila; toutefois, un des plus grands admirateurs de Corneille, Saint-Évremont, raisonnant à ce sujet de la façon la plus surprenante, s'applaudissait de ce que son poëte de prédilection avait rencontré un aussi médiocre interprète. Il écrivait à M. de Lyonne : « A peine ai-je eu le loisir de jeter les yeux sur *Andromaque* et sur *Attila;* cependant il me paraît qu'*Andro-*

1. C'est-à-dire Armande Béjart, femme de Molière, qui remplissait le rôle de Flavie.
2. Voyez le Mazurier, *Galerie historique du théâtre français*, tome I, p. 543.

manque a bien l'air des belles choses.... Vous avez raison de dire que cette pièce est déchue par la mort de Montfleury; car elle avoit besoin de grands comédiens pour remplir, par l'action, ce qui lui manque. *Attila*, au contraire, a dû gagner quelque chose à la mort de cet acteur; un grand comédien eût trop poussé un rôle assez plein de lui-même, et eût fait faire trop d'impression à sa férocité sur les âmes tendres. »

Le registre de Lagrange constate que la pièce eut vingt représentations consécutives et trois autres encore dans la même année : c'était, pour le temps, un véritable succès. Cela n'empêcha point Boileau de faire cette épigramme si connue, si facile à retenir :

>   Après l'*Agésilas*,
>   Hélas!
>   Mais après l'*Attila*,
>   Holà!

qui est devenue dans la bouche de bien des amateurs, et même de beaucoup de critiques, une réponse sans réplique, une de ces fins de non-recevoir aussi décisives que le *Tarte à la Crème* du marquis dans *la Critique de l'École des femmes*.

Les faiseurs d'*ana*, qui aiment à exagérer les distractions et la naïveté des hommes de génie, prétendent que ces vers ne blessèrent nullement l'amour-propre, pourtant fort susceptible, du poëte contre lequel ils étaient dirigés. « Corneille s'y méprit lui-même, dit Monchesnay[1], et les tourna à son avantage, comme si l'auteur avoit voulu dire que la première de ces pièces excitoit parfaitement la pitié, et que l'autre étoit le *non plus ultra* de la tragédie. »

On comprendrait mieux que Corneille eût effectivement pris le change sur le passage suivant de la neuvième satire, où la critique est plus indirecte et mieux déguisée :

>   Tous les jours à la cour un sot de qualité
>   Peut juger de travers avec impunité;
>   A Malherbe, à Racan, préférer Théophile,
>   Et le clinquant du Tasse à tout l'or de Virgile.
>   Un clerc, pour quinze sous, sans craindre le holà,
>   Peut aller au parterre attaquer Attila,

---

1. *Bolæana*, 1742, in-12, p. 40 et 41.

Et si le roi des Huns ne lui charme l'oreille,
Traiter de Visigoths tous les vers de Corneille.

Ce dernier vers nous indique, si je ne me trompe, un point qui choquait tout particulièrement Boileau dans *Attila* : je veux dire le choix des noms propres, choix si important à ses yeux et au sujet duquel il disait quelque temps après dans l'*Art poétique* (chant III, vers 243 et 244) :

D'un seul nom quelquefois le son dur ou bizarre
Rend un poëme entier ou burlesque ou barbare;

et Voltaire était bien du même avis lorsqu'il écrivait dans la *Préface* que nous avons déjà citée : « Corneille, dans sa tragédie d'*Attila*, fait paraître Hildione, une princesse sœur d'un prétendu roi de France; elle s'appelait Hildecone à la première représentation; on changea ensuite ce nom ridicule[1]. » Qu'eût-ce été si Corneille, au lieu d'adopter à peu près, en le francisant, le nom d'Ildico, qui lui était donné par Priscus et Jornandès[2], eût connu les traditions du Nord et choisi les formes plus pures de *Hiltgund, Hiltegunt*, Hildegonde, » qu'elles nous ont conservées[3]?

Le privilége d'*Attila* avait été accordé à Guillaume de Luyne « le 25ᵉ jour de novembre 1666, » ce qui fait penser qu'à cette époque cette pièce était déjà composée. L'Achevé d'imprimer est du « vingtième novembre 1667, et néanmoins, suivant un usage aujourd'hui général dans la librairie, et qui, on le voit, était déjà suivi dès cette époque, le frontispice de l'édition originale porte la date de 1668.

Le titre de l'ouvrage est ainsi conçu : ATTILA, ROY DES HVNS, TRAGEDIE par P. Corneille. *A Paris, Guillaume de Luyne, Libraire Iuré, au Palais*. M.DC.LXVIII. Le volume, de format in-12, se compose de 4 feuillets et de 78 pages. Le libraire de Luyne avait fait part de son privilége à Thomas Jolly et à Billaine. Nous avons sous les yeux un exemplaire dont le titre, à l'adresse de Jolly, porte *T.* (au lieu de *P.*) *Corneille*.

1. *Préface d'Attila*, p. 7 et 8. Le nom est *Ildione* dans Corneille.
2. Voyez Jornandès, *de Getarum origine et rebus gestis*, chapitre XLIX. Jornandès s'appuie sur l'autorité de Priscus.
3. Voyez *Histoire d'Attila*.... par M. Amédée Thierry, 1856, tome I, p. 226, et tome II, p. 307 et suivantes.

AU LECTEUR[1].

Le nom d'Attila[2] est assez connu; mais tout le monde n'en connoît pas tout le caractère. Il étoit plus homme de tête que de main[3], tâchoit à diviser ses ennemis, ravageoit les peuples indéfendus, pour donner de la terreur aux autres, et tirer tribut de leur épouvante, et s'étoit fait un tel empire sur les rois qui l'accompagnoient, que quand même il leur eût commandé des parricides, ils n'eussent osé lui désobéir. Il est malaisé de savoir quelle étoit sa religion : le surnom de *Fléau de Dieu*[4], qu'il prenoit lui-même, montre qu'il n'en croyoit pas plusieurs. Je l'estimerois a rien comme les Ostrogoths et les Gépides[5] de son armée, n'étoit la pluralité des femmes, que je lui ai retranchée ici. Il croyoit fort aux devins, et c'étoit peut-être tout ce qu'il croyoit. Il envoya demander par deux fois à l'empereur Valentinian[6] sa sœur Hono-

---

1. Le titre *Au lecteur* ne se trouve que dans l'édition originale, 1668. Voyez tome VI, p. 357, note 1.
2. Attila, roi des Huns, qui commença à régner l'an de Jésus-Christ 434 ou 435, était né, suivant toute apparence, dans les dernières années du quatrième siècle. Il mourut en 453.
3. *Homo subtilis, antequam arma gereret, arte pugnabat.* (Jornandès, *de Getarum rebus gestis*, chapitre xxxvi.) Au chapitre précédent Jornandès dit de lui qu'il était « très fort par le conseil, » *consilio validissimus*.
4. « A quelle époque précise est née cette formule fameuse d'*Attila flagellum Dei*, dont les légendaires et les chroniqueurs ne font qu'un mot auquel ils laissent la physionomie latine, même en langue vulgaire? On ne le sait pas : tout ce qu'on peut dire, c'est qu'elle ne se trouve chez aucun auteur contemporain, et que la légende de saint Loup.... écrite au huitième ou neuvième siècle par un prêtre de Troyes, est le plus ancien document qui nous la donne. » (*Histoire d'Attila*, par M. Amédée Thierry, tome II, p. 248.)
5. Les mots : « et les Gépides, » ne sont pas dans l'édition originale.
6. Les éditions de Thomas Corneille (1692) et de Voltaire (1764)

rie[1] avec grandes menaces, et en attendant[2], il épousa Ildione, dont tous les historiens marquent la beauté[3], sans parler de sa naissance. C'est ce qui m'a enhardi à la faire sœur d'un de nos premiers rois[4], afin d'opposer la France naissante au déclin de l'Empire. Il est constant qu'il mourut la première nuit de son mariage avec elle. Marcellin dit qu'elle le tua elle-même[5], et je lui en ai voulu donner l'idée, quoique sans effet[6]. Tous les autres rapportent

portent ici *Valentinien*, mais dans la liste des acteurs, où ce nom propre reparaît, elles donnent, comme les éditions publiés du vivant de l'auteur, *Valentinian*.

1. Justa Grata Honoria, petite-fille du grand Théodose, fille de Constance III et de Placidie et sœur de Valentinien III, née à Ravenne en 417, envoya son anneau à Attila en le priant de la demander en mariage. Attila ne répondit point, et quelque temps après Honoria fut enfermée à Constantinople, puis à Ravenne, à cause de sa conduite scandaleuse avec son intendant Eugénius. Ce fut alors qu'Attila réclama sa fiancée, exigeant sa mise en liberté et la part qui lui revenait dans la succession de son père, qui se composait, suivant le roi des Huns, non-seulement de la moitié des biens personnels de Constance, mais aussi de la moitié de l'empire d'Occident. Valentinien répondit que sa sœur était mariée, et que d'ailleurs l'Empire ne constituait pas un patrimoine de famille. Toutefois, lorsque plus tard le pape Léon vint supplier Attila vainqueur d'épargner Rome, celui-ci en se retirant déclara encore qu'il reviendrait accabler l'Italie si on ne lui envoyait Honoria et ses trésors. Voyez Jornandès, *de Getarum rebus gestis*, chapitre XLII.

2. Dans les deux impressions de 1668, l'édition originale, aussi bien que le recueil, on lit : « et en l'attendant. »

3. *Puellam, Ildico nomine, decoram valde, sibi in matrimonium post innumerabiles uxores, ut mos erat gentis illius, socians.* (Jornandès, *de Getarum rebus gestis*, chapitre XLIX.)

4. « Qu'était-ce qu'Ildico? La tradition germaine en fait une fille de roi, tantôt d'un roi des Franks d'outre-Rhin, tantôt d'un roi des Burgondes. » (*Histoire d'Attila*, par M. Amédée Thierry, tome I, p. 226.)

5. *Atilla.... noctu mulieris manu cultroque confoditur.* (Marcellini comitis *Chronicon*.)

6. Voyez acte II, scène VI, vers 683-704. — On voit comme Corneille met à profit les versions diverses qui se rapportent à un

qu'il avoit accoutumé de saigner du nez, et que les vapeurs du vin et des viandes dont il se chargea fermèrent le passage à ce sang, qui, après l'avoir étouffé, sortit avec violence par tous les conduits[1]. Je les ai suivis sur la manière de sa mort; mais j'ai cru plus à propos d'en attribuer la cause à un excès de colère qu'à un excès d'intempérance.

Au reste, on m'a pressé de répondre ici par occasion aux invectives qu'on a publiées depuis quelque temps contre la comédie[2]; mais je me contenterai d'en dire

fait historique; il a procédé d'une manière analogue dans *Othon* au sujet de la mort de Vinius. Voyez tome VI, p. 654 et la note 2.

1. *Vino somnoque gravatus, resupinus jacebat, redundansque sanguis, qui ei solito de naribus effluebat, dum consuetis meatibus impeditur, itinere ferali faucibus illapsus eum exstinxit.* (Jornandès, *de Getarum rebus gestis*, chapitre XLIX.)

2. On a prétendu que Corneille avait ici uniquement en vue le traité *de la Comédie* de Nicole, publié en 1659, et réimprimé plus tard dans ses *Essais de morale*. Cela n'est pas exact. Bien que les diverses situations du *Cid* et les imprécations de Camille dans *Horace* fussent vivement blâmées dans cet ouvrage (voyez chapitres VI et VII), Corneille n'avait pas jugé à propos de répondre; il aurait eu, depuis 1659, de fréquentes occasions de le faire. Il résulte de l'examen que nous avons fait des ouvrages dirigés contre le théâtre que notre poëte veut surtout parler ici d'un *Traité de la comédie et des spectacles selon la tradition de l'Église, tirée des conciles et des Saints-Pères*, publié en 1667. Ce qui l'émut, ce fut moins à coup sûr la force des raisonnements, que le nom de l'auteur, qui ne figure point sur le titre, mais qu'on trouve mentionné en toutes lettres dans l'approbation des docteurs, et qui n'est autre que « Mgr le prince de Conty. » Lorsqu'on sait à qui s'adressent les paroles de Corneille, que jusqu'ici on pouvait croire dirigées contre quelque obscur controversiste, on est frappé de l'énergique indépendance du poëte. Il faut remarquer du reste qu'il avait été attaqué avec une grande violence : *Cinna, Pompée, Polyeucte* même n'avaient pas été épargnés; enfin le prince portait sur *le Cid* cet étrange jugement, qui paraît avoir surtout blessé Corneille : « Rodrigue n'obtiendrait pas le rang qu'il a dans la comédie, s'il ne l'eût mérité par deux duels, en tuant le Comte et en désarmant don Sanche; et si l'histoire le considère davantage par le nom de Cid et par ses

deux choses, pour fermer la bouche à ces ennnemis d'un divertissement si honnête et si utile : l'un[1], que je soumets tout ce que j'ai fait et ferai à l'avenir à la censure des puissances, tant ecclésiastiques que séculières, sous lesquelles Dieu me fait vivre : je ne sais s'ils en voudroient faire autant ; l'autre, que la comédie est assez justifiée par cette célèbre traduction de la moitié de celles de Térence, que des personnes d'une piété exemplaire et rigide ont donnée au public, et ne l'auroient jamais fait[2], si elles n'eussent jugé qu'on peut innocemment mettre sur la scène des filles engrossées par leurs amants, et des marchands d'esclaves à prostituer[3]. La nôtre ne souffre point de tels ornements. L'amour en est l'âme pour l'ordinaire ; mais l'amour dans le malheur n'excite que la pitié, et est plus capable de purger en nous cette passion que de nous en faire envie.

Il n'y a point d'homme, au sortir de la représentation

exploits contre les Mores, la comédie l'estime beaucoup plus par sa compassion pour Chimène et par ses deux combats particuliers. Le récit même de la défaite des Mores y est fort ennuyeux et peu nécessaire à l'ouvrage, étant certain qu'il n'y avoit nulle rigueur en ce temps-là contre les duels, et n'y ayant pas d'apparence que la sévérité du roi de Castille fût si grande en cette matière, contre la coutume de son siècle, qu'il n'en pût bien pardonner deux par jour, même sans le prétexte d'une victoire aussi importante. »

1. Tel est le texte de toutes les éditions anciennes, y compris celle de 1692. *L'un* est employé ici neutralement ; Voltaire y a substitué le féminin : *l'une*.

2. Dans l'édition de 1692 : « ce qu'elles n'auroient jamais fait. » Voltaire (1764) a gardé l'ancienne leçon.

3. La traduction de Port-Royal, attribuée à le Maistre de Saci, qui est désigné dans le privilége par le pseudonyme du : « sieur de S. Aubin. » (Voyez le *Port-Royal* de M. Sainte-Beuve, tome II, p. 372 et note 2.) Voici le titre de ce volume : *Comedies de Terence traduites en françois avec le latin à costé et rendues tres-honnestes en y changeant fort peu de chose....* A Paris, chez la veuve Martin Durand.... M.DC.XXXXVII, in-12. Il ne comprend que trois pièces : l'*Andrienne*, les *Adelphes* et le *Phormion*.

AU LECTEUR.

du *Cid*, qui voulût avoir tué, comme lui, le père de sa maîtresse, pour en recevoir de pareilles douceurs, ni de fille qui souhaitât que son amant eût tué son père, pour avoir la joie de l'aimer en poursuivant sa mort[1]. Les tendresses de l'amour content sont d'une autre nature, et c'est ce qui m'oblige à les éviter. J'espère un jour traiter cette matière plus au long, et faire voir quelle erreur c'est de dire qu'on peut faire parler sur le théâtre toutes sortes de gens, selon toute l'étendue de leurs caractères.

LISTE DES ÉDITIONS QUI ONT ÉTÉ COLLATIONNÉES
POUR LES VARIANTES D'*ATTILA*.

ÉDITION SÉPARÉE.

1668 in-12.

RECUEILS.

1668 in-12 ; | 1682 in-12.

---

1. Corneille a déjà défendu son *Menteur* par des arguments tout à fait semblables. Voyez tome IV, p. 284.

ACTEURS[1].

ATTILA, roi des Huns.
ARDARIC, roi de Gépides.
VALAMIR, roi des Ostrogoths.
HONORIE, sœur de l'empereur Valentinian.
ILDIONE, sœur de Mérouée[2], roi de France.
OCTAR, capitaine des gardes d'Attila.
FLAVIE, dame d'honneur d'Honorie.

La scène est au camp d'Attila, dans la Norique[3].

1. Presque tous les personnages de cette pièce sont historiques. Voyez ci-dessus pour Attila, p. 103, note 2; pour Honorie, p. 104, note 1; pour Ildione, p. 102, et p. 104, notes 3 et 4. Le capitaine des gardes d'Attila et la dame d'honneur d'Honorie sont les seuls rôles d'invention, encore faut-il remarquer que le nom d'Octar n'est pas imaginaire; c'est celui de l'oncle d'Attila : voyez Jornandès, *de Getarum rebus gestis*, chapitre xxxv. Le même historien dit au sujet d'Ardaric et Valamir, qu'Attila les aimait plus que tous les autres petits rois : *super cæteros regulos diligebat*. (Chapitre xxxviii.)

2. C'est ainsi que ce nom est imprimé dans toutes les éditions (avec un tréma de plus : *Meroüée*, pour marquer que l'*u* ne doit pas se prononcer comme un *v*). — Mérovée est nommé dans Grégoire de Tours. « Quelques-uns affirment que de la race de Chlogion* était le roi Mérovech, dont Childéric fut fils. » *De hujus* (Chlogionis) *stirpe quidam Merovechum regem fuisse adserunt, cujus fuit filius Childericus.* (Livre II, fin du chapitre ix.)

3. Province de l'empire romain, bornée au nord par le Danube, comprise dans le diocèse d'Illyrie.

* Il nomme un peu plus haut Chlogion (*Clodion*) « roi des Francs. »

ATTILA.

TRAGÉDIE.

ACTE I.

SCÈNE PREMIÈRE.

ATTILA, OCTAR, SUITE.

ATTILA.

Ils ne sont pas venus, nos deux rois? qu'on leur die
Qu'ils se font trop attendre, et qu'Attila s'ennuie;
Qu'alors que je les mande ils doivent se hâter.

OCTAR.

Mais, Seigneur, quel besoin de les en consulter?
Pourquoi de votre hymen les prendre pour arbitres, 5
Eux qui n'ont de leur trône ici que de vains titres,
Et que vous ne laissez au nombre des vivants
Que pour traîner partout deux rois pour vos suivants?

ATTILA.

J'en puis résoudre seul, Octar, et les appelle,
Non sous aucun espoir de lumière nouvelle : 10
Je crois voir avant eux ce qu'ils m'éclairciront,
Et m'être déjà dit tout ce qu'ils me diront;
Mais de ces deux partis lequel que je préfère,
Sa gloire est un affront pour l'autre et pour son frère;
Et je veux attirer d'un si juste courroux 15

Sur l'auteur du conseil les plus dangereux coups,
Assurer une excuse à ce manque d'estime,
Pouvoir, s'il est besoin, livrer une victime;
Et c'est ce qui m'oblige à consulter ces rois,
Pour faire à leurs périls éclater ce grand choix; 20
Car enfin j'aimerois un prétexte à leur perte :
J'en prendrois hautement l'occasion offerte.
Ce titre en eux me choque, et je ne sais pourquoi
Un roi que je commande ose se nommer roi.
Un nom si glorieux marque une indépendance 25
Que souille, que détruit la moindre obéissance;
Et je suis las de voir que du bandeau royal
Ils prennent droit tous deux de me traiter d'égal.

OCTAR.

Mais, Seigneur, se peut-il que pour ces deux princesses
Vous ayez mêmes yeux et pareilles tendresses, 30
Que leur mérite égal dispose sans ennui
Votre âme irrésolue aux sentiments d'autrui?
Ou si vers l'une ou l'autre elle a pris quelque pente,
Dont prennent ces deux rois la route différente,
Voudra-t-elle, aux dépens de ses vœux les plus doux, 35
Préparer une excuse à ce juste courroux?
Et pour juste qu'il soit, est-il si fort à craindre
Que le grand Attila s'abaisse à se contraindre?

ATTILA.

Non; mais la noble ardeur d'envahir tant d'États
Doit combattre de tête encor plus que de bras, 40
Entre ses ennemis rompre l'intelligence,
Y jeter du désordre et de la défiance,
Et ne rien hasarder qu'on n'ait de toutes parts,
Autant qu'il est possible, enchaîné les hasards.
Nous étions aussi forts qu'à présent nous le sommes, 45
Quand je fondis en Gaule avec cinq cent mille hommes[1].

1. « On portait à cinq cent mille hommes le nombre des troupes d'At-

Dès lors, s'il t'en souvient, je voulus, mais en vain,
D'avec le Visigoth détacher le Romain.
J'y perdis auprès d'eux des soins qui me perdirent :
Loin de se diviser, d'autant mieux ils s'unirent.   50
La terreur de mon nom pour nouveaux compagnons
Leur donna les Alains, les Francs, les Bourguignons ;
Et n'ayant pu semer entre eux aucuns divorces,
Je me vis en déroute avec toutes mes forces[1].
J'ai su les rétablir, et cherche à me venger ;   55
Mais je cherche à le faire avec moins de danger.

    De ces cinq nations contre moi trop heureuses,
J'envoie offrir la paix aux deux plus belliqueuses ;
Je traite avec chacune, et comme toutes deux
De mon hymen offert ont accepté les nœuds,   60
Des princesses qu'ensuite elles en font le gage
L'une sera ma femme et l'autre mon otage.
Si j'offense par là l'un des deux souverains,
Il craindra pour sa sœur qui reste entre mes mains.
Ainsi je les tiendrai l'un et l'autre en contrainte,   65
L'un par mon alliance, et l'autre par la crainte ;
Ou si le malheureux s'obstine à s'irriter,
L'heureux en ma faveur saura lui résister,
Tant que de nos vainqueurs terrassés l'un par l'autre
Les trônes ébranlés tombent aux pieds du nôtre.   70
Quant à l'amour, apprends que mon plus doux souci
N'est.... Mais Ardaric entre, et Valamir aussi.

tila. » *Cujus exercitus quingentorum millium esse numero ferebantur.* (Jornandès, *de Getarum rebus gestis*, chapitre XXXV.)

1. Voyez plus loin, p. 113, le vers 102 et la note qui s'y rapporte.

SCÈNE II.

ATTILA, ARDARIC, VALAMIR, OCTAR.

ATTILA.

Rois, amis d'Attila, soutiens de ma puissance,
Qui rangez tant d'États sous mon obéissance,
Et de qui les conseils, le grand cœur et la main,   75
Me rendent formidable à tout le genre humain,
Vous voyez en mon camp les éclatantes marques
Que de ce vaste effroi nous donnent[1] deux monarques.
En Gaule Mérouée, à Rome l'Empereur,
Ont cru par mon hymen éviter ma fureur.   80
La paix avec tous deux en même temps traitée
Se trouve avec tous deux à ce prix arrêtée;
Et presque sur les pas de mes ambassadeurs
Les leurs m'ont amené deux princesses leurs sœurs.
Le choix m'en embarrasse, il est temps de le faire;   85
Depuis leur arrivée en vain je le diffère :
Il faut enfin résoudre; et quel que soit ce choix,
J'offense un empereur, ou le plus grand des rois.

  Je le dis le plus grand, non qu'encor la victoire
Ait porté Mérouée à ce comble de gloire;   90
Mais si de nos devins l'oracle n'est point faux,
Sa grandeur doit atteindre aux degrés les plus hauts;
Et de ses successeurs l'empire inébranlable
Sera de siècle en siècle enfin si redoutable,
Qu'un jour toute la terre en recevra des lois,   95
Ou tremblera du moins au nom de leurs François.

  Vous donc, qui connoissez de combien d'importance
Est pour nos grands projets l'une et l'autre alliance,
Prêtez-moi des clartés pour bien voir aujourd'hui

---

1. On lit *vous donnent* dans l'édition de 1692.

ACTE I, SCÈNE II.

De laquelle ils auront ou plus ou moins d'appui, 100
Qui des deux, honoré par ces nœuds domestiques,
Nous vengera le mieux des Champs catalauniques[1];
Et qui des deux enfin, déchu d'un tel espoir,
Sera le plus à craindre à qui veut tout pouvoir.

ARDARIC.

En l'état où le ciel a mis votre puissance, 105
Nous mettrions en vain les forces[2] en balance :
Tout ce qu'on y peut voir ou de plus ou de moins
Ne vaut pas amuser le moindre de vos soins.
L'un et l'autre traité suffit pour nous instruire
Qu'ils vous craignent tous deux et n'osent plus vous nuire.
Ainsi, sans perdre temps à vous inquiéter,
Vous n'avez que vos yeux, Seigneur, à consulter.
Laissez aller ce choix du côté du mérite
Pour qui, sur[3] leur rapport, l'amour vous sollicite :
Croyez ce qu'avec eux votre cœur résoudra ; 115
Et de ces potentats s'offense qui voudra.

ATTILA.

L'amour chez Attila n'est pas un bon suffrage ;
Ce qu'on m'en donneroit me tiendroit lieu d'outrage,
Et tout exprès ailleurs je porterois ma foi,
De peur qu'on n'eût par là trop de pouvoir sur moi. 120
Les femmes qu'on adore usurpent un empire
Que jamais un mari n'ose ou ne peut dédire.
C'est au commun des rois à se plaire en leurs fers,
Non à ceux dont le nom fait trembler l'univers.
Que chacun de leurs yeux aime à se faire esclave ; 125
Moi, je ne veux les voir qu'en tyrans que je brave :

---

1. On désigne sous ce nom les plaines situées entre Châlons-sur-Marne (*Catalaunum*) et Troyes, où Attila fut défait en 451 par Aétius, général romain, qui avait réuni sous ses ordres les Burgondes, les Saxons, les Alains, les Francs, les Visigoths.
2. L'édition de 1692 et celle de Voltaire (1764) portent *leurs forces*.
3. L'édition de 1682 donne *seul*, au lieu de *sur*, ce qui n'a point de sens.

Et par quelques attraits qu'ils captivent un cœur,
Le mien en dépit d'eux est tout à ma grandeur.
Parlez donc seulement du choix le plus utile,
Du courroux à dompter ou plus ou moins facile ; 130
Et ne me dites point que de chaque côté
Vous voyez comme lui peu d'inégalité.
En matière d'État ne fût-ce qu'un atome,
Sa perte quelquefois importe d'un royaume ;
Il n'est scrupule exact qu'il n'y faille garder, 135
Et le moindre avantage a droit de décider.

VALAMIR.

Seigneur, dans le penchant que prennent les affaires,
Les grands discours ici ne sont pas nécessaires :
Il ne faut que des yeux ; et pour tout découvrir,
Pour décider de tout, on n'a qu'à les ouvrir. 140
Un grand destin commence, un grand destin s'achève :
L'empire est prêt à choir, et la France s'élève :
L'une peut avec elle affermir son appui,
Et l'autre en trébuchant l'ensevelir sous lui.
Vos devins vous l'ont dit ; n'y mettez point d'obstacles,
Vous qui n'avez jamais douté de leurs oracles :
Soutenir un État chancelant et brisé,
C'est chercher par sa chute à se voir écrasé.
Appuyez donc la France, et laissez tomber Rome ;
Aux grands ordres du ciel prêtez ceux d'un grand homme :
D'un si bel avenir avouez vos devins,
Avancez les succès, et hâtez les destins.

ARDARIC.

Oui, le ciel, par le choix de ces grands hyménées,
A mis entre vos mains le cours des destinées ;
Mais s'il est glorieux, Seigneur, de le hâter, 155
Il l'est, et plus encor, de si bien l'arrêter,
Que la France, en dépit d'un infaillible augure,
N'aille qu'à pas traînants vers sa grandeur future,

Et que l'aigle, accablé par ce destin nouveau,
Ne puisse trébucher que sur votre tombeau.   160
Seroit-il gloire égale à celle de suspendre
Ce que ces deux États du ciel doivent attendre,
Et de vous faire voir aux plus savants devins
Arbitre des succès et maître des destins?
J'ose vous dire plus. Tout ce qu'ils vous prédisent,   165
Avec pleine clarté dans le ciel ils le lisent;
Mais vous assurent-ils que quelque astre jaloux
N'ait point mis plus d'un siècle entre l'effet et vous?
Ces éclatants retours que font les destinées
Sont assez rarement l'œuvre de peu d'années;   170
Et ce qu'on vous prédit touchant ces deux États
Peut être un avenir qui ne vous touche pas.
Cependant regardez ce qu'est encor l'empire:
Il chancelle, il se brise, et chacun le déchire;
De ses entrailles même il produit des¹ tyrans;   175
Mais il peut encor plus que tous ses conquérants.
Le moindre souvenir des Champs catalauniques
En peut mettre à vos yeux des preuves trop publiques:
Singibar, Gondebaut, Mérouée et Thierri²,
Là, sans Aétius, tous quatre auroient péri.   180
Les Romains firent seuls cette grande journée:
Unissez-les à vous par un digne hyménée.
Puisque déjà sans eux vous pouvez presque tout,
Il n'est rien dont par eux vous ne veniez à bout.
Quand de ces nouveaux rois ils vous auront fait maître,
Vous verrez à loisir de qui vous voudrez l'être,
Et résoudrez vous seul avec tranquillité
Si vous leur souffrirez encor l'égalité.

1. Voltaire (1764) a changé *des* en *les.*
2. Chefs des alliés d'Aétius (voyez ci-dessus, p. 113, note 1. Thierri (*Théodoric*), roi des Visigoths, périt dans la bataille des Champs catalauniques.

VALAMIR.

L'empire, je l'avoue, est encor quelque chose ;
Mais nous ne sommes plus au temps de Théodose ; 190
Et comme dans sa race il ne revit pas bien,
L'empire est quelque chose, et l'Empereur n'est rien.
Ses deux fils[1] n'ont rempli les trônes des deux Romes
Que d'idoles pompeux[2], que d'ombres au lieu d'hommes.
L'imbécile fierté de ces faux souverains, 195
Qui n'osoit à son aide appeler des Romains[3],
Parmi des nations qu'ils traitoient de barbares
Empruntoit pour régner des personnes plus rares ;
Et d'un côté Gainas, de l'autre Stilicon,
A ces deux majestés ne laissant que le nom, 200
On voyait dominer d'une hauteur égale
Un Goth dans un empire, et dans l'autre un Vandale[4].
Comme de tous côtés on s'en est indigné,
De tous côtés aussi pour eux on a régné.
Le second Théodose[5] avoit pris leur modèle : 205
Sa sœur à cinquante ans le tenoit en tutelle,
Et fut, tant qu'il régna, l'âme de ce grand corps,
Dont elle fait encor mouvoir tous les ressorts.

Pour Valentinian[6], tant qu'a vécu sa mère,
Il a semblé répondre à ce grand caractère : 210
Il a paru régner ; mais on voit aujourd'hui

---

1. Arcadius et Honorius. Le premier, empereur d'Orient, était mort l'an de Jésus-Christ 408 ; le second, empereur d'Occident, l'an 423.
2. Voyez, pour le genre du mot *idole*, tome VI, p. 608, note 1, et le *Lexique*.
3. *Var.* Qui n'osoit à son aide appeler de Romains. (1668)
4. Gainas, général goth, après avoir dominé pendant quelque temps Arcadius, périt de la main des Huns, chez qui il avait cherché un asile. Stilicon, tuteur d'Honorius et régent de l'empire d'Occident, était Vandale d'origine.
5. Théodose II, fils d'Arcadius, régna en Orient jusqu'à l'an 450. Sa sœur Pulchérie, qui monta sur le trône après lui, mourut en 453, la même année qu'Attila.
6. Valentinien III, petit-fils de Théodose par sa mère Placidie, fut empereur d'Occident de 425 à 455. Placidie mourut en 450.

Qu'il régnoit par sa mère, ou sa mère pour lui;
Et depuis son trépas il a trop fait connoître
Que s'il est empereur, Aétius est maître;
Et c'en seroit la sœur qu'il faudroit obtenir, 215
Si jamais aux Romains vous vouliez vous unir:
Au reste, un prince foible, envieux, mol, stupide,
Qu'un heureux succès enfle, un douteux intimide,
Qui pour unique emploi s'attache à son plaisir,
Et laisse le pouvoir à qui s'en peut saisir. 220
  Mais le grand Mérouée est un roi magnanime,
Amoureux de la gloire, ardent après l'estime,
Qui ne permet aux siens d'emplois ni de pouvoir,
Qu'autant que par son ordre ils en doivent avoir.
Il sait vaincre et régner; et depuis sa victoire, 225
S'il a déjà soumis et la Seine et la Loire,
Quand vous voudrez aux siens joindre vos combattants,
La Garomne et l'Arar[1] ne tiendront pas longtemps.
Alors ces mêmes champs, témoins de notre honte,
En verront la vengeance et plus haute et plus prompte;
Et pour glorieux prix d'avoir su nous venger,
Vous aurez avec lui la Gaule à partager,
D'où vous ferez savoir à toute l'Italie
Qu'alors que[2] la prudence à la valeur s'allie,
Il n'est rien à l'épreuve, et qu'il est temps qu'enfin 235
Et du Tibre et du Pô vous fassiez le destin.

ARDARIC.

Prenez-en donc le droit des mains d'une princesse
Qui l'apporte pour dot à l'ardeur qui vous presse;
Et paroissez plutôt vous saisir de son bien,

---

1. L'*Arar*, en latin *Arar* et *Araris*, ancien nom de la Saône.
2. Thomas Corneille (1692) et Voltaire (1764) ont changé *Qu'alors que* en *Que lorsque*. Nous avons eu déjà cette même correction dans *Agésilas*, acte I, scène I, vers 33. Voyez plus loin le vers 1589 (acte V, scène III), où Thomas Corneille et Voltaire ont laissé tous deux *alors que*.

Qu'usurper des États sur qui ne vous doit rien.   240
Sa mère eut tant de part à la toute-puissance,
Qu'elle fit à l'empire associer Constance[1];
Et si ce même empire a quelque attrait pour vous,
La fille a même droit en faveur d'un époux.
Allez, la force en main, demander ce partage   245
Que d'un père mourant lui laissa le suffrage[2] :
Sous ce prétexte heureux vous verrez des Romains
Se détacher de Rome, et vous tendre les mains.
Aétius n'est pas si maître qu'on veut croire :
Il a jusque chez lui des jaloux de sa gloire;   250
Et vous aurez pour vous tous ceux qui dans le cœur
Sont mécontents du prince, ou las du gouverneur.
Le débris[3] de l'empire a de belles ruines :
S'il n'a plus de héros, il a des héroïnes.
Rome vous en offre une, et part à ce débris :   255
Pourriez-vous refuser votre main à ce prix?
Ildione n'apporte ici que sa personne :
Sa dot ne peut s'étendre aux droits d'une couronne,
Ses Francs n'admettent point de femme à dominer;
Mais les droits d'Honorie ont de quoi tout donner.   260
Attachez-les, Seigneur, à vous, à votre race;
Du fameux Théodose assurez-vous la place :
Rome adore la sœur, le frère est sans pouvoir;
On hait Aétius : vous n'avez qu'à vouloir.

ATTILA.

Est-ce comme il me faut tirer d'inquiétude,   265
Que de plonger mon âme en plus d'incertitude?
Et pour vous prévaloir de mes perplexités,

---

1. L'empereur Honorius donna à Constance, général victorieux, la main de sa sœur Placidie, mère de Valentinien, et lui conféra le titre d'Auguste, en 421. Constance mourut peu de mois après.

2. Voyez ci-dessus, p. 104, note 1.

3. L'édition de 1682 et celle de 1692 ont l'une et l'autre *les débris*, au pluriel, mais elles ont laissé le verbe au singulier.

Choisissez-vous exprès ces contrariétés?
Plus j'entends raisonner, et moins on détermine :
Chacun dans sa pensée également s'obstine; 270
Et quand par vous[1] je cherche à ne plus balancer,
Vous cherchez l'un et l'autre à mieux m'embarrasser!
Je ne demande point de si diverses routes :
Il me faut des clartés, et non de nouveaux doutes;
Et quand je vous confie un sort tel que le mien, 275
C'est m'offenser tous deux que ne résoudre rien[2].

VALAMIR.

Seigneur, chacun de nous vous parle comme il pense,
Chacun de ce grand choix vous fait voir l'importance;
Mais nous ne sommes point jaloux de nos avis.
Croyez-le, croyez-moi, nous en serons ravis; 280
Ils sont les purs effets d'une amitié fidèle,
De qui le zèle ardent....

ATTILA.

Unissez donc ce zèle,
Et ne me forcez point à voir dans vos débats
Plus que je ne veux voir, et.... Je n'achève pas.
Dites-moi seulement ce qui vous intéresse 285
A protéger ici l'une et l'autre princesse.
Leurs frères vous ont-ils, à force de présents,
Chacun de son côté rendus leurs partisans?
Est-ce amitié pour l'une, est-ce haine pour l'autre,
Qui forme auprès de moi son avis et le vôtre? 290
Par quel dessein de plaire ou de vous agrandir....
Mais derechef je veux ne rien approfondir,
Et croire qu'où je suis on n'a pas tant d'audace.
Vous, si vous vous aimez, faites-vous une grâce :
Accordez-vous ensemble, et ne contestez plus, 295

1. On lit *pour vous*, au lieu de *par vous*, dans l'édition de 1682.
2. Ce vers et le précédent ont été omis par erreur dans l'édition de 1682. — Comparez *Othon*, acte V, scène II, vers 1601-1604 (tome VI, p. 645).

Ou de l une des deux ménagez un refus,
Afin que nous puissions en cette conjoncture
A son aversion imputer la rupture.
Employez-y tous deux ce zèle et cette ardeur
Que vous dites avoir tous deux pour ma grandeur : 300
J'en croirai les efforts qu'on fera pour me plaire,
Et veux bien jusque-là suspendre ma colère.

SCÈNE III.
ARDARIC, VALAMIR.

ARDARIC.

En serons-nous toujours les malheureux objets?
Et verrons-nous toujours qu'il nous traite en sujets?

VALAMIR.

Fermons les yeux, Seigneur, sur de telles disgrâces : 305
Le ciel en doit un jour effacer jusqu'aux traces;
Mes devins me l'ont dit; et s'il en est besoin,
Je dirai que ce jour peut-être n'est pas loin :
Ils en ont, disent-ils, un assuré présage.
Je vous confierai plus : ils m'ont dit davantage, 310
Et qu'un Théodoric qui doit sortir de moi
Commandera dans Rome, et s'en fera le roi[1];
Et c'est ce qui m'oblige à parler pour la France,
A presser Attila d'en choisir l'alliance,
D'épouser Ildione, afin que par ce choix 315
Il laisse à mon hymen Honorie et ses droits.
  Ne vous opposez plus aux grandeurs d'Ildione,
Souffrez en ma faveur qu'elle monte à ce trône;
Et si jamais pour vous je puis en faire autant....

---

1. Théodoric, roi des Ostrogoths, né en 455, qui en 493 se fit reconnaître roi d'Italie par l'empereur Anastase, était fils de Theodemir, frère et successeur de Valamir.

ARDARIC.

Vous le pouvez, Seigneur, et dès ce même instant. 320
Souffrez qu'à votre exemple en deux mots je m'explique.
Vous aimez; mais ce n'est qu'un amour politique;
Et puisque je vous dois confidence à mon tour,
J'ai pour l'autre princesse un véritable amour;
Et c'est ce qui m'oblige à parler pour l'empire, 325
Afin qu'on m'abandonne un objet où j'aspire.
 Une étroite amitié l'un à l'autre nous joint;
Mais enfin nos desirs ne compatissent point.
Voyons qui se doit vaincre, et s'il faut que mon âme
A votre ambition immole cette flamme; 330
Ou s'il n'est point plus beau que votre ambition
Elle-même s'immole à cette passion.

VALAMIR.

Ce seroit pour mon cœur un cruel sacrifice.

ARDARIC.

Et l'autre pour le mien seroit un dur supplice.
Vous aime-t-on?

VALAMIR.

 Du moins j'ai lieu de m'en flatter. 335
Et vous, Seigneur?

ARDARIC.

 Du moins on me daigne écouter.

VALAMIR.

Qu'un mutuel amour est un triste avantage,
Quand ce que nous aimons d'un autre est le partage!

ARDARIC.

Cependant le tyran prendra pour attentat
Cet amour qui fait seul tant de raisons d'État. 340
Nous n'avons que trop vu jusqu'où va sa colère,
Qui n'a pas épargné le sang même d'un frère[1],

---

1. *Bleda, rex Hunnorum, Attilæ, fratris sui, insidiis interimitur.* (Marcel-

Et combien après lui de rois ses alliés
A son orgueil barbare il a sacrifiés.
VALAMIR.
Les peuples qui suivoient ces illustres victimes 345
Suivent encor sous lui l'impunité des crimes ;
Et ce ravage affreux qu'il permet aux soldats
Lui gagne tant de cœurs, lui donne tant de bras,
Que nos propres sujets sortis de nos provinces
Sont en dépit de nous plus à lui qu'à leurs princes. 350
ARDARIC.
Il semble à ses discours déjà nous soupçonner,
Et ce sont des soupçons qu'il nous faut détourner.
A ce refus qu'il veut disposons ma princesse.
VALAMIR.
Pour y porter la mienne il faudra peu d'adresse.
ARDARIC.
Si vous persuadez, quel malheur est le mien ! 355
VALAMIR.
Et si l'on vous en croit, puis-je espérer plus rien ?
ARDARIC.
Ah ! que ne pouvons-nous être heureux l'un et l'autre !
VALAMIR.
Ah ! que n'est mon bonheur plus compatible au vôtre !
ARDARIC.
Allons des deux côtés chacun faire un effort.
VALAMIR.
Allons, et du succès laissons-en faire au sort. 360

lini comitis *Chronicon;* voyez aussi Jornandès, *de Getarum rebus gestis,* chapitre xxxv.)

FIN DU PREMIER ACTE.

ACTE II.

SCÈNE PREMIÈRE.
HONORIE, FLAVIE.

FLAVIE.
Je ne m'en défends point : oui, Madame, Octar m'aime ;
Tout ce que je vous dis, je l'ai su de lui-même.
Ils sont rois, mais c'est tout : ce titre sans pouvoir
N'a rien presque en tous deux de ce qu'il doit avoir ;
Et le fier Attila chaque jour fait connoître   365
Que s'il n'est pas leur roi, du moins il est leur maître,
Et qu'ils n'ont en sa cour le rang de ses amis
Qu'autant qu'à son orgueil ils s'y montrent soumis.
Tous deux ont grand mérite, et tous deux grand courage ;
Mais ils sont, à vrai dire, ici comme en otage,   370
Tandis que leurs soldats en des camps éloignés
Prennent l'ordre sous lui de gens qu'il a gagnés ;
Et si de le servir leurs troupes n'étoient prêtes,
Ces rois, tous rois qu'ils sont, répondroient de leurs têtes.
    Son frère aîné Vléda, plus rempli d'équité,   375
Les traitoit malgré lui d'entière égalité ;
Il n'a pu le souffrir, et sa jalouse envie,
Pour n'avoir plus d'égaux, s'est immolé sa vie[1].
Le sang qu'après avoir mis ce prince au tombeau,
On lui voit chaque jour distiller du cerveau[2],   380

---

1. Voyez plus haut, p. 121, la note du vers 342.
2. Voyez encore ci-dessus, p. 105 et la note 1.

Punit son parricide, et chaque jour vient faire
Un tribut étonnant à celui de ce frère :
Suivant même qu'il a plus ou moins de courroux,
Ce sang forme un supplice ou plus rude ou plus doux,
S'ouvre une plus féconde ou plus stérile veine ; 385
Et chaque emportement porte avec lui sa peine.

HONORIE.

Que me sert donc qu'on m'aime, et pourquoi m'engager
A souffrir un amour qui ne peut me venger?
L'insolent Attila me donne une rivale ;
Par ce choix qu'il balance il la fait mon égale ; 390
Et quand pour l'en punir je crois prendre un grand roi,
Je ne prends qu'un grand nom qui ne peut rien pour moi.
Juge que de chagrins au cœur d'une princesse
Qui hait également l'orgueil et la foiblesse ;
Et de quel œil je puis regarder un amant 395
Qui n'aura que pitié de mon ressentiment,
Qui ne saura qu'aimer, et dont tout le service
Ne m'assure aucun bras à me faire justice.
    Jusqu'à Rome Attila m'envoie offrir sa foi[1],
Pour douter dans son camp entre Ildione et moi. 400
Hélas! Flavie, hélas! si ce doute m'offense,
Que doit faire une indigne et haute préférence?
Et n'est-ce pas alors le dernier des malheurs
Qu'un éclat impuissant d'inutiles douleurs?

FLAVIE.

Prévenez-le, Madame ; et montrez à sa honte 405
Combien de tant d'orgueil vous faites peu de conte[2].

HONORIE.

La bravade est aisée, un mot est bientôt dit :

---

1. Voyez ci-dessus p. 104, note 1.
2. Malgré la rime, on lit ici *compte*, et non pas *conte*, dans l'édition de 1692. Il en est de même au vers 1001 (acte III, scène IV). Plus loin, dans le courant du vers 737 (acte III, scène I), l'édition originale porte *conte*, et les recueils de 1668, de 1682 et de 1692, *compte*.

Mais où fuir un tyran que la bravade aigrit?
Retournerai-je à Rome, où j'ai laissé mon frère
Enflammé contre moi de haine et de colère, 410
Et qui, sans la terreur d'un nom si redouté,
Jamais n'eût mis de borne à ma captivité?
Moi qui prétends pour dot la moitié de l'empire....

FLAVIE.

Ce seroit d'un malheur vous jeter dans un pire[1].
Ne vous emportez pas contre vous jusque-là: 415
Il est d'autres moyens de braver Attila.
Épousez Valamir.

HONORIE.

Est-ce comme on le brave
Que d'épouser un roi dont il fait son esclave?

FLAVIE.

Mais vous l'aimez.

HONORIE.

Eh bien! si j'aime Valamir,
Je ne veux point de rois qu'on force d'obéir; 420
Et si tu me dis vrai, quelque rang que je tienne,
Cet hymen pourroit être et sa perte et la mienne.
Mais je veux qu'Attila, pressé d'un autre amour,
Endure un tel insulte[2] au milieu de sa cour:
Ildione par là me verroit à sa suite; 425

---

1. Lorsque Boileau, quelques années plus tard, traduisait ce vers d'Horace. (*Art poétique*, vers 31):

   In vitium ducit culpæ fuga, si caret arte,

par

   Souvent la peur d'un mal nous conduit dans un pire
   (*Art poétique*, chant I, vers 64),

il se rapprochait de Corneille au moins autant que de son modèle.

2. Le genre du mot *insulte* était encore douteux. Voyez le *Lexique*. Voltaire (1764) a ainsi modifié le vers:

   Endure telle insulte au milieu de sa cour.

A de honteux respects je m'y verrois réduite ;
Et le sang des Césars, qu'on adora toujours,
Feroit hommage au sang d'un roi de quatre jours !
Dis-le-moi toutefois : pencheroit-il vers elle ?
Que t'en a dit Octar ?

FLAVIE.

Qu'il la trouve assez belle, 430
Qu'il en parle avec joie, et fuit à lui parler.

HONORIE.

Il me parle, et s'il faut ne rien dissimuler,
Ses discours me font voir du respect, de l'estime,
Et même quelque amour, sans que le nom s'exprime.

FLAVIE.

C'est un peu plus qu'à l'autre.

HONORIE.

Et peut-être bien moins.

FLAVIE.

Quoi ? ce qu'à l'éviter il apporte de soins....

HONORIE.

Peut-être il ne la fuit que de peur de se rendre ;
Et s'il ne me fuit pas, il sait mieux s'en défendre.
Oui, sans doute, il la craint, et toute sa fierté
Ménage, pour choisir, un peu de liberté. 440

FLAVIE.

Mais laquelle des deux voulez-vous qu'il choisisse ?

HONORIE.

Mon âme des deux parts attend même supplice :
Ainsi que mon amour, ma gloire a ses appas ;
Je meurs s'il me choisit, ou ne me choisit pas ;
Et.... Mais Valamir entre, et sa vue en mon âme 445
Fait trembler mon orgueil, enorgueillit ma flamme.
Flavie, il peut sur moi bien plus que je ne veux :
Pour peu que je l'écoute, il aura tous mes vœux.
Dis-lui.... mais il vaut mieux faire effort sur moi-même.

SCÈNE II.

VALAMIR, HONORIE, FLAVIE.

HONORIE.

Le savez-vous, Seigneur, comment je veux qu'on m'aime?
Et puisque jusqu'à moi vous portez vos souhaits,
Avez-vous su connoître à quel prix je me mets?
Je parle avec franchise, et ne veux point vous taire
Que vos soins me plairoient, s'il ne falloit que plaire;
Mais quand cent et cent fois ils seroient mieux reçus,
Il faut pour m'obtenir quelque chose de plus.

   Attila m'est promis, j'en ai sa foi pour gage;
La princesse des Francs prétend même avantage;
Et bien que sur le choix il semble hésiter[1],
Étant ce que je suis j'aurois tort d'en douter.   460
Mais qui promet à deux outrage l'une et l'autre[2].
J'ai du cœur, on m'offense, examinez le vôtre.
Pourrez-vous m'en venger, pourrez-vous l'en punir?

VALAMIR.

N'est-ce que par le sang qu'on peut vous obtenir?
Et faut-il que ma flamme à ce grand cœur réponde   465
Par un assassinat du plus grand roi du monde,
D'un roi que vous avez souhaité pour époux?
Ne sauroit-on sans crime être digne de vous?

HONORIE.

Non, je ne vous dis pas qu'aux dépens de sa tête
Vous vous fassiez aimer, et payiez ma conquête.   470
De l'aimable façon qu'il vous traite aujourd'hui

---

1. Voyez tome IV, p. 190, la variante du vers 936 du *Menteur*, et le *Lexique*. — Voltaire (1764) a ajouté une syllabe :

    Et bien que sur le choix il me semble hésiter.

2. Voltaire (1764) donne *l'un et l'autre*. Voyez plus loin le vers 605.

Il a trop mérité ces tendresses pour lui;
D'ailleurs, s'il faut qu'on l'aime, il est bon qu'on le craigne.
Mais c'est cet Attila qu'il faut que je dédaigne.
Pourrez-vous hautement me tirer de ses mains, 475
Et braver avec moi le plus fier des humains?

VALAMIR.

Il n'en est pas besoin, Madame : il vous respecte,
Et bien que sa fierté vous puisse être suspecte,
A vos moindres froideurs, à vos moindres dégoûts,
Je sais que ses respects me donneroient à vous. 480

HONORIE.

Que j'estime assez peu le sang de Théodose
Pour souffrir qu'en moi-même un tyran en dispose,
Qu'une main qu'il me doit me choisisse un mari,
Et me présente un roi comme son favori!
Pour peu que vous m'aimiez, Seigneur, vous devez croire
Que rien ne m'est sensible à l'égal de ma gloire.
Régnez comme Attila, je vous préfère à lui;
Mais point d'époux qui n'ose en dédaigner l'appui,
Point d'époux qui m'abaisse au rang de ses sujettes.
Enfin, je veux un roi : regardez si vous l'êtes; 490
Et quoi que sur mon cœur vous ayez d'ascendant,
Sachez qu'il n'aimera qu'un prince indépendant.
Voyez à quoi, Seigneur, on connoît les monarques:
Ne m'offrez plus de vœux qui n'en portent les marques;
Et soyez satisfait qu'on vous daigne assurer 495
Qu'à tous les rois ce cœur voudroit vous préférer.

SCÈNE III.

VALAMIR, FLAVIE.

VALAMIR.

Quelle hauteur, Flavie, et que faut-il qu'espère

Un roi dont tous les vœux....
####### FLAVIE.
Seigneur, laissez-la faire :
L'amour sera le maître ; et la même hauteur
Qui vous dispute ici l'empire de son cœur, 500
Vous donne en même temps le secours de la haine
Pour triompher bientôt de la fierté romaine.
L'orgueil qui vous dédaigne en dépit de ses feux
Fait haïr Attila de se promettre à deux ;
Non que cette fierté n'en soit assez jalouse 505
Pour ne pouvoir souffrir qu'Ildione l'épouse :
A son frère, à ses Francs faites-la renvoyer,
Vous verrez tout ce cœur soudain se déployer,
Suivre ce qui lui plaît, braver ce qui l'irrite,
Et livrer hautement la victoire au mérite. 510
Ne vous rebutez point d'un peu d'emportement :
Quelquefois malgré nous il vient un bon moment.
L'amour fait des heureux lorsque moins on y pense ;
Et je ne vous dis rien sans beaucoup d'apparence.
Ardaric vous apporte un entretien plus doux. 515
Adieu : comme le cœur, le temps sera pour vous.

SCÈNE IV.

ARDARIC, VALAMIR.

####### ARDARIC.
Qu'avez-vous obtenu, Seigneur, de la Princesse ?
####### VALAMIR.
Beaucoup, et rien : j'ai vu pour moi quelque tendresse ;
Mais elle sait d'ailleurs si bien ce qu'elle vaut,
Que si celle des Francs a le cœur aussi haut, 520
Si c'est à même prix, Seigneur, qu'elle se donne,
Vous lui pourrez longtemps offrir votre couronne.

Mon rival est haï, je n'en saurois douter;
Tout le cœur est à moi, j'ai lieu de m'en vanter;
Au reste des mortels je sais qu'on me préfère,   525
Et ne sais toutefois ce qu'il faut que j'espère.
 Voyez votre Ildione; et puissiez-vous, Seigneur,
Y trouver plus de jour à lire dans son cœur,
Une âme plus tournée à remplir votre attente,
Un esprit plus facile? Octar sort de sa tente.   530
Adieu.

SCÈNE V.

ARDARIC, OCTAR.

ARDARIC.
Pourrai-je voir la Princesse à mon tour?
OCTAR.
Non, à moins qu'il vous plaise attendre son retour;
Mais, à ce que ses gens, Seigneur, m'ont fait entendre,
Vous n'avez en ce lieu qu'un moment à l'attendre.
ARDARIC.
Dites-moi cependant : vous fûtes prisonnier   535
Du roi des Francs, son frère, en ce combat dernier?
OCTAR.
Le désordre, Seigneur, des Champs catalauniques
Me donna peu de part aux disgrâces publiques.
Si j'y fus prisonnier de ce roi généreux,
Il me fit dans sa cour un sort assez heureux :   540
Ma prison y fut libre; et j'y trouvai sans cesse
Une bonté si rare au cœur de la Princesse,
Que de retour ici je pense lui devoir
Les plus sacrés respects qu'un sujet puisse avoir.
ARDARIC.
Qu'un monarque est heureux lorsque le ciel lui donne
La main d'une si belle et si rare personne!

ACTE II, SCÈNE V.

OCTAR.

Vous savez toutefois qu'Attila ne l'est pas,
Et combien son trop d'heur lui cause d'embarras.

ARDARIC.

Ah! puisqu'il a des yeux, sans doute il la préfère,
Mais vous vous louez fort aussi du roi son frère.   550
Ne me déguisez rien : a-t-il des qualités
A se faire admirer ainsi de tous côtés?
Est-ce une vérité que ce que j'entends dire,
Ou si c'est sans raison que l'univers l'admire?

OCTAR.

Je ne sais pas, Seigneur, ce qu'on vous en a dit[1];   555
Mais si pour l'admirer ce que j'ai vu suffit,
Je l'ai vu dans la paix, je l'ai vu dans la guerre,
Porter partout un front de maître de la terre.
J'ai vu plus d'une fois de fières nations
Désarmer son courroux par leurs soumissions[2].   560
J'ai vu tous les plaisirs de son âme héroïque
N'avoir rien que d'auguste et que de magnifique;
Et ses illustres soins ouvrir à ses sujets
L'école de la guerre au milieu de la paix[3].
Par ces délassements sa noble inquiétude   565
De ses justes desseins faisoient l'heureux prélude;
Et si j'ose le dire, il doit nous être doux
Que ce héros les tourne ailleurs que contre nous.
Je l'ai vu, tout couvert de poudre et de fumée,
Donner le grand exemple à toute son armée[4],   570

---

1. Dans ce portrait de Mérovée et de son fils, Corneille s'est appliqué à peindre Louis XIV et le grand Dauphin, qui, né en 1661, était alors effectivement « dans son premier lustre, » ou du moins en sortait à peine.

2. Ce mot, dont l'orthographe ordinaire dans Corneille est *submissions*, est imprimé ici, dans toutes les éditions, avec un accent circonflexe : *soûmissions*.

3. En 1666, il y avait en à Compiègne et ailleurs de grandes revues, « pour préparer les troupes aux expéditions de l'année suivante. » (*Abrégé chronologique de l'Histoire de France*, par le président Hénault, année 1666.)

4. Comparez les vers 277 et 278 du *Cid* (tome III, p. 120).

Semer par ses périls l'effroi de toutes parts,
Bouleverser les murs d'un seul de ses regards,
Et sur l'orgueil brisé des plus superbes têtes
De sa course rapide entasser les conquêtes[1].
Ne me commandez point de peindre un si grand roi : 575
Ce que j'en ai vu passe un homme tel que moi;
Mais je ne puis, Seigneur, m'empêcher de vous dire
Combien son jeune prince est digne qu'on l'admire.
Il montre un cœur si haut sous un front délicat
Que dans son premier lustre il est déjà soldat : 580
Le corps attend les ans, mais l'âme est toute prête.
D'un gros de cavaliers il se met à la tête,
Et l'épée à la main, anime l'escadron
Qu'enorgueillit l'honneur de marcher sous son nom.
Tout ce qu'a d'éclatant la majesté du père, 585
Tout ce qu'ont de charmant les grâces de la mère,
Tout brille sur ce front, dont l'aimable fierté
Porte empreints et ce charme et cette majesté[2].
L'amour et le respect qu'un si jeune mérite....
Mais la Princesse vient, Seigneur, et je vous quitte. 590

[1]. Il nous paraît à peu près certain que Corneille a composé postérieurement à la représentation, qui avait eu lieu, comme nous l'avons dit, au mois de mars 1667, ces vers où il fait évidemment allusion à la campagne de Flandre, et aux récentes conquêtes de Louis XIV, qui prit en personne, en juin, juillet et août 1667, les villes de Tournai, de Douai, de Lille. Au siège de cette dernière place, il s'exposa tellement que Turenne menaça de se retirer s'il ne se ménageait davantage. L'impression de la pièce, nous l'avons dit aussi, ne fut achevée que vers la fin de novembre 1667.

[2]. Ici encore le poëte a en vue les exercices militaires de l'année 1666. Robinet, le continuateur de la *Muse historique* de Loret, raconte, dans sa *Lettre à Madame* du 14 février, que le lundi 8, « proche Conflans, dans la plaine, » le Roi fit la revue

    Des troupes de son cher Dauphin....
    Qui déjà l'amant de Bellone,
    En ce lieu parut en personne
    Dessus un petit Bucéphal, etc.

La *Gazette*, dans les numéros du 8 mai et du 10 juillet, parle des deux autres revues où le Dauphin figura soit à la tête de son régiment, soit à la tête de sa compagnie.

SCÈNE VI.

ARDARIC, ILDIONE.

ILDIONE.

On vous a consulté, Seigneur; m'apprendrez-vous
Comment votre Attila dispose enfin de nous?

ARDARIC.

Comment disposez-vous vous-même de mon âme?
Attila va choisir; il faut parler, Madame:
Si son choix est pour vous, que ferez-vous pour moi?

ILDIONE.

Tout ce que peut un cœur qu'engage ailleurs ma foi.
C'est devers vous qu'il penche; et si je ne vous aime,
Je vous plaindrai du moins à l'égal de moi-même :
J'aurai mêmes ennuis, j'aurai mêmes douleurs;
Mais je n'oublierai point que je me dois ailleurs.   600

ARDARIC.

Cette foi que peut-être on est près de vous rendre,
Si vous aviez du cœur, vous sauriez la reprendre.

ILDIONE.

J'en ai, s'il faut me vaincre, autant qu'on peut avoir,
Et n'en aurai jamais pour vaincre mon devoir.

ARDARIC.

Mais qui s'engage à deux dégage l'une et l'autre[1].   605

ILDIONE.

Ce seroit ma pensée aussi bien que la vôtre;
Et si je n'étois pas, Seigneur, ce que je suis,
J'en prendrois quelque droit de finir mes ennuis;
Mais l'esclavage fier d'une haute naissance,
Où toute autre peut tout, me tient dans l'impuissance;

---

1. Voyez plus haut, p. 127, la note du vers 461. Ici ce n'est pas seulement Voltaire (1764), mais encore l'édition de 1682 qui donnent : « l'un et l'autre. »

Et victime d'État, je dois sans reculer
Attendre aveuglément qu'on me daigne immoler.
                    ARDARIC.
Attendre qu'Attila, l'objet de votre haine,
Daigne vous immoler à la fierté romaine?
                    ILDIONE.
Qu'un pareil sacrifice auroit pour moi d'appas! 615
Et que je souffrirai s'il ne s'y résout pas!
                    ARDARIC.
Qu'il seroit glorieux de le faire vous-même,
D'en épargner la honte à votre diadème!
J'entends celui des Francs, qu'au lieu de maintenir....
                    ILDIONE.
C'est à mon frère alors de venger et punir; 620
Mais ce n'est point à moi de rompre une alliance
Dont il vient d'attacher vos Huns avec sa France,
Et me faire par là du gage de la paix
Le flambeau d'une guerre à ne finir jamais.
Il faut qu'Attila parle; et puisse être Honorie 625
La plus considérée, ou moi la moins chérie!
Puisse-t-il se résoudre à me manquer de foi!
C'est tout ce que je puis et pour vous et pour moi.
S'il vous faut des souhaits, je n'en suis point avare;
S'il vous faut des regrets, tout mon cœur s'y prépare,
Et veut bien....
                    ARDARIC.
            Que feront d'inutiles souhaits
Que laisser à tous deux d'inutiles regrets?
Pouvez-vous espérer qu'Attila vous dédaigne?
                    ILDIONE.
Rome est encor puissante, il se peut qu'il la craigne.
                    ARDARIC.
A moins que pour appui Rome n'ait vos froideurs, 635
Vos yeux l'emporteront sur toutes ses grandeurs :

Je le sens en moi-même, et ne vois point d'empire
Qu'en mon cœur d'un regard ils ne puissent détruire.
Armez-les de rigueurs, Madame, et par pitié
D'un charme si funeste ôtez-leur la moitié : 640
C'en sera trop encore, et pour peu qu'ils éclatent,
Il n'est aucun espoir dont mes desirs se flattent.
Faites donc davantage : allez jusqu'au refus,
Ou croyez qu'Ardaric déjà n'espère plus,
Qu'il ne vit déjà plus, et que votre hyménée 645
A déjà par vos mains tranché sa destinée.

ILDIONE.

Ai-je si peu de part en de tels déplaisirs,
Que pour m'y voir en prendre il faille vos soupirs?
Me voulez-vous forcer à la honte des larmes?

ARDARIC.

Si contre tant de maux vous m'enviez leurs charmes, 650
Faites quelque autre grâce à mes sens alarmés,
Madame, et pour le moins dites que vous m'aimez.

ILDIONE.

Ne vouloir pas m'en croire à moins d'un mot si rude,
C'est pour une belle âme un peu d'ingratitude.
De quelques traits pour vous que mon cœur soit frappé,
Ce grand mot jusqu'ici ne m'est point échappé;
Mais haïr un rival, endurer d'être aimée,
Comme vous de ce choix avoir l'âme alarmée,
A votre espoir flottant donner tous mes souhaits,
A votre espoir déçu donner tous mes regrets, 660
N'est-ce point dire trop ce qui sied mal à dire?

ARDARIC.

Mais vous épouserez Attila.

ILDIONE.

     J'en soupire,
Et mon cœur....

ARDARIC.

Que fait-il, ce cœur, que m'abuser,
Si, même en n'osant rien, il craint de trop oser?
Non, si vous en aviez, vous sauriez la reprendre,   665
Cette foi que peut-être on est prêt[1] de vous rendre.
Je ne m'en dédis point, et ma juste douleur
Ne peut vous dire assez que vous manquez de cœur.

ILDIONE.

Il faut donc qu'avec vous tout à fait je m'explique.
Écoutez; et surtout, Seigneur, plus de réplique.   670
  Je vous aime : ce mot me coûte à prononcer;
Mais puisqu'il vous plaît tant, je veux bien m'y forcer.
Permettez toutefois que je vous die[2] encore
Que si votre Attila de ce grand choix m'honore,
Je recevrai sa main d'un œil aussi content   675
Que si je me donnois ce que mon cœur prétend :
Non que de son amour je ne prenne un tel gage
Pour le dernier supplice et le dernier outrage,
Et que le dur effort d'un si cruel moment
Ne redouble ma haine et mon ressentiment;   680
Mais enfin mon devoir veut une déférence
Où même il ne soupçonne aucune répugnance.
  Je l'épouserai donc, et réserve pour moi
La gloire de répondre à ce que je me doi.
J'ai ma part, comme un autre, à la haine publique   685
Qu'aime à semer partout son orgueil tyrannique;
Et le hais d'autant plus, que son ambition
A voulu s'asservir toute ma nation;
Qu'en dépit des traités et de tout leur mystère
Un tyran qui déjà s'est immolé son frère,   690

---

1. Telle est l'orthographe de ce mot dans toutes les anciennes éditions, et même dans celle de Voltaire (1764).
2. Suivant son habitude, Thomas Corneille a corrigé *die* en *dise*. Voltaire a fait de même.

Si jamais sa fureur ne redoutoit plus rien,
Auroit peut-être peine à faire grâce au mien.
Si donc ce triste choix m'arrache à ce que j'aime,
S'il me livre à l'horreur qu'il me fait de lui-même,
S'il m'attache à la main qui veut tout saccager,   695
Voyez que d'intérêts, que de maux à venger!
Mon amour, et ma haine, et la cause commune
Crieront à la vengeance, en voudront trois pour une;
Et comme j'aurai lors sa vie entre mes mains,
Il a lieu de me craindre autant que je vous plains.   700
Assez d'autres tyrans ont péri par leurs femmes :
Cette gloire aisément touche les grandes âmes,
Et de ce même coup qui brisera mes fers,
Il est beau que ma main venge tout l'univers[1].
Voilà quelle je suis, voilà ce que je pense,   705
Voilà ce que l'amour prépare à qui l'offense.
Vous, faites-moi justice; et songez mieux, Seigneur,
S'il me faut dire encor que je manque de cœur.

(Elle s'en va[2].)

ARDARIC.

Vous préserve le ciel de l'épreuve cruelle
Où veut un cœur si grand mettre une âme si belle!   710
Et puisse Attila prendre un esprit assez doux
Pour vouloir qu'on vous doive autant à lui qu'à vous!

1. Voyez ci-dessus, p. 104.
2. Voltaire a supprimé ces mots, et il a ensuite ajouté *seul* au nom d'ARDARIC.

FIN DU SECOND ACTE.

ACTE III.

SCÈNE PREMIÈRE.
ATTILA, OCTAR.

ATTILA.
Octar, as-tu pris soin de redoubler ma garde ?
OCTAR.
Oui, Seigneur, et déjà chacun s'entre-regarde,
S'entre-demande à quoi ces ordres que j'ai mis.... 715
ATTILA.
Quand on a deux rivaux, manque-t-on d'ennemis ?
OCTAR.
Mais, Seigneur, jusqu'ici vous en doutez encore.
ATTILA.
Et pour bien éclaircir ce qu'en effet j'ignore,
Je me mets à couvert de ce que de plus noir
Inspire à leurs pareils l'amour au désespoir ; 720
Et ne laissant pour arme à leur douleur pressante
Qu'une haine sans force, une rage impuissante,
Je m'assure un triomphe en ce glorieux jour
Sur leurs ressentiments, comme sur leur amour.
Qu'en disent nos deux rois ?
OCTAR.
     Leurs âmes, alarmées 725
De voir par ce renfort leurs tentes enfermées,
Affectent de montrer une tranquillité....
ATTILA.
De leur tente à la mienne ils ont la liberté.

ACTE III, SCÈNE I.

OCTAR.

Oui, mais seuls, et sans suite ; et quant aux deux princesses,
Que de leurs actions on laisse encor maîtresses, 730
On ne permet d'entrer chez elles qu'à leurs gens ;
Et j'en bannis par là ces rois et leurs agents.
N'en ayez plus, Seigneur, aucune inquiétude :
Je les fais observer avec exactitude ;
Et de quelque côte qu'elles tournent leurs pas, 735
J'ai des yeux tous[1] placés qui ne les manquent pas :
On vous rendra bon compte et des deux rois et d'elles.

ATTILA.

Il suffit sur ce point : apprends d'autres nouvelles.
Ce grand chef des Romains, l'illustre Aétius,
Le seul que je craignois, Octar, il ne vit plus. 740

OCTAR.

Qui vous en a défait?

ATTILA.

Valentinian même.
Craignant qu'il n'usurpât jusqu'à son diadème,
Et pressé des soupçons où j'ai su l'engager,
Lui-même, à ses yeux même, il l'a fait égorger[2].
Rome perd en lui seul plus de quatre batailles : 745
Je me vois l'accès libre au pied de ses murailles ;
Et si j'y fais paroître Honorie et ses droits,
Contre un tel empereur j'aurai toutes les voix :
Tant l'effroi de mon nom, et la haine publique
Qu'attire sur sa tête une mort si tragique, 750
Sauront faire aisément, sans en venir aux mains,

---

1. L'édition de 1692, aussi bien que celle de Voltaire (1764), portent *tout*, invariable. — Dans l'édition originale, de 1668, *tous* est joint au participe par un trait d'union, comme ne formant avec lui qu'un seul mot : tous-placés. »

2. Ce fut Valentinien lui-même qui tua de sa main Aétius, l'année qui suivit la mort d'Attila : *Aetius, dux et patricius, fraudulenter singularis accitus intra palatium, manu ipsius Valentiniani imperatoris occiditur.* (Idacii, episcopi *Chronica*, édition de 1633, p. 35.)

De l'époux d'une sœur un maître des Romains.
OCTAR.
Ainsi donc votre choix tombe sur Honorie?
ATTILA.
J'y fais ce que je puis, et ma gloire m'en prie;
Mais d'ailleurs Ildione a pour moi tant d'attraits, 755
Que mon cœur étonné flotte plus que jamais.
Je sens combattre encor dans ce cœur qui soupire
Les droits de la beauté contre ceux de l'empire.
L'effort de ma raison qui soutient mon orgueil
Ne peut non plus que lui soutenir un coup d'œil; 760
Et quand de tout moi-même il m'a rendu le maître,
Pour me rendre à mes fers elle n'a qu'à paroître.
O beauté, qui te fais adorer en tous lieux,
Cruel poison de l'âme, et doux charme des yeux,
Que devient, quand tu veux, l'autorité suprême, 765
Si tu prends malgré moi l'empire de moi-même,
Et si cette fierté qui fait partout la loi
Ne peut me garantir de la prendre de toi?
Va la trouver pour moi, cette beauté charmante;
Du plus utile choix donne-lui l'épouvante; 770
Pour l'obliger à fuir, peins-lui bien tout l'affront
Que va mon hyménée imprimer sur son front.
Ose plus : fais-lui peur d'une prison sévère
Qui me réponde ici du courroux de son frère,
Et retienne tous ceux que l'espoir de sa foi 775
Pourroit en un moment soulever contre moi.
Mais quelle âme en effet n'en seroit pas séduite?
Je vois trop de périls, Octar, en cette fuite :
Ses yeux, mes souverains, à qui tout est soumis,
Me sauroient d'un coup d'œil faire trop d'ennemis. 780
Pour en sauver mon cœur prends une autre manière.
Fais-m'en haïr, peins-moi d'une humeur noire et fière;
Dis-lui que j'aime ailleurs; et fais-lui prévenir

ACTE III, SCÈNE I.

La gloire qu'Honorie est prête d'obtenir.
Fais qu'elle me dédaigne, et me préfère un autre   785
Qui n'ait pour tout pouvoir qu'un foible emprunt du
Ardaric, Valamir, ne m'importe des deux.   [nôtre :
Mais voir en d'autres bras l'objet de tous mes vœux !
Vouloir qu'à mes yeux même un autre le possède¹ !
Ah ! le mal est encor plus doux que le remède.   790
Dis-lui, fais-lui savoir....

OCTAR.
Quoi, Seigneur ?
ATTILA.
Je ne sai :
Tout ce que j'imagine est d'un fâcheux essai.
OCTAR.
A quand remettez-vous, après tout, d'en résoudre ?
ATTILA.
Octar, je l'aperçois. Quel nouveau coup de foudre
O raison confondue, orgueil presque étouffé,   795
Avant ce coup fatal que n'as-tu triomphé !

SCÈNE II.

ATTILA, ILDIONE, OCTAR.

ATTILA.
Venir jusqu'en ma tente enlever mes hommages,
Madame, c'est trop loin pousser vos avantages :
Ne vous suffit-il point que le cœur soit à vous ?
ILDIONE.
C'est de quoi faire naître un espoir assez doux.   800
Ce n'est pas toutefois, Seigneur, ce qui m'amène :
Ce sont des nouveautés dont j'ai lieu d'être en peine.

1. *Var.* Vouloir qu'à mes yeux même un autre la possède ! (1668)

Votre garde est doublée, et par un orde exprès
Je vois ici deux rois observés de fort près.
ATTILA.
Prenez-vous intérêt ou pour l'un ou pour l'autre? 805
ILDIONE.
Mon intérêt, Seigneur, c'est d'avoir part au vôtre :
J'ai droit en vos périls de m'en mettre en souci,
Et de plus, je me trompe, ou l'on m'observe aussi.
Vous serois-je suspecte? Et de quoi?
ATTILA.
                              D'être aimée.
Madame, vos attraits, dont j'ai l'âme charmée, 810
Si j'en crois l'apparence, ont blessé plus d'un roi;
D'autres ont un cœur tendre et des yeux, comme moi;
Et pour vous et pour moi j'en préviens l'insolence,
Qui pourroit sur vous-même user de violence.
ILDIONE.
Il en est des moyens plus doux et plus aisés, 815
Si je vous charme autant que vous m'en accusez.
ATTILA.
Ah! vous me charmez trop, moi de qui l'âme altière
Cherche à voir sous mes pas trembler la terre entière[1] :
Moi qui veux pouvoir tout, sitôt que je vous voi,
Malgré tout cet orgueil, je ne puis rien sur moi. 820
Je veux, je tâche en vain d'éviter par la fuite
Ce charme dominant qui marche à votre suite :
Mes plus heureux succès ne font qu'enfoncer mieux
L'inévitable trait dont me percent vos yeux.
Un regard imprévu leur fait une victoire; 825
Leur moindre souvenir l'emporte sur ma gloire :

---

1. Jornandès (*de Getarum rebus gestis*, chapitre xxxv) exprime énergiquement la terreur qu'inspirait Attila : *Vir in concussionem gentium natus in mundo, terrarum omnium metus, qui, nescio qua sorte, terrebat cuncta formidabili de se opinione vulgata.*

ACTE III, SCÈNE II.

Il s'empare et du cœur et des soins les plus doux ;
Et j'oublie Attila, dès que je pense à vous.
Que pourrai-je, Madame, après que l'hyménée
Aura mis sous vos lois toute ma destinée ? 830
Quand je voudrai punir, vous saurez pardonner ;
Vous refuserez grâce où j'en voudrai donner ;
Vous envoirez la paix où je voudrai la guerre ;
Vous saurez par mes mains conduire le tonnerre ;
Et tout mon amour tremble à s'accorder un bien 835
Qui me met en état de ne pouvoir plus rien.
  Attentez un peu moins sur ce pouvoir suprême,
Madame, et pour un jour cessez d'être vous-même ;
Cessez d'être adorable, et laissez-moi choisir
Un objet qui m'en laisse aisément ressaisir. 840
Défendez à vos yeux cet éclat invincible
Avec qui ma fierté devient incompatible ;
Prêtez-moi des refus, prêtez-moi des mépris,
Et rendez-moi vous-même à moi-même à ce prix.

ILDIONE.

Je croyois qu'on me dût préférer Honorie 845
Avec moins de douceurs et de galanterie ;
Et je n'attendois pas une civilité
Qui malgré cette honte enflât ma vanité.
Ses honneurs près des miens ne sont qu'honneurs frivoles,
Ils n'ont que des effets, j'ai les belles paroles ; 850
Et si de son côté vous tournez tous vos soins,
C'est qu'elle a moins d'attraits, et se fait craindre moins.
L'auroit-on jamais cru, qu'un Attila pût craindre,
Qu'un si léger éclat eût de quoi l'y contraindre,
Et que de ce grand nom qui remplit tout d'effroi 855
Il n'osât hasarder tout l'orgueil contre moi ?
Avant qu'il porte ailleurs ces timides hommages
Que jusqu'ici j'enlève avec tant d'avantages,
Apprenez-moi, Seigneur, pour suivre vos desseins,

Comme il faut dédaigner le plus grand des humains ; 860
Dites-moi quels mépris peuvent le satisfaire.
Ah ! si je lui déplais à force de lui plaire,
Si de son trop d'amour sa haine est tout le fruit,
Alors qu'on la mérite, où se voit-on réduit?
    Allez, Seigneur, allez où tant d'orgueil aspire. 865
Honorie a pour dot la moitié de l'empire ;
D'un mérite penchant c'est un ferme soutien ;
Et cet heureux éclat efface tout le mien :
Je n'ai que ma personne.

ATTILA.

                Et c'est plus que l'empire,
Plus qu'un droit souverain sur tout ce qui respire. 870
Tout ce qu'a cet empire ou de grand ou de doux,
Je veux mettre ma gloire à le tenir de vous.
Faites-moi l'accepter, et pour reconnoissance
Quels climats voulez-vous sous votre obéissance?
Si la Gaule vous plaît, vous la partagerez : 875
J'en offre la conquête à vos yeux adorés ;
Et mon amour....

ILDIONE.

        A quoi que cet amour s'apprête,
La main du conquérant vaut mieux que sa conquête.

ATTILA.

Quoi? vous pourriez m'aimer, Madame, à votre tour?
Qui sème tant d'horreurs fait naître peu d'amour. 880
Qu'aimeriez-vous en moi? Je suis cruel, barbare ;
Je n'ai que ma fierté, que ma fureur de rare :
On me craint, on me hait ; on me nomme en tout lieu
La terreur des mortels et le fléau de Dieu[1].
Aux refus que je veux c'est là trop de matière ; 885
Et si ce n'est assez d'y joindre la prière,

---

1. Voyez ci-dessus, p. 103, note 4.

ACTE III, SCÈNE II.

Si rien ne vous résout à dédaigner ma foi,
Appréhendez pour vous comme je fais pour moi.
Si vos tyrans d'appas retiennent ma franchise,
Je puis l'être comme eux de qui me tyrannise. 890
Souvenez-vous enfin que je suis Attila,
Et que c'est dire tout que d'aller jusque-là.

ILDIONE.

Il faut donc me résoudre? Eh bien! J'ose.... De grâce[1],
Dispensez-moi du reste, il y faut trop d'audace.
Je tremble comme un autre à l'aspect d'Attila, 895
Et ne me puis, Seigneur, oublier jusque-là.
J'obéis : ce mot seul dit tout ce qu'il souhaite;
Si c'est m'expliquer mal, qu'il en soit l'interprète.
J'ai tous les sentiments qu'il lui plaît m'ordonner;
J'accepte cette dot qu'il vient de me donner; 900
Je partage déjà la Gaule avec mon frère,
Et veux tout ce qu'il faut pour ne vous plus déplaire.
Mais ne puis-je savoir, pour ne manquer à rien,
A qui vous me donnez, quand j'obéis si bien?

ATTILA.

Je n'ose le résoudre, et de nouveau je tremble, 905
Sitôt que je conçois tant de chagrins ensemble.
C'est trop que de vous perdre et vous donner ailleurs;
Madame, laissez-moi séparer mes douleurs :
Souffrez qu'un déplaisir me prépare pour l'autre;
Après mon hyménée on aura soin du vôtre : 910
Ce grand effort déjà n'est que trop rigoureux,
Sans y joindre celui de faire un autre heureux.
Souvent un peu de temps fait plus qu'on n'ose attendre.

ILDIONE.

J'oserai plus que vous, Seigneur, et sans en prendre;
Et puisque de son bien chacun peut ordonner, 915

1. *Var.* Il faut donc m'y résoudre? Eh bien j'ose.... De grâce. (1668)

Votre cœur est à moi, j'oserai le donner;
Mais je ne le mettrai qu'en la main qu'il souhaite.
Vous, traitez-moi, de grâce, ainsi que je vous traite;
Et quand ce coup pour vous sera moins rigoureux,
Avant que me donner consultez-en mes vœux. 920

ATTILA.

Vous aimeriez quelqu'un !

ILDIONE.

Jusqu'à votre hyménée
Mon cœur est au monarque à qui l'on m'a donnée;
Mais quand par ce grand choix j'en perdrai tout espoir,
J'ai des yeux qui verront ce qu'il me faudra voir.

SCÈNE III.

ATTILA, HONORIE, ILDIONE, OCTAR.

HONORIE.

Ce grand choix est donc fait, Seigneur, et pour le faire
Vous avez à tel point redouté ma colère,
Que vous n'avez pas cru vous en pouvoir sauver
Sans doubler votre garde, et me faire observer?
Je ne me jugeois pas en ces lieux tant à craindre;
Et d'un tel attentat j'aurois tort de me plaindre, 930
Quand je vois que la peur de mes ressentiments
En commence déjà les justes châtiments.

ILDIONE.

Que ces ordres nouveaux ne troublent point votre âme :
C'étoit moi qu'on craignoit, et non pas vous, Madame;
Et ce glorieux choix qui vous met en courroux 935
Ne tombe pas sur moi, Madame, c'est sur vous.
Il est vrai que sans moi vous n'y pouviez prétendre :
Son cœur, tant qu'il m'eût plu, s'en auroit su défendre;
Il étoit tout à moi. Ne vous alarmez pas

ACTE III, SCÈNE III.

D'apprendre qu'il étoit au peu que j'ai d'appas. 940
Je vous en fais un don : recevez-le pour gage
Ou de mes amitiés ou d'un parfait hommage;
Et forte désormais de vos droits et des miens,
Donnez à ce grand cœur de plus dignes liens.

HONORIE.

C'est donc de votre main qu'il passe dans la mienne, 945
Madame, et c'est de vous qu'il faut que je le tienne?

ILDIONE.

Si vous ne le voulez aujourd'hui de ma main,
Craignez qu'il soit trop tard de le vouloir demain.
Elle l'aimera mieux sans doute de la vôtre,
Seigneur, ou vous ferez ce présent à quelque autre. 950
Pour lui porter ce cœur que je vous avois pris,
Vous m'avez commandé des refus, des mépris :
Souffrez que des mépris le respect me dispense,
Et voyez pour le reste entière obéissance.
Je vous rends à vous-même, et ne puis rien de plus; 955
Et c'est à vous de faire accepter mes refus.

SCÈNE IV.

ATTILA, HONORIE, OCTAR.

HONORIE.

Accepter ses refus! moi, Seigneur?

ATTILA.

Vous, Madame.
Peut-il être honteux de devenir ma femme?
Et quand on vous assure un si glorieux nom,
Peut-il vous importer qui vous en fait le don? 960
Peut-il vous importer par quelle voie arrive
La gloire dont pour vous Ildione se prive?
Que ce soit son refus, ou que ce soit mon choix,
En marcherez-vous moins sur la tête des rois?

Mes¹ deux traités de paix m'ont donné deux princesses,
Dont l'une aura ma main, si l'autre eut mes tendresses ;
L'une aura ma grandeur, comme l'autre eut mes vœux :
C'est ainsi qu'Attila se partage à vous deux.
N'en murmurez, Madame, ici non plus que l'autre ;
Sa part la satisfait, recevez mieux la vôtre ;   970
J'en étois idolâtre, et veux vous épouser.
La raison? c'est ainsi qu'il me plaît d'en user².

HONORIE.

Et ce n'est pas ainsi qu'il me plaît qu'on en use :
Je cesse d'estimer ce qu'une autre refuse,
Et bien que vos traités vous engagent ma foi,   975
Le rebut d'Ildione est indigne de moi.
Oui, bien que l'univers ou vous serve ou vous craigne,
Je n'ai que des mépris pour ce qu'elle dédaigne.
Quel honneur est celui d'être votre moitié,
Qu'elle cède par grâce, et m'offre par pitié?   980
Je sais ce que le ciel m'a faite³ au-dessus d'elle,
Et suis plus glorieuse encor qu'elle n'est belle.

ATTILA.

J'adore cet orgueil, il est égal au mien,
Madame ; et nos fiertés se ressemblent si bien,
Que si la ressemblance est par où l'on s'entr'aime,   985
J'ai lieu de vous aimer comme une autre moi-même⁴.

HONORIE.

Ah! si non plus que vous je n'ai point le cœur bas,
Nos fiertés pour cela ne se ressemblent pas.
La mienne est de princesse, et la vôtre est d'esclave :
Je brave les mépris, vous aimez qu'on vous brave ;   990

---

1. L'édition de 1682 donne, par erreur, *mais*, au lieu de *mes*.
2. C'est la traduction du vers bien connu (Juvénal, satire VI, vers 223) :

   Hoc volo, sic jubeo, sit pro ratione voluntas.

3. Les deux éditions de 1668 ont *faite*; celles de 1682, de 1692 et de Voltaire (1764) portent *fait*, sans accord.
4. Voltaire (1764) a remplacé *une autre moi-même* par *un autre moi-même*.

Votre orgueil a son foible, et le mien, toujours fort,
Ne peut souffrir d'amour dans ce peu de rapport.
S'il vient de ressemblance, et que d'illustres flammes
Ne puissent que par elle unir les grandes âmes,
D'où naîtroit cet amour, quand je vois en tous lieux 995
De plus dignes fiertés qui me ressemblent mieux?

ATTILA.

Vous en voyez ici, Madame; et je m'abuse,
Ou quelque autre me vole un cœur qu'on me refuse;
Et cette noble ardeur de me désobéir
En garde la conquête à l'heureux Valamir. 1000

HONORIE.

Ce n'est qu'à moi, Seigneur, que j'en dois rendre conte;
Quand je voudrai l'aimer, je le pourrai sans honte :
Il est roi comme vous.

ATTILA.

En effet il est roi,
J'en demeure d'accord, mais non pas comme moi.
Même splendeur de sang, même titre nous pare; 1005
Mais de quelques degrés le pouvoir nous sépare;
Et du trône où le ciel a voulu m'affermir,
C'est tomber d'assez haut que jusqu'à Valamir.
Chez ses propres sujets ce titre qu'il étale
Ne fait d'entre eux et moi que remplir l'intervalle; 1010
Il reçoit sous ce titre et leur porte mes lois;
Et s'il est roi des Goths, je suis celui des rois[1].

HONORIE.

Et j'ai de quoi le mettre au-dessus de ta tête,
Sitôt que de ma main j'aurai fait sa conquête.
Tu n'as pour tout pouvoir[2] que des droits usurpés 1015

---

1. Attila est nommé ainsi dans Jornandès (*de Getarum rebus gestis*, chapitre XXXVIII) : *Attila rex omnium regum*.
2. Telle est la leçon des deux éditions antérieures à 1682. Celle-ci porte *ton pouvoir*, pour *tout pouvoir*, ainsi que l'édition de 1692. Voltaire a adopté comme nous la leçon primitive : *tout*.

Sur des peuples surpris et des princes trompés ;
Tu n'as d'autorité que ce qu'en font les crimes ;
Mais il n'aura de moi que des droits légitimes ;
Et fût-il sous ta rage à tes pieds abattu,
Il est plus grand que toi, s'il a plus de vertu.   1020
ATTILA.
Sa vertu ni vos droits ne sont pas de grands charmes,
A moins que pour appui je leur prête mes armes.
Ils ont besoin de moi, s'ils veulent aller loin ;
Mais pour être empereur je n'en ai plus besoin.
Aétius est mort, l'empire n'a plus d'homme,   1025
Et je puis trop sans vous me faire place à Rome.
HONORIE.
Aétius est mort ! Je n'ai plus de tyran ;
Je reverrai mon frère en Valentinian ;
Et mille vrais héros qu'opprimoit ce faux maître
Pour me faire justice à l'envi vont paroître.   1030
Ils défendront l'empire, et soutiendront mes droits
En faveur des vertus dont j'aurai fait le choix.
Les grands cœurs n'osent rien sous de si grands ministres :
Leur plus haute valeur n'a d'effets que sinistres ;
Leur gloire fait ombrage à ces puissants jaloux,   1035
Qui s'estiment perdus s'ils ne les perdent tous.
Mais après leur trépas tous ces grands cœurs revivent ;
Et pour ne plus souffrir des fers qui les captivent[1],
Chacun reprend sa place et remplit son devoir.
La mort d'Aétius te le fera trop voir :   1040
Si pour leur maître en toi je leur mène un barbare,
Tu verras quel accueil leur vertu te prépare ;
Mais si d'un Valamir j'honore un si haut rang,
Aucun pour me servir n'épargnera son sang.

1. *Var.* Et pour ne plus souffrir de fers qui les captivent. (1663)
Cette leçon a été reproduite par l'édition de 1692.

ATTILA.

Vous me faites pitié de si mal vous connoître, 1045
Que d'avoir tant d'amour, et le faire paroître.
Il est honteux, Madame, à des rois tels que nous,
Quand ils en sont blessés, d'en laisser voir les coups.
Il a droit de régner sur les âmes communes,
Non sur celles qui font et défont les fortunes; 1050
Et si de tout le cœur on ne peut l'arracher,
Il faut s'en rendre maître, ou du moins le cacher.
Je ne vous blâme point d'avoir eu mes foiblesses;
Mais faites même effort sur ces lâches tendresses,
Et comme je vous tiens seule digne de moi, 1055
Tenez-moi seul aussi digne de votre foi.
Vous aimez Valamir, et j'adore Ildione :
Je me garde pour vous, gardez-vous pour mon trône;
Prenez ainsi que moi des sentiments plus hauts,
Et suivez mes vertus ainsi que mes défauts. 1060

HONORIE.

Parle de tes fureurs et de leur noir ouvrage :
Il s'y mêle peut-être une ombre de courage;
Mais bien loin qu'avec gloire on te puisse imiter,
La vertu des tyrans est même à détester.
Irois-je à ton exemple assassiner mon frère? 1065
Sur tous mes alliés répandre ma colère?
Me baigner dans leur sang, et d'un orgueil jaloux...?

ATTILA.

Si nous nous emportons, j'irai plus loin que vous,
Madame.

HONORIE.

Les grands cœurs parlent avec franchise.

ATTILA.

Quand je m'en souviendrai, n'en soyez pas surprise;
Et si je vous épouse avec ce souvenir,
Vous voyez le passé, jugez de l'avenir.

Je vous laisse y penser. Adieu, Madame.
HONORIE.
Ah! traître!
ATTILA.
Je suis encore amant, demain je serai maître.
Remenez la Princesse, Octar.
HONORIE.
Quoi?
ATTILA.
C'est assez. 1075
Vous me direz tantôt tout ce que vous pensez;
Mais pensez-y deux fois avant que me le dire :
Songez que c'est de moi que vous tiendrez l'empire;
Que vos droits sans ma main ne sont que droits en l'air.
HONORIE.
Ciel!
ATTILA.
Allez, et du moins apprenez à parler. 1080
HONORIE.
Apprends, apprends toi-même à changer de langage,
Lorsqu'au sang des Césars ta parole t'engage.
ATTILA.
Nous en pourrons changer avant la fin du jour.
HONORIE.
Fais ce que tu voudras, tyran, j'aurai mon tour.

FIN DU TROISIÈME ACTE.

ACTE IV.

SCÈNE PREMIÈRE.
HONORIE, OCTAR, FLAVIE.

HONORIE.
Allez, servez-moi bien. Si vous aimez Flavie, 1085
Elle sera le prix de m'avoir bien servie :
J'en donne ma parole; et sa main est à vous,
Dès que vous m'obtiendrez Valamir pour époux.

OCTAR.
Je voudrois le pouvoir : j'assurerois, Madame,
Sous votre Valamir mes jours avec ma flamme. 1090
Bien qu'Attila me traite assez confidemment,
Ils dépendent sous lui d'un malheureux moment :
Il ne faut qu'un soupçon, un dégoût, un caprice,
Pour en faire à sa haine un soudain sacrifice;
Ce n'est pas un esprit que je porte où je veux. 1095
Faire un peu plus de pente au penchant de ses vœux,
L'attacher un peu plus au parti qu'ils choisissent,
Ce n'est rien qu'avec moi deux mille autres ne puissent;
Mais proposer de front, ou vouloir doucement
Contre ce qu'il résout tourner son sentiment, 1100
Combattre sa pensée en faveur de la vôtre,
C'est ce que nous n'osons, ni moi, ni pas un autre;
Et si je hasardois ce contre-temps fatal,
Je me perdrois, Madame, et vous servirois mal.

HONORIE.
Mais qui l'attache à moi, quand pour l'autre il soupire?

OCTAR.

La mort d'Aétius et vos droits sur l'empire.
Il croit s'en voir par là les chemins aplanis;
Et tous autres souhaits de son cœur sont bannis.
Il aime à conquérir, mais il hait les batailles :
Il veut que son nom seul renverse les murailles[1]; 1110
Et plus grand politique encor que grand guerrier,
Il tient que les combats sentent l'aventurier[2].
Il veut que de ses gens le déluge effroyable
Atterre impunément les peuples qu'il accable;
Et prodigue de sang, il épargne celui 1115
Que tant de combattants exposeroient pour lui.
Ainsi n'espérez pas que jamais il relâche,
Que jamais il renonce à ce choix qui vous fâche.
Si pourtant je vois jour à plus que je n'attends,
Madame, assurez-vous que je prendrai mon temps. 1120

SCÈNE II.

HONORIE, FLAVIE.

FLAVIE.

Ne vous êtes-vous point un peu trop déclarée,
Madame? et le chagrin de vous voir préférée
Étouffe-t-il la peur que marquoient vos discours
De rendre hommage au sang d'un roi de quatre jours?

HONORIE.

Je te l'avois bien dit, que mon âme incertaine 1125
De tous les deux côtés attendoit même gêne,
Flavie; et de deux maux qu'on craint également
Celui qui nous arrive est toujours le plus grand,

---

1. C'est la hâblerie du Matamore prise au sérieux. Voyez l'*Illusion comique*, vers 233 (tome II, p. 447).
2. *Bellorum quidem amator, sed ipse manu temperans.* (Jornandès, *de Getarum rebus gestis*, chapitre XXXV.) Voyez ci-dessus, p. 103 et la note 3.

Celui que nous sentons devient le plus sensible.
D'un choix si glorieux la honte est trop visible ;   1130
Ildione a su l'art de m'en faire un malheur :
La gloire en est pour elle, et pour moi la douleur ;
Elle garde pour soi tout l'effet du mérite,
Et me livre avec joie aux ennuis qu'elle évite.
Vois avec quel insulte[1] et de quelle hauteur   1135
Son refus en mes mains rejette un si grand cœur,
Cependant que ravie elle assure à son âme
La douceur d'être toute à l'objet de sa flamme ;
Car je ne doute point qu'elle n'ait de l'amour.
Ardaric qui s'attache à la voir chaque jour,   1140
Les respects qu'il lui rend, et les soins qu'il se donne....

     FLAVIE.

J'ose vous dire plus, Attila l'en soupçonne :
Il est fier et colère ; et s'il sait une fois
Qu'Ildione en secret l'honore de son choix,
Qu'Ardaric ait sur elle osé jeter la vue,   1145
Et briguer cette foi qu'à lui seul il croit due,
Je crains qu'un tel espoir, au lieu de s'affermir....

     HONORIE.

Que n'ai-je donc mieux tu que j'aimois Valamir !
Mais quand on est bravée et qu'on perd ce qu'on aime,
Flavie, est-on sitôt maîtresse de soi-même ?   1150
D'Attila, s'il se peut, tournons l'emportement
Ou contre ma rivale, ou contre son amant ;
Accablons leur amour sous ce que j'appréhende ;
Promettons à ce prix la main qu'on nous demande ;
Et faisons que l'ardeur de recevoir ma foi   1155
L'empêche d'être ici plus heureuse que moi.
Renversons leur triomphe. Étrange frénésie !

---

1. L'édition de 1692 porte *quelle insulte*, au féminin. Plus haut, au vers 424, p. 125, elle avait laissé ce mot au masculin. Voltaire a mis le féminin aux deux endroits.

Sans aimer Ardaric, j'en conçois jalousie!
Mais je me venge, et suis, en ce juste projet,
Jalouse du bonheur, et non pas de l'objet. 1160

FLAVIE.

Attila vient, Madame.

HONORIE.

     Eh bien! faisons connoître
Que le sang des Césars ne souffre point de maître,
Et peut bien refuser de pleine autorité
Ce qu'une autre refuse avec témérité.

SCÈNE III.

ATTILA, HONORIE, FLAVIE.

ATTILA.

Tout s'apprête, Madame, et ce grand hyménée 1165
Peut dans une heure ou deux terminer la journée,
Mais sans vous y contraindre; et je ne viens que voir
Si vous avez mieux vu quel est votre devoir.

HONORIE.

Mon devoir est, Seigneur, de soutenir ma gloire,
Sur qui va s'imprimer une tache trop noire, 1170
Si votre illustre amour pour son premier effet
Ne venge hautement l'outrage qu'on lui fait.
Puis-je voir sans rougir qu'à la belle Ildione
Vous demandiez congé de m'offrir votre trône,
Que...?

ATTILA.

  Toujours Ildione, et jamais Attila! 1175

HONORIE.

Si vous me préférez, Seigneur, punissez-la :
Prenez mes intérêts, et pressez votre flamme
De remettre en honneur le nom de votre femme.
Ildione le traite avec trop de mépris;

Souffrez-en de pareils, ou rendez-lui son prix. 1180
A quel droit voulez-vous qu'un tel manque d'estime,
S'il est gloire pour elle, en moi devienne un crime;
Qu'après que nos refus ont tous deux éclaté,
Le mien soit punissable où le sien est flatté;
Qu'elle brave à vos yeux ce qu'il faut que je craigne,
Et qu'elle me condamne à ce qu'elle dédaigne?

ATTILA.

Pour vous justifier mes ordres et mes vœux,
Je croyois qu'il suffit d'un simple « Je le veux; »
Mais voyez, puisqu'il faut mettre tout en balance,
D'Ildione et de vous qui m'oblige ou m'offense. 1190
  Quand son refus me sert, le vôtre me trahit;
Il veut me commander, quand le sien m'obéit :
L'un est plein de respect, l'autre est gonflé d'audace;
Le vôtre me fait honte, et le sien me fait grâce.
Faut-il après cela qu'aux dépens de son sang 1195
Je mérite l'honneur de vous mettre en mon rang?

HONORIE.

Ne peut-on se venger à moins qu'on assassine[1]?
Je ne veux point sa mort, ni même sa ruine :
Il est des châtiments plus justes et plus doux,
Qui l'empêcheroient mieux de triompher de nous. 1200
Je dis de nous, Seigneur, car l'offense est commune,
Et ce que vous m'offrez des deux n'en feroit qu'une.
Ildione, pour prix de son manque de foi,
Dispose arrogamment et de vous et de moi!
Pour prix de la hauteur dont elle m'a bravée, 1205
A son heureux amant sa main est réservée,
Avec qui, satisfaite, elle goûte l'appas

---

1. Tel est le texte de toutes les éditions anciennes, et même encore de celle de Voltaire (1764). Il est conforme à l'usage ordinaire de Corneille. Dans des éditions modernes on a ajouté *ne* : « à moins qu'on n'assassine. » Voyez le *Lexique*.

De m'ôter ce que j'aime, et me mettre en vos bras !
ATTILA.
Quel est-il, cet amant ?
HONORIE.
Ignorez-vous encore
Qu'elle adore Ardaric, et qu'Ardaric l'adore ? 1210
ATTILA.
Qu'on m'amène Ardaric. Mais de qui savez-vous....
HONORIE.
C'est une vision de mes soupçons jaloux ;
J'en suis mal éclaircie, et votre orgueil l'avoue,
Et quand elle me brave, et quand elle vous joue ;
Même, s'il faut vous croire, on ne vous sert pas mal
Alors qu'on vous dédaigne en faveur d'un rival.
ATTILA.
D'Ardaric et de moi telle est la différence,
Qu'elle en punit assez la folle préférence.
HONORIE.
Quoi ? s'il peut moins que vous, ne lui volez-vous pas
Ce pouvoir usurpé sur ses propres soldats ? 1220
Un véritable roi qu'opprime un sort contraire,
Tout opprimé qu'il est, garde son caractère ;
Ce nom lui reste entier sous les plus dures lois :
Il est dans les fers même égal aux plus grands rois ;
Et la main d'Ardaric suffit à ma rivale 1225
Pour lui donner plein droit de me traiter d'égale.
Si vous voulez punir l'affront qu'elle nous fait,
Réduisez-la, Seigneur, à l'hymen d'un sujet.
Ne cherchez point pour elle une plus dure peine
Que de voir votre femme être sa souveraine ; 1230
Et je pourrai moi-même alors vous demander
Le droit de m'en servir et de lui commander.
ATTILA.
Madame, je saurai lui trouver un supplice.

ACTE IV, SCÈNE III.

Agréez cependant pour vous même justice;
Et s'il faut un sujet à qui dédaigne un roi,   1235
Choisissez dans une heure, ou d'Octar, ou de moi.

HONORIE.

D'Octar, ou....

ATTILA.

Les grands cœurs parlent avec franchise,
C'est une vérité que vous m'avez apprise[1] :
Songez donc sans murmure à cet illustre choix,
Et remerciez-moi de suivre ainsi vos lois[2].   1240

HONORIE.

Me proposer Octar!

ATTILA.

Qu'y trouvez-vous à dire?
Seroit-il à vos yeux indigne de l'empire?
S'il est né sans couronne et n'eut jamais d'États,
On monte à ce grand trône encor d'un lieu plus bas.
On a vu des Césars, et même des plus braves,   1245
Qui sortoient d'artisans, de bandoliers[3], d'esclaves;
Le temps et leurs vertus les ont rendus fameux,
Et notre cher Octar a des vertus comme eux.

HONORIE.

Va, ne me tourne point Octar en ridicule :
Ma gloire pourroit bien l'accepter sans scrupule,   1250
Tyran, et tu devrois du moins te souvenir
Que s'il n'en est pas digne, il peut le devenir.
Au défaut d'un beau sang, il est de grands services,
Il est des vœux soumis, il est des sacrifices,

---

1. Voyez ci-dessus, acte III, scène IV, vers 1069 et 1070.
2. *Var.* Et me remerciez de suivre ainsi vos lois. (1668, édition originale.)
3. *Bandolier, bandoulier,* de l'espagnol *bandolero,* « voleur de campagne, qui vole en troupe et avec armes à feu. » (*Dictionnaire de Furetière.*) Voyez le *Lexique.* — L'empereur Philippe, dit l'Arabe, était fils d'un chef de brigands; Dioclétien était, selon les uns, l'affranchi d'un sénateur, selon d'autres le fils d'un greffier; Galere avait été berger, etc.

Il est de glorieux et surprenants effets, 1255
Des vertus de héros, et même des forfaits.
L'exemple y peut beaucoup. Instruit par tes maximes,
Il s'est fait de ton ordre une habitude aux crimes :
Comme ta créature, il doit te ressembler.
Quand je l'enhardirai, commence de trembler : 1260
Ta vie est en mes mains, dès qu'il voudra me plaire,
Et rien n'est sûr pour toi, si je veux qu'il espère.
Ton rival entre, adieu : délibère avec lui
Si ce cher Octar m'aime, ou sera ton appui.

SCÈNE IV.

ATTILA, ARDARIC.

ATTILA.

Seigneur, sur ce grand choix je cesse d'être en peine :
J'épouse dès ce soir la princesse romaine,
Et n'ai plus qu'à prévoir à qui plus sûrement
Je puis confier l'autre et son ressentiment.
Le roi des Bourguignons, par ambassade expresse,
Pour Sigismond[1], son fils, vouloit cette princesse ; 1270
Mais nos ambassadeurs furent mieux écoutés.
Pourroit-il nous donner toutes nos sûretés ?

ARDARIC.

Son État sert de borne à ceux de Mérouée ;
La partie entre eux deux seroit bientôt nouée ;
Et vous verriez armer d'une pareille ardeur 1275
Un mari pour sa femme, un frère pour sa sœur :
L'union en seroit trop facile et trop grande,

ATTILA.

Celui des Visigoths faisoit même demande.

1. Il est parlé de Sigismond roi des Bourguignons au chapitre LVIII de Jornandès.

ACTE IV, SCÈNE IV.

Comme de Mérouée il est plus écarté,
Leur union auroit moins de facilité :
Le Bourguignon d'ailleurs sépare leurs provinces,
Et serviroit pour nous de barre à ces deux princes.

ARDARIC.

Oui ; mais bientôt lui-même entre eux deux écrasé
Leur feroit à se joindre un chemin trop aisé ;
Et ces deux rois, par là maîtres de la contrée,
D'autant plus fortement en défendroient[1] l'entrée,
Qu'ils auroient plus à perdre, et qu'un juste courroux
N'auroit plus tant de chefs à liguer contre vous.
La princesse Ildione est orgueilleuse et belle ;
Il lui faut un mari qui réponde mieux d'elle,
Dont tous les intérêts aux vôtres soient soumis,
Et ne le pas choisir parmi vos ennemis.
D'une fière beauté la haine opiniâtre
Donne à ce qu'elle hait jusqu'au bout à combattre ;
Et pour peu que la veuille écouter un époux....

ATTILA.

Il lui faut donc, Seigneur, ou Valamir, ou vous.
La pourriez-vous aimer ? Parlez sans flatterie.
J'apprends que Valamir est aimé d'Honorie ;
Il peut de mon hymen conserver quelque ennui,
Et je m'assurerois sur vous plus que sur lui.

ARDARIC.

C'est m'honorer, Seigneur, de trop de confiance.

ATTILA.

Parlez donc, pourriez-vous goûter cette alliance ?

ARDARIC.

Vous savez que vous plaire est mon plus cher souci.

ATTILA.

Qu'on cherche la Princesse, et qu'on l'amène ici :

---

1. Il y a le futur, *défendront*, dans l'édition de 1682.

Je veux que de ma main vous receviez la sienne. 1305
Mais dites-moi, de grâce, attendant qu'elle vienne,
Par où me voulez-vous assurer votre foi?
Et que seriez-vous prêt d'entreprendre pour moi?
Car enfin elle est belle, elle peut tout séduire,
Et vous forcer vous-même à me vouloir détruire. 1310
ARDARIC.
Faut-il vous immoler l'orgueil de Torrismond[1]?
Faut-il teindre l'Arar[2] du sang de Sigismond?
Faut-il mettre à vos pieds et l'un et l'autre trône?
ATTILA.
Ne dissimulez point, vous aimez Ildione,
Et proposez bien moins ces glorieux travaux 1315
Contre mes ennemis que contre vos rivaux.
Ce prompt emportement et ces subites haines
Sont d'un amour jaloux les preuves trop certaines :
Les soins de cet amour font ceux de ma grandeur;
Et si vous n'aimiez pas, vous auriez moins d'ardeur. 1320
Voyez comme un rival est soudain haïssable,
Comme vers notre amour ce nom le rend coupable,
Comme sa perte est juste encor qu'il n'ose rien;
Et sans aller si loin, délivrez-moi du mien.
Différez à punir une offense incertaine, 1325
Et servez ma colère avant que votre haine.
Seroit-il sûr pour moi d'exposer ma bonté
A tous les attentats d'un amant supplanté?
Vous-même pourriez-vous épouser une femme,
Et laisser à ses yeux le maître de son âme? 1330
ARDARIC.
S'il étoit trop à craindre, il faudroit l'en bannir.

---

1. Torrismond, ou plutôt *Thorismond*, un des vainqueurs d'Attila dans la bataille des Champs catalauniques, était fils et successeur de Théodoric, roi des Visigoths, qui périt dans cette bataille.
2. Voyez ci-dessus, p. 117, note .

ATTILA.

Quand il est trop à craindre, il faut le prévenir.
C'est un roi dont les gens, mêlés parmi les nôtres,
Feroient accompagner son exil de trop d'autres,
Qu'on verroit s'opposer aux soins que nous prendrons,
Et de nos ennemis grossir les escadrons.

ARDARIC.

Est-ce un crime pour lui qu'une douce espérance
Que vous pourriez ailleurs porter la préférence?

ATTILA.

Oui, pour lui, pour vous-même, et pour tout autre roi,
C'en est un que prétendre en même lieu que moi. 1340
S'emparer d'un esprit dont la foi m'est promise,
C'est surprendre une place entre mes mains remise;
Et vous ne seriez pas moins coupable que lui,
Si je ne vous voyois d'un autre œil aujourd'hui.
A des crimes pareils j'ai dû même justice, 1345
Et ne choisis pour vous qu'un amoureux supplice.
Pour un si cher objet que je mets en vos bras,
Est-ce un prix excessif qu'un si juste trépas?

ARDARIC.

Mais c'est déshonorer, Seigneur, votre hyménée
Que vouloir d'un tel sang en marquer la journée. 1350

ATTILA.

Est-il plus grand honneur que de voir en mon choix
Qui je veux à ma flamme immoler de deux rois,
Et que du sacrifice où s'expiera leur crime,
L'un d'eux soit le ministre, et l'autre la victime?
Si vous n'osez par là satisfaire vos feux, 1355
Craignez que Valamir ne soit moins scrupuleux,
Qu'il ne s'impute pas à tant de barbarie
D'accepter à ce prix son illustre Honorie,
Et n'ait aucune horreur de ses vœux les plus doux,
Si leur entier succès ne lui coûte que vous; 1360

Car je puis épouser encor votre princesse,
Et détourner vers lui l'effort de ma tendresse.

SCÈNE V.

ATTILA, ARDARIC, ILDIONE.

ATTILA, à Ildione.

Vos refus obligeants ont daigné m'ordonner
De consulter vos vœux avant que vous donner[1];
Je m'en fais une loi. Dites-moi donc, Madame, 1365
Votre cœur d'Ardaric agréeroit-il la flamme ?

ILDIONE.

C'est à moi d'obéir, si vous le souhaitez;
Mais, Seigneur....

ATTILA.

Il y fait quelques difficultés;
Mais je sais que sur lui vous êtes absolue.
Achevez d'y porter son âme irrésolue, 1370
Afin que dans une heure, au milieu de ma cour,
Votre hymen et le mien couronnent ce grand jour.

SCÈNE VI.

ARDARIC, ILDIONE.

ILDIONE.

D'où viennent ces soupirs ? d'où naît cette tristesse ?
Est-ce que la surprise étonne l'allégresse,
Qu'elle en suspend l'effet pour le mieux signaler, 1375
Et qu'aux yeux du tyran il faut dissimuler ?
Il est parti, Seigneur; souffrez que votre joie,

[1] Voyez acte III, scène II, vers 920.

Souffrez que son excès tout entier se déploie,
Qu'il fasse voir aux miens celui de votre amour.
####### ARDARIC.
Vous allez soupirer, Madame, à votre tour,   1380
A moins que votre cœur malgré vous se prépare
A n'avoir rien d'humain non plus que ce barbare.
  Il me choisit pour vous; c'est un honneur bien grand,
Mais qui doit faire horreur par le prix qu'il le vend.
A recevoir ma main pourrez-vous êtes prête,   1385
S'il faut qu'à Valamir il en coûte la tête?
####### ILDIONE.
Quoi? Seigneur!
####### ARDARIC.
               Attendez à vous en étonner
Que vous sachiez la main qui doit l'assassıner.
C'est à cet attentat la mienne qu'il destine;
Madame.
####### ILDIONE.
        C'est par vous, Seigneur, qu'il l'assassine!
####### ARDARIC
Il me fait son bourreau pour perdre un autre roi
A qui fait sa fureur la même offre qu'à moi.
Aux dépens de sa tête il veut qu'on vous obtienne;
Ou lui donne Honorie aux dépens de la mienne :
Sa cruelle faveur m'en a laissé le choix.   1395
####### ILDIONE.
Quel crime voit sa rage à punir en deux rois?
####### ARDARIC.
Le crime de tous deux, c'est d'aimer deux princesses,
C'est d'avoir mieux que lui mérité leurs tendresses.
De vos bontés pour nous il nous fait un malheur,
Et d'un sujet de joie un excès de douleur.   1400
####### ILDIONE.
Est-il orgueil plus lâche, ou lâcheté plus noire?

Il veut que je vous coûte ou la vie ou la gloire,
Et serve de prétexte au choix infortuné
D'assassiner vous-même ou d'être assassiné!
Il vous offre ma main comme un bonheur insigne, 1405
Mais à condition de vous en rendre indigne;
Et si vous refusez par là de m'acquérir,
Vous ne sauriez vous-même éviter de périr!
####### ARDARIC.
Il est beau de périr pour éviter un crime:
Quand on meurt pour sa gloire, on revit dans l'estime
Et triompher ainsi du plus rigoureux sort,
C'est s'immortaliser par une illustre mort.
####### ILDIONE.
Cette immortalité qui triomphe en idée
Veut être, pour charmer, de plus loin regardée;
Et quand à notre amour ce triomphe est fatal, 1415
La gloire qui le suit nous en console mal.
####### ARDARIC.
Vous vengerez ma mort; et mon âme ravie....
####### ILDIONE.
Ah! venger une mort n'est pas rendre une vie:
Le tyran immolé me laisse mes malheurs;
Et son sang répandu ne tarit pas mes pleurs. 1420
####### ARDARIC.
Pour sauver une vie, après tout périssable,
En rendrois-je le reste infâme et détestable?
Et ne vaut-il pas mieux assouvir sa fureur,
Et mériter vos pleurs, que de vous faire horreur?
####### ILDIONE.
Vous m'en feriez sans doute, après cette infamie, 1425
Assez pour vous traiter en mortelle ennemie;
Mais souvent la fortune a d'heureux changements
Qui président sans nous aux grands événements.
Le ciel n'est pas toujours aux méchants si propice:

Après tant d'indulgence, il a de la justice. 1430
Parlez à Valamir, et voyez avec lui
S'il n'est aucun remède à ce mortel ennui.

ARDARIC.

Madame....

ILDIONE.

Allez, Seigneur : nos maux et le temps pres-
Et les mêmes périls tous deux vous intéressent. [sent,

ARDARIC.

J'y vais ; mais en l'état qu'est son sort et le mien, 1435
Nous nous plaindrons ensemble et ne résoudrons rien.

SCÈNE VII.

ILDIONE[1].

Trêve, mes tristes yeux, trêve aujourd'hui de larmes !
Armez contre un tyran vos plus dangereux charmes :
Voyez si de nouveau vous le pourrez dompter,
Et renverser sur lui ce qu'il ose attenter. 1440
Reprenez en son cœur votre place usurpée,
Ramenez à l'autel ma victime échappée,
Rappelez ce courroux que son choix incertain
En faveur de ma flamme allumoit dans mon sein.
   Que tout semble facile en cette incertitude ! 1445
Mais qu'à l'exécuter tout est pénible et rude !
Et qu'aisément le sexe oppose à sa fierté
Sa douceur naturelle et sa timidité !
Quoi ? ne donner ma foi que pour être perfide !
N'accepter un époux que pour un parricide ! 1450
Ciel, qui me vois frémir à ce nom seul d'époux,
Ou rends-moi plus barbare, ou mon tyran plus doux[2] !

1. Dans l'édition de Voltaire (1764) : ILDIONE, *seule*.
2. Voyez ci-dessus, p. 104, et p. 137, vers 693-704.

FIN DU QUATRIÈME ACTE.

ACTE V.

SCÈNE PREMIÈRE.
ARDARIC, VALAMIR.
(Ils n'ont point d'épée l'un ni l'autre[1].)

ARDARIC.

Seigneur, vos devins seuls ont causé notre perte :
Par eux à tous nos maux la porte s'est ouverte ;
Et l'infidèle appas de leur prédiction   1455
A jeté trop d'amorce à notre ambition[2].
C'est de là qu'est venu cet amour politique
Que prend pour attentat un orgueil tyrannique.
Sans le flatteur espoir d'un avenir si doux,
Honorie auroit eu moins de charmes pour vous.   1460
C'est par là que vos yeux la trouvent adorable,
Et que vous faites naître un amour véritable,
Qui l'attachant à vous excite des fureurs
Que vous voyez passer aux dernières horreurs.
A moins que je vous perde, il faut que je périsse ; 1465
On vous fait même grâce, ou pareille injustice :
Ainsi vos seuls devins nous forcent de périr,
Et ce sont tous les droits qu'ils vous font acquérir.

VALAMIR.

Je viens de les quitter ; et loin de s'en dédire,
Ils assurent ma race encor du même empire.   1470

1. Dans Voltaire : « *ni l'un ni l'autre.* »
2. *Var.* A jeté trop d'amorce à votre ambition. (1663)

Ils savent qu'Attila s'aigrit au dernier point,
Et ses emportements ne les émeuvent point;
Quelque loi qu'il nous fasse, ils sont inébranlables :
Le ciel en a donné des arrêts immuables;
Rien n'en rompra l'effet; et Rome aura pour roi   1475
Ce grand Théodoric qui doit sortir de moi[1].

ARDARIC.

Ils veulent donc, Seigneur, qu'aux dépens de ma tête
Vos mains à ce héros préparent sa conquête?

VALAMIR.

Seigneur, c'est m'offenser encor plus qu'Attila.

ARDARIC.

Par où lui pouvez-vous échapper que par là?   1480
Pouvez-vous que par là posséder Honorie?
Et d'où naîtra ce fils, si vous perdez la vie?

VALAMIR.

Je me vois comme vous aux portes du trépas;
Mais j'espère, après tout, ce que je n'entends pas.

SCÈNE II.

ARDARIC, VALAMIR, HONORIE.

HONORIE.

Savez-vous d'Attila jusqu'où va la furie,   1485
Princes, et quelle en est l'affreuse barbarie?
Cette offre qu'il vous fait d'en rendre l'un heureux
N'est qu'un piége qu'il tend pour vous perdre tous deux.
Il veut, sous cet espoir qu'il donne à l'un et l'autre,
Votre sang de sa main, ou le sien de la vôtre;   1490
Mais qui le serviroit seroit bientôt livré
Aux troupes de celui qu'il auroit massacré;

---

1. Voyez ci-dessus, p. 120, note 1.

Et par le désaveu de cette obéissance
Ce tigre assouviroit sa rage et leur vengeance.
Octar aime Flavie, et l'en vient d'avertir. 1495

VALAMIR.

Euric[1], son lieutenant, ne fait que de sortir :
Le tyran soupçonneux, qui craint ce qu'il mérite,
A pour nous désarmer choisi ce satellite;
Et comme avec justice il nous croit irrités,
Pour nous parler encore il prend ses sûretés. 1500
Pour peu qu'il eût tardé, nous allions dans sa tente
Surprendre et prévenir sa plus barbare attente,
Tandis qu'il nous laissoit encor la liberté
D'y porter l'un et l'autre une épée au côté.
Il promet à tous deux de nous la faire rendre, 1505
Dès qu'il saura de nous ce qu'il en doit attendre,
Quel est notre dessein, ou pour en mieux parler,
Dès que nous résoudrons de nous entr'immoler.
Cependant il réduit à l'entière impuissance
Ce noble désespoir qui punit par avance[2], 1510
Et qui se faisant droit avant que de mourir,
Croit que se perdre ainsi, c'est un peu moins périr;
Car nous aurions péri par les mains de sa garde;
Mais la mort est plus belle alors qu'on la hasarde.

HONORIE.

Il vient, Seigneur.

---

1. C'est encore un nom emprunté à Jornandès. Dans son *Histoire des Goths* (chapitre XLV), c'est celui du frère de Théodoric, roi des Visigoths, tué aux Champs catalauniques.
2. L'édition de Voltaire (1764) a ici une leçon qui altère le sens : « qu'il punit par avance. »

SCÈNE III.

ATTILA, VALAMIR, ARDARIC, HONORIE,
OCTAR.

ATTILA.

Eh bien! mes illustres amis, 1515
Contre mes grands rivaux quel espoir m'est permis?
Pas un n'a-t-il pour soi la digne complaisance
D'acquérir sa princesse en perdant qui m'offense?
Quoi? l'amour, l'amitié, tout va d'un froid égal!
Pas un ne m'aime assez pour haïr mon rival! 1520
Pas un de son objet n'a l'âme assez ravie
Pour vouloir être heureux aux dépens d'une vie!
Quels amis! quels amants! et quelle dureté!
Daignez, daignez du moins la mettre en sûreté:
Si ces deux intérêts n'ont rien qui la fléchisse, 1525
Que l'horreur de mourir, à leur défaut, agisse;
Et si vous n'écoutez l'amitié ni l'amour,
Faites un noble effort pour conserver le jour.

VALAMIR.

A l'inhumanité joindre la raillerie,
C'est à son dernier point porter la barbarie. 1530
Après l'assassinat d'un frère et de six rois,
Notre tour est venu de subir mêmes lois;
Et nous méritons bien les plus cruels supplices
De nous être exposés aux mêmes sacrifices,
D'en avoir pu souffrir chaque jour de nouveaux. 1535
Punissez, vengez-vous, mais cherchez des bourreaux;
Et si vous êtes roi, songez que nous le sommes.

ATTILA.

Vous? devant Attila vous n'êtes que deux hommes;
Et dès qu'il m'aura plu d'abattre votre orgueil,

Vos têtes pour tomber n'attendront qu'un coup d'œil.
Je fais grâce à tous deux de n'en demander qu'une :
Faites-en décider l'épée et la fortune ;
Et qui succombera du moins tiendra de moi
L'honneur de ne périr que par la main d'un roi.
    Nobles gladiateurs, dont ma colère apprête
Le spectacle pompeux à cette grande fête,
Montrez, montrez un cœur enfin digne du rang.

ARDARIC.

Votre main est plus faite à verser de tel sang ;
C'est lui faire un affront que d'emprunter les nôtres.

ATTILA.

Pour me faire justice il s'en trouvera d'autres ;
Mais si vous renoncez aux objets de vos vœux,
Le refus d'une tête en pourra coûter deux.
Je révoque ma grâce, et veux bien que vos crimes
De deux rois mes rivaux me fassent deux victimes ;
Et ces rares objets si peu dignes de moi
Seront le digne prix de cet illustre emploi.

(A Ardaric.)

De celui de vos feux je ferai la conquête
De quiconque à mes pieds abattra votre tête.

(A Honorie.)

Et comme vous paierez celle de Valamir,
Nous aurons à ce prix des bourreaux à choisir ;
Et pour nouveau supplice à de si belles flammes,
Ce choix ne tombera que sur les plus infâmes.

HONORIE.

Tu pourrois être lâche et cruel jusque-là

ATTILA.

Encor plus, s'il le faut, mais toujours Attila,
Toujours l'heureux objet de la haine publique,
Fidèle au grand dépôt du pouvoir tyrannique,
Toujours....

ACTE V, SCÈNE III.

HONORIE.
   Achève, et dis que tu veux en tout lieu
Être l'effroi du monde, et le fléau de Dieu[1].
Étale insolemment l'épouvantable image
De ces fleuves de sang où se baignoit ta rage. 1570
Fais voir....

ATTILA.
   Que vous perdez de mots injurieux
A me faire un reproche et doux et glorieux !
 Ce dieu dont vous parlez, de temps en temps sévère,
Ne s'arme pas toujours de toute sa colère ;
Mais quand à sa fureur il livre l'univers, 1575
Elle a pour chaque temps des déluges divers.
Jadis, de toutes parts faisant regorger l'onde,
Sous un déluge d'eaux il abîma le monde ;
Sa main tient en réserve un déluge de feux
Pour le dernier moment de nos derniers neveux ; 1580
Et mon bras, dont il fait aujourd'hui son tonnerre,
D'un déluge de sang couvre pour lui la terre.

HONORIE.
Lorsque par les tyrans il punit les mortels,
Il réserve sa foudre à ces grands criminels,
Qu'il donne pour supplice à toute la nature, 1585
Jusqu'à ce que leur rage ait comblé la mesure.
Peut-être qu'il prépare en ce même moment
A de si noirs forfaits l'éclat du châtiment.
Qu'alors que ta fureur à nous perdre s'apprête,
Il tient le bras levé pour te briser la tête, 1590
Et veut qu'un grand exemple oblige de trembler
Quiconque désormais t'osera ressembler.

ATTILA.
Eh bien ! en attendant ce changement sinistre,

---

1. Voyez plus haut, p. 103, note 4.

J'oserai jusqu'au bout lui servir de ministre,
Et faire exécuter toutes ses volontés 1595
Sur vous et sur des rois contre moi révoltés.
Par des crimes nouveaux je punirai les vôtres,
Et mon tour à périr ne viendra qu'après d'autres.
HONORIE.
Ton sang, qui chaque jour, à longs flots distillés[1],
S'échappe vers ton frère et six rois immolés, 1600
Te diroit-il trop bas que leurs ombres t'appellent?
Faut-il que ces avis pour moi se renouvellent?
Vois, vois couler ce sang qui te vient avertir,
Tyran, que pour les joindre il faut bientôt partir.
ATTILA.
Ce n'est rien; et pour moi s'il n'est point d'autre foudre,
J'aurai pour ce départ du temps à m'y résoudre.
D'autres vous envoiroient[2] leur frayer le chemin;
Mais j'en laisserai faire à votre grand destin,
Et trouverai pour vous quelques autres vengeances,
Quand l'humeur me prendra de punir tant d'offenses.

SCÈNE IV.

ATTILA, VALAMIR, ARDARIC, HONORIE, ILDIONE, OCTAR.

ATTILA, à Ildione.
Où venez-vous, Madame, et qui vous enhardit
A vouloir voir ma mort qu'ici l'on me prédit?
Venez-vous de deux rois soutenir la querelle,
Vous révolter comme eux, me foudroyer comme elle,

---

1. *Sanguis, qui ei solite de naribus effluebat....* (Jornandès, *de Getarum rebus gestis*, chapitre XLIX.) Voyez ci-dessus, p. 105, note 1.
2. Ici Voltaire (1764), bien qu'il ait laissé ailleurs (au vers 833 par exemple) *envoyerez*, donne *enverroient*.

Ou mendier l'appui de mon juste courroux 1615
Contre votre Ardaric qui ne veut plus de vous ?
ILDIONE.
Il n'en mériteroit ni l'amour ni l'estime,
S'il osoit espérer m'acquérir par un crime.
D'un si juste refus j'ai de quoi me louer,
Et ne viens pas ici pour l'en désavouer. 1620
Non, Seigneur: c'est du mien que j'y viens me dédire,
Rendre à mes yeux sur vous leur souverain empire,
Rattacher, réunir votre vouloir au mien,
Et reprendre un pouvoir dont vous n'usez pas bien.
 Seigneur, est-ce là donc cette reconnoissance 1625
Si hautement promise à mon obéissance ?
J'ai quitté tous les miens sous l'espoir d'être à vous;
Par votre ordre mon cœur quitte un espoir si doux,
Je me réduis au choix qu'il vous a plu me faire,
Et votre ordre le met hors d'état de me plaire ! 1630
Mon respect qui me livre aux vœux d'un autre roi
N'y voit pour lui qu'opprobre, et que honte pour moi !
Rendez, rendez-le-moi, cet empire suprême
Qui ne vous laissoit plus disposer de vous-même :
Rendez toute votre âme à son premier souhait, 1635
Recevez qui vous aime, et fuyez qui vous hait.
Honorie a ses droits; mais celui de vous plaire
N'est pas, vous le savez, un droit imaginaire;
Et pour vous appuyer, Mérouée a des bras
Qui font taire les droits quand il faut des combats. 1640
ATTILA.
Non, je ne puis plus voir cette ingrate Honorie
Qu'avec la même horreur qu'on voit une furie;
Et tout ce que le ciel a formé de plus doux,
Tout ce qu'il peut de mieux, je crois le voir en vous;
Mais dans votre cœur même un autre amour murmure,
Lorsque....

ILDIONE.
         Vous pourriez croire une telle imposture !
Qu'ai-je dit? qu'ai-je fait que de vous obéir ?
Et par où jusque-là m'aurois-je pu trahir ?
ATTILA.
Ardaric est pour vous un époux adorable.
ILDIONE.
Votre main lui donnoit ce qu'il avoit d'aimable ;   1650
Et je ne l'ai tantôt accepté pour époux
Que par cet ordre exprès que j'ai reçu de vous.
Vous aviez déjà vu qu'en dépit de ma flamme,
Pour vous faire empereur....
ATTILA.
                    Vous me trompez, Madame ;
Mais l'amour par vos yeux me sait si bien dompter,   1655
Que je ferme les miens pour n'y plus résister.
N'abusez pas pourtant d'un si puissant empire :
Songez qu'il est encor d'autres biens où j'aspire,
Que la vengeance est douce aussi bien que l'amour ;
Et laissez-moi pouvoir quelque chose à mon tour.   1660
ILDIONE.
Seigneur, ensanglanter cette illustre journée !
Grâce, grâce du moins jusqu'après l'hyménée.
A son heureux flambeau souffrez un pur éclat,
Et laissez pour demain les maximes d'État.
ATTILA.
Vous le voulez, Madame, il faut vous satisfaire ;   1665
Mais ce n'est que grossir d'autant plus ma colère ;
Et ce que par votre ordre elle perd de moments
Enfle l'avidité de mes ressentiments.
HONORIE.
Voyez, voyez plutôt, par votre exemple même,
Seigneur, jusqu'où s'aveugle un grand cœur quand il aime :
Voyez jusqu'où l'amour, qui vous ferme les yeux,

ACTE V, SCÈNE IV.

Force et dompte les rois qui résistent le mieux,
Quel empire il se fait sur l'âme la plus fière ;
Et si vous avez vu la mienne trop altière,
Voyez ce même amour immoler pleinement   1675
Son orgueil le plus juste au salut d'un amant,
Et toute sa fierté dans mes larmes éteinte
Descendre à la prière et céder à la crainte.
Avoir su jusque-là réduire mon courroux,
Vous doit être, Seigneur, un triomphe assez doux.   1680
Que tant d'orgueil dompté suffise pour victime.
Voudriez-vous traiter votre exemple de crime,
Et quand vous adorez qui ne vous aime pas,
D'un réciproque amour condamner les appas ?

ATTILA.

Non, Princesse, il vaut mieux nous imiter l'un l'autre :
Vous suivez mon exemple, et je suivrai le vôtre[1].
Vous condamniez Madame à l'hymen d'un sujet ;
Remplissez au lieu d'elle un si juste projet.
Je vous l'ai déjà dit ; et mon respect fidèle
A cette digne loi que vous faisiez pour elle,   1690
N'ose prendre autre règle à punir vos mépris.
Si Valamir vous plaît, sa vie est à ce prix :
Disposez à ce prix d'une main qui m'est due.
  Octar, ne perdez pas la Princesse de vue.
  Vous, qui me commandez de vous donner ma foi,
Madame, allons au temple ; et vous, rois, suivez-moi.

---

1. Après ce vers, l'édition de 1692 donne seule le jeu de scène suivant : *Il montre Ildione à Honorie ;* et après le vers 1694, cette même édition ajoute : *à Ildione.*

SCÈNE V.

HONORIE, OCTAR.

HONORIE.
Tu le vois, pour toucher cet orgueilleux courage,
J'ai pleuré, j'ai prié, j'ai tout mis en usage,
Octar; et pour tout fruit de tant d'abaissement,
Le barbare me traite encor plus fièrement. 1700
S'il reste quelque espoir, c'est toi seul qu'il regarde.
Prendras-tu bien ton temps? Tu commandes sa garde;
La nuit et le sommeil vont tout mettre en ton choix;
Et Flavie est le prix du salut de deux rois.

OCTAR.
Ah! Madame, Attila, depuis votre menace, 1705
Met hors de mon pouvoir l'effet de cette audace.
Ce défiant esprit n'agit plus maintenant,
Dans toutes ses fureurs, que par mon lieutenant :
C'est par lui qu'aux deux rois il fait ôter les armes,
Et deux mots en son âme ont jeté tant d'alarmes, 1710
Qu'exprès à votre suite il m'attache aujourd'hui,
Pour m'ôter tout moyen de m'approcher de lui.
Pour peu que je vous quitte il y va de ma vie,
Et s'il peut découvrir que j'adore Flavie....

HONORIE.
Il le saura de moi, si tu ne veux agir, 1715
Infâme, qui t'en peux excuser sans rougir :
Si tu veux vivre encor, va, cherche du courage.
Tu vois ce qu'à toute heure il immole à sa rage;
Et ta vertu, qui craint de trop paroître au jour[1],
Attend, les bras croisés, qu'il t'immole à ton tour. 1720
Fais périr, ou péris; préviens, lâche, ou succombe :

---

1. L'édition originale porte *un jour*, pour *au jour*.

ACTE V, SCÈNE V.

Venge toute la terre, ou grossis l'hécatombe.
Si ta gloire[1] sur toi, si l'amour ne peut rien,
Meurs en traître, ou du moins sers de victime au mien.
Mais qui me rend, Seigneur, le bien de votre vue[2]?

SCÈNE VI.

VALAMIR, HONORIE, OCTAR.

VALAMIR.

L'impatient transport d'une joie imprévue :
Notre tyran n'est plus.

HONORIE.
Il est mort?
VALAMIR.
Écoutez
Comme enfin l'ont puni ses propres cruautés,
Et comme heureusement le ciel vient de souscrire
A ce que nos malheurs vous ont fait lui prédire[3].   1730
A peine sortions-nous, pleins de trouble et d'horreur,
Qu'Attila recommence à saigner de fureur,
Mais avec abondance; et le sang qui bouillonne
Forme un si gros torrent, que lui-même il s'étonne.
Tout surpris qu'il en est : « S'il ne veut s'arrêter,   1735
Dit-il, on me paiera ce qu'il m'en va coûter. »
Il demeure à ces mots sans parole, sans force;
Tous ses sens d'avec lui font un soudain divorce :
Sa gorge enfle, et du sang dont le cours s'épaissit
Le passage se ferme, ou du moins s'étrécit[4].   1740

---

1. Voltaire a changé « ta gloire » en « la gloire. »
2. Dans l'édition de Voltaire (1764), ce vers, précédé des mots : HONORIE, à *Valamir*, commence la scène VI.
3. Voyez ci-dessus, p. 174, vers 1599-1604.
4. Ce sont les mots déjà cités de Jornandès (*de Getarum rebus gestis*, cha-

De ce sang renfermé la vapeur en furie
Semble avoir étouffé sa colère et sa vie;
Et déjà de son front la funeste pâleur
N'opposoit à la mort qu'un reste de chaleur,
Lorsqu'une illusion lui présente son frère, 1745
Et lui rend tout d'un coup la vie et la colère :
Il croit le voir suivi des ombres de six rois,
Qu'il se veut immoler une seconde fois;
Mais ce retour si prompt de sa plus noire audace
N'est qu'un dernier effort de la nature lasse, 1750
Qui prête à succomber sous la mort qui l'atteint,
Jette un plus vif éclat, et tout d'un coup s'éteint.
C'est en vain qu'il fulmine à cette affreuse vue:
Sa rage qui renaît en même temps le tue.
L'impétueuse ardeur de ces transports nouveaux 1755
A son sang prisonnier ouvre tous les canaux;
Son élancement perce ou rompt toutes les veines,
Et ces canaux ouverts sont autant de fontaines
Par où l'âme et le sang se pressent de sortir,
Pour terminer sa rage et nous en garantir. 1760
Sa vie à longs ruisseaux se répand sur le sable;
Chaque instant l'affoiblit, et chaque effort l'accable;
Chaque pas rend justice au sang qu'il a versé,
Et fait grâce à celui qu'il avoit menacé.
Ce n'est plus qu'en sanglots qu'il dit ce qu'il croit dire;
Il frissonne, il chancelle, il trébuche, il expire;
Et sa fureur dernière, épuisant tant d'horreurs,
Venge enfin l'univers de toutes ses fureurs.

pitre XLIX) : *Redundansque sanguis.... dum consuetis meatibus impeditur.... eum exstinxit.*

SCÈNE VII.

ARDARIC, VALAMIR, HONORIE, ILDIONE, OCTAR.

ARDARIC.

Ce n'est pas tout, Seigneur; la haine générale,
N'ayant plus à le craindre, avidement s'étale ; 1770
Tous brûlent de servir sous des ordres plus doux,
Tous veulent à l'envi les recevoir de nous.
Ce bonheur étonnant que le ciel nous renvoie
De tant de nations fait la commune joie;
La fin de nos périls en remplit tous les vœux, 1775
Et pour être tous quatre au dernier point heureux,
Nous n'avons plus qu'à voir notre flamme avouée
Du souverain de Rome et du grand Mérouée :
La princesse des Francs m'impose cette loi.

HONORIE.

Pour moi, je n'en ai plus à prendre que de moi. 1780

ARDARIC.

Ne perdons point de temps en ce retour d'affaires :
Allons donner tous deux les ordres nécessaires,
Remplir ce trône vide, et voir sous quelles lois
Tant de peuples voudront nous recevoir pour rois[1].

VALAMIR.

Me le permettez-vous, Madame? et puis-je croire 1785
Que vous tiendrez enfin ma flamme à quelque gloire?

HONORIE.

Allez; et cependant assurez-vous, Seigneur,
Que nos destins changés n'ont point changé mon cœur.

---

1. Jornandès (*de Getarum rebus gestis*, chapitre L) rapporte que ce fut Ardaric qui le premier, après la mort d'Attila, se souleva contre son fils, et qui par sa défection délivra non-seulement sa propre nation, mais encore toutes les autres, qui étaient également opprimées.

FIN DU CINQUIÈME ET DERNIER ACTE.

TITE ET BÉRÉNICE

COMÉDIE HÉROÏQUE

1670

NOTICE.

« Henriette d'Angleterre[1], belle-sœur de Louis XIV, voulut, dit Voltaire dans la préface de son commentaire sur la *Bérénice* de Racine, que Racine et Corneille fissent chacun une tragédie des adieux de Titus et de Bérénice. Elle crut qu'une victoire obtenue sur l'amour le plus vrai et le plus tendre ennoblissait le sujet, et en cela elle ne se trompait pas ; mais elle avait encore un intérêt secret à voir cette victoire représentée sur le théâtre ; elle se ressouvenait des sentiments qu'elle avait eus longtemps pour Louis XIV, et du goût vif de ce prince pour elle. Le danger de cette passion, la crainte de mettre le trouble dans la famille royale, les noms de beau-frère et de belle-sœur, mirent un frein à leurs désirs ; mais il resta toujours dans leurs cœurs une inclination secrète, toujours chère à l'un et à l'autre. Ce sont ces sentiments qu'elle voulut voir développés sur la scène, autant pour sa consolation que pour son amusement. Elle chargea le marquis de Dangeau, confident de ses amours avec le Roi, d'engager secrètement Corneille et Racine à travailler l'un et l'autre sur ce sujet, qui paraissait si peu fait pour la scène. Les deux pièces furent composées dans l'année 1670, sans qu'aucun des deux sût qu'il avait un rival[2]. »

---

1. Henriette-Anne d'Angleterre, fille de Charles Ier, roi d'Angleterre, et de Henriette-Marie de France, fille de Henri IV ; née à Exeter en 1644, mariée en 1661 à Philippe d'Orléans, frère de Louis XIV, morte en 1670.
2. Fontenelle raconte le même fait, mais beaucoup plus brièvement. Toutefois comme il est, à notre connaissance, le premier qui en ait parlé, nous croyons utile de reproduire ici son témoignage :
« *Bérénice* fut un duel dont tout le monde sait l'histoire. Une prin-

Déjà, dans son *Siècle de Louis XIV*[1], Voltaire avait expliqué le caractère de cette liaison du Roi et de Madame, et marqué d'une manière plus précise quelle avait été l'intention de cette princesse, en imposant à nos deux plus grands poëtes tragiques une tâche si difficile et si dangereuse : « Il y eut d'abord entre Madame et le Roi beaucoup de ces coquetteries d'esprit et de cette intelligence secrète, qui se remarquèrent dans de petites fêtes souvent répétées. Le Roi lui envoyait des vers; elle y répondait. Il arriva que le même homme fut à la fois le confident du Roi et de Madame dans ce commerce ingénieux. C'était le marquis de Dangeau. Le Roi le chargeait d'écrire pour lui; et la princesse l'engageait à répondre au Roi. Il les servit ainsi tous deux, sans laisser soupçonner à l'un qu'il fût employé par l'autre; et ce fut une des causes de sa fortune. Cette intelligence jeta des alarmes dans la famille royale. Le roi réduisit l'éclat de ce commerce à un fonds d'estime et d'amitié qui ne s'altéra jamais. Lorsque Madame fit depuis travailler Racine et Corneille à la tragédie de *Bérénice*, elle avait en vue, non-seulement la rupture du Roi avec la connétable Colonne[2], mais le frein qu'elle-même

cesse, fort touchée des choses d'esprit et qui eût pu les mettre à la mode dans un pays barbare, eut besoin de beaucoup d'adresse pour faire trouver les deux combattants sur le champ de bataille, sans qu'ils sussent où on les menoit. Mais à qui demeura la victoire? Au plus jeune. » (*Vie de Corneille* dans l'*Histoire de l'Académie françoise* de Pellisson, publiée par l'abbé d'Olivet en 1729, in-4°, p. 195.) En 1742, lorsque la *Vie de Corneille* parut pour la première fois dans les *OEuvres de Fontenelle*, le passage que nous venons de citer ne subit qu'un fort léger changement : « Feue Madame, princesse, » au lieu de « une princesse. » (Tome III, p. 116 et 117.) Du reste, dans l'une et l'autre publication, le mot *princesse* est expliqué par cette note au bas de la page : « Henriette-Anne d'Angleterre. » En 1747, Louis Racine, dans ses *Mémoires*, rappelle fort sommairement le même fait; il dit en parlant de *Bérénice* : « M. de Fontenelle, dans la *Vie de Corneille*, son oncle, nous dit que *Bérénice* fut un duel.... Une princesse fameuse par son esprit et par son amour pour la poésie avait engagé les deux rivaux à traiter le même sujet. » (Pages 87 et 88.)
1. Chapitre xxv.
2. Marie Mancini, nièce du cardinal Mazarin, née à Rome

avait mis à son propre penchant, de peur qu'il ne devînt dangereux. »

La malheureuse princesse ne devait pas assister à la lutte littéraire qu'elle s'était promis de juger. C'est le 30 juin 1670 qu'elle fut frappée d'une mort inattendue, qui est demeurée un douloureux problème pour la science et pour l'histoire. Le 21 août Bossuet faisait retentir les voûtes de Saint-Denis de l'éloquente oraison funèbre qui a gravé à jamais dans toutes les mémoires le vivant souvenir de Madame, et trois mois seulement plus tard les deux pièces qu'elle avait tout à la fois inspirées et commandées paraissaient sur le théâtre.

Dans de telles circonstances, elles excitèrent une curiosité bien facile à comprendre ; mais les armes étaient loin d'être égales entre les deux champions. Aux avantages réels et incontestables que Racine, par la nature de son talent, avait sur Corneille en un pareil sujet[1], le hasard ou l'habileté du jeune poëte et de ses amis en avaient ajouté d'autres. Racine, dont la pièce fut représentée à l'hôtel de Bourgogne, fut assez heureux pour voir le rôle de Titus rempli par Floridor, et celui de Bérénice par la Champmeslé ; de plus sa tragédie jouée

en 1639, épousa en 1661 le prince Colonna, connétable de Naples ; elle mourut vers 1715. Dans la tragédie de Racine (acte IV, scène v), Bérénice dit à Titus :

Vous êtes empereur, Seigneur, et vous pleurez !

Au sujet de cette parole, on lit parmi les notes de Voltaire, qui dans son *Théâtre de Corneille* a commenté les pièces des deux poëtes rivaux, la remarque suivante : « Ce vers si connu faisait allusion à cette réponse de Mlle Mancini à Louis XIV : « Vous « m'aimez, vous êtes roi, vous pleurez, et je pars ! »

1. « Pierre du Ryer, dit Jolly dans son *Avertissement* du *Théâtre de P. Corneille* (p. LXX), fit imprimer, en 1645, *Bérénice*, tragi-comédie en prose. » C'est sans doute ce qui a amené l'auteur du *Dictionnaire portatif des théâtres* à dire : « Outre la tragédie de *Tite et Bérénice* de Pierre Corneille, ce sujet en a fourni deux autres sous le titre simple de *Bérénice :* l'une de du Ryer, donnée en 1645, et qui est en prose, et l'autre de l'illustre Racine. » Rien n'est plus faux que cette assertion. La *Bérénice* de du Ryer est un sujet purement romanesque remis au théâtre en 1657 par Thomas Corneille, sous le même titre de *Bérénice*.

le 21 novembre, huit jours avant celle de Corneille, eut ainsi tout le temps de gagner à l'avance la faveur du public.

Corneille, il est vrai, paraissait être plus avant que son concurrent dans les bonnes grâces de Robinet, qui dans ses *Lettres en vers* évite de se prononcer sur la pièce de Racine, et se contente de louer la pompe du spectacle et le talent des acteurs. C'est d'une tout autre façon qu'il parle de l'ouvrage de Corneille. Il commence par l'annoncer avec fracas; passant en revue dans son numéro du 22 novembre les nouvelles du jour, il s'exprime de la sorte :

>   La première en forme d'avis,
>   Dont maints et maints seront ravis,
>   Est que ce poëme de Corneille,
>   Sa *Bérénice* nompareille,
>   Se donnera pour le certain,
>   Le jour de vendredi prochain,
>   Sur le théâtre de Molière.
>
> . . . .
>   J'ajoute encor brièvement
>   Qu'on doit alternativement
>   Jouer la grande *Bérénice*,
>   Qu'on loue avec tant de justice,
>   Et *le Gentilhomme bourgeois*.

Toutefois le vendredi 28 novembre Robinet n'assista pas, comme on aurait pu le croire, à la première représentation de *Tite et Bérénice*. Il s'en explique ainsi dans son numéro du lendemain 29 :

>   ..Je ne puis sortir la porte
>   Pour une raison assez forte.
>   Sans cela, par un beau souci,
>   J'eusse été dès hier aussi
>   Voir le chef-d'œuvre de Corneille,
>   Lequel parut une merveille
>   A la foule qui se trouva
>   A ce divin poëme-là,
>   Que *Bérénice* l'on appelle,
>   D'un bout à l'autre toute belle,
>   Et qu'enfin la troupe du Roi
>   Joue à miracle, en bonne foi,

> Se signalant dans l'héroïque,
> Aussi bien que dans le comique.

Ce n'est que plus tard, dans le numéro du 20 décembre, qu'on trouve un compte rendu détaillé de la pièce :

> La *Bérénice* de Corneille,
> Qu'on peut, sans qu'on s'en émerveille,
> Dire un vrai chef-d'œuvre de l'art,
> Sans aucun mais, ni si, ni car,
> Est fort suivie et fort louée,
> Et même à merveille jouée
> Par la digne troupe du Roi,
> Sur son théâtre en noble arroi.
> Mademoiselle de Molière
> Des mieux soutient le caractère
> De cette reine dont le cœur
> Témoigne un amour plein d'honneur.
> Cette autre admirable chrétienne[1],
> Cette rare comédienne,
> Mademoiselle de Beauval,
> Savante dans l'art théâtral,
> Fait bien la fière Domitie ;
> Et Mademoiselle de Brie,
> Qui tout joue agréablement

---

1. Ce n'est pas simplement pour la rime, comme on pourrait être tenté de le croire, que Robinet donne cette qualité à Mlle de Beauval ; il se préoccupe toujours beaucoup des sentiments religieux des personnes de théâtre, et annonçant dans son numéro du 6 décembre de la même année la mort d'une autre actrice, il nous dit :

> Cette illustre comédienne,
> Et non moins illustre chrétienne,
> Par son décès des plus pieux,
> Qui fait croire que dans les cieux
> On aura colloqué son âme,
> De de Villiers étoit la femme,
> Qui fut aussi tout singulier
> Dedans le comique métier,
> Composant même en vers et prose,
> Mais maintenant il se repose,
> Faisant, je crois, tout ce qu'il faut
> Pour monter à son tour là-haut.

Comme judicieusement,
Y pare grandement la scène[1],
Parlant avec cette Romaine,
Qui l'entretient confidemment
Dessus l'incommode tourment
Que lui cause, au fond de son âme,
Son ambition et sa flamme.
La Thorillière fait Titus,
Empereur orné de vertus,
Et remplit, dessus ma parole,
Dignement cet auguste rôle.
 De même le jeune Baron,
Héritier, ainsi que du nom,
De tous les charmes de sa mère
Et des beaux talents qu'eut son père,
Y représente, en son air doux,
Domitian, au gré de tous,
Dans l'amour tendre autant qu'extrême
Dont ladite Romaine il aime.
Enfin leurs confidents aussi,
Dont à côté les noms voici, (*Les Srs Hubert, du Croisi*
Y font très-bien leur personnage, [*et la Grange.*)
Et dans un brillant équipage.

 Environ un mois après, la pièce était représentée à Vincennes devant la cour. C'est la *Gazette* qui nous l'apprend en ces termes : « Le 21, Leurs Majestés, avec lesquelles étoient Monseigneur le Dauphin, Monsieur, Mademoiselle d'Orléans, Mme de Guise et la duchesse d'Enghien, allèrent au château de Vincennes, continuer les divertissements du carnaval : y ayant eu le soir la représentation de la *Bérénice* du sieur Corneille, par la troupe du Roi dans l'antichambre de la Reine, puis le bal, où les seigneurs et les dames parurent en un ajustement des plus superbes et des plus brillants : ce qui fut précédé d'une très-magnifique collation et suivi d'un souper non moins splendide. »

 Corneille ne partageait pas l'enthousiasme de Robinet, et n'était nullement satisfait de la façon dont sa pièce avait été jouée; il en conserva même un si pénible souvenir, que six ans

---

1. Dans le rôle de Plautine, confidente de Domitie.

plus tard il écrivait à Louis XIV, en le remerciant d'avoir fait reparaître certains de ses ouvrages et en le priant d'étendre à d'autres la même faveur, que s'il daignait leur accorder quelque attention :

.... *Bérénice* enfin trouveroit des acteurs.

Avouons, du reste, que les comédiens qui jouaient dans cette pièce devaient être assez embarrassés pour exprimer certains sentiments factices, et même pour comprendre quelques passages obscurs. Cizeron Rival raconte à ce sujet une anecdote[1] dont nous n'oserions pas garantir l'exactitude, mais qui est tout à la fois trop piquante et trop connue pour qu'il soit permis de la passer sous silence. « M. Despréaux distinguoit ordinairement deux sortes de galimatias : le *galimatias simple*, et le *galimatias double*. Il appeloit galimatias simple, celui où l'auteur entendoit ce qu'il vouloit dire, mais où les autres n'entendoient rien ; et le galimatias double celui où l'auteur ni les lecteurs ne pouvoient rien comprendre.... Il citoit pour exemple ces quatre vers de la tragédie de *Tite et Bérénice* du grand Corneille (acte I, scène II) :

> Faut-il mourir, Madame ? et si proche du terme,
> Votre illustre inconstance est-elle encor si ferme,
> Que les restes d'un feu que j'avois cru si fort
> Puissent dans quatre jours se promettre ma mort ?

Baron, ce célèbre acteur, devoit faire le rôle de Domitian dans cette même tragédie, et comme il étudioit son rôle, l'obscurité des vers rapportés ci-dessus lui donna quelque peine, et il en alla demander l'explication à Molière, chez qui il demeuroit. Molière, après les avoir lus, lui dit qu'il ne les entendoit pas non plus : « Mais, attendez, dit-il à Baron ; M. Cor« neille doit venir souper avec nous aujourd'hui, et vous lui « direz qu'il vous les explique. » Dès que Corneille arriva, le jeune Baron alla lui sauter au cou, comme il faisoit ordinairement, parce qu'il l'aimoit, et ensuite il le pria de lui expli-

---

[1]. *Récréations littéraires ou Anecdotes et remarques sur différents sujets*, recueillies par M. C. R*** (Cizeron Rival). Paris et Lyon, 1765, in-12, p. 67-69.

quer ces quatre vers, disant à Corneille qu'il ne les entendoit pas. Corneille, après les avoir examinés quelque temps, dit : « Je ne les entends pas trop bien non plus ; mais récitez-les « toujours : tel qui ne les entendra pas les admirera. »

Ce reproche d'obscurité est le principal que les critiques aient adressé à Corneille dans les écrits composés à l'occasion des deux tragédies. La première brochure publiée à ce sujet, intitulée : *la Critique de Bérénice*, par l'abbé de Villars, se rapporte entièrement à la *Bérénice* de Racine ; elle a suivi la première représentation de très-près, et nous serions même embarrassé par la date du 17 novembre qu'elle porte, puisque la pièce n'est que du 21, si un adversaire de l'abbé de Villars n'avait relevé cette erreur au commencement de sa *Réponse*[1]. En paraissant prendre la défense de la pièce de Racine, l'abbé de Villars fait assez finement ressortir tous les défauts qu'on y peut trouver. Je ne puis souffrir, dit-il en terminant, que l'on accuse le poëte de n'entendre pas le théâtre, qu'on le blâme d'avoir voulu entrer en lice avec Corneille, et que Monsieur**** s'écrie :

Infelix puer atque impar congressus Achilli[2]. »

Après une telle conclusion, Corneille pouvait, ce semble, attendre avec confiance la suite de cet examen ainsi annoncée par l'abbé de Villars : « La semaine prochaine on verra la seconde partie de cette critique, qui est sur la *Bérénice* du Palais-Royal[3]. » Mais notre poëte dut être fort désagréablement surpris en voyant la façon dont commence cette « seconde partie » de *la Critique*. La muse du cothurne, dit l'auteur, « a refusé à Corneille ses faveurs accoutumées, au lieu de lui en accorder de nouvelles ; et par un caprice impitoyable, elle l'a fait entrer en lice avec un aventurier qui ne lui en contoit que depuis trois jours ; elle l'a abandonné à sa verve caduque au milieu de la course, et s'est jetée du côté du plus jeune[4]. »

Notre intention n'est pas d'analyser cette critique ; elle pré-

1. *Recueil de dissertations....* publié par Granet, tome II, p. 223.
2. Virgile, *Énéide*, livre I, vers 475.
3. *Recueil* de Granet, tome II, p. 206 et 207.
4. *Ibidem*, p. 209.

sente fort peu d'intérêt, et l'auteur paraît surtout occupé de refaire à sa façon le plan de l'ouvrage qu'il examine. Contentons-nous de constater que le dénoûment de *Tite et Bérénice* était alors généralement approuvé. Quoique le censeur le blâme, il convient ainsi de l'effet qu'il produisait : « Vous m'allez dire, je le vois bien, qu'il (*Corneille*) a été loué universellement d'avoir bien fini; qu'on dit qu'il s'est surpassé lui-même dans le dénoûment; et que sa catastrophe a été admirée de tout le monde, en un sujet où elle étoit si difficile[1]. »

Dans la *Réponse à la Critique de la Bérénice de Racine*, par Subligny[2], nous n'avons rien à recueillir, si ce n'est peut-être une fade épigramme contre Corneille, qui a tout l'air d'être de Subligny lui-même; voici le passage où elle se trouve : « On dit de M. Corneille qu'il a voulu copier son Tite sur notre invincible monarque et qu'il y a très-mal réussi, comme on voit par la comparaison, qui en a été faite en vers :

> Tite, par de grands mots, nous vante son mérite;
> Louis fait, sans parler, cent exploits inouïs;
> Et ce que Tite dit de Tite,
> C'est l'univers entier qui le dit de Louis[3]. »

Tite et Titus ou les Bérénices, comédie en trois actes, imprimée à Utrecht en 1673, est une critique beaucoup plus délicate que les précédentes des pièces de nos deux illustres tragiques. Le Tite de Corneille avec sa Bérénice viennent implorer Apollon contre le Titus et la Bérénice de Racine, qu'ils traitent d'imposteurs. Les plaidoyers prononcés de part et d'autre font bien ressortir les défauts des deux pièces et surtout les invraisemblances et les obscurités de la tragédie de Corneille. Après avoir vainement tenté un accommodement, Apollon rend enfin le jugement que nous allons rapporter : « Quant au principal, à la vérité il y a plus d'apparence que Titus et sa Bérénice soient les véritables, que non pas que ce soient les autres; mais pourtant, quoi qu'il en soit, et toutes choses bien considérées, les uns et les autres auroient bien

---

1. *Recueil de dissertations....* publié par Granet, tome II, p. 219.
2. *Ibidem*, tome II, p. 223 et suivantes.
3. *Ibidem*, tome II, p. 242 et 243.

mieux fait de se tenir au pays d'Histoire, dont ils sont originaires, que d'avoir voulu passer dans l'empire de Poésie, à quoi ils n'étoient nullement propres et où, pour dire la vérité, on les a menés, à ce qu'il me semble, assez mal à propos[1]. »

L'édition originale de la pièce de notre poëte à pour titre : Tite et Berenice. *Comedie heroique. Par P. Corneille. A Paris, chez Loüis Billaine, au Palais.... M.DC.LXXI, auec priuilege du Roy....* Le volume, de format in-12, se compose de 4 feuillets et de 44 pages. L'Achevé d'imprimer pour la première fois est du 3e de février 1671. Le privilége, accordé à Corneille, mentionne la « traduction en vers françois de la Thebaïde de Stace, » aujourd'hui perdue, dont nous avons déjà parlé[2] et sur laquelle nous aurons à revenir ; il porte la date du « dernier jour de decembre, l'an de grâce mil six cens soixante-dix. » Une note qui le termine porte que « ledit sieur Corneille a cedé son droit de Privilege à Thomas Jolly, Guillaume de Luyne, et Louis Billaine, pour la Comedie de *Tite et Bérénice* seulement.

Contre son habitude, Corneille n'a placé en tête de cette pièce aucun avis au lecteur, mais seulement deux extraits de Xiphilin, l'abréviateur de Dion Cassius. Il ne cite pas ce célèbre passage de Suétone que Racine rapporte en l'abrégeant au commencement de sa préface : « *Titus, reginam Berenicen, cui etiam nuptias pollicitus ferebatur.... statim ab Urbe dimisit*

---

1. *Recueil* de Granet, tome II, p. 311 et 312. — L'histoire en effet nous montre Bérénice, fille d'Agrippa, roi de Judée, née l'an 28 de Jésus-Christ, comme une femme corrompue, qui, après avoir épousé d'abord son oncle Hérode, roi de Chalcis, puis Polémon, roi de Cilicie, lequel s'était fait juif pour elle, fut répudiée par lui, à cause des débordements auxquels elle se livrait. Titus, parvenu à l'empire à trente-neuf ans, jugea indispensable de s'en séparer ; elle était alors âgée de cinquante et un ans. Il y a loin de là à l'héroïne de Corneille et de Racine. On a prétendu il est vrai que la Bérénice de Titus était une nièce de celle dont nous venons de parler, mais cette interprétation ne s'est pas accréditée. Voyez le *Dictionnaire historique* de Bayle au nom de *Bérénice*, et la *Dissertation sur Bérénice*, par M. Rey, dans les *Mémoires de la Société des antiquaires de France*, nouvelle série, tome I, p. 235 et suivantes.

2. Voyez l'*Avertissement*, tome I, p. xiii et xiv.

invitus invitam[1]. C'est-à-dire que Titus, qui aimoit passionnément Bérénice, et qui même, à ce qu'on croyoit, lui avoit promis de l'épouser, la renvoya de Rome, malgré lui et malgré elle, dès les premiers jours de son empire. »

Ce mot que Racine rappelle ici, il ne l'a pas imité, tandis qu'on lit dans la dernière scène de la pièce de Corneille :

> L'amour peut-il se faire une si dure loi ?
> — La raison me la fait malgré vous, malgré moi.

La préface de Racine contient plus d'un passage qu'on pourrait regarder, que l'auteur y ait pensé ou non, comme une allusion désobligeante à l'ouvrage de son concurrent. Corneille avait cru devoir ajouter des épisodes au sujet qui lui avait été donné : « Ce qui m'en plut davantage, dit au contraire Racine, c'est que je le trouvai extrêmement simple ; » et il ajoute : « Il y en a qui pensent que cette simplicité est une marque de peu d'invention. Ils ne songent pas qu'au contraire toute l'invention consiste à faire quelque chose de rien et que tout ce grand nombre d'incidents a toujours été le refuge des poëtes qui ne sentoient dans leur génie ni assez d'abondance ni assez de force pour attacher durant cinq actes leurs spectateurs par une action simple, soutenue de la violence des passions, de la beauté des sentiments et de l'élégance de l'expression. Je suis bien éloigné de croire que toutes ces choses se rencontrent dans mon ouvrage ; mais aussi je ne puis croire que le public me sache mauvais gré de lui avoir donné une tragédie qui a été honorée de tant de larmes, et dont la trentième représentation a été aussi suivie que la première. »

Faire sonner si haut ces trente représentations si bien suivies, c'était, à dessein ou non je le répète, appeler l'attention sur le peu de succès de *Tite et Bérénice*, qui ne fut jouée en tout que vingt et une fois. L'ensemble de ces vingt et une représentations produisit une somme totale de quinze mille trois cent soixante-seize livres dix sous, qui se trouva fort inégalement répartie ; car si la première recette fut de dix-neuf cent treize livres dix sous, la dernière ne fut plus que de deux cent six livres dix sous ; encore faut-il remarquer que Molière avait

---

1. Suétone, *Vie de Titus*, chapitre VII.

pris soin de faire jouer une seconde pièce avec celle de Corneille à chacune des quatre dernières représentations, pour tâcher d'attirer un peu plus de monde. Les registres de Lagrange, d'où sont tirés ces renseignements, nous en fournissent encore un autre plus précieux : ils nous font connaître le montant de la somme touchée par Corneille. On y lit sous la date du 28 novembre 1670 : « *Bérénice*, pièce nouvelle de M. de Corneille l'aîné, dont on lui a payé deux mille livres. »

Outre cette interprétation maligne à laquelle peut se prêter la préface de Racine, il semble qu'on puisse découvrir ou du moins soupçonner une intention du même genre dans une des scènes de sa tragédie même. Tite s'exprime ainsi chez Corneille (acte III, scène v, vers 1027-1034) :

> Eh bien ! Madame, il faut renoncer à ce titre (*d'empereur*),
> Qui de toute la terre en vain me fait l'arbitre.
> Allons dans vos États m'en donner un plus doux;
> Ma gloire la plus haute est celle d'être à vous.
> Allons où je n'aurai que vous pour souveraine,
> Où vos bras amoureux seront ma seule chaîne,
> Où l'hymen en triomphe à jamais l'étreindra;
> Et soit de Rome esclave et maître qui voudra !

Titus, au contraire, dit chez Racine (acte V, scène vi) :

> Je dois vous épouser encor moins que jamais :
> Oui, Madame; et je dois moins encore vous dire
> Que je suis prêt, pour vous, d'abandonner l'empire,
> De vous suivre, et d'aller, trop content de mes fers,
> Soupirer avec vous au bout de l'univers.
> Vous-même rougiriez de ma lâche conduite :
> Vous verriez à regret marcher à votre suite
> Un indigne empereur, sans empire, sans cour,
> Vil spectacle aux humains des foiblesses d'amour.

Est-ce un simple hasard qui produit entre le langage de Tite et celui de Titus une opposition si vivement marquée ? On pourrait être tenté d'en douter; car il n'est pas absolument impossible qu'une indiscrétion ait fait connaître à Racine ce passage de la pièce de son rival, et qu'il se soit plu à réfuter d'avance les idées qui y sont exprimées.

XIPHILINUS EX DIONE

IN VESPASIANO,

GUILLELMO BLANCO INTERPRETE[1].

Vespasianus a senatu absens imperator creatur, Titusque et Domitianus Cæsares designantur.

Domitianus animum ad amorem Domitiæ filiæ Corbulonis applicaverat, eamque, a Lucio Lamio Æmiliano viro ejus abductam, secum habebat in numero amicarum, eamdemque postea uxorem duxit.

Per id tempus Berenice maxime florebat, ob eamque causam cum Agrippa fratre Romam venit. Is prætoriis honoribus auctus est; ipsa habitavit in palatio, cœpitque cum Tito coire. Spes erat eam Tito nuptum iri; jam enim

---

1. L'abrégé de l'histoire de Dion Cassius par Xiphilin a été imprimé pour la première fois en 1551, par Robert Estienne, avec la traduction latine de Guillaume Blanc d'Alby, en un volume in-4°. Il y a entre les extraits de Corneille et le texte de 1551 deux ou trois différences insignifiantes, qu'il est inutile de relever. Les phrases qu'il cite ne se suivent pas dans Xiphilin : elles se trouvent aux p. 159, 160, 163, 164, 165, 169, de l'édition princeps de Robert Estienne. En 1589 a paru chez Lucas Bregel, à Paris, la traduction du même ouvrage par Antoine Canque, « conseiller du Roy au siege presidial de Clermont en Auvergne. » Nous en extrayons les passages qui correspondent à ceux que Corneille a cités:

« Estans les choses en tel estat, Vespasien fut par le Senat declaré Empereur, et Titus et Domitianus Cæsars....

« Domitianus.... se tenoit la pluspart du temps en sa maison au pont d'Alba, estant du tout affollé et asserui de l'amour de Domitia fille de Corbulo, laquelle il auoit enleuee par force à son mary Lucius Lamius Æmilianus, et pour lors il la tenoit seulement auec luy comme sa concubine, mais du depuis il l'espousa....

« En ce temps aussi le renom et bruict de Berenice estoit grand : elle s'en alla à Rome en la compagnie de son frere Agrippa, auquel on donna la dignité honoraire de Preteur, et elle eut pour sa maison et demeure le Palais, où Titus l'entretenoit, et cuidoit-on qu'il la

omnia, ut si esset uxor, gerebat. Sed Titus, quum intelligeret populum Romanum id moleste ferre, eam repudiavit, præsertim quod de iis rebus magni rumores[1] perferrentur.

IN TITO.

Titus, ex quo tempore principatum solus obtinuit, nec cædes fecit, nec amoribus inservivit; sed comis, quamvis insidiis peteretur, et continens, Berenice licet in urbem reversa, fuit.

Titus moriens se unius tantum rei pœnitere dixit : id autem quid esset non aperuit, nec quisquam certo novit, aliud aliis conjicientibus. Constans fama fuit, ut nonnulli tradunt, quod Domitiam uxorem fratris habuisset. Alii

deut espouser, car desia elle se comportoit comme son espouse et femme legitime, mais Titus ayant senty le vent que les Romains estoient malcontens de telles choses la renuoya en son pays : aussi murmuroit-on fort à Rome de leur accointance. »

« Tout le temps que Titus iouyt seul de l'Empire se passa sans meurtres et effusion de sang, il ne commit aucun acte par lequel on peut iuger qu'il se laissast plus aller aux passions d'Amour. Tellement que iaçoit qu'on luy eut machiné trahisons, il se monstra neantmoins tousiours doux et clement mesmes enuers les trahistres, et Berenice estant derechef venuë à Rome il se monstra homme chaste et continent....

« Comme Titus rendit l'esprit, il dit qu'il auoit commis vn seul peché duquel il se repentoit, mais il ne declaira pas quel, ny personne ne le peut oncques asseurement sçauoir, les vns imaginans vne chose, les autres vne autre[*]. On tient pour asseuré, à ce que aucuns disent, qu'il se repentit d'auoir entretenu la femme de son frere nommée Domitia : les autres, ausquels i'adioute foy, de ce

1. L'édition de 1679 a la faute étrange de *numero*, pour *rumores*.

[*] Suétone, dans sa *Vie de Titus*, chapitre x, parle aussi de ce regret de Titus mourant, et rejette, comme Xiphilin, la première interprétation : *Suspexisse dicitur.... cœlum, multumque conquestus eripi sibi*

putant, quibus ego assentior, quod Domitianum, a quo certo sciebat sibi insidias parari, non interfecisset, sed id ab eo pati maluisset, et quod traderet imperium romanum tali viro.

qu'ayant surprins Domitianus en manifeste trahison contre luy, il ne l'auoit pas occis, ains auoit plustost choisi de souffrir le malheur qui luy estoit aduenu, que de le faire tuer. Ou bien de ce qu'il laissoit l'Empire Romain entre les mains d'vn homme tel.... »

vitam immerenti : neque enim exstare ullum suum factum pœnitendum, excepto duntaxat uno. Id quale fuerit, neque ipse tunc prodidit, neque cuiquam facile succurrat. Quidam opinantur consuetudinem recordatum quam cum fratris uxore habuerit; sed nullam habuisse persancte Domitia jurabat, haud negatura, si qua omnino fuisset; imo etiam gloriatura, quod illi promptissimum erat in omnibus probris.

LISTE DES ÉDITIONS QUI ONT ÉTÉ COLLATIONNÉES POUR LES VARIANTES *TITE ET BÉRÉNICE*.

ÉDITIONS SÉPARÉES.

1671 in-12 ; | 1679 in-12.

RECUEIL.

1682 in-12[1].

---

1. Le recueil de 1668 se termine par *Attila*.

ACTEURS[1].

TITE, empereur de Rome, et amant de Bérénice.
DOMITIAN, frère de Tite, et amant de Domitie.
BÉRÉNICE, reine d'une partie de la Judée.
DOMITIE, fille de Corbulon.
PLAUTINE, confidente de Domitie.
FLAVIAN, confident de Tite.
ALBIN, confident de Domitian.
PHILON, ministre d'État, confident de Bérénice.

La scène est à Rome, dans le palais impérial.

---

1. La *Notice* et les extraits qui précèdent renferment les renseignements nécessaires sur les quatre premiers personnages, qui appartiennent à l'histoire; les autres sont d'invention.

TITE ET BÉRÉNICE.
COMÉDIE HÉROÏQUE.

ACTE I.

SCÈNE PREMIÈRE.
DOMITIE, PLAUTINE.

DOMITIE.
Laisse-moi mon chagrin, tout injuste qu'il est :
Je le chasse, il revient ; je l'étouffe, il renaît[1] ;
Et plus nous approchons de ce grand hyménée,
Plus en dépit de moi je m'en trouve gênée.
Il fait toute ma gloire, il fait tous mes desirs : 5
Ne devroit-il pas faire aussi tous mes plaisirs[2] ?
Depuis plus de six mois la pompe s'en apprête,
Rome s'en fait d'avance en l'esprit une fête,
Et tandis qu'à l'envi tout l'empire l'attend,
Mon cœur dans tout l'empire est le seul mécontent. 10
PLAUTINE.
Que trouvez-vous, Madame, ou d'amer ou de rude
A voir qu'un tel bonheur n'ait plus d'incertitude ?
Et quand dans quatre jours vous devez y monter,

---

1. Le second hémistiche de ce vers est le premier du vers 1050 de *Polyeucte*.
2. *Var.* Ne devoit-il pas faire aussi tous mes plaisirs? (1679)

Quel importun chagrin pouvez-vous écouter ?
Si vous n'en êtes pas tout à fait la maîtresse, 15
Du moins à l'empereur cachez cette tristesse :
Le dangereux soupçon de n'être pas aimé
Peut le rendre à l'objet dont il fut trop charmé.
Avant qu'il vous aimât, il aimoit Bérénice ;
Et s'il n'en put alors faire une impératrice, 20
A présent il est maître, et son père au tombeau
Ne peut plus le forcer d'éteindre un feu si beau.

DOMITIE.

C'est là ce qui me gêne, et l'image importune
Qui trouble les douceurs de toute ma fortune :
J'ambitionne et crains l'hymen d'un empereur 25
Dont j'ai lieu de douter si j'aurai tout le cœur.
Ce pompeux appareil, où sans cesse il ajoute,
Recule chaque jour un nœud qui le dégoûte.
Il souffre chaque jour que le gouvernement
Vole ce qu'à me plaire il doit d'attachement ; 30
Et ce qu'il en étale agit d'une manière
Qui ne m'assure point d'une âme tout entière.
Souvent même, au milieu des offres de sa foi,
Il semble tout à coup qu'il n'est pas avec moi,
Qu'il a quelque plus douce ou noble inquiétude. 35
Son feu de sa raison est l'effet et l'étude ;
Il s'en fait un plaisir bien moins qu'un embarras,
Et s'efforce à m'aimer ; mais il ne m'aime pas.

PLAUTINE.

A cet effort pour vous qui pourroit le contraindre ?
Maître de l'univers, a-t-il un maître à craindre ? 40

DOMITIE.

J'ai quelques droits, Plautine, à l'empire romain,
Que le choix d'un époux peut mettre en bonne main :
Mon père, avant le sien élu pour cet empire,

ACTE I, SCÈNE I.

Préféra.... Tu le sais, et c'est assez t'en dire[1].
C'est par cet intérêt qu'il m'apporte sa foi ;   45
Mais pour le cœur, te dis-je, il n'est pas tout à moi.

PLAUTINE.

La chose est bien égale, il n'a pas tout le vôtre :
S'il aime un autre objet, vous en aimez un autre ;
Et comme sa raison vous donne tous ses vœux,
Votre ardeur pour son rang fait pour lui tous vos feux.

DOMITIE.

Ne dis point qu'entre nous la chose soit égale.
Un divorce avec moi n'a rien qui le ravale :
Sans avilir son sort, il me renvoie au mien ;
Et du rang qui lui reste, il ne me reste rien.

PLAUTINE.

Que ce que vous avez d'ambitieux caprice,   55
Pardonnez-moi ce mot, vous fait un dur supplice !
Le cœur rempli d'amour, vous prenez un époux,
Sans en avoir pour lui, sans qu'il en ait pour vous.
Aimez pour être aimée, et montrez-lui vous-même,
En l'aimant comme il faut, comme il faut qu'il vous aime ;
Et si vous vous aimez, gagnez sur vous ce point
De vous donner entière, ou ne vous donnez point.

DOMITIE.

Si l'amour quelquefois souffre qu'on le contraigne,
Il souffre rarement qu'une autre ardeur l'éteigne ;
Et quand l'ambition en met l'empire à bas,   65
Elle en fait son esclave, et ne l'étouffe pas.
Mais un si fier esclave, ennemi de sa chaîne,
La secoue à toute heure, et la porte avec gêne,

---

1. Voyez ci-après, p. 204, les vers 87-91 et la note 3. — Dion Cassius (livre LXII, chapitre XXIII) rapporte que Corbulon, ayant un grand pouvoir comme général, et une grande renommée, aurait pu fort aisément se faire élire empereur, car tous haïssaient Néron et tous l'admiraient lui-même ; mais il demeura soumis, et ne tenta point de révolte.

Et maître de nos sens, qu'il appelle au secours,
Il échappe souvent, et murmure toujours. 70
Veux-tu que je te fasse un aveu tout sincère?
Je ne puis aimer Tite, ou n'aimer pas son frère;
Et malgré cet amour, je ne puis m'arrêter
Qu'au degré le plus haut où je puisse monter.
Laisse-moi retracer ma vie en ta mémoire: 75
Tu me connois assez pour en savoir l'histoire;
Mais tu n'as pu connoître, à chaque événement,
De mon illustre orgueil quel fut le sentiment.
　　En naissant, je trouvai l'empire en ma famille.
Néron m'eut pour parente, et Corbulon pour fille[1]; 80
Et le bruit qu'en tous lieux fit sa haute valeur,
Autant que ma naissance enfla mon jeune cœur.
De l'éclat des grandeurs par là préoccupée,
Je vis d'un œil jaloux Octavie et Poppée[2];
Et Néron, des mortels et l'horreur et l'effroi, 85
M'eût paru grand héros, s'il m'eût offert sa foi.
　　Après tant de forfaits et de morts entassées,
Les troupes du Levant, d'un tel monstre lassées,
Pour César en sa place élurent Corbulon.
Son austère vertu rejeta ce grand nom: 90
Un lâche assassinat en fut le prompt salaire[3].
Mais mon orgueil, sensible à ces honneurs d'un père,
Prit de tout autre rang une assez forte horreur
Pour me traiter dans l'âme en fille d'empereur.

---

1. Il y a lieu de croire que Cnéius Domitius Corbulon appartenait à l'illustre famille Domitia ; l'empereur Néron était, comme l'on sait, fils de Cnéius Domitius Ahenobarbus. En outre, la sœur de Corbulon, Cæsonia, avait épousé Caligula : voyez Pline l'ancien, livre VII, chapitre v.

2. Par une erreur singulière, les éditions de 1679 et de 1682 portent toutes deux *Pompée*, pour *Poppée*, et un peu plus loin, au vers 115, *Martine*, pour *Martie*.

3. Corbulon ayant appris, à son arrivée à Corinthe, que Néron, qui l'avait mandé en Grèce, avait ordonné sa mort, se frappa lui-même de son épée, l'an 67 après Jésus-Christ, et dit en mourant : « Je l'ai mérité. »

Néron périt enfin. Trois empereurs de suite[1]   95
Virent de leur fortune une assez prompte fuite.
L'Orient de leurs noms fut à peine averti,
Qu'il fit Vespasian chef d'un plus fort parti.
Le ciel l'en avoua : ce guerrier magnanime
Par Tite, son aîné, fit assiéger Solyme;   100
Et tandis qu'en Égypte il prit d'autres emplois,
Domitian ici vint dispenser ses lois.
Je le vis et l'aimai. Ne blâme point ma flamme :
Rien de plus grand que lui n'éblouissoit mon âme;
Je ne voyois point Tite, un hymen me l'ôtoit;   105
Mille soupirs aidoient au rang qui me flattoit.
Pour remplir tous nos vœux nous n'attendions qu'un père :
Il vint, mais d'un esprit à nos vœux si contraire,
Que quoi qu'on lui pût dire, on n'en put arracher
Ce qu'attendoit un feu qui nous étoit si cher.   110
On n'en sut point la cause; et divers bruits coururent,
Qui tous à notre amour également déplurent.
J'en eus un long chagrin. Tite fit tôt après
De Bérénice à Rome admirer les attraits.
Pour elle avec Martie il avoit fait divorce[2];   115
Et cette belle reine eut sur lui tant de force,
Que pour montrer à tous sa flamme, et hautement,
Il lui fit au palais prendre un appartement[3].
L'Empereur, bien qu'en l'âme il prévît quelle haine
Concevroit tout l'État pour l'époux d'une reine,   120
Sembla voir cet amour d'un œil indifférent,
Et laisser un cours libre aux flots de ce torrent.

1. Galba, Othon et Vitellius, qui régnèrent en 68 et 69, et dont les trois règnes réunis ne durèrent que dix-huit mois.
2. Suétone, au chapitre IV de la *Vie de Titus*, dit que sa seconde femme se nommait Marcia Furnilla, et que Titus, après en avoir eu une fille, fit divorce avec elle.
3. Il est dit dans le premier extrait de Xiphilin que Bérénice habita dans le palais : *habitavit in palatio :* voyez ci-dessus, p. 197.

Mais sous les vains dehors de cette complaisance,
On ménagea ce prince avec tant de prudence,
Qu'en dépit de son cœur, que charmoient tant d'appas,
Il l'obligea lui-même à revoir ses États.
A peine je le vis sans maîtresse et sans femme,
Que mon orgueil vers lui tourna toute mon âme;
Et s'étant emparé du plus doux de mes soins,
Son frère commença de me plaire un peu moins : 130
Non qu'il ne fût toujours maître de ma tendresse,
Mais je la regardois ainsi qu'une foiblesse,
Comme un honteux effet d'un amour éperdu
Qui me voloit un rang que je me croyois dû.
Tite à peine sur moi jetoit alors la vue : 135
Cent fois avec douleur je m'en suis aperçue ;
Mais ce qui consoloit ce juste et long ennui,
C'est que Vespasian me regardoit pour lui.
Je commençois pourtant à n'en plus rien attendre,
Quand je vis en ses yeux quelque chose de tendre ; 140
Il me rendit visite, et fit tout ce qu'on fait
Alors qu'on veut aimer, ou qu'on aime en effet.
Je veux bien t'avouer que j'y crus du mystère,
Qu'il ne me disoit rien que par l'ordre d'un père ;
Mais qui ne pencheroit à s'en désabuser, 145
Lorsque, ce père mort, il songe à m'épouser ?
Toi qui vois tout mon cœur, juge de son martyre :
L'ambition l'entraîne, et l'amour le déchire.
Quand je crois m'être mise au-dessus de l'amour,
L'amour vers son objet me ramène à son tour : 150
Je veux régner, et tremble à quitter ce que j'aime,
Et ne me saurois voir d'accord avec moi-même.

PLAUTINE.

Ah ! si Domitian devenoit empereur,
Que vous auriez bientôt calmé tout ce grand cœur !
Que bientôt.... Mais il vient. Ce grand cœur en soupire !

DOMITIE.

Hélas! plus je le vois, moins je sais que lui dire.
Je l'aime, et le dédaigne; et n'osant m'attendrir,
Je me veux mal des maux que je lui fais souffrir.

SCÈNE II.

DOMITIAN DOMITIE, ALBIN, PLAUTINE.

DOMITIAN.

Faut-il mourir, Madame? et si proche du terme,
Votre illustre inconstance est-elle encor si ferme, 160
Que les restes d'un feu que j'avois cru si fort
Puissent dans quatre jours se promettre ma mort[1]?

DOMITIE.

Ce qu'on m'offre, Seigneur, me feroit peu d'envie,
S'il en coûtoit à Rome une si belle vie;
Et ce n'est pas un mal qui vaille en soupirer 165
Que de faire une perte aisée à réparer.

DOMITIAN.

Aisée à réparer! Un choix qui m'a su plaire,
Et qui ne plaît pas moins à l'Empereur mon frère,
Charme-t-il l'un et l'autre avec si peu d'appas
Que vous sachiez leur prix[2], et le mettiez si bas? 170

DOMITIE.

Quoi qu'on ait pour soi-même ou d'amour ou d'estime,
Ne s'en croire pas trop n'est pas faire un grand crime.
Mais n'examinons point en cet excès d'honneur
Si j'ai quelque mérite, ou n'ai que du bonheur.
Telle que je puis être, obtenez-moi d'un frère. 175

1. Voyez ci-dessus la *Notice*, p. 191 et 192.
2. Les éditions publiées du vivant de Corneille (1671-82) portent *leur prix*, corrigé par l'édition de 1692 en *son prix*. Voltaire a gardé *leur*.

DOMITIAN.

Hélas! si je n'ai pu vous obtenir d'un père,
Si même je ne puis vous obtenir de vous,
Qu'obtiendrai-je d'un frère amoureux et jaloux?

DOMITIE.

Et moi, résisterai-je à sa toute-puissance,
Quand vous n'y répondez qu'avec obéissance? 180
Moi qui n'ai sous les cieux que vous seul pour soutien,
Que puis-je contre lui, quand vous n'y pouvez rien?

DOMITIAN.

Je ne puis rien sans vous, et pourrois tout, Madame,
Si je pouvois encor m'assurer de votre âme.

DOMITIE.

Pouvez-vous en douter, après deux ans de pleurs 185
Qu'à vos yeux j'ai donnés à nos communs malheurs?
Durant un déplaisir si long et si sensible
De voir toujours un père à nos vœux inflexible,
Ai-je écouté quelqu'un de tant de soupirants
Qui m'accabloient partout de leurs regards mourants?
Quel que fût leur amour, quel que fût leur mérite....

DOMITIAN.

Oui, vous m'avez aimé jusqu'à l'amour de Tite.
Mais de ces soupirants qui vous offroient leur foi
Aucun ne vous eût mise alors si haut que moi;
Votre âme ambitieuse à mon rang attachée 195
N'en voyoit point en eux dont elle fût touchée :
Ainsi de ces rivaux aucun n'a réussi.
Mais les temps sont changés, Madame, et vous aussi.

DOMITIE.

Non, Seigneur : je vous aime, et garde au fond de l'âme
Tout ce que j'eus pour vous de tendresse et de flamme :
L'effort que je me fais me tue autant que vous;
Mais enfin l'Empereur veut être mon époux.

DOMITIAN.

Ah! si vous n'acceptez sa main qu'avec contrainte,
Venez, venez, Madame, autoriser ma plainte :
L'Empereur m'aime assez pour quitter vos liens,   205
Quand je lui porterai vos vœux avec les miens.
Dites que vous m'aimez, et que tout son empire....

DOMITIE.

C'est ce qu'à dire vrai j'aurai peine à lui dire,
Seigneur; et le respect qui n'y peut consentir....

DOMITIAN.

Non, votre ambition ne se peut démentir.   210
Ne la déguisez plus, montrez-la toute entière,
Cette âme que le trône a su rendre si fière,
Cette âme dont j'ai fait les plaisirs les plus doux,
Cette âme....

DOMITIE.

   Voyez-la cette âme toute à vous,
Voyez-y tout ce feu que vous y fîtes naître;   215
Et soyez satisfait, si vous le pouvez être.
 Je ne veux point, Seigneur, vous le dissimuler,
Mon cœur va tout à vous quand je le laisse aller;
Mais sans dissimuler j'ose aussi vous le dire,
Ce n'est pas mon dessein qu'il m'en coûte l'empire;   220
Et je n'ai point une âme à se laisser charmer
Du ridicule honneur de savoir bien aimer.
La passion du trône est seule toujours belle,
Seule à qui l'âme doive une ardeur immortelle.
J'ignorois de l'amour quel est le doux poison,   225
Quand elle s'empara de toute ma raison.
Comme elle est la première, elle est la dominante.
Non qu'à trahir l'amour je ne me violente;
Mais il est juste enfin que des soupirs secrets
Me punissent d'aimer contre mes intérêts. [dre,
 Daignez donc voir, Seigneur, qu'elle route il faut pren-

Pour ne point m'imposer la honte de descendre.
Tout mon cœur vous préfère à cet heureux rival;
Pour m'avoir toute à vous, devenez son égal.
Vous dites qu'il vous aime; et je ne puis le croire[1], 235
Si je ne vois sur vous un rayon de sa gloire.
On vous a vus tous deux sortir d'un même flanc;
Ayez mêmes honneurs ainsi que même sang.
Dites-lui que le droit qu'a ce sang à l'empire[2]....

DOMITIAN.

C'est là ce qu'à mon tour j'aurai peine à lui dire, 240
Madame; et le devoir qui n'y peut consentir....

DOMITIE.

A mes vives douleurs daignez donc compatir,
Seigneur : j'achète assez le rang d'impératrice,
Sans qu'un reproche injuste augmente mon supplice.

DOMITIAN.

Eh bien! dans cet hymen, qui n'en a que pour moi, 245
J'applaudirai moi-même à votre peu de foi;
Je dirai que le ciel doit à votre mérite....

DOMITIE.

Non, Seigneur; faites mieux, et quittez qui vous quitte;
Rome a mille beautés dignes de votre cœur;
Mais dans toute la terre il n'est qu'un empereur. 250
Si mon père avoit eu les sentiments du vôtre,
Je vous aurois donné ce que j'attends d'un autre;
Et ma flamme en vos mains eût mis sans balancer
Le sceptre qu'en la mienne il auroit dû laisser.
Laissez à son défaut suppléer la fortune, 255
Et n'ayez pas une âme assez basse et commune

---

1. Thomas Corneille (1692) et Voltaire (1764) ont changé la construction; ils donnent : « et je ne le puis croire. »

2. Domitien prétendait que Vespasien l'avait institué cohéritier de l'empire, mais que le testament avait été falsifié. Voyez Suétone, *Vie de Domitien*, chapitre II.

Pour s'opposer au ciel qui me rend par autrui
Ce que trop de vertu me fit perdre par lui.
Pour peu que vous m'aimiez, aimez mes avantages :
Il n'est point d'autre amour digne des grands courages.
Voilà toute mon âme. Après cela, Seigneur,
Laissez-moi m'épargner les troubles de mon cœur.
Un plus long entretien ne pourroit rien produire
Qui ne pût malgré moi vous déplaire ou me nuire.

SCÈNE III.

DOMITIAN, ALBIN.

ALBIN.

Elle se défend bien, Seigneur, et dans la cour.... 265

DOMITIAN.

Aucun n'a plus d'esprit, Albin, et moins d'amour.
J'admire, ainsi que toi, dans ce qu'elle m'oppose,
Son adresse à défendre une mauvaise cause ;
Et si pour m'assurer que son cœur n'est qu'à moi,
Tant d'esprit agissoit en faveur de sa foi ; 270
Si sa flamme au secours appliquoit cette adresse,
L'Empereur convaincu me rendroit ma maîtresse.

ALBIN.

Cependant n'est-ce rien que ce cœur soit à vous?

DOMITIAN.

D'un bonheur si mal sûr je ne suis point jaloux,
Et trouve peu de jour à croire qu'elle m'aime, 275
Quand elle ne regarde et n'aime que soi-même.

ALBIN.

Seigneur, s'il m'est permis de parler librement,
Dans toute la nature aime-t-on autrement?
L'amour-propre est la source en nous de tous les autres :
C'en est le sentiment qui forme tous les nôtres ; 280

Lui seul allume, éteint, ou change nos desirs :
Les objets de nos vœux le sont de nos plaisirs.
Vous-même, qui brûlez d'une ardeur si fidèle,
Aimez-vous Domitie, ou vos plaisirs en elle?
Et quand vous aspirez à des liens si doux, 285
Est-ce pour l'amour d'elle, ou pour l'amour de vous?
De sa possession l'aimable et chère idée
Tient vos sens enchantés et votre âme obsédée;
Mais si vous conceviez quelques destins meilleurs,
Vous porteriez bientôt toute cette âme ailleurs. 290
Sa conquête est pour vous le comble des délices;
Vous ne vous figurez ailleurs que des supplices :
C'est par là qu'elle seule a droit de vous charmer;
Et vous n'aimez que vous, quand vous croyez l'aimer[1].

DOMITIAN.

En l'état où je suis, les maux dont je soupire 295
M'ôtent la liberté de te rien contredire;
Cherchons-en le remède, au lieu de raisonner
Sur l'amour où le ciel se plaît à m'obstiner.
N'est-il point de secret, n'est-il point d'artifice?...

ALBIN.

Oui, Seigneur, il en est. Rappelons Bérénice; 300
Sous le nom de César pratiquons son retour,
Qui retarde l'hymen et suspende l'amour.

DOMITIAN.

Que je verrois, Albin, ma volage punie,
Si de ces grands apprêts pour la cérémonie,
Que depuis si longtemps on dresse à si grand bruit, 305

---

1. Ce morceau, souvent reproché à Corneille, pourrait bien lui avoir été inspiré par le livre des *Maximes* de la Rochefoucauld, dont la première édition a paru en 1665, cinq ans avant *Tite et Bérénice*, et qui faisait encore le sujet de tous les entretiens. La *maxime* 262 commence ainsi : « Il n'y a point de passion où l'amour de soi-même règne si puissamment que dans l'amour. »

Elle n'avoit que l'ombre, et qu'une autre[1] eût le fruit!
Qu'elle seroit confuse! et que j'aurois de joie!
Mais il faut que le ciel lui-même la renvoie,
Cette belle rivale; et tout notre discours
Ne la sauroit ici rendre dans quatre jours.   310

ALBIN.

N'importe : en l'attendant préparons sa victoire;
Dans l'esprit d'un rival ranimons sa mémoire;
Retraçons à ses yeux l'image du passé,
Et profitons par là du cœur embarrassé[2].
N'y perdez point de temps : allez, sans plus rien taire,
Tâter jusqu'en ce cœur les tendresses de frère.
Si vous ne l'emportez, il pourra s'ébranler;
S'il ne rompt cet hymen, il pourra reculer :
Je me trompe, ou son âme y penche d'elle-même.
S'il s'émeut, redoublez; dites que l'on vous aime;   320
Dites qu'un pur respect contraint avec ennui
Une âme toute à vous à se donner à lui.
S'il se trouble, achevez : parlez de Bérénice,
De tant d'amour qu'il traite avec tant d'injustice.
Pour lui donner le temps de venir au secours,   325
Nous aurons quatre mois au lieu de quatre jours.

DOMITIAN.

Mais j'aime Domitie; et lui parler contre elle,
C'est me mettre au hasard d'irriter l'infidèle.
Ne me condamne point, Albin, à la trahir,
A joindre à ses mépris le droit de me haïr :   330
En vain je veux contre elle écouter ma colère;
Toute ingrate qu'elle est, je tremble à lui déplaire[3].

1. On lit « *un* autre » dans l'édition de 1682. Voyez le vers 1732 et la note qui s'y rapporte.
2. Voltaire (1764) a ainsi modifié ce vers :
    Et profitons par là d'un cœur embarrassé.
3. Ce vers se trouve déjà dans *Pertharite*, acte II, scène v, vers 744.

ALBIN.

Seigneur, quelle mesure avez-vous à garder?
Quand on voit tout perdu, craint-on de hasarder?
Et si l'ambition vers un autre l'entraîne,   335
Que vous peut importer son amour ou sa haine?

DOMITIAN.

Qu'un salutaire avis fait une douce loi
A qui peut avoir l'âme aussi libre que toi!
Mais celle d'un amant n'est pas comme une autre âme:
Il ne voit, il n'entend, il ne croit que sa flamme;   340
Du plus puissant remède il se fait un poison,
Et la raison pour lui n'est pas toujours raison.

ALBIN.

Et si je vous disois que déjà Bérénice
Est dans Rome, inconnue, et par mon artifice?
Qu'elle surprendra Tite, et qu'elle y vient exprès   345
Pour de ce grand hymen renverser les apprêts?

DOMITIAN.

Albin, seroit-il vrai?

ALBIN.

La nouvelle vous flatte:
Peut-être est-elle fausse; attendez qu'elle éclate;
Surtout à l'Empereur déguisez-la si bien....

DOMITIAN.

Va: je lui parlerai comme n'en sachant rien.   350

FIN DU PREMIER ACTE.

ACTE II.

SCÈNE PREMIÈRE.
TITE, FLAVIAN.

TITE.
Quoi? des ambassadeurs que Bérénice envoie
Viennent ici, dis-tu, me témoigner sa joie,
M'apporter son hommage et me féliciter
Sur ce comble de gloire où je viens de monter?

FLAVIAN.
En attendant votre ordre, ils sont au port d'Ostie. 355

TITE.
Ainsi, grâces aux Dieux, sa flamme est amortie;
Et de pareils devoirs sont pour moi des froideurs,
Puisqu'elle s'en rapporte à ses ambassadeurs.
Jusqu'après mon hymen remettons leur venue :
J'aurois trop à rougir si j'y souffrois leur vue, 360
Et recevois les yeux de ses propres sujets
Pour envieux témoins du vol que je lui fais;
Car mon cœur fut son bien à cette belle reine,
Et pourroit l'être encor, malgré Rome et sa haine,
Si ce divin objet, qui fut tout mon desir, 365
Par quelque doux regard s'en venoit ressaisir.
Mais du haut de son trône elle aime mieux me rendre
Ces froideurs que pour elle on me força de prendre.
Peut-être, en ce moment que toute ma raison
Ne sauroit sans désordre entendre son beau nom, 370

Entre les bras d'un autre un autre amour la livre :
Elle suit mon exemple, et se plaît à le suivre :
Et ne m'envoie ici traiter de souverain
Que pour braver l'amant qu'elle charmoit en vain.

FLAVIAN.

Si vous la revoyiez, je plaindrois Domitie. 375

TITE.

Contre tous ses attraits ma raison endurcie
Feroit de Domitie encor la sûreté;
Mais mon cœur auroit peu de cette dureté.
N'aurois-tu point appris qu'elle fût infidèle,
Qu'elle écoutât les rois qui soupirent pour elle? 380
Dis-moi que Polémon[1] règne dans son esprit,
J'en aurai du chagrin, j'en aurai du dépit,
D'une vive douleur j'en aurai l'âme atteinte;
Mais j'épouserai l'autre avec moins de contrainte;
Car enfin elle est belle, et digne de ma foi; 385
Elle auroit tout mon cœur, s'il étoit tout à moi.
La noblesse du sang, la grandeur de courage,
Font avec son mérite un illustre assemblage :
C'est le choix de mon père; et je connois trop bien
Qu'à choisir en César ce doit être le mien. 390
Mais tout mon cœur renonce à lui faire justice,
Dès que mon souvenir lui rend sa Bérénice.

FLAVIAN.

Si de tels souvenirs vous sont encor si doux,
L'hyménée a, Seigneur, peu de charmes pour vous.

TITE.

Si de tels souvenirs ne me faisoient la guerre, 395
Seroit-il potentat plus heureux sur la terre?
Mon nom par la victoire est si bien affermi,

---

1. Polémon, roi de Cilicie. Voyez ci-dessus, p. 194, note 1, et plus loin, p. 245, note 1.

ACTE II, SCÈNE I.

Qu'on me croit dans la paix un lion endormi :
Mon réveil incertain du monde fait l'étude ;
Mon repos en tous lieux jette l'inquiétude ; 400
Et tandis qu'en ma cour les aimables loisirs
Ménagent l'heureux choix des jeux et des plaisirs,
Pour envoyer l'effroi sous l'un et l'autre pôle,
Je n'ai qu'à faire un pas et hausser la parole[1].
Que de félicité, si mes vœux imprudents 405
N'étoient de mon pouvoir les seuls indépendants !
Maître de l'univers sans l'être de moi-même[2],
Je suis le seul rebelle à ce pouvoir suprême :
D'un feu que je combats je me laisse charmer,
Et n'aime qu'à regret ce que je veux aimer. 410
En vain de mon hymen Rome presse la pompe :
J'y veux de la lenteur, j'aime qu'on l'interrompe,
Et n'ose résister aux dangereux souhaits
De préparer toujours et n'achever jamais.

FLAVIAN.

Si ce dégoût, Seigneur, va jusqu'à la rupture, 415

1. « Le célèbre M. de Santeul, voulant composer des vers sur la campagne d'Hollande de 1672, crut ne pouvoir mieux faire que de traduire en latin ces huit vers (397-404).... Il présenta au Roi ses vers latins sous ce titre : *Sur le départ du Roi*, et mit à côté ceux de M. Corneille. » (Jolly, *Avertissement du Théâtre de Corneille*, p. LXIX et LXX.) — Santeul donne les vers 403 et 404 avec une double variante :

Pour envoyer l'effroi *sur* l'un et l'autre pôle
Je n'ai qu'à faire un pas et hausser *ma* parole.

Voici sa traduction latine :

REX ITER MEDITANS.

Sic cœptis favet usque meis *Victoria*, ut hostes
Me quoque pace data timeant, credantque leonem,
Qui male sopitos premit alto corde furores,
Ancipiti dudum meditans bella horrida somno,
Nec tam blanda *Venus* media dominatur in aula,
Quin, Marti tantum annuerim, mox palleat orbis.

(*J. B. Santolii Victorini* opera poetica. Paris, M.DC.XCIV, p. 211.)

2. Ce vers est la contre-partie de celui que Corneille a placé dans la bouche d'Auguste (*Cinna*, acte V, scène III, vers 1696) :

Je suis maître de moi comme de l'univers.

Domitie aura peine à souffrir cette injure :
Ce jeune esprit, qu'entête et le sang de Néron[1]
Et le choix qu'en Syrie on fit de Corbulon[2],
S'attribue à l'empire un droit imaginaire,
Et s'en fait, comme vous, un rang héréditaire.   420
Si de votre parole un manque surprenant
La jette entre les bras d'un homme entreprenant,
S'il l'unit à quelque âme assez fière et hautaine
Pour servir son orgueil et seconder sa haine,
Un vif ressentiment lui fera tout oser :   425
En un mot, il vous faut la perdre, ou l'épouser.

TITE.

J'en sais la politique, et cette loi cruelle
A presque fait l'amour qu'il m'a fallu pour elle.
Réduit au triste choix dont tu viens de parler,
J'aime mieux, Flavian, l'aimer que l'immoler,   430
Et ne puis démentir cette horreur magnanime
Qu'en recevant le jour je conçus pour le crime.
Moi qui seul des Césars me vois en ce haut rang
Sans qu'il en coûte à Rome une goutte de sang,
Moi qui du genre humain on nomme les délices[3],   435
Moi qui ne puis souffrir les plus justes supplices[4],
Pourrois-je autoriser une injuste rigueur
A perdre une héroïne à qui je dois mon cœur?
Non : malgré les attraits de sa belle rivale,

---

1. Voyez plus haut, p. 204, le vers 80 et la note 1.
2. Voyez ci-dessus, p. 203, note 1.
3. Suétone commence ainsi sa *Vie de Titus* : *Titus.... amor ac deliciæ generis humani*; et Eutrope, au livre VII de son *Abrégé de l'Histoire romaine* (chapitre XXI), dit au sujet du même empereur : *Huic (Vespasiano) Titus filius successit.... vir omnium virtutum genere mirabilis adeo, ut amor et deliciæ humani generis diceretur*.
4. « Il déclara qu'il n'acceptait le souverain pontificat qu'afin de conserver toujours ses mains pures. Il tint parole; car depuis ce moment, il ne fut ni l'auteur ni le complice de la mort de personne. » *Nec auctor posthac cujusquam necis, nec conscius*. (Suétone, *Titus*, chapitre IX.)

ACTE II, SCÈNE I.

Malgré les vœux flottants de mon âme inégale, 440
Je veux l'aimer, je l'aime ; et sa seule beauté
Pouvoit me consoler de ce que j'ai quitté.
Elle seule en ses yeux porte de quoi contraindre
Mes feux à s'assoupir, s'ils ne peuvent s'éteindre,
De quoi flatter mon âme, et forcer mes douleurs 445
A souhaiter du moins de n'aimer plus ailleurs.
Mais je ne vois pas bien que j'en sois encor maître :
Dès que ma flamme expire, un mot la fait renaître,
Et mon cœur malgré moi rappelle un souvenir
Que je n'ose écouter et ne saurois bannir. 450
Ma raison s'en veut faire en vain un sacrifice :
Tout me ramène ici, tout m'offre Bérénice ;
Et même je ne sais par quel pressentiment
Je n'ai souffert personne en son appartement ;
Mais depuis cet adieu, si cruel et si tendre, 455
Il est demeuré vide, et semble encor l'attendre.
Va, fais porter mon ordre à mes ambassadeurs :
C'est trop entretenir d'inutiles ardeurs ;
Il est temps de chercher qui m'en puisse distraire,
Et le ciel à propos envoie ici mon frère. 460

FLAVIAN.

Irez-vous au sénat ?

TITE.

Non ; il peut s'assembler
Sur ce déluge ardent qui nous a fait trembler,
Et pourvoir sous mon ordre aux affreuses ruines
Dont ses feux ont couvert les campagnes voisines[1].

---

1. Voyez ci-après, p. 247, la note 2 du vers 1112. Après l'éruption du Vésuve, Titus tira au sort, parmi les consulaires, des curateurs chargés de soulager les maux de la Campanie. (Suétone, *Titus*, chapitre VIII.)

SCÈNE II.

TITE, DOMITIAN, ALBIN.

DOMITIAN.

Puis-je parler, Seigneur, et de votre amitié 465
Espérer une grâce à force de pitié?
Je me suis jusqu'ici fait trop de violence,
Pour augmenter encor mes maux par mon silence.
Ce que je vais vous dire est digne du trépas ;
Mais aussi j'en mourrai, si je ne le dis pas. 470
Apprenez donc mon crime, et voyez s'il faut faire
Justice d'un coupable, ou grâce aux vœux d'un frère.
  J'ai vu ce que j'aimois choisi pour être à vous,
Et je l'ai vu longtemps sans en être jaloux.
Vous n'aimiez Domitie alors que par contrainte : 475
Vous vous faisiez effort, j'imitois votre feinte ;
Et comme aux lois d'un père il falloit obéir,
Je feignois d'oublier, vous de ne point haïr.
Le ciel, qui dans vos mains met sa toute-puissance,
Ne met-il point de borne à cette obéissance? 480
La faut-il à son ombre, et que ce même effort
Vous déchire encor l'âme et me donne la mort?

TITE.

Souffrez sur cet effort que je vous désabuse.
Il fut grand, et de ceux que tout le cœur refuse :
Pour en sauver le mien, je fis ce que je pus ; 485
Mais ce qui fut effort à présent ne l'est plus.
Sachez-en la raison. Sous l'empire d'un père
Je murmurai toujours d'un ordre si sévère,
Et cherchai les moyens de tirer en longueur
Cet hymen qui vous gêne et m'arrachoit le cœur. 490
Son trépas a changé toutes choses de face :
J'ai pris ses sentiments lorsque j'ai pris sa place ;

Je m'impose à mon tour les lois qu'il m'imposoit,
Et me dis après lui tout ce qu'il me disoit.
J'ai des yeux d'empereur, et n'ai plus ceux de Tite; 495
Je vois en Domitie un tout autre mérite,
J'écoute la raison, j'en goûte les conseils,
Et j'aime comme il faut qu'aiment tous mes pareils.
Si dans les premiers jours que vous m'avez vu maître
Votre feu mal éteint avoit voulu paroître, 500
J'aurois pu me combattre et me vaincre pour vous;
Mais si près d'un hymen si souhaité de tous,
Quand Domitie a droit de s'en croire assurée,
Que le jour en est pris, la fête préparée,
Je l'aime, et lui dois trop pour jeter sur son front 505
L'éternelle rougeur d'un si mortel affront.
Rome entière et ma foi l'appellent à l'empire :
Voyez mieux de quel œil on m'en verroit dédire,
Ce qu'ose se permettre une femme en fureur,
Et combien Rome entière auroit pour moi d'horreur. 510

DOMITIAN.

Elle n'en auroit point de vous voir pour un frère
Faire autant que pour elle il vous a plu de faire.
Seigneur, à vos bontés laissez un libre cours;
Qui se vainc une fois peut se vaincre toujours :
Ce n'est pas un effort que votre âme redoute. 515

TITE.

Qui se vainc une fois sait bien ce qu'il en coûte :
L'effort est assez grand pour en craindre un second.

DOMITIAN.

Ah! si votre grande âme à peine s'en répond,
La mienne, qui n'est pas d'une trempe si belle,
Réduite au même effort, Seigneur, que fera-t-elle ? 520

TITE.

Ce que je fais, mon frère : aimez ailleurs.

DOMITIAN.

Hélas!

Ce qui vous fut aisé, Seigneur, ne me l'est pas.
Quand vous avez changé, voyiez-vous Bérénice?
De votre changement son départ fut complice;
Vous l'aviez éloignée, et j'ai devant les yeux, 525
Je vois presqu'en vos bras ce que j'aime le mieux.
Jugez de ma douleur par l'excès de la vôtre,
Si vous voyiez la Reine entre les bras d'un autre;
Contre un rival heureux épargneriez-vous rien,
A moins que d'un respect aussi grand que le mien? 530

TITE.

Vengez-vous, j'y consens; que rien ne vous retienne.
Je prends votre maîtresse; allez, prenez la mienne.
Épousez Bérénice, et....

DOMITIAN.

Vous n'achevez point,
Seigneur : me pourriez-vous aimer jusqu'à ce point?

TITE.

Oui, si je ne craignois pour vous l'injuste haine 535
Que Rome concevroit pour l'époux d'une reine.

DOMITIAN.

Dites, dites, Seigneur, qu'il est bien malaisé
De céder ce qu'adore un cœur bien embrasé;
Ne vous contraignez plus, ne gênez plus votre âme,
Satisfaites en maître une si belle flamme; 540
Quand vous aurez su dire une fois : « Je le veux, »
D'un seul mot prononcé vous ferez quatre heureux.
Bérénice est toujours digne de votre couche,
Et Domitie enfin vous parle par ma bouche;
Car je ne saurois plus vous le taire; oui, Seigneur, 545
Vous en voulez la main, et j'en ai tout le cœur :
Elle m'en fit le don dès la première vue,
Et ce don fut l'effet d'une force imprévue,
De cet ordre du ciel qui verse en nos esprits
Les principes secrets de prendre et d'être pris. 550

Je vous dirois, Seigneur, quelle en est la puissance,
Si vous ne le saviez par votre expérience.
Ne rompez[1] pas des nœuds et si forts et si doux :
Rien ne les peut briser que le trépas, ou vous;
Et c'est un triste honneur pour une si grande âme,   555
Que d'accabler un frère et contraindre une femme.

TITE.

Je ne contrains personne; et de sa propre voix
Nous allons, vous et moi, savoir quel est son choix.

SCÈNE III.

TITE, DOMITIAN, DOMITIE, ALBIN, PLAUTINE.

TITE.

Parlez, parlez, Madame, et daignez nous apprendre
Où porte votre cœur, ce qu'il sent de plus tendre,   560
Qui le possède entier de mon frère ou de moi?

DOMITIE.

En doutez-vous, Seigneur, quand vous avez ma foi?

TITE.

J'aime à n'en point douter, mais on veut que j'en doute :
On dit que cette foi ne vous donne pas toute,
Que ce cœur reste ailleurs. Parlez en liberté,   565
Et n'en consultez point cette noble fierté,
Ce digne orgueil du sang que mon rang sollicite :
De tout ce que je suis ne regardez que Tite;
Et pour mieux écouter vos desirs les plus doux,
Entre le prince et moi ne regardez que vous.   570

DOMITIE.

Qu'avez-vous dit de moi, Prince?

---

1. L'édition de 1692 donne *trompez*, pour *rompez*, ce qui ne peut être qu'une faute d'impression.

DOMITIAN.
                    Que dans votre âme
Vous laissez vivre encor notre première flamme;
Et qu'en faveur du rang si vous m'osez trahir,
Ce n'est pas tant aimer, Madame, qu'obéir.
C'est en dire un peu plus que vous n'aviez envie;   575
Mais il y va de vous, il y va de ma vie;
Et qui se voit si près de perdre tout son bien,
Se fait armes de tout, et ne ménage rien.

DOMITIE.
Je ne sais de vous deux, Seigneur, à ne rien feindre,
Duquel je dois le plus me louer ou me plaindre.   580
C'est aimer assez mal, que remettre tous deux
Au choix de mes desirs le succès de vos vœux;
Et cette liberté par tous les deux offerte
Montre que tous les deux peuvent souffrir ma perte,
Et que tout leur amour est prêt à consentir   585
Que mon cœur ou ma foi veuille se démentir.
Je me plains de tous deux, et vous plains l'un et l'autre,
Si pour voir tout ce cœur vous m'ouvrez tout le vôtre.
Le prince n'agit pas en amant fort discret;
S'il ne m'impose rien, il trahit mon secret :   590
Tout ce qu'il vous en dit m'offense ou vous abuse.
Mais ce que fait l'amour, l'amour aussi l'excuse[1].
    Vous, Seigneur, je croyois que vous m'aimiez assez
Pour m'épargner le trouble où vous m'embarrassez,
Et laisser pour couleur à mon peu de constance   595
La gloire d'obéir à ma toute-puissance :
Vous m'ôtez cette excuse, et me voulez charger
De ce qu'a d'odieux la honte de changer.
Si le prince en mon cœur garde encor même place,
C'est manquer de respect que vous le dire en face;   600

1. Après ce vers, Voltaire a ajouté les mots : *à Tite*.

ACTE II, SCÈNE III.

Et si mon choix pour vous n'est point violenté,
C'est trop d'ambition et d'infidélité.
Ainsi des deux côtés tout sert à me confondre.
J'ai cent choses à dire, et rien à vous répondre;
Et ne voulant déplaire à pas un de vous deux, 605
Je veux, ainsi que vous, douter où vont mes vœux.
  Ce qui le plus m'étonne en cette déférence
Qui veut du cœur entier une entière assurance,
C'est que dans ce haut rang vous ne vouliez pas voir
Qu'il n'importe du cœur quand on sait son devoir[1], 610
Et que de vos pareils les hautes destinées
Ne le consultent point sur ces grands hyménées.

TITE.

Si le vôtre, Madame, étoit de moindre prix....
Mais que veut Flavian?

SCÈNE IV.

TITE, DOMITIAN, DOMITIE, PLAUTINE, FLAVIAN, ALBIN.

FLAVIAN.

           Vous en serez surpris,
Seigneur, je vous apporte une grande nouvelle : 615
La reine Bérénice....

TITE.

         Eh bien! est infidèle?
Et son esprit, charmé par un plus doux souci....

FLAVIAN.

Elle est dans ce palais, Seigneur; et la voici[2].

---

1. C'est, avec une tournure un peu différente, le vers 279 de *Sertorius* :
    Qu'importe de mon cœur, si je sais mon devoir?

2. Nous avons vu dans les extraits de Xiphilin (p. 197 et 198) qu'après être venue une première fois à Rome avec son frère Agrippa, du vivant de Vespasien, Bérénice y retourna sous le règne de Titus.

SCÈNE V.

TITE, DOMITIAN, BÉRÉNICE, DOMITIE, FLAVIAN, ALBIN, PHILON, PLAUTINE.

TITE.

O Dieux! est-ce, Madame, aux reines de surprendre?
Quel accueil, quels honneurs peuvent-elles attendre,   620
Quand leur surprise envie au souverain pouvoir
Celui de donner ordre à les bien recevoir?

BÉRÉNICE.

Pardonnez-le, Seigneur, à mon impatience.
J'ai fait sous d'autres noms demander audience :
Vous la donniez trop tard à mes ambassadeurs;   625
Je n'ai pu tant attendre à voir tant de grandeurs;
Et quoique par vous-même autrefois exilée,
Sans ordre et sans aveu je me suis rappelée,
Pour être la première à mettre à vos genoux
Le sceptre qu'à présent je ne tiens que de vous,   630
Et prendre sur les rois cet illustre avantage
De leur donner l'exemple à vous en faire hommage.
  Je ne vous dirai point avec quelles langueurs
D'un si cruel exil j'ai souffert les longueurs :
Vous savez trop....

TITE.

    Je sais votre zèle, et l'admire,   635
Madame; et pour me voir possesseur de l'empire,
Pour me rendre vos soins, je ne méritois pas
Que rien vous pût résoudre à quitter vos États,
Qu'une si grande reine en formât la pensée.
Un voyage si long vous doit avoir lassée.   640
Conduisez-la, mon frère, en son appartement[1].

---

1. Voltaire (1764) fait suivre ce vers de l'indication : *à Flavian et Albin*.

Vous, faites-l'y servir aussi pompeusement,
Avec le même éclat qu'elle s'y vit servie
Alors qu'elle faisoit le bonheur de ma vie.

SCÈNE VI.

TITE, DOMITIE, PLAUTINE, PHILON.

DOMITIE.

Seigneur, faut-il ici vous rendre votre foi ? 645
Ne regardez que vous entre la Reine et moi ;
Parlez sans vous contraindre, et me daignez apprendre
Où porte votre cœur ce qu'il sent de plus tendre[1].

TITE.

Adieu, Madame, adieu. Dans le trouble où je suis,
Me taire et vous quitter, c'est tout ce que je puis. 650

SCÈNE VII.

DOMITIE, PLAUTINE.

DOMITIE.

Se taire et me quitter ! Après cette retraite,
Crois-tu qu'un tel arrêt ait besoin d'interprète ?

PLAUTINE.

Oui, Madame ; et ce n'est que dérober au jour ;
Que vous cacher le trouble où le met ce retour.

DOMITIE.

Non, non, tu l'as voulu, Plautine, que je vinsse 655
Désavouer ici les vanités du prince,
Empêcher qu'un amant dont je n'ai pas le cœur
Ne cédât ma conquête à mon premier vainqueur :

---

1. Voyez plus haut, p. 223, le vers 570 et les vers 559 et 560.

Vois la honte qu'ainsi je me suis attirée.
Quand sa reine[1] a paru, m'a-t-il considérée? 660
A-t-il jeté les yeux sur moi qu'en me quittant?
PLAUTINE.
Pensez-vous que sa reine ait l'esprit plus content?
Avant que vous quitter, lui-même il l'a bannie.
DOMITIE.
Oui, mais avec respect, avec cérémonie,
Avec des yeux enfin qui l'éloignant des miens, 665
Lui promettoient assez de plus doux entretiens.
Tu me diras encor que la chose est égale,
Que s'il m'ose quitter, il chasse ma rivale.
Mais pour peu qu'il m'aimât, du moins il m'auroit dit
Que je garde en son âme encor même crédit : 670
Il m'en auroit donné des sûretés nouvelles,
Il m'en auroit laissé quelques marques fidèles.
S'il me vouloit cacher le trouble où je le voi,
La plus mauvaise excuse étoit bonne pour moi.
Mais pour toute réponse, il se tait, il me quitte ; 675
Et tu ne peux souffrir que mon cœur s'en irrite !
Tu veux, lorsque lui-même ose se déclarer,
Que je me flatte encore assez pour espérer !
C'est avec le perfide être d'intelligence.
Sans me flatter en vain, courons à la vengeance ; 680
Faisons voir ce qu'en moi peut le sang de Néron,
Et que je suis de plus fille de Corbulon.
PLAUTINE.
Vous l'êtes ; mais enfin c'est n'être qu'une fille,
Que le reste impuissant d'une illustre famille.
Contre un tel empereur où prendrez-vous des bras ? 685
DOMITIE.
Contre un tel empereur nous n'en manquerons pas.

---

1. On lit ici : « *la* Reine, » dans les éditions de Thomas Corneille et de Voltaire, qui deux vers plus loin ont maintenu l'un et l'autre : « *sa* reine. »

ACTE II, SCENE VII.

S'il épouse sa reine, il est l'horreur de Rome.
Trouvons alors, trouvons un grand cœur, un grand [homme,
Un Romain qui réponde au sang de mes aïeux ;
Et pour le révolter, laisse faire à mes yeux. 690
Juge, par le pouvoir de ceux de Bérénice,
Si les miens auront peine à s'en faire justice.
Si ceux-là forcent Tite à me manquer de foi,
Ceux-ci feront briser le joug d'un nouveau roi ;
Et si de l'univers les siens charment le maître, 695
Les miens charmeront ceux qui méritent de l'être.
Dis-le-moi, tu l'as vue, ai-je peu de raison
Quand de mes yeux aux siens je fais comparaison?
Est-elle plus charmante, ai-je moins de mérite?
Suis-je moins digne qu'elle enfin du cœur de Tite? 700

PLAUTINE.

Madame....

DOMITIE.

Je m'emporte, et mes sens interdits
Impriment leur désordre en tout ce que je dis.
Comment saurois-je aussi ce que je te dois dire,
Si je ne sais pas même à quoi mon âme aspire?
Mon aveugle fureur s'égare à tous propos. 705
Allons penser à tout avec plus de repos.

PLAUTINE.

Vous pourriez hasarder un moment de visite,
Pour voir si ce retour est sans l'aveu de Tite,
Ou si c'est de concert qu'il a fait le surpris.

DOMITIE.

Oui ; mais auparavant remettons nos esprits. 710

FIN DU SECOND ACTE.

ACTE III.

SCÈNE PREMIÈRE.
DOMITIAN, BÉRÉNICE, PHILON.

DOMITIAN.

Je vous l'ai dit, Madame, et j'aime à le redire,
Qu'il est beau qu'à vous plaire un empereur aspire,
Qu'il lui doit être doux qu'un véritable feu
Par de justes soupirs mérite votre aveu.
Seroit-ce un crime à moins[1]? Seroit-ce vous déplaire, 715
Après un empereur, de vous offrir son frère?
Et voudriez-vous croire, en faveur de ma foi,
Qu'un frère d'empereur pourroit valoir un roi?

BÉRÉNICE.

Si votre âme, Seigneur, en veut être éclaircie,
Vous pouvez le savoir de votre Domitie. 720
De tous les deux aimée, et douce à tous les deux,
Elle sait mieux que moi comme on change de vœux,
Et sait peut-être mal la route qu'il faut prendre
Pour trouver le secret de les faire descendre,
Quelque facilité qu'elle ait eue à trouver, 725
Malgré sa flamme et vous, l'art de les élever.
Pour moi, qui n'eus jamais l'honneur d'être Romaine,
Et qu'un destin jaloux n'a fait naître que reine,
Sans qu'un de vous descende au rang que je remplis,

---

1. Tel est le texte des anciennes éditions, y compris celle de 1692. Voltaire a mis : « Serait-ce un crime à moi? »

Ce me doit être assez d'un de vos affranchis ; 730
Et si votre empereur suit les traces des autres,
Il suffit d'un tel sort pour relever les nôtres¹.
Mais changeons de discours, et me dites, Seigneur,
Par quel ordre aujourd'hui vous m'offrez votre cœur.
Est-ce pour obliger ou Domitie ou Tite ? 735
N'ose-t-il me quitter à moins que je le quitte ?
Et peut-il à son rang si peu se confier,
Qu'il veuille mon exemple à se justifier ?
Me donne-t-il à vous alors qu'il m'abandonne ?

DOMITIAN.

Il vous respecte trop : c'est à vous qu'il me donne, 740
Et me fait la justice, en m'enlevant mon bien,
De vouloir que je tâche à m'enrichir du sien ;
Mais à peine il le veut, qu'il craint pour moi la haine
Que Rome concevroit pour l'époux d'une reine.
C'est à vous de juger d'où part ce sentiment. 745
En vain, par politique, il fait ailleurs l'amant ;
Il s'y réduit en vain par grandeur de courage :
A ces fausses clartés opposez quelque ombrage ;
Et je renonce au jour, s'il ne revient à vous,
Pour peu que vous penchiez à le rendre jaloux. 750

BÉRÉNICE.

Peut-être ; mais, Seigneur, croyez-vous Bérénice
D'un cœur à s'abaisser jusqu'à cet artifice,
Jusques à mendier lâchement le retour

---

1. Allusion à l'affranchi Félix. Voyez tome VI, p. 597, la note du vers 510 d'*Othon*. — Racine parle aussi de l'affranchi Félix, dans sa *Bérénice* (acte II, scène II) :

> De l'affranchi Pallas nous avons vu le frère,
> Des fers de Claudius Félix encor flétri,
> De deux reines, Seigneur, devenir le mari ;
> Et s'il faut jusqu'au bout que je vous obéisse,
> Ces deux reines étoient du sang de Bérénice.

L'une des deux Drusille que Félix épousa était sœur de Bérénice.

De ce qu'un grand service[1] a mérité d'amour?
DOMITIAN.
Madame, sur ce point je n'ai rien à vous dire. 755
Vous savez ce que vaut l'Empereur et l'empire;
Et si vous consentez qu'on vous manque de foi,
Vous pouvez regarder[2] si je vaux bien un roi.
J'aperçois Domitie, et lui cède la place.

SCÈNE II.

DOMITIE, BÉRÉNICE, DOMITIAN, PHILON.

DOMITIE.
Je vais me retirer, Seigneur, si je vous chasse; 760
Et j'ai des intérêts que vous servez trop bien
Pour arrêter le cours d'un si long entretien.

DOMITIAN.
Je faisois à la Reine une offre de service
Qui peut vous assurer le rang d'impératrice,
Madame; et si j'en suis accepté pour époux, 765
Tite n'aura plus d'yeux pour d'autres que pour vous.
Est-ce vous mal servir?

DOMITIE.
Quoi? Madame, il vous aime?

BÉRÉNICE.
Non; mais il me le dit, Madame.

DOMITIE.
Lui?

---

1. Tacite, au livre II des *Histoires* (chapitre LXXXI), raconte que le parti de Vespasien, au moment de son avénement à l'empire, trouva une auxiliaire zélée dans la reine Bérénice : *nec minore animo regina Berenice partes juvabat, florens ætate formaque, et seni quoque Vespasiano magnificentia munerum grata.* Voyez aussi plus loin, vers 861 et suivants.

2. L'édition de 1692 a changé *regarder* en *remarquer*.

BÉRÉNICE.
                    Lui-même.
Est-ce vous offenser que m'offrir vos refus?
Et vous doit-il un cœur dont vous ne voulez plus? 770
DOMITIE.
Je ne sais si je puis vous dire s'il m'offense,
Quand vous vous préparez à prendre sa défense.
BÉRÉNICE.
Et moi, je ne sais pas s'il a droit de changer,
Mais je sais que l'amour ne peut désobliger.
DOMITIE.
Du moins ce nouveau feu rend justice au mérite. 775
DOMITIAN.
Vous m'avez commandé de quitter qui me quitte,
Vous le savez, Madame; et si c'est vous trahir,
Vous m'avouerez aussi que c'est vous obéir.
DOMITIE.
S'il échappe à l'amour un mot qui le trahisse,
A l'effort qu'il se fait veut-il qu'on obéisse? 780
Il cherche une révolte, et s'en laisse charmer.
Vous le sauriez, ingrat, si vous saviez aimer,
Et vous ne feriez pas l'indigne violence
De vous offrir ailleurs, et même en ma présence.
DOMITIAN, à Bérénice.
Madame, vous voyez ce que je vous ai dit: 785
La preuve est convaincante, et l'exemple suffit.
BÉRÉNICE.
Il suffit pour vous croire, et non pas pour le suivre.
DOMITIE.
Allez, sous quelques lois qu'il vous plaise de vivre,
Vivez-y, j'y consens; mais vous pouviez, Seigneur,
Vous hâter un peu moins de m'ôter votre cœur, 790
Attendre que l'honneur de ce grand hyménée
Vous renvoyât la foi que vous m'avez donnée.

Si vous vouliez passer pour véritable amant,
Il falloit espérer jusqu'au dernier moment;
Il vous falloit....

DOMITIAN.

Eh bien! puisqu'il faut que j'espère,
Madame, faites grâce à l'Empereur mon frère,
A la Reine, à vous-même enfin, si vous m'aimez
Autant qu'il le paroît à vos yeux alarmés.
Les scrupules d'État, qu'il falloit mieux combattre,
Assez et trop longtemps nous ont gênés tous quatre : 800
Réunissez des cœurs de qui rompt l'union
Cette chimère en Tite, en vous l'ambition.
Vous trouverez au mien encor les mêmes flammes
Qui, dès que je vous vis, charmèrent nos deux âmes.
Dès ce premier moment j'adorai vos appas; 805
Dès ce premier moment je ne vous déplus pas.
Ai-je épargné depuis aucuns soins pour vous plaire?
Est-ce un crime pour moi que l'aînesse d'un frère?
Et faut-il m'accabler d'un éternel ennui
Pour avoir vu le jour deux lustres après lui, 810
Comme si de mon choix il dépendoit de naître
Dans le temps qu'il falloit pour devenir son maître[1]?
Au nom de votre amour et de ce digne amant,
Madame, qui vous aime encor si chèrement,
Prenez quelque pitié d'un amant déplorable; 815
Faites-la partager à cette inexorable;
Dissipez la fierté d'une injuste rigueur.
Pour juge entre elle et moi je ne veux que son cœur.
Je vous laisse avec elle arbitre de ma vie.
Adieu, Madame. Adieu, trop aimable ennemie. 820

1. Thomas Corneille et Voltaire ajoutent ici : *à Bérénice*, et au-dessus de la seconde phrase du vers 820, Voltaire seul : *à Domitie*.

SCÈNE III.
BÉRÉNICE, DOMITIE, PHILON.

BÉRÉNICE.

Les intérêts du prince[1] avancent trop le mien
Pour vous oser, Madame, importuner de rien;
Et l'incivilité de la moindre prière
Sembleroit vous presser de me rendre son frère.
Tout ce qu'en sa faveur je crois m'être permis,   825
Après qu'à votre cœur lui-même il s'est remis,
C'est de vous faire voir ce que hasarde une âme
Qui sacrifie au rang les douceurs de sa flamme,
Et quel long repentir suit ces nobles ardeurs
Qui soumettent l'amour à l'éclat des grandeurs.   830

DOMITIE.

Quand les choses, Madame, auront changé de face,
Je reviendrai savoir ce qu'il faut que je fasse,
Et demander votre ordre avec empressement
Sur le choix ou du prince ou de quelque autre amant.
Agréez cependant un respect qui m'amène   835
Vous rendre mes devoirs comme à ma souveraine;
Car je n'ose douter que déjà l'Empereur
Ne vous ait redonné bonne part en son cœur.
Vous avez sur vos rois pris ce digne avantage
D'être ici la première à rendre un juste hommage[2];   840
Et pour vous imiter, je veux avoir le bien
D'être aussi la première à vous offrir le mien.
Cet exemple qu'aux rois vous donnez pour un homme,
J'aime pour une reine à le donner à Rome;
Et plus il est nouveau, plus j'ai lieu d'espérer   845
Que de quelques bontés vous voudrez m'honorer.

1. L'édition de 1682 donne seule : « d'un prince, » pour « du prince. »
2. Voyez ci-dessus p. 226, les vers 631 et 632.

BÉRÉNICE.

A vous dire le vrai, sa nouveauté m'étonne :
J'aurois eu quelque peine à vous croire si bonne ;
Et je recevrois l'offre avec confusion
Si je n'y soupçonnois un peu d'illusion. 850
 Quoi qu'il en soit, Madame, en cette incertitude
Qui nous met l'une et l'autre en quelque inquiétude,
Ce que je puis répondre à vos civilités,
C'est de vous demander pour moi mêmes bontés,
Et que celle des deux qui sera satisfaite 855
Traite l'autre de l'air qu'elle veut qu'on la traite.
J'ai vu Tite se rendre au peu que j'ai d'appas ;
Je ne l'espère plus, et n'y renonce pas.
Il peut se souvenir, dans ce grade sublime,
Qu'il soumit votre Rome en détruisant Solyme, 860
Qu'en ce siége pour lui je hasardai mon rang,
Prodiguai mes trésors, et mes peuples leur sang,
Et que s'il me fait part de sa toute-puissance,
Ce sera moins un don qu'une reconnoissance.

DOMITIE.

Ce sont là de grands droits ; et si l'amour s'y joint, 865
Je dois craindre une chute à n'en relever point.
Tite y peut ajouter que je n'ai point la gloire
D'avoir sur ma patrie étendu sa victoire,
De l'avoir saccagée et détruite à l'envi,
Et renversé l'autel du dieu que j'ai servi : 870
C'est par là qu'il vous doit cette haute fortune.
Mais je commence à voir que je vous importune.
Adieu. Quelque autre fois nous suivrons ce discours.

BÉRÉNICE.

Je suis venue ici trop tôt de quatre jours ;
J'en suis au désespoir et vous en fais excuse. 875

DOMITIE.

Dans quatre jours, Madame, on verra qui s'abuse.

SCÈNE IV.

BÉRÉNICE, PHILON.

BÉRÉNICE.

Quel caprice, Philon, l'amène jusqu'ici
M'expliquer elle-même un si cuisant souci?
Tite, après mon départ, l'auroit-il maltraitée?

PHILON.

Après votre départ il l'a soudain quittée, 880
Madame, et s'est défait de cet esprit jaloux
Avec un compliment encor plus court qu'à vous.

BÉRÉNICE.

Ainsi tout est égal : s'il me chasse, il la quitte;
Mais ce peu qu'il m'a dit ne peut qu'il ne m'irrite :
Il marque trop pour moi son infidélité. 885
Vois de ses derniers mots quelle est la dureté :
« Qu'on la serve, a-t-il dit, comme elle fut servie
Alors qu'elle faisoit le bonheur de ma vie[1]. »
Je ne le fais donc plus! Voilà ce que j'ai craint.
Il fait en liberté ce qu'il faisoit contraint. 890
Cet ordre de sortir, si prompt et si sévère,
N'a plus pour s'excuser l'autorité d'un père :
Il est libre, il est maître, il veut tout ce qu'il fait.

PHILON.

Du peu qu'il vous a dit j'attends un autre effet.
Le trouble de vous voir auprès d'une rivale 895
Vouloit pour se remettre un moment d'intervalle;
Et quand il a rompu sitôt vos entretiens,
Je lisois dans ses yeux qu'il évitoit les siens,
Qu'il fuyoit l'embarras d'une telle présence.
Mais il vient à son tour prendre son audience, 900

---

1. Voyez ci-dessus, p. 227, vers 642-644.

Madame; et vous voyez si j'en sais bien juger.
Songez de quelle sorte il faut le ménager.

SCÈNE V.
TITE, BÉRÉNICE, FLAVIAN, PHILON.

BÉRÉNICE.

Me cherchez-vous, Seigneur, après m'avoir chassée?

TITE.

Vous avez su mieux lire au fond de ma pensée,
Madame; et votre cœur connoît assez le mien   905
Pour me justifier sans que j'explique rien.

BÉRÉNICE.

Mais justifiera-t-il le don qu'il vous plaît faire
De ma propre personne au prince votre frère?
Et n'est-ce point assez de me manquer de foi,
Sans prendre encor le droit de disposer de moi?   910
Pouvez-vous jusque-là me bannir de votre âme?
Le pouvez-vous, Seigneur?

TITE.

Le croyez-vous, Madame?

BÉRÉNICE.

Hélas! que j'ai de peur de vous dire que non!
J'ai voulu vous haïr dès que j'ai su ce don:
Mais à de tels courroux l'âme en vain se confie;   915
A peine je vous vois que je vous justifie.
Vous me manquez de foi, vous me donnez, chassez.
Que de crimes! Un mot les a tous effacés.
Faut-il, Seigneur, faut-il que je ne vous accuse
Que pour dire aussitôt que c'est moi qui m'abuse, 920
Que pour me voir forcée à répondre pour vous!
Épargnez cette honte à mon esprit jaloux;
Sauvez-moi du désordre où ma bonté[1] m'expose,

---

1. L'édition de 1682 porte seule *ma honte* pour *ma bonté*.

ACTE III, SCÈNE V.

Et du moins par pitié dites-moi quelque chose ;
Accusez-moi plutôt, Seigneur, à votre tour, 925
Et m'imputez pour crime un trop parfait amour.
 Vos chimères d'État, vos indignes scrupules,
Ne pourront-ils jamais passer pour ridicules ?
En souffrez-vous encor la tyrannique loi ?
Ont-ils encor sur vous plus de pouvoir que moi ? 930
Du bonheur de vous voir j'ai l'âme si ravie,
Que pour peu qu'il durât, j'oublierois Domitie.
Pourrez-vous l'épouser dans quatre jours ? O cieux !
Dans quatre jours ! Seigneur, y voudrez-vous mes yeux ?
Vous plairez-vous à voir qu'en triomphe menée, 935
Je serve de victime à ce grand hyménée ;
Que traînée avec pompe aux marches de l'autel,
J'aille de votre main attendre un coup mortel ?
M'y verrez-vous mourir sans verser une larme ?
Vous y préparez-vous sans trouble et sans alarme ? 940
Et si vous concevez l'excès de ma douleur,
N'en rejaillit-il[1] rien jusque dans votre cœur ?

TITE.

Hélas ! Madame, hélas ! pourquoi vous ai-je vue ?
Et dans quel contre-temps êtes-vous revenue !
Ce qu'on fit d'injustice à de si chers appas 945
M'avoit assez coûté pour ne l'envier pas.
Votre absence et le temps m'avoient fait quelque grâce ;
J'en craignois un peu moins les malheurs où je passe ;
Je souffrois Domitie, et d'assidus efforts
M'avoient, malgré l'amour, fait maître du dehors. 950
La contrainte sembloit tourner en habitude ;
Le joug que je prenois m'en paroissoit moins rude ;

---

1. Toutes les éditions publiées du vivant de Corneille portent ici *rejallit*, que l'édition de 1692 a changé en *rejaillit*. Plus loin, au vers 1505, l'édition de 1671 est la seule qui porte *rejaillit* : toutes les autres, même celle de 1692, ont *rejallit*.

Et j'allois être heureux, du moins aux yeux de tous,
Autant qu'on le peut être en n'étant point à vous.
J'allois....

BÉRÉNICE.

    N'achevez point, c'est là ce qui me tue. 955
Et je pourrois souffrir votre hymen à ma vue,
Si vous aviez choisi quelque objet sans éclat,
Qui ne pût être à vous que par raison d'État,
Qui de ses grands aïeux n'eût reçu rien d'aimable,
Qui n'en eût que le nom qui fût considérable. 960
« Il s'est assez puni de son manque de foi,
Me dirois-je, et son cœur n'en est pas moins à moi. »
Mais Domitie est belle, elle a tout l'avantage
Qu'ajoute un vrai mérite à l'éclat du visage;
Et pour vous épargner les discours superflus, 965
Elle est digne de vous, si vous ne m'aimez plus.
Elle a toujours charmé le prince votre frère,
Elle a gagné sur vous de ne vous plus déplaire :
L'hymen achèvera de me faire oublier;
Elle aura votre cœur, et l'aura tout entier. 970
Seigneur, faites-moi grâce : épousez Sulpitie,
Ou Camille, ou Sabine, et non pas Domitie;
Choisissez-en quelqu'une enfin dont le bonheur
Ne m'ôte que la main, et me laisse le cœur.

TITE.

Domitie aisément souffriroit ce partage; 975
Ma main satisferoit l'orgueil de son courage,
Et pour le cœur, à peine il vous sait en ces lieux,
Qu'il revient tout entier faire hommage à vos yeux.

BÉRÉNICE.

N'importe : ayez pitié, Seigneur, de ma foiblesse.
Vous avez un cœur fait à changer de maîtresse; 980
Vous ne savez que trop l'art de manquer de foi :
Ne l'exercerez-vous jamais que contre moi?

ACTE III, SCÈNE V.

TITE.

Domitie est le choix de Rome et de mon père :
Ils crurent à propos de l'ôter à mon frère,
De crainte que ce cœur jeune et présomptueux   985
Ne rendît téméraire un prince impétueux.
Si pour vous obéir je lui suis infidèle,
Rome, qui l'a choisie, y consentira-t-elle ?

BÉRÉNICE.

Quoi ? Rome ne veut pas quand vous avez voulu ?
Que faites-vous, Seigneur, du pouvoir absolu ?   990
N'êtes-vous dans ce trône, où tant de monde aspire,
Que pour assujettir l'Empereur à l'empire[1] ?
Sur ses plus hauts degrés Rome vous fait la loi !
Elle affermit ou rompt le don de votre foi !
Ah! si j'en puis juger sur ce qu'on voit paroître,   995
Vous en êtes l'esclave encor plus que le maître.

TITE.

Tel est le triste sort de ce rang souverain,
Qui ne dispense pas d'avoir un cœur romain ;
Ou plutôt des Romains tel est le dur caprice[2]
A suivre obstinément une aveugle injustice,   1000

---

1. On a rapproché de ce passage ce vers que dit Néron dans le *Britannicus* de Racine (publié en 1669) :

    Suis-je leur empereur seulement pour leur plaire ?
    (Acte IV, scène III.)

2. Racine, dans sa *Bérénice* (acte II, scène II), emploie le même mot :

    Soit raison, soit caprice,
    Rome ne l'attend point pour son impératrice.

Puis, quelques vers plus loin, il développe ainsi l'idée contenue dans les vers 1001 et 1002 de Corneille :

    D'ailleurs, vous le savez, en bannissant ses rois,
    Rome à ce nom, si noble et si saint autrefois,
    Attacha pour jamais une haine puissante ;
    Et quoiqu'à ses Césars fidèle, obéissante,
    Cette haine, Seigneur, reste de sa fierté,
    Survit dans tous les cœurs après la liberté.

Qui rejetant d'un roi le nom plus que les lois,
Accepte un empereur plus puissant que cent rois.
C'est ce nom seul qui donne à leurs farouches haines
Cette invincible horreur qui passe jusqu'aux reines,
Jusques à leurs époux; et vos yeux adorés   1005
Verroient de notre hymen naître cent conjurés.
Encor s'il n'y falloit hasarder que ma vie;
Si ma perte aussitôt de la vôtre suivie....

BÉRÉNICE.

Non, Seigneur, ce n'est pas aux reines comme moi
A hasarder leurs jours pour signaler leur foi.   1010
La plus illustre ardeur de périr l'un pour l'autre
N'a rien de glorieux pour mon rang et le vôtre:
L'amour de nos pareils la traite de fureur,
Et ces vertus d'amant ne sont pas d'empereur.
Mes secours en Judée[1] achevèrent l'ouvrage   1015
Qu'avoit des légions ébauché le suffrage:
Il m'est trop précieux pour le mettre au hasard;
Et j'y pouvois, Seigneur, mériter quelque part,
N'étoit qu'affermissant votre heureuse fortune,
Je n'ai fait qu'empêcher qu'elle nous fût commune. 1020
Si j'eusse eu moins pour elle ou de zèle ou de foi,
Vous seriez moins puissant, mais vous seriez à moi;
Vous n'auriez que le nom de général d'armée,
Mais j'aurois pour époux l'amant qui m'a charmée;
Et je posséderois dans ma cour, en repos,   1025
Au lieu d'un empereur, le plus grand des héros.

TITE.

Eh bien! Madame, il faut renoncer à ce titre,
Qui de toute la terre en vain me fait l'arbitre.
Allons dans vos États m'en donner un plus doux;
Ma gloire la plus haute est celle d'être à vous.   1030

1. Voyez ci-dessus, p. 232, note 1.

Allons où je n'aurai que vous pour souveraine,
Où vos bras amoureux seront ma seule chaîne[1],
Où l'hymen en triomphe à jamais l'étreindra;
Et soit de Rome esclave et maître qui voudra[2]!

BÉRÉNICE.

Il n'est plus temps : ce nom, si sujet à l'envie,   1035
Ne se quitte jamais, Seigneur, qu'avec la vie;
Et des nouveaux Césars la tremblante fierté
N'ose faire de grâce à ceux qui l'ont porté :
Qui l'a pris une fois est toujours punissable.
Ce fut par là qu'Othon se traita de coupable,   1040
Par là Vitellius mérita le trépas;
Et vous n'auriez partout qu'assassins sur vos pas.

TITE.

Que faire donc, Madame?

BÉRÉNICE.

                        Assurer votre vie;
Et s'il y faut enfin la main de Domitie....
Mais adieu : sur ce point si vous pouvez douter,   1045
Ce n'est pas moi, Seigneur, qu'il en faut consulter.

TITE, à Bérénice qui se retire[3].

Non, Madame; et dût-il m'en coûter trône et vie,
Vous ne me verrez point épouser Domitie.
   Ciel, si vous ne voulez qu'elle règne en ces lieux,
Que vous m'êtes cruel de la rendre à mes yeux!   1050

---

1. Dans l'édition de 1693 : « *feront* ma seule chaîne. »
2. Voyez ci-dessus la *Notice*, p. 196.
3. Voltaire (1764) a remplacé « qui se retire, » par « qui sort. »

FIN DU TROISIÈME ACTE.

ACTE IV.

SCÈNE PREMIÈRE.

BÉRÉNICE, PHILON.

BÉRÉNICE.

Avez-vous su, Philon, quel bruit et quel murmure
Fait mon retour à Rome en cette conjoncture[1]?

PHILON.

Oui, Madame : j'ai vu presque tous vos amis,
Et su d'eux quel espoir vous peut être permis.
Il est peu de Romains qui penchent la balance   1055
Vers l'extrême hauteur ou l'extrême indulgence :
La plupart d'eux embrasse un avis modéré
Par qui votre retour n'est pas déshonoré,
Mais à l'hymen de Tite il vous ferme la porte :
La fière Domitie est partout la plus forte;   1060
La vertu de son père et son illustre sang
A son ambition assure[2] ce haut rang.
Il est peu sur ce point de voix qui se divisent,
Madame; et quant à vous, voici ce qu'ils en disent :
« Elle a bien servi Rome, il le faut avouer;   1065
L'Empereur et l'empire ont lieu de s'en louer :

---

1. Dans la *Bérénice* de Racine (acte II, scène II), Titus interroge de même son confident Paulin, et celui-ci lui fait connaître, comme ici Philon à Bérénice, les dispositions des Romains.

2. Telle est l'orthographe de toutes les éditions données par Corneille. L'édition de 1692, et Voltaire d'après elle, ont substitué le pluriel au singulier : « assurent ce haut rang. »

On lui doit des honneurs, des titres sans exemples ;
Mais enfin elle est reine, elle abhorre nos temples,
Et sert un Dieu jaloux qui ne peut endurer
Qu'aucun autre que lui se fasse révérer ; 1070
Elle traite à nos yeux les nôtres de fantômes.
On peut lui prodiguer des villes, des royaumes :
Il est des rois pour elle ; et déjà Polémon[1]
De ce Dieu qu'elle adore invoque le seul nom ;
Des nôtres pour lui plaire il dédaigne le culte : 1075
Qu'elle règne avec lui sans nous faire d'insulte.
Si ce trône et le sien ne lui suffisent pas,
Rome est prête d'y joindre encor d'autres États[2],
Et de faire éclater avec magnificence
Un juste et plein effet de sa reconnoissance. » 1080
            BÉRÉNICE.
Qu'elle répande ailleurs ces effets éclatants,
Et ne m'enlève point le seul où je prétends.
Elle n'a point de part en ce que je mérite :
Elle ne me doit rien, je n'ai servi que Tite.
Si j'ai vu sans douleur mon pays désolé, 1085
C'est à Tite, à lui seul, que j'ai tout immolé ;
Sans lui, sans l'espérance à mon amour offerte,
J'aurois servi Solyme, ou péri dans sa perte ;
Et quand Rome s'efforce à m'arracher son cœur,
Elle sert le courroux d'un Dieu juste vengeur. 1090
Mais achevez, Philon ; ne dit-on autre chose ?
            PHILON.
On parle des périls où votre amour l'expose :

---

1. Voyez plus haut, p. 194, note 1, et p. 216, vers 331. L'historien Josèphe raconte au livre XX de ses *Antiquités judaïques*, chapitre VII, 3, que Polémon, pour épouser Bérénice, se fit circoncire ; puis que Bérénice l'ayant quitté fort peu de temps après le mariage, il renonça à la religion juive.

2. Dans la *Bérénice* de Racine (acte II, scène II, et acte III, scène I), il s'agit d'un semblable témoignage de reconnaissance, de l'agrandissement des États de Bérénice.

« De cet hymen, dit-on, les nœuds si desirés
Serviront de prétexte à mille conjurés ;
Ils pourront soulever jusqu'à son propre frère.   1095
Il se voulut jadis cantonner contre un père ;
N'eût été Mucian qui le tint dans Lyon,
Il se faisoit le chef de la rébellion,
Avouoit Civilis, appuyoit ses Bataves,
Des Gaulois belliqueux soulevoit les plus braves ; 1100
Et les deux bords du Rhin l'auroient pour empereur,
Pour peu qu'eût Céréal écouté sa fureur[1]. »
Il aime Domitie, et règne dans son âme ;
Si Tite ne l'épouse, il en fera sa femme.
Vous savez de tous deux quelle est l'ambition :   1105
Jugez ce qui peut suivre une telle union.

BÉRÉNICE.

Ne dit-on rien de plus?

PHILON.

Ah! Madame, je tremble
A vous dire encor....

BÉRÉNICE.

Quoi?

PHILON.

Que le sénat s'assemble

---

1. Tacite raconte au livre IV de ses *Histoires* (chapitres LXXXV et LXXXVI) comment Mucien décida Domitien à rester à Lyon, au lieu d'aller sur le théâtre même de la guerre. Puis il ajoute : « Domitien comprit l'artifice ; mais les égards commandaient de ne pas l'apercevoir : on alla donc à Lyon. De là on croit qu'il tenta par de secrets émissaires la foi de Cerçalis (*ou* Cerinlis, *le général qui commandait l'armée romaine opposée au Batave Civilis*) : il vouloit savoir si ce chef lui remettrait, en cas qu'il parût, l'armée et le commandement. Cette pensée cachait-elle un projet de guerre contre son père, ou cherchait-il à se ménager contre son frère des ressources et des forces? la chose demeura incertaine. » *Intelligebantur artes ; sed pars obsequii in eo, ne deprehenderentur : ita Lugdunum ventum. Unde creditur Domitianus, occultis ad Cerialem nunciis, fidem ejus tentavisse, an præsenti sibi exercitum imperiumque traditurus foret : qua cogitatione bellum adversus patrem agitaverit, an opes viresque adversus fratrem, in incerto fuit.*

ACTE IV, SCÈNE I.

BÉRÉNICE.
Quelle est l'occasion qui le fait assembler ?
PHILON.
L'occasion n'a rien qui vous doive troubler ; 1110
Et ce n'est qu'à dessein de pourvoir aux dommages
Que du Vésuve ardent ont causés[1] les rivages[2] ;
Mais Domitie aura des amis, des parents,
Qui pourront bien après vous mettre sur les rangs.
BÉRÉNICE.
Quoi que sur mes destins ils usurpent d'empire, 1115
Je ne vois pas leur maître en état d'y souscrire.
Philon, laissons-les faire : ils n'ont qu'à me bannir
Pour trouver hautement l'art de me retenir.
Contre toutes leurs voix je ne veux qu'un suffrage,
Et l'ardeur de me nuire achèvera l'ouvrage. 1120

Ce n'est pas qu'en effet la gloire où je prétends
N'offre trop de prétexte aux esprits mécontents :
Je ne puis jeter l'œil sur ce que je suis née
Sans voir que de périls suivront cet hyménée.
Mais pour y parvenir s'il faut trop hasarder, 1125
Je veux donner le bien que je n'ose garder ;
Je veux du moins, je veux ôter à ma rivale
Ce miracle vivant, cette âme sans égale :
Qu'en dépit des Romains, leur digne souverain,
S'il prend une moitié, la prenne de ma main ; 1130
Et pour tout dire enfin, je veux que Bérénice
Ait une créature en leur impératrice.

Je vois Domitian. Contre tous leurs arrêts
Il n'est pas malaisé d'unir nos intérêts.

---

1. Toutes les éditions anciennes, y compris celles de Thomas Corneille (1692) et de Voltaire (1764), donnent *causé*, sans accord.
2. *Quædam sub eo fortuita ac tristia acciderunt : ut conflagratio Vesevi montis in Campania.* (Suétone, *Titus*, chapitre VIII.) Cette éruption de 79 est celle qui détruisit Herculanum, Pompeies et Stabies, et dont Pline l'Ancien fut victime.

SCÈNE II.

DOMITIAN, BÉRÉNICE, PHILON, ALBIN.

BÉRÉNICE.

Auriez-vous au sénat, Seigneur, assez de brigue   1135
Pour combattre et confondre une insolente ligue?
S'il ne s'assemble pas exprès pour m'exiler,
J'ai quelques envieux qui pourront en parler.
L'exil m'importe peu, j'y suis accoutumée;
Mais vous perdez l'objet dont votre âme est charmée :
L'audacieux décret de mon bannissement
Met votre Domitie aux bras d'un autre amant;
Et vous pouvez[1] juger que s'il faut qu'on m'exile,
Sa conquête pour vous n'en est pas plus facile.
Voyez si votre amour se veut laisser ravir   1145
Cet unique secours qui pourroit le servir[2].

DOMITIAN.

On en pourra parler, Madame, et mon ingrate
En a déjà conçu quelque espoir qui la flatte;
Mais je puis dire aussi que le rang que je tiens
M'a fait assez d'amis pour opposer aux siens;   1150
Et que si dès l'abord ils ne les font pas taire,
Ils rompront le grand coup qui seul nous peut déplaire.
Non que tout cet espoir ne coure grand hasard,
Si votre amant volage y prend la moindre part :
On l'aime; et si son ordre à nos amis s'oppose,   1155
Leur plus fidèle ardeur osera peu de chose.

BÉRÉNICE.

Ah! Prince, je mourrai de honte et de douleur,

---

1. Nous avons adopté la leçon de l'édition de 1692, qui est aussi celle de Voltaire. Elle nous a paru préférable au texte des éditions antérieures : « vous pourrez. »
2. *Var.* Cet unique secours qui pouvoit le servir. (1671 et 79)

Pour peu qu'il contribue à faire mon malheur ;
Mais je n'ai qu'à le voir pour calmer ces alarmes.
DOMITIAN.
N'y perdez point de temps, portez-y tous vos charmes :
N'en oubliez aucun dans un péril si grand.
Peut-être, ainsi que vous, ce dessein le surprend ;
Mais je crains qu'après tout son âme irrésolue,
Ne relâche un peu trop sa puissance absolue,
Et ne laisse au sénat décider de ses vœux, 1165
Pour se faire une excuse[1] envers l'une des deux.
BÉRÉNICE.
Quelques efforts qu'on fasse, et quelque art qu'on déploie,
Je vous réponds de tout, pourvu que je le voie ;
Et je ne crois pas même au pouvoir de vos dieux
De lui faire épouser Domitie à mes yeux. 1170
Si vous l'aimez encor, ce mot vous doit suffire.
Quant au sénat, qu'il m'ôte ou me donne l'empire,
Je ne vous dirai point à quoi je me résous.
Voici votre inconstante. Adieu, pensez à vous.

SCÈNE III.

DOMITIAN, DOMITIE, ALBIN, PLAUTINE.

DOMITIE.
Prince, si vous m'aimez, l'occasion est belle. 1175
DOMITIAN.
Si je vous aime ! Est-il un amant plus fidèle ?
Mais, Madame, sachons ce que vous souhaitez.
DOMITIE.
Vous me servirez mal, puisque vous en doutez.
L'amant digne du cœur de la beauté qu'il aime

---

1. L'édition de 1632 porte, par erreur, « un excuse. »

Sait mieux ce qu'elle veut que ce qu'il veut lui-même.
Mais puisque j'ai besoin d'expliquer mon courroux,
J'en veux à Bérénice, à l'Empereur, à vous :
A lui, qui n'ose plus m'aimer en sa présence ;
A vous, qui vous mettez de leur intelligence,
Et dont tous les amis vont servir un amour   1185
Qui me rend à vos yeux la fable de la cour.
Si vous m'aimez, Seigneur, il faut sauver ma gloire,
M'assurer par vos soins une pleine victoire ;
Il faut....

DOMITIAN.

        Si vous croyez votre bonheur douteux,
Votre retour vers moi seroit-il si honteux ?   1190
Suis-je indigne de vous ? suis-je si peu de chose
Que toute votre gloire à mon amour s'oppose ?
Ne voit-on plus en moi ce que vous estimiez ?
Et suis-je moindre enfin qu'alors que vous m'aimiez ?

DOMITIE.

Non ; mais un autre espoir va m'accabler de honte,   1195
Quand le trône m'attend, si Bérénice y monte.
Délivrez-en mes yeux, et prêtez-moi la main
Du moins à soutenir l'honneur du nom romain.
De quel œil verrez-vous qu'une reine étrangère....

DOMITIAN.

De l'œil dont je verrois que l'Empereur, mon frère,   1200
En prît d'autres pour vous, ranimât son espoir,
Et pour se rendre heureux, usât de son pouvoir.

DOMITIE.

Ne vous y trompez pas : s'il me donne le change,
Je ne suis point à vous, je suis à qui me venge,
Et trouverai peut-être à Rome assez d'appui   1205
Pour me venger de vous aussi bien que de lui.

DOMITIAN.

Et c'est du nom romain la gloire qui vous touche,

Madame? et vous l'avez au cœur comme en la bouche?
Ah! que le nom de Rome est un nom précieux,
Alors qu'en la servant on se sert encor mieux, 1210
Qu'avec nos intérêts ce grand devoir conspire,
Et que pour récompense on se promet l'empire!
Parlons à cœur ouvert, Madame, et dites-moi
Quel fruit je dois attendre enfin d'un tel emploi.

DOMITIE.

Voulez-vous pour servir être sûr du salaire, 1215
Seigneur? et n'avez-vous qu'un amour mercenaire[1]?

DOMITIAN.

Je n'en connois point d'autre, et ne conçois pas bien
Qu'un amant puisse plaire en ne prétendant rien.

DOMITIE.

Que ces prétentions sentent les âmes basses!

DOMITIAN.

Les Dieux à qui les sert font espérer des grâces. 1220

DOMITIE.

Les exemples des Dieux s'appliquent mal sur nous.

DOMITIAN.

Je ne veux donc, Madame, autre exemple que vous.
N'attendez-vous de Tite, et n'avez-vous pour Tite
Qu'une stérile ardeur qui s'attache au mérite?
De vos destins aux siens pressez-vous l'union 1225
Sans vouloir aucun fruit de tant de passion?

DOMITIE.

Peut-être en ce dessein ne suis-je intéressée
Que par l'intérêt seul de ma gloire blessée.
Croyez-moi généreuse, et soyez généreux :
N'aimez plus, ou n'aimez que comme je le veux. 1230
Je sais ce que je dois à l'amant qui m'oblige;
Mais j'aime qu'on l'attende et non pas qu'on l'exige;

---

1. On lit *marcenaire* dans les deux éditions de 1682 et de 1692.

Et qui peut immoler son intérêt au mien,
Peut se promettre tout de qui ne promet rien.
Peut-être qu'en l'état où je suis avec Tite,   1235
Je veux bien le quitter, mais non pas qu'il me quitte.
Vous en dis-je trop peu pour vous l'imaginer?
Et depuis quand l'amour n'ose-t-il deviner?
Tous mes emportements pour la grandeur suprême
Ne vous déguisent point, Seigneur, que je vous aime;
Et l'on ne voit que trop quel droit j'ai de haïr
Un empereur sans foi qui meurt de me trahir.
Me condamnerez-vous à voir que Bérénice
M'enlève de hauteur le rang d'impératrice?
Lui pourrez-vous aider à me perdre d'honneur?   1245

DOMITIAN.

Ne pouvez-vous le mettre à faire mon bonheur?

DOMITIE.

J'ai quelque orgueil encor, Seigneur, je le confesse.
De tout ce qu'il attend rendez-moi la maîtresse,
Et laissez à mon choix l'effet de votre espoir :
Que ce soit une grâce, et non pas un devoir;   1250
Et que....

DOMITIAN.

Me faire grâce après tant d'injustice!
De tant de vains détours je vois trop l'artifice,
Et ne saurois douter du choix que vous ferez
Quand vous aurez par moi ce que vous espérez.
Épousez, j'y consens, le rang de souveraine;   1255
Faites l'impératrice, en donnant une reine;
Disposez de sa main, et pour première loi,
Madame, ordonnez-lui d'abaisser l'œil sur moi.

DOMITIE.

Cet objet de ma haine a pour vous quelque charme.

DOMITIAN.

Son nom seul prononcé vous a mise en alarme :   1260

Me puis-je mieux venger, si vous me trahissez,
Que d'aimer à vos yeux ce que vous haïssez?
DOMITIE.
Parlons à cœur ouvert. Aimez-vous Bérénice?
DOMITIAN.
Autant qu'il faut l'aimer pour vous faire un supplice.
DOMITIE.
Ce sera donc le vôtre encor plus que le mien.   1265
Après cela, Seigneur, je ne vous dis plus rien.
S'il n'a pas pour votre âme une assez rude gêne,
J'y puis joindre au besoin une implacable haine.
DOMITIAN.
Et moi, dût à jamais croître ce grand courroux,
J'épouserai, Madame, ou Bérénice, ou vous.   1270
DOMITIE.
Ou Bérénice, ou moi! La chose est donc égale,
Et vous ne m'aimez plus qu'autant que ma rivale?
DOMITIAN.
La douleur de vous perdre, hélas!...
DOMITIE.
                              C'en est asssez :
Nous verrons cet amour dont vous nous menacez.
Cependant si la Reine, aussi fière que belle,   1275
Sait comme il faut répondre aux vœux d'un infidèle,
Ne me rapportez point l'objet de son dédain
Qu'elle n'ait repassé les rives du Jourdain.

SCÈNE IV.

DOMITIAN, ALBIN.

DOMITIAN.
Admire ainsi que moi de quelle jalousie
Au seul nom de la Reine elle a paru saisie;   1280

Comme s'il importoit à ses heureux appas
A qui je donne un cœur dont elle ne veut pas!

ALBIN.

Seigneur, telle est l'humeur de la plupart des femmes.
L'amour sous leur empire eût-il rangé mille âmes,
Elles regardent tout comme leur propre bien, 1285
Et ne peuvent souffrir qu'il leur échappe rien.
Un captif mal gardé leur semble une infamie :
Qui l'ose recevoir devient leur ennemie ;
Et sans leur faire un vol on ne peut disposer
D'un cœur qu'un autre choix les force à refuser : 1290
Elles veulent qu'ailleurs par leur ordre il soupire,
Et qu'un don de leur part marque un reste d'empire.
Domitie a pour vous ces communs sentiments
Que les fières beautés ont pour tous leurs amants,
Et craint, si votre main se donne à Bérénice, 1295
Qu'elle ne porte en vain le nom d'impératrice,
Quand d'un côté l'hymen, et de l'autre l'amour,
Feront à cette reine un empire en sa cour.
Voilà sa jalousie, et ce qu'elle redoute,
Seigneur. Pour le sénat, n'en soyez point en doute, 1300
Il aime l'Empereur, et l'honore à tel point,
Qu'il servira sa flamme, ou n'en parlera point ;
Pour le stupide Claude il eut bien la bassesse
D'autoriser l'hymen de l'oncle avec la nièce[1] :
Il ne fera pas moins pour un prince adoré, 1305
Et je l'y tiens déjà, Seigneur, tout préparé.

DOMITIAN.

Tu parles du sénat, et je veux parler d'elle,
De l'ingrate qu'un trône a rendue infidèle.

---

1. Après la mort de Messaline, Claude épousa, avec l'assentiment du sénat, sa nièce Agrippine, dont le fils Néron avait déjà onze ans. Voyez Tacite, *Annales*, livre XII, chapitres v-vii.

N'est-il point de moyens[1], ne vois-tu point de jour
A mettre enfin d'accord sa gloire et son amour? 1310

ALBIN.

Tout dépendra de Tite et du secret office
Qu'il peut dans le sénat rendre à sa Bérénice.
L'air dont il agira pour un espoir si doux
Tournera l'assemblée ou pour ou contre vous;
Et si sa politique à vos amis s'oppose, 1315
Vous l'avez dit vous-même ils pourront peu de chose.
Sondez ses sentiments, et réglez-vous sur eux :
Votre bonheur est sûr, s'il consent d'être heureux.
Que si son choix balance, ou flatte mal le vôtre,
Demandez Bérénice afin d'obtenir l'autre. 1320
Vous l'avez déjà vu sensible à de tels coups;
Et c'est un grand ressort qu'un peu d'amour jaloux.
Au moindre empressement pour cette belle reine,
Il vous fera justice et reprendra sa chaîne.
Songez à pénétrer ce qu'il a dans l'esprit. 1325
Le voici.

DOMITIAN.

Je suivrai ce que ton zèle en dit.

SCÈNE V.

TITE, DOMITIAN, FLAVIAN, ALBIN.

TITE.

Avez-vous regagné le cœur de votre ingrate,
Mon frère?

DOMITIAN.

Sa fierté de plus en plus éclate.
Voyez s'il fut jamais orgueil pareil au sien :

---

1. Voltaire (1764) a mis le singulier : *moyen*.

Il veut que je la serve et ne prétende rien, 1330
Que j'appuie en l'aimant toute son injustice,
Que je fasse de Rome exiler Bérénice.
Mais, Seigneur, à mon tour puis-je vous demander
Ce qu'à vos plus doux vœux il vous plaît d'accorder?

TITE.

J'aurai peine à bannir la Reine de ma vue, 1335
Par quels ordres, grands Dieux, est-elle revenue?
Je souffrois, mais enfin je vivois sans la voir;
J'allois...

DOMITIAN.

N'avez-vous pas un absolu pouvoir,
Seigneur?

TITE.

Oui; mais j'en suis comptable à tout le monde :
Comme dépositaire, il faut que j'en réponde. 1340
Un monarque a souvent des lois à s'imposer;
Et qui veut pouvoir tout ne doit pas tout oser.

DOMITIAN.

Que refuserez-vous aux desirs de votre âme,
Si le sénat approuve une si belle flamme?

TITE.

Qu'il parle du Vésuve, et ne se mêle pas 1345
De jeter dans mon âme un nouvel embarras.
Est-ce à lui d'abuser de mon inquiétude
Jusqu'à mettre une borne à son incertitude?
Et s'il ose en mon choix prendre quelque intérêt,
Me croit-il en état d'en croire son arrêt? 1350
S'il exile la Reine, y pourrai-je souscrire?

DOMITIAN.

S'il parle en sa faveur, pourrez-vous l'en dédire?
Ah! que je vous plaindrois d'avoir si peu d'amour!

TITE.

J'en ai trop, et le mets peut-être trop au jour.

ACTE IV, SCÈNE V.

DOMITIAN.

Si vous en aviez tant, vous auriez peu de peine   1355
A rendre Domitie à sa première chaîne.

TITE.

Ah! s'il ne s'agissoit que de vous la céder,
Vous auriez peu de peine à me persuader;
Et pour vous rendre heureux, me rendre à Bérénice
Ne seroit pas vous faire un fort grand sacrifice.   1360
Il y va de bien plus.

DOMITIAN.

   De quoi, Seigneur?

TITE.

         De tout.
Il y va d'épouser sa haine jusqu'au bout,
D'en suivre la furie, et d'être le ministre
De ce qu'un noir dépit conçoit de plus sinistre;
Et peut-être l'aigreur de ces inimitiés   1365
Voudra que je vous perde ou que vous me perdiez :
Voilà ce qui peut suivre un si doux hyménée.
Vous voyez dans l'orgueil Domitie obstinée;
Quand pour moi cet orgueil ose vous dédaigner,
Elle ne m'aime pas : elle cherche à régner,   1370
Avec vous, avec moi, n'importe la manière.
Tout plairoit, à ce prix, à son humeur altière;
Tout seroit digne d'elle; et le nom d'empereur
A mon assassin même attacheroit son cœur.

DOMITIAN.

Pouvez-vous mieux choisir un frein à sa colère,   1375
Seigneur, que de la mettre entre les mains d'un frère?

TITE.

Non : je ne puis la mettre en de plus sûres mains[1];
Mais plus vous m'êtes cher, Prince, et plus je vous crains :

---

1. L'édition de 1682 donne seule : « en des plus sûres mains. »

CORNEILLE. VII

De ceux qu'unit le sang plus douces sont les chaînes,
Plus leur désunion met d'aigreur dans leurs haines ; 1380
L'offense en est plus rude, et le courroux plus grand,
La suite plus barbare, et l'effet plus sanglant.
La nature en fureur s'abandonne à tout faire,
Et cinquante ennemis sont moins haïs qu'un frère.
Je ne réveille point des soupçons assoupis, 1385
Et veux bien oublier le temps de Civilis[1] :
Vous étiez encor jeune, et sans vous bien connoître,
Vous pensiez n'être né que pour vivre sans maître ;
Mais les occasions renaissent aisément :
Une femme est flatteuse, un empire est charmant, 1390
Et comme avec plaisir on s'en laisse surprendre,
On néglige bientôt les soins de s'en défendre.
Croyez-moi, séparez vos intérêts des siens.

DOMITIAN.

Eh bien! j'en briserai les dangereux liens.
Pour votre sûreté j'accepte ce supplice ; 1395
Mais pour m'en consoler, donnez-moi Bérénice.
Dût le sénat, dût Rome en frémir de courroux,
Vous n'osez l'épouser, j'oserai plus que vous ;
Je l'aime, et l'aimerai si votre âme y renonce.
Quoi? n'osez-vous, Seigneur, me faire de réponse? 1400

TITE.

Se donne-t-elle à vous, et ne tient-il qu'à moi?

DOMITIAN.

Elle a droit d'imiter qui lui manque de foi.

TITE.

Elle n'en a que trop ; et toutefois je doute
Que son amour trahi prenne la même route.

DOMITIAN.

Mais si pour se venger elle répond au mien? 1405

---

1. Voyez ci-dessus, p. 246, note 1.

TITE.
Épousez-la, mon frère, et ne m'en dites rien.
DOMITIAN.
Et si je regagnois l'esprit de Domitie?
Si pour moi sa fierté se montroit adoucie?
Si mes vœux, si mes soins en étoient mieux reçus,
Seigneur?

TITE, en rentrant.
Épousez-la sans m'en parler non plus. 1410
DOMITIAN.
Allons, et malgré lui rendons-lui Bérénice.
Albin, de nos projets son amour est complice;
Et puisqu'il l'aime assez pour en être jaloux,
Malgré l'ambition Domitie est à nous.

FIN DU QUATRIÈME ACTE.

ACTE V.

SCÈNE PREMIÈRE.
TITE, FLAVIAN.

TITE.

As-tu vu Bérénice? aime-t-elle mon frère? 1415
Et se plaît-elle à voir qu'il tâche de lui plaire?
Me la demande-t-il de son consentement?

FLAVIAN.

Ne la soupçonnez point d'un si bas sentiment;
Elle n'en peut souffrir non pas même la feinte.

TITE.

As-tu vu dans son cœur encor la même atteinte? 1420

FLAVIAN.

Elle veut vous parler, c'est tout ce que j'en sai.

TITE.

Faut-il de son pouvoir faire un nouvel essai?

FLAVIAN.

M'en croirez-vous, Seigneur? évitez sa présence[1],
Ou mettez-vous contre elle un peu mieux en défense.
Quel fruit espérez-vous de tout son entretien? 1425

TITE.

L'en aimer davantage, et ne résoudre rien.

---

1. Corneille avait dit dans *Polyeucte* (acte II, scène 1, vers 388):

M'en croirez-vous, Seigneur? ne la revoyez point.

Voyez tome III, p. 505.

FLAVIAN.

L'irrésolution doit-elle être éternelle ?
Vous ne me dites plus que Domitie est belle,
Seigneur, vous qui disiez que ses seules beautés
Vous peuvent consoler de ce que vous quittez ; 1430
Qu'elle seule en ses yeux porte de quoi contraindre
Vos feux à s'assoupir, s'ils ne peuvent s'éteindre.

TITE.

Je l'ai dit, il est vrai ; mais j'avois d'autres yeux,
Et je ne voyois pas Bérénice en ces lieux.

FLAVIAN.

Quand aux feux les plus beaux un monarque défère,
Il s'en fait un plaisir et non pas une affaire,
Et regarde l'amour comme un lâche attentat
Dès qu'il veut prévaloir sur la raison d'État.
Son grand cœur, au-dessus des plus dignes amorces,
A ses devoirs pressants laisse toutes leurs forces[1] ; 1440
Et son plus doux espoir n'ose lui demander
Ce que sa dignité ne lui peut accorder.

TITE.

Je sais qu'un empereur doit parler ce langage ;
Et quand il l'a fallu, j'en ai dit davantage ;
Mais de ces duretés que j'étale à regret, 1445
Chaque mot à mon cœur coûte un soupir secret ;
Et quand à la raison j'accorde un tel empire,
Je le dis seulement parce qu'il le faut dire,

---

1. Ces six vers se trouvent déjà, avec quelques variantes çà et là, dans *Sophonisbe*, où Lélius dit à Massinisse (IV, scène III, vers 1373-1378) :

> Mais quand à cette ardeur un monarque défère,
> Il s'en fait un plaisir et non pas une affaire ;
> Il repousse l'amour comme un lâche attentat,
> Dès qu'il veut prévaloir sur la raison d'État ;
> Et son cœur, au-dessus de ces basses amorces,
> Laisse à cette raison toujours toutes ses forces.

Voyez tome VI, p. 529.

Et qu'étant au-dessus de tous les potentats,
Il me seroit honteux de ne le dire pas. 1450
De quoi s'enorgueillit un souverain de Rome,
Si par respect pour elle il doit cesser d'être homme,
Éteindre un feu qui plaît, ou ne le ressentir
Que pour s'en faire honte et pour le démentir?
Cette toute-puissance est bien imaginaire, 1455
Qui s'asservit soi-même à la peur de déplaire,
Qui laisse au goût public régler tous ses projets,
Et prend le plus haut rang pour craindre ses sujets.
Je ne me donne point d'empire sur leurs âmes,
Je laisse en liberté leurs soupirs et leurs flammes; 1460
Et quand d'un bel objet j'en vois quelqu'un charmé,
J'applaudis au bonheur d'aimer et d'être aimé.
Quand je l'obtiens du ciel, me portent-ils envie?
Qu'ont d'amer pour eux tous les douceurs de ma vie?
Et par quel intérêt....

FLAVIAN.

Ils perdroient tout en vous. 1465
Vous faites le bonheur et le salut de tous,
Seigneur; et l'univers, de qui vous êtes l'âme....

TITE.

Ne perds plus de raisons à combattre ma flamme :
Les yeux de Bérénice inspirent des avis
Qui persuadent mieux que tout ce que tu dis. 1470

FLAVIAN.

Ne vous exposez donc qu'à ceux de Domitie.

TITE.

Je n'ai plus, Flavian, que quatre jours de vie :
Pourquoi prends-tu plaisir à les tyranniser?

FLAVIAN.

Mais vous savez qu'il faut la perdre ou l'épouser?

TITE.

En vain donc à ses vœux tout mon amour s'oppose; 1475

ACTE V, SCÈNE I.

Périr ou faire un crime est pour moi même chose.
Laissons-lui toutefois soulever des mutins;
Hasardons sur la foi de nos heureux destins :
Ils m'ont promis la Reine, et doivent à ses charmes
Tout ce qu'ils ont soumis à l'effort de mes armes; 1480
Par elle j'ai vaincu, pour elle il faut périr.

FLAVIAN.

Seigneur....

TITE.

Oui, Flavian, c'est à faire[1] à mourir.
La vie est peu de chose; et tôt ou tard, qu'importe
Qu'un traître me l'arrache, ou que l'âge l'emporte?
Nous mourons[2] à toute heure; et dans le plus doux sort
Chaque instant de la vie est un pas vers la mort[3].

FLAVIAN.

Flattez mieux les desirs de votre ambitieuse,
Et ne la changez pas de fière en furieuse.
Elle vient vous parler.

TITE.

Dieux! quel comble d'ennuis!

---

1. Telle est l'orthographe de toutes les éditions anciennes, y compris celles de Thomas Corneille (1692) et de Voltaire (1764).
2. Il y a *Nous mourrons*, au futur, dans l'édition de 1671, ce qui n'offre pas de sens.
3. On lit dans l'*Imitation de Jésus-Christ* (livre II, chapitre XII) : « Scias pro certo quia morientem te oportet ducere vitam. » Corneille a traduit ainsi ce passage :

> Pour maxime infaillible imprime en ta pensée
> Que chaque instant de vie est un pas vers la mort.

C'est ce dernier vers qu'il s'est rappelé et qu'il a reproduit presque textuellement ici. Comme l'a remarqué M. Quittard, il « redit par un tour différent ce que disent beaucoup de proverbes, entre autres ceux-ci : le moment où l'on naît est le commencement de la mort; le jour de la naissance est le messager de la mort; la vie est le chemin de la mort; la mort commence avec la vie, etc. » (*Études sur les proverbes français*, p. 65.) — Plusieurs poëtes ont répété ce vers avec de légères variantes. Casimir Delavigne a dit dans son *Louis XI* (acte I, scène IX) :

> Chaque pas dans la vie est un pas vers la mort.

SCÈNE II.

TITE, DOMITIE, FLAVIAN, PLAUTINE.

DOMITIE.

Je viens savoir de vous, Seigneur, ce que je suis. 1490
J'ai votre foi pour gage, et mes aïeux pour marques
Du grand droit de prétendre au plus grand des monarques ;
Mais Bérénice est belle, et des yeux si puissants
Renversent aisément des droits si languissants.
Ce grand jour qui devoit unir mon sort au vôtre, 1495
Servira-t-il, Seigneur, au triomphe d'une autre ?

TITE.

J'ai quatre jours encor pour en délibérer,
Madame ; jusque-là laissez-moi respirer.
C'est peu de quatre jours pour un tel sacrifice ;
Et s'il faut à vos droits immoler Bérénice, 1500
Je ne vous réponds pas que Rome et tous vos droits
Puissent en quatre jours m'en imposer les lois.

DOMITIE.

Il n'en faudroit pas tant, Seigneur, pour vous résoudre
A lancer sur ma tête un dernier coup de foudre,
Si vous ne craigniez point qu'il rejaillît[1] sur vous. 1505

TITE.

Suspendez quelque temps encor ce grand courroux.
Puis-je étouffer sitôt une si belle flamme ?

DOMITIE.

Quoi ? vous ne pouvez pas ce que peut une femme ?
Que vous me rendez mal ce que vous me devez !
J'ai brisé de beaux fers, Seigneur, vous le savez ; 1510
Et mon âme, sensible à l'amour comme une autre,
En étouffe un peut-être aussi fort que le vôtre.

---

1. Voyez plus haut, p. 239, note 1.

TITE.

Peut-être auriez-vous peine à le bien étouffer,
Si votre ambition n'en savoit triompher.
Moi qui n'ai que les Dieux au-dessus de ma tête, 1515
Qui ne vois plus de rang digne de ma conquête,
Du trône où je me sieds puis-je aspirer à rien
Qu'à posséder un cœur qui n'aspire qu'au mien?
C'est là de mes pareils la noble inquiétude :
L'ambition remplie y jette leur étude ; 1520
Et sitôt qu'à prétendre elle n'a plus de jour,
Elle abandonne un cœur tout entier à l'amour.

DOMITIE.

Elle abandonne ainsi le vôtre à cette reine,
Qui cherche une grandeur encor plus souveraine.

TITE.

Non, Madame : je veux que vous sortiez d'erreur[1]. 1525
Bérénice aime Tite, et non pas l'Empereur ;
Elle en veut à mon cœur, et non pas à l'empire[2].

DOMITIE.

D'autres avoient déjà pris soin de me le dire,
Seigneur ; et votre reine a le goût délicat
De n'en vouloir qu'au cœur, et non pas à l'éclat. 1530
Cet amour épuré que Tite seul lui donne
Renonceroit au rang pour être à la personne !
Mais on a beau, Seigneur, raffiner sur ce point,
La personne et le rang ne se séparent point.
Sous les tendres brillants de cette noble amorce 1535
L'ambition cachée attaque, presse, force ;
Par là de ses projets elle vient mieux à bout ;
Elle ne prétend rien, et s'empare de tout.
L'art est grand ; mais enfin je ne sais s'il mérite

---

1. *Var.* Non, Madame, et je veux que vous sortiez d'erreur. (1671)
2. Cette idée revient plusieurs fois dans la *Bérénice* de Racine. Voyez le commencement de la scène IV du Ier acte, et la fin de la scène II du IIe acte.

La bouche d'une reine et l'oreille de Tite. 1540
Pour moi, j'aime autrement; et tout me charme en vous;
Tout m'en est précieux, Seigneur, tout m'en est doux;
Je ne sais point si j'aime ou l'Empereur ou Tite,
Si je m'attache au rang ou n'en veux qu'au mérite,
Mais je sais qu'en l'état où je suis aujourd'hui 1545
J'applaudis à mon cœur de n'aspirer qu'à lui.

TITE.

Mais me le donnez-vous tout ce cœur qui n'aspire,
En se tournant vers moi, qu'aux honneurs de l'empire?
Suit-il l'ambition en dépit de l'amour,
Madame? la suit-il sans espoir de retour? 1550

DOMITIE.

Si c'est à mon égard ce qui vous inquiète,
Le cœur se rend bientôt quand l'âme est satisfaite:
Nous le défendons mal de qui remplit nos vœux.
Un moment dans le trône éteint tous autre feux;
Et donner tout ce cœur, souvent ce n'est que faire 1555
D'un trésor invisible un don imaginaire.
A l'amour vraiment noble il suffit du dehors;
Il veut bien du dedans ignorer les ressorts:
Il n'a d'yeux que pour voir ce qui s'offre à la vue,
Tout le reste est pour eux une terre inconnue; 1560
Et sans importuner le cœur d'un souverain,
Il a tout ce qu'il veut quand il en a la main.
Ne m'ôtez pas la vôtre, et disposez du reste.
Le cœur a quelque chose en soi de tout céleste;
Il n'appartient qu'aux Dieux; et comme c'est leur choix,
Je ne veux point, Seigneur, attenter sur leurs droits.

TITE.

Et moi, qui suis des Dieux la plus visible image,
Je veux ce cœur comme eux, et j'en veux tout l'hommage.
Mais vous n'en avez plus, Madame, à me donner;
Vous ne voulez ma main que pour vous couronner. 1570

D'autres pourront un jour vous rendre ce service.
Cependant, pour régler le sort de Bérénice,
Vous pouvez faire agir vos amis au sénat;
Ils peuvent m'y nommer lâche, parjure, ingrat :
J'attendrai son arrêt, et le suivrai peut-être. 1575
DOMITIE.
Suivez-le, mais tremblez s'il flatte trop son maître.
Ce grand corps tous les ans change d'âme et de cœurs;
C'est le même sénat, et d'autres sénateurs.
S'il alla pour Néron jusqu'à l'idolâtrie,
Il le traita depuis de traître à sa patrie, 1580
Et réduisit ce prince indigne de son rang
A la nécessité de se percer le flanc[1].
Vous êtes son amour, craignez d'être sa haine
Après l'indignité d'épouser une reine.
Vous avez quatre jours pour en délibérer. 1585
J'attends le coup fatal, que je ne puis parer.
Adieu. Si vous l'osez, contentez votre envie;
Mais en m'ôtant l'honneur n'épargnez pas ma vie.

SCÈNE III.
TITE, FLAVIAN.
TITE.
L'impétueux esprit! Conçois-tu, Flavian,
Où pourroient ses fureurs porter Domitian, 1590
Et de quelle importance est pour moi l'hyménée
Où par tous mes desirs je la sens condamnée?
FLAVIAN.
Je vous l'ai déjà dit, Seigneur : pensez-y bien,

---

1. Néron entendant approcher les cavaliers qui avaient ordre de l'amener vivant, s'enfonça le fer dans la gorge, aidé de son secrétaire Épaphrodite. Voyez Suétone, *Vie de Néron*, chapitre XLIX.

Et surtout de la Reine évitez l'entretien.
Redoutez.... Mais elle entre, et sa moindre tendresse
De toutes nos raisons va montrer la foiblesse.

SCÈNE IV.

TITE, BÉRÉNICE, PHILON, FLAVIAN.

TITE.

Eh bien! Madame, eh bien! faut-il tout hasarder?
Et venez-vous ici pour me le commander!

BÉRÉNICE.

De ce qui m'est permis je sais mieux la mesure,
Seigneur; et j'ai pour vous une flamme trop pure   1600
Pour vouloir, en faveur d'un zèle ambitieux,
Mettre au moindre péril des jours si précieux.
Quelque pouvoir sur moi que notre amour obtienne,
J'ai soin de votre gloire; ayez-en de la mienne.
Je ne demande plus que pour de si beaux feux   1605
Votre absolu pouvoir hasarde un : « Je le veux. »
Cet amour le voudroit; mais comme je suis reine,
Je sais des souverains la raison souveraine.
Si l'ardeur de vous voir l'a voulue¹ ignorer,
Si mon indigne exil s'est permis d'espérer,   1610
Si j'ai rentré dans Rome avec quelque imprudence,
Tite à ce trop d'ardeur doit un peu d'indulgence.
Souffrez qu'un peu d'éclat, pour prix de tant d'amour,
Signale ma venue, et marque mon retour.
Voudrez-vous que je parte avec l'ignominie   1615

---

1. Il y a *voulue* dans toutes les éditions antérieures à 1692. Thomas Corneille a ainsi corrigé ce vers :

Si l'ardeur de vous voir a voulu l'ignorer.

Voltaire (1764) a supprimé l'accord irrégulier et donne l'hiatus : « l'a voulu ignorer. »

ACTE V, SCÈNE IV.

De ne vous avoir vu que pour me voir bannie?
Laissez-moi la douceur de languir en ces lieux[1],
D'y soupirer pour vous, d'y mourir à vos yeux :
C'en sera bientôt fait, ma douleur est trop vive
Pour y tenir longtemps votre attente captive ;　　1620
Et si je tarde trop à mourir de douleur,
J'irai loin de vos yeux terminer mon malheur.
Mais laissez-m'en choisir la funeste journée ;
Et du moins jusque-là, Seigneur, pas d'hyménée.
Pour votre ambitieuse avez-vous tant d'amour　　1625
Que vous ne le puissiez différer d'un seul jour?
Pouvez-vous refuser à ma douleur profonde....

TITE.

Hélas! que voulez-vous que la mienne réponde?
Et que puis-je résoudre alors que vous parlez,
Moi qui ne puis vouloir que ce que vous voulez?　　1630
Vous parlez de languir, de mourir à ma vue ;
Mais, ô Dieux! songez-vous que chaque mot me tue,
Et porte dans mon cœur de si sensibles coups,
Qu'il ne m'en faut plus qu'un pour mourir avant vous?
De ceux qui m'ont percé souffrez que je soupire.　　1635
Pourquoi partir, Madame, et pourquoi me le dire?
Ah! si vous vous forcez d'abandonner ces lieux,
Ne m'assassinez point de vos cruels adieux.
Je vous suivrois, Madame ; et flatté de l'idée
D'oser mourir à Rome, et revivre en Judée,　　1640
Pour aller de mes feux vous demander le fruit,
Je quitterois l'empire et tout ce qui leur nuit.

---

1. Bérénice exprime le même désir à Titus dans la tragédie de Racine (acte IV, scène v) :

> Ah! Seigneur.... pourquoi nous séparer?
> Je ne vous parle point d'un heureux hyménée.
> Rome à ne vous plus voir m'a-t-elle condamnée?
> Pourquoi m'enviez-vous l'air que vous respirez?

BÉRÉNICE.

Daigne me préserver le ciel....

TITE.

De quoi, Madame?

BÉRÉNICE.

De voir tant de foiblesse en une si grande âme!
Si j'avois droit par là de vous moins estimer, 1645
Je cesserois peut-être aussi de vous aimer.

TITE.

Ordonnez donc enfin ce qu'il faut que je fasse.

BÉRÉNICE.

S'il faut partir demain, je ne veux qu'une grâce :
Que ce soit vous, Seigneur, qui le veuilliez pour moi,
Et non votre sénat qui m'en fasse la loi. 1650
Faites-lui souvenir, quoi qu'il craigne ou projette,
Que je suis son amie, et non pas sa sujette;
Que d'un tel attentat notre rang est jaloux,
Et que tout mon amour ne m'asservit qu'à vous.

TITE.

Mais peut-être, Madame....

BÉRÉNICE.

Il n'est point de peut-être,
Seigneur : s'il en décide, il se fait voir mon maître;
Et dût-il vous porter à tout ce que je veux,
Je ne l'ai point choisi pour juge de mes vœux.

SCÈNE V.

TITE, BÉRÉNICE, DOMITIAN, ALBIN, FLAVIAN, PHILON.

(Domitian entre[1].)

TITE.

Allez dire au sénat, Flavian, qu'il se lève :
Quoi qu'il ait commencé, je défends qu'il achève.   1660
Soit qu'il parle à présent du Vésuve[2] ou de moi,
Qu'il cesse, et que chacun se retire chez soi.
Ainsi le veut la Reine ; et comme amant fidèle,
Je veux qu'il obéisse aux lois que je prends d'elle,
Qu'il laisse à notre amour régler notre intérêt.   1665

DOMITIAN.

Il n'est plus temps, Seigneur ; j'en apporte l'arrêt.

TITE.

Qu'ose-t-il m'ordonner ?

DOMITIAN.

     Seigneur, il vous conjure
De remplir tout l'espoir d'une flamme si pure.
Des services rendus à vous, à tout l'État,
C'est le prix qu'a jugé lui devoir le sénat ;   1670
Et pour ne vous prier que pour une Romaine,
D'une commune voix Rome adopte la Reine ;
Et le peuple à grands cris montre sa passion
De voir un plein effet de cette adoption.

TITE.

Madame....

BÉRÉNICE.

   Permettez, Seigneur, que je prévienne

---

1. Voltaire (1664) a supprimé ces mots et placé DOMITIAN en tête des noms des personnages.
2. Voyez ci-dessus, p. 247, note 2.

Ce que peut votre flamme accorder à la mienne.
  Grâces au juste ciel, ma gloire en sûreté
N'a plus à redouter aucune indignité.
J'éprouve du sénat l'amour et la justice,
Et n'ai qu'à le vouloir pour être impératrice.   1680
  Je n'abuserai point d'un surprenant respect
Qui semble un peu bien prompt pour n'être point suspect :
Souvent on se dédit de tant de complaisance.
Non que vous ne puissiez en fixer l'inconstance :
Si nous avons trop vu ses flux et ses reflux   1685
Pour Galba, pour Othon, et pour Vitellius,
Rome, dont aujourd'hui vous êtes les délices[1],
N'aura jamais pour vous ces insolents caprices ;
Mais aussi cet amour qu'a pour vous l'univers
Ne vous peut garantir des ennemis couverts.   1690
Un million de bras a beau garder un maître,
Un million de bras ne pare point d'un traître :
Il n'en faut qu'un pour perdre un prince aimé de tous,
Il n'y faut qu'un brutal qui me haïsse en vous ;
Aux zèles indiscrets tout paroît légitime,   1695
Et la fausse vertu se fait honneur du crime.
Rome a sauvé ma gloire en me donnant sa voix ;
Sauvons-lui, vous et moi, la gloire de ses lois ;
Rendons-lui, vous et moi, cette reconnoissance
D'en avoir pour vous plaire affoibli la puissance,   1700
De l'avoir immolée à vos plus doux souhaits.
On nous aime : faisons qu'on nous aime à jamais.
D'autres sur votre exemple épouseroient des reines

---

1. Voyez ci-dessus, p. 218, note 3. — Racine, dans sa dernière scène place également ce mot dans la bouche de Bérénice :

> Bérénice, Seigneur, ne vaut point tant d'alarmes ;
> Ni que par votre amour l'univers malheureux,
> Dans le temps que Titus attire tous ses vœux
> Et que de vos vertus il goûte les prémices,
> Se voye en un moment enlever ses délices.

ACTE V, SCÈNE V.

Qui n'auroient pas, Seigneur, des âmes si romaines,
Et lui feroient peut-être avec trop de raison   1705
Haïr votre mémoire et détester mon nom.
Un refus généreux de tant de déférence
Contre tous ces périls nous met en assurance.

TITE.

Le ciel de ces périls saura trop nous garder.

BÉRÉNICE.

Je les vois de trop près pour vous y hasarder.   1710

TITE.

Quand Rome vous appelle à la grandeur suprême....

BÉRÉNICE.

Jamais un tendre amour n'expose ce qu'il aime.

TITE.

Mais, Madame, tout cède, et nos vœux exaucés....

BÉRÉNICE.

Votre cœur est à moi, j'y règne; c'est assez[1].

TITE.

Malgré les vœux publics refuser d'être heureuse,   1715
C'est plus craindre qu'aimer.

BÉRÉNICE.

                La crainte est amoureuse.
Ne me renvoyez pas, mais laissez-moi partir.
Ma gloire ne peut croître, et peut se démentir.
Elle passe aujourd'hui celle du plus grand homme,
Puisqu'enfin je triomphe et dans Rome et de Rome :
J'y vois à mes genoux le peuple et le sénat;
Plus j'y craignois de honte, et plus j'y prends d'éclat;
J'y tremblois sous sa haine, et la laisse impuissante;
J'y rentrois exilée, et j'en sors triomphante.

TITE.

L'amour peut-il se faire une si dure loi?   1725

---

1. *Var.* Votre cœur est à moi, j'y règne, et c'est assez. (1671)

BÉRÉNICE.

La raison me la fait malgré vous, malgré moi[1].
Si je vous en croyois, si je voulois m'en croire,
Nous pourrions vivre heureux, mais avec moins de gloire
  Épousez Domitie : il ne m'importe plus
Qui vous enrichissiez d'un si noble refus[2].   1730
C'est à force d'amour que je m'arrache au vôtre ;
Et je serois à vous, si j'aimois comme une autre[3].
Adieu, Seigneur : je pars.

TITE.

             Ah! Madame, arrêtez.

DOMITIAN.

Est-ce là donc pour moi l'effet de vos bontés,
Madame? Est-ce le prix de vous avoir servie ?   1735
J'assure votre gloire, et vous m'ôtez la vie.

TITE.

Ne vous alarmez point : quoi que la Reine ait dit,
Domitie est à vous, si j'ai quelque crédit.
  Madame, en ce refus un tel amour éclate,
Que j'aurois pour vous l'âme au dernier point ingrate,
Et mériterois mal ce qu'on a fait pour moi,
Si je portois ailleurs la main que je vous doi.
Tout est à vous : l'amour, l'honneur, Rome l'ordonne.
Un si noble refus n'enrichira personne,
J'en jure par l'espoir qui nous fut le plus doux :   1745
Tout est à vous, Madame, et ne sera qu'à vous ;
Et ce que mon amour doit à l'excès du vôtre
Ne deviendra jamais le partage d'une autre[4].

BÉRÉNICE.

Le mien vous auroit fait déjà ces beaux serments,

---

1. Voyez ci-dessus la *Notice*, p. 195.
1. Voyez plus haut, p. 240, vers 971-974.
3. Ici, comme au vers 306 et comme plus bas au vers 1748, on lit « un autre » dans l'édition de 1682. — Voyez tome I, p. 228, note 3-a.
4. Voyez la note précédente.

ACTE V, SCÈNE V.

S'il n'eût craint d'inspirer de pareils sentiments :   1750
Vous vous devez des fils, et des Césars à Rome,
Qui fassent à jamais revivre un si grand homme.

TITE.

Pour revivre en des fils nous n'en mourons pas moins,
Et vous mettez ma gloire au-dessus de ces soins.
Du levant au couchant, du More[1] jusqu'au Scythe,   1755
Les peuples vanteront et Bérénice et Tite ;
Et l'histoire à l'envi forcera l'avenir
D'en garder à jamais l'illustre souvenir[2].
   Prince, après mon trépas soyez sûr de l'empire ;
Prenez-y part en frère, attendant que j'expire.   1760
Allons voir Domitie, et la fléchir pour vous.
Le premier rang dans Rome est pour elle assez doux ;
Et je vais lui jurer qu'à moins que je périsse,
Elle seule y tiendra celui d'impératrice.
Est-ce là vous l'ôter ?

DOMITIAN.

        Ah ! c'en est trop, Seigneur.   1765

TITE, à Bérénice.

Daignez contribuer à faire son bonheur,
Madame, et nous aider à mettre de cette âme
Toute l'ambition d'accord avec sa flamme.

BÉRÉNICE.

Allons, Seigneur : ma gloire en croîtra de moitié,
Si je puis remporter chez moi son amitié.   1770

---

1. Le mot est écrit ainsi dans toutes les anciennes éditions, y compris celles de Thomas Corneille (1692) et de Voltaire (1764). Voyez tome III, p. 136, note 2.

2. C'est Bérénice qui exprime cette idée chez Racine, dans les derniers vers de la tragédie. Elle s'adresse à Titus et à Antiochus.

> Adieu : servons tous trois d'exemple à l'univers
> De l'amour la plus tendre et la plus malheureuse
> Dont il puisse garder l'histoire douloureuse.

TITE.

Ainsi pour mon hymen la fête préparée
Vous rendra cette foi qu'on vous avoit jurée,
Prince; et ce jour, pour vous[1] si noir, si rigoureux,
N'aura d'éclat ici que pour vous rendre heureux.

---

1. Tel est le texte des éditions publiées du vivant de l'auteur. Thomas Corneille (1692) et Voltaire (1764) ont changé, avec raison ce semble, *pour vous* en *pour nous*.

FIN DU CINQUIÈME ET DERNIER ACTE.

PSYCHÉ

TRAGÉDIE-BALLET.

1671

NOTICE.

Le sujet de *Psyché* était certes un des plus beaux que la fable pût offrir à l'admiration d'une cour galante, curieuse des merveilles des décorations et des machines, mais aimant avant toutes choses l'expression élégante et fine des nuances les plus délicates de la passion.

Il dut, pour plus d'un motif, se présenter à la pensée de Molière, chargé par le Roi de faire jouer pour le carnaval de 1671 une pièce à grand spectacle. D'abord, en 1656, Benserade avait fait un ballet de *Psyché*, qui avait été dansé par Louis XIV. Ensuite, si l'on en croit M. de Soleirol[1], il semble résulter de l'examen d'une suite de quarante et un dessins de costumes, que la troupe de notre grand comique avait déjà joué à Rouen, en 1658, une *Psyché* : toutefois on manque absolument de renseignements à cet égard, et la *Psyché* de Rouen pourrait bien n'être qu'un simple divertissement, imité du ballet de Benserade. Enfin en 1669, deux ans avant la représentation de la pièce qui nous occupe, la Fontaine s'était plu à imiter le récit d'Apulée et à l'accommoder, avec un art infini, au goût et aux sentiments modernes. Suivant une opinion qui ne manque pas de vraisemblance, Molière est, sous le nom de Gélaste, l'un des quatre amis, de caractère si différent, que nous présente la Fontaine au commencement de son ouvrage. Il était donc naturel qu'il fût préoccupé de ce sujet, et peut-être s'arrêta-t-il plus volontiers encore à l'idée de le mettre à la scène, s'il est vrai qu'on lui avait recommandé d'utiliser une décoration des enfers. Cette décoration, con-

1. *Molière et sa troupe*, p. 92 et 93.

servée avec grand soin au Garde-Meuble[1], trouvait naturellement sa place dans *Psyché;* mais il faudrait se garder d'accorder trop de confiance à cette petite tradition. Quoi qu'il en soit, il ne suffisait point d'avoir trouvé cet heureux canevas, il fallait le remplir, et, malgré sa diligence habituelle, Molière craignait de ne pas être en mesure de faire représenter cet ouvrage au carnaval; il implora donc le secours de Corneille, qui lui prêta son aide pendant une quinzaine de jours[2], et se mit à écrire de verve la plus grande partie de la pièce : ce fut lui qui fournit, entre autres scènes, la charmante déclaration de Psyché[1], si délicate, si passionnée, et par laquelle les *doucereux*, comme les appelait notre illustre poëte tragique, durent assurément se laisser gagner.

Cette pièce fut représentée dans une salle nouvelle que Louis XIV avait fait construire tout exprès pour les divertissements de ce genre. Dans son *Idée des spectacles anciens et nouveaux*[4], l'abbé de Pure décrit ainsi « le grand et superbe salon que le Roi conçut et fit faire fixe et permanent pour les divers spectacles, et pour les délassements de son esprit et le divertissement de ses peuples » :

« Ce grand prince, qui se connoît parfaitement à tout, et qui a de grandes pensées jusque dans les plus petites choses, en donna l'ordre et le soin au sieur Gaspard Vigarani. Le lieu fut malaisé à choisir; et feu Monsieur le Cardinal, en partant de Paris pour aller travailler à la paix sur la frontière, avoit prétendu faire un théâtre de bois dans la place qui est derrière son palais. L'espace étoit à la vérité assez grand, mais le sieur Vigarani ne le trouva ni assez propre, ni assez commode, soit pour la durée, soit pour la majesté, soit pour le mouvement des grandes machines qu'il avoit projetées. Comme il étoit aussi judicieux qu'inventif, il proposa de bâtir une salle grande et spacieuse dans les alignements du dessein du Louvre, dont les dehors symétriques avec le reste de la façade l'affranchiroient de toute ruine et de tous changements. Le Roi agréa fort cette proposition, et les ordres furent donnés

---

1. Voyez *Anecdotes dramatiques*, tome II, p. 443.
2. Voyez ci-après, p. 288. — 3. Acte III, scène III.
4. 1668, p. 311 et suivantes.

à M. Ratabon[1] de hâter l'ouvrage, et au sieur Vigarani de préparer ses machines. En voici les dimensions et le devis, tant du dedans que du dehors, qui m'a été donné par le sieur Charles Vigarani, fils de Gaspard.... Le corps de la salle est partagé en deux parties inégales. La première comprend le théâtre et ses accompagnements; la seconde contient le parterre, les corridors et loges qui font face au théâtre, et qui occupent le reste du salon de trois côtés, l'un qui regarde la cour, l'autre le jardin, et le troisième le corps du palais des Tuileries. La première partie, ou le théâtre, qui s'ouvre par une façade également riche et artiste, depuis son ouverture jusqu'à la muraille qui est du côté du pavillon, vers les vieilles écuries, a de profondeur vingt-deux toises. Son ouverture est de trente-deux pieds sur la largeur ou entre les corridors et châssis qui règnent des deux côtés. La hauteur ou celle des châssis est de vingt-quatre pieds jusques aux nuages. Par-dessus les nuages jusqu'au tirant du comble, pour la retraite ou pour le mouvement des machines, il y a trente-sept pieds. Sous le plancher ou parquet du théâtre, pour les enfers ou pour les changements des mers, il y a quinze pieds de profond.... La seconde partie, ou celle du parterre, qui est du côté de l'appartement des Tuileries, a de largeur entre les deux murs soixante-trois pieds, entre les corridors quarante-neuf. Sa profondeur, depuis le théâtre jusqu'au susdit appartement, est de quatre-vingt-treize pieds; chaque corridor est de six pieds; et la hauteur du parterre jusqu'au plafond est de quarante-neuf pieds. Ce plafond a deux beautés aussi riches que surprenantes, par sa dorure et par sa dureté. Celle-ci est toutefois la plus considérable, quoique la matière en soit commune et de peu de prix, car ce n'est que du carton, mais composé et pétri d'une manière si particulière, qu'il est rendu aussi dur que la pierre et que les plus solides matières. Le reste de la hauteur jusqu'au comble, où sont les rouages et les mouvements, est de soixante-deux pieds. Il y a encore une manière aussi nouvelle que hardie d'enter une poutre l'une dans l'autre et de confier aux deux, sur quelque longueur que ce soit, toute sorte de pesanteur et de machine. Il en a rendu rai-

---

1. Contrôleur des bâtiments du Roi.

son à divers physiciens, et a sauvé par cette invention et les dépenses d'avoir des poutres assez grandes ou assez fortes pour de tels bâtiments, et le péril de les voir s'affaisser et même rompre après fort peu de durée. »

En tête du programme in-4° de la pièce, intitulé : « Psiché, tragi-comedie et ballet dansé devant Sa Majesté au mois de Ianvier 1671, » et publié à Paris par Robert Ballard dans le courant de la même année, se trouve une autre *description de la sale*, beaucoup moins technique, et que nous croyons devoir reproduire parce qu'elle éclaircit et complète la précédente ; elle est d'ailleurs beaucoup plus courte :

« Le lieu destiné pour la représentation, et pour les spectateurs de cet assemblage de tant de magnifiques divertissements, est une salle faite exprès pour les plus grandes fêtes, et qui seule peut passer pour un très-superbe spectacle. Sa longueur est de quarante toises ; elle est partagée en deux parties : l'une est pour le théâtre, et l'autre pour l'assemblée. Cette dernière partie est celle que l'on voit la première ; elle a des beautés qui amusent agréablement les regards jusques au moment où la scène doit s'ouvrir. La face du théâtre, ainsi que les deux retours, est un grand ordre corinthien, qui comprend toute la hauteur de l'édifice. On entre dans le parterre par deux portes différentes, à droite et à gauche ; ces entrées ont des deux côtés des colonnes sur des piédestaux, et des pilastres carrés élevés à la hauteur du théâtre. On monte ensuite sur un haut dais réservé pour les places des personnes royales et de ce qu'il y a de plus considérable à la cour. Cet espace est bordé d'une balustrade par devant, et de degrés en amphithéâtre tout à l'entour ; des colonnes, posées sur le haut de ces degrés, soutiennent des galeries, sous lesquelles, entre les colonnes, on a placé des balcons, qui sont ornés, ainsi que le plafond, et tout ce qui paroît dans la salle, de ce que l'architecture, la sculpture, la peinture et la dorure ont de plus beau, de plus riche, et de plus éclatant. »

Ajoutons que l'éclairage était des plus brillants : « Trente lustres qui éclairent la salle de l'assemblée, lit-on en tête du *prologue* dans le même programme, se haussent pour laisser la vue du spectacle libre dans le moment que la toile qui ferme le théâtre se lève. »

Cette belle salle ne servit que pour cet ouvrage : après les représentations de *Psyché*, « elle fut abandonnée, jusqu'en 1716 qu'on la raccommoda pour les ballets qui y furent exécutés[1]. »

La première représentation de *Psyché* eut lieu, suivant toute apparence, le 16 janvier. Il est vrai que la *Gazette* donne la date du 17; mais, comme en terminant son article le journaliste annonce que ce divertissement fut continué le 17, on doit penser qu'il y a une faute d'impression dans la première phrase. Voici, du reste, le texte exact de ce compte rendu, dans lequel nous supprimons seulement une analyse très-peu intéressante de l'ouvrage :

« Le 17 de ce mois, Leurs Majestés, avec lesquelles étoient Monseigneur le Dauphin, Monsieur, Mademoiselle d'Orléans, et tous les seigneurs et dames de la cour, prirent pour la première fois, dans la salle des machines, au palais des Tuileries, le divertissement d'un grand ballet dansé dans les entr'actes de la comédie de *Psyché*.... Ce pompeux divertissement.... fut continué le 17, en présence du nonce du pape, de l'ambassadeur de Venise, et de quelques autres ministres, qui en admirèrent la magnificence et la galanterie, avouant, avec grand nombre d'autres étrangers, qu'il n'y a que la cour de France et son incomparable monarque qui puissent produire de si charmants et si éclatants spectacles[2]. »

La *Gazette* du 31 janvier nous apprend que la cour, qui s'était établie pendant quelques jours à Vincennes[3], s'empressa, aussitôt revenue, d'aller admirer de nouveau le spectacle qui l'avait charmée :

« Le 24, Leurs Majestés retournèrent en cette ville, où elles ont continué plusieurs soirs le divertissement du grand ballet dansé au palais des Tuileries dans la salle des machines, auquel il ne se peut rien ajouter pour la magnificence des décorations, le nombre des changements, la beauté du sujet, l'excellence des concerts, et pour toutes les autres choses

---

1. *Histoire du Théâtre françois*, par les frères Parfait, tome XI, p. 126.
2. Numéro du 24 janvier 1671, p. 81-83.
3. Voyez ci-dessus la Notice de *Bérénice*, p. 190.

qui rendent ce spectacle digne de la plus belle cour du monde[1]. »

Le programme de *Psyché*, dont nous avons extrait la *description de la salle* des Tuileries, renferme une explication détaillée des décorations et des machines, une analyse sommaire de la pièce, et des listes contenant non-seulement les noms des acteurs de la troupe de Molière qui représentèrent les divers personnages, mais encore ceux des chanteurs et des danseurs qui figuraient dans chaque intermède. Ces détails, qui ne se rattachent en rien à la part que Corneille prit à l'ouvrage, auraient ici peu d'intérêt; ils trouveront plus naturellement leur place dans la nouvelle édition des *OEuvres* de Molière que prépare M. Soulié. Nous nous sommes contenté de joindre en tête de la pièce, au nom de chaque personnage, celui de l'acteur. *Psyché*, qui avait inauguré la salle des Tuileries, ne fut jouée dans celle de Molière que lorsqu'elle eut été réparée et agrandie, et d'importantes améliorations datent de l'époque où elle y fut représentée.

« Il a été résolu, dit Lagrange dans son *Registre*,... d'avoir dorénavant, à toutes sortes de représentations, tant simples que de machines, un concert de douze violons, ce qui n'a été exécuté qu'après la représentation de *Psyché*. Sur ladite délibération de la troupe, on a commencé à travailler auxdits ouvrages de réparation et de décoration de la salle le 18e mars, qui étoit un mercredi, et on a fini un mercredi 15e avril de la présente année. Ledit jour, mercredi 15e avril, après une délibération de la compagnie de représenter *Psyché*, qui avoit été faite pour le Roi l'hiver dernier et représentée sur le grand théâtre du palais des Tuileries, on commença à faire travailler tant au machines, décorations, musique, ballets, et généralement tous les ornements nécessaires pour ce grand spectacle. Jusques ici les musiciens et musiciennes n'avoient point voulu paroître en public; ils chantoient à la comédie dans des loges grillées et treillissées; mais on surmonta cet obstacle, et avec quelque légère dépense, on trouva des personnes qui chantèrent sur le théâtre à visage découvert, habillées comme les comédiens.... Tous lesdits frais et dépenses pour la préparation

---

[1]. Pages 107 et 108.

de *Psyché* se sont montés à la somme de quatre mille trois cent cinquante-neuf livres quinze sols. Dans le cours de la pièce, M. de Beauchamps a reçu de récompense, pour avoir fait les ballets et conduit la musique, onze cents livres, non compris les onze livres par jour que la troupe lui a données tant pour battre la mesure à la musique que pour entretenir les ballets. »

Après tous ces préparatifs et de nombreuses répétitions, *Psyché* fut enfin représentée le 24 juillet[1], et procura trente-huit belles recettes à la troupe de Molière.

Nous n'avons pas les noms des acteurs qui jouèrent alors, mais il est certain que la distribution des rôles différa très-peu, du moins quant aux principaux personnages, de celle qui avait eu lieu pour la représentation des Tuileries. La femme de Molière, Armande Béjart, jouait Psyché, Baron l'Amour, et l'on prétend que leur intimité date de cette époque[2].

Un an s'était à peine écoulé depuis ces représentations de *Psyché* au palais Royal, qu'on songeait déjà à reprendre cette pièce. Nous lisons dans les « nouvelles du 30° de juillet jusques au 6° d'août » du *Mercure galant*[3] : « On verra au commencement de l'hiver le grand spectacle de *Psyché* triompher encore sur le théâtre du Palais-Royal. » En effet, le registre de Lagrange en mentionne la reprise au 11 novembre 1672, et compte trente-deux représentations, dont la dernière eut lieu le dimanche 22 janvier 1673. Sous la date du 27 décembre 1672, on lit : « Monsieur et Madame sont venus aujourd'hui à *Psyché* et ont eu deux bancs de l'amphithéâtre, et pour cette fois et deux autres ils ont donné quatre cent quarante livres. »

« La tragi-comédie de *Psyché*, disent les frères Parfait[4], a été reprise plusieurs fois, mais la plus brillante de ces reprises est celle du 1er juin 1703. » Parvenus à cette année, ils nous

---

1. Dans l'édition de Molière de 1682 on lit à la suite du titre de *Psyché* : « Représentée pour le Roy dans la grande Salle des Machines du Palais des Tuileries en Janvier, et durant tout le Carnaval de l'année 1670. Par la Troupe du Roy. Et donnée au Public sur le Théâtre de la Salle du Palais Royal, le 24 juillet 1671. »
2. Voyez *la Fameuse Comédienne*, p. 33 et suivantes.
3. Tome III, p. 369.
4. *Histoire du Théâtre françois*, tome XI, p. 132.

rendent ainsi compte de cette reprise[1] : « Le 1ᵉʳ juin[2], les comédiens remirent au théâtre la tragédie-ballet de *Psyché*, de M. Molière, qui eut vingt-neuf représentations, la dernière le 1ᵉʳ août suivant. Ce qui contribua beaucoup au succès de cette remise, c'est qu'indépendamment des dépenses que la compagnie avoit faites pour donner cette tragédie avec éclat, en y joignant de brillantes décorations, des machines dont l'exécution étoit parfaite, et des ballets de goût et bien rendus, l'actrice qui représentoit le personnage de Psyché[3] et l'acteur qui jouoit celui de l'Amour[4], quoique excellents tous deux, se surpassèrent encore dans ces deux rôles ; on dit qu'ils ressentoient l'un pour l'autre la plus vive tendresse, et que leurs talents supérieurs ne furent employés que pour marquer avec plus de précision les sentiments de leurs cœurs[5]. »

Il est certes fort surprenant que le père et le fils aient ainsi produit successivement dans ce rôle une illusion à laquelle les actrices mêmes qui jouaient avec eux ne pouvaient se soustraire, et il est permis de soupçonner ces récits d'un peu d'exagération. Il faut convenir toutefois que les temps sont bien changés, car lorsqu'on voulut de nos jours reprendre *Psyché* au Théâtre français, on ne songea pas même à chercher un comédien assez heureusement doué pour remplir le personnage difficile de l'Amour, dont le rôle fut confié à une femme[6].

1. Tome XIV, p. 307.
2. Dans le premier des deux passages cités, les frères Parfait donnent le 1ᵉʳ juin 1703 comme tombant au mardi, dans le second comme tombant au mercredi. C'était en réalité au vendredi, ce qui nous a engagé à supprimer la mention du jour.
3. Mlle Desmares. (*Notes des frères Parfait*.)
4. M. Baron fils. (*Note des mêmes*.)
5. Un passage du prologue ajouté par Dancourt à la comédie de *l'Inconnu* de Thomas Corneille, lors de la reprise de cet ouvrage le 21 août 1703, nous fait connaître un petit détail assez curieux :

MADEMOISELLE DESMARES.
.... Nous venons de remettre *Psyché*
Avec tout le succès qu'on s'en pouvoit promettre.
CRISPIN.
Oui, mais au double il a fallu la mettre,
Et le public s'en est presque fâché.

6. Les principaux rôles de cette pièce, jouée le 19 août 1862,

L'édition originale, de format in-12, a pour titre exact : PSICHÉ, TRAGEDIE-BALLET, par I. B. P. Moliere. *Et se vend pour l'autheur, à Paris, chez P. le Monnier, au Palais....*M.DC.LXXI. Le volume se compose de 2 feuillets, de 90 pages et d'un feuillet. Le privilége est du 31 décembre 1670, et par conséquent antérieur d'une quinzaine de jours à la représentation.

L'opéra de *Psyché*, joué neuf ans après la tragédie-ballet de Molière, le 9 avril 1678, a, quant au plan, beaucoup d'analogie avec cet ouvrage; on y a même conservé les intermèdes de Quinault. Cette œuvre lyrique porte généralement le nom de Thomas Corneille; mais Fontenelle passe pour y avoir eu part aussi bien qu'à l'opéra de *Bellérophon*[1].

En tête de l'édition originale et des diverses réimpressions de *Psyché*, on lit l'Avis suivant :

LE LIBRAIRE AU LECTEUR.

Cet ouvrage n'est pas tout d'une main. M. Quinault a fait les paroles qui s'y chantent en musique, à la réserve de la plainte italienne[2]. M. de Molière[3] a dressé le plan de la pièce et réglé la disposition, où il s'est plus attaché aux beautés et à la pompe du spectacle qu'à l'exacte régularité. Quant à la versification, il n'a pas eu le loisir de la faire entière. Le car-

---

étaient ainsi distribués : *Jupiter*, Chéri; *Vénus*, Mlle Devoyod; *l'Amour*, Mlle Fix; *Ægiale*, Mlle Rose Deschamps; *Psyché*, Mlle Favart; *le Roi*, Maubant; *Aglaure*, Mlle Tordeus; *Cydippe*, Mlle Ponsin; *Cléomène*, Worms; *Agénor*, Ariste; *le Zéphire*, Mlle Rosa Didier; *Lycas*, Tronchet; *le dieu d'un fleuve*, Verdellet.

1. Voyez le *Dictionnaire portatif des théâtres*, article *Psyché*, et l'*Histoire de l'Académie royale des inscriptions et belles-lettres*, tome XXVIII, p. 264.

2. Voyez ci-après, p. 309 et 310, vers 546-570. Les paroles de cette plainte sont de Lully, qui composa les airs. Voyez l'*Histoire du Théâtre françois*, tome XI, p. 127, note *a*.

3. Tel est le texte de l'édition originale; les suivantes donnent : « M. Molière. »

naval approchoit; et les ordres pressants du Roi, qui se vouloit donner ce magnifique divertissement plusieurs fois avant le carême, l'ont mis dans la nécessité de souffrir un peu de secours. Ainsi il n'y a que le prologue, le premier acte, la première scène du second, et la première du troisième, dont les vers soient de lui. M. Corneille[1] a employé une quinzaine au reste ; et par ce moyen Sa Majesté s'est trouvée servie dans le temps qu'elle l'avoit ordonné[2].

[1]. Dans les éditions de 1682 et de 1697 : « M. Corneille l'aîné. »
[2]. Si Corneille est intervenu dans l'impression de *Psyché*, ce doit être pour l'édition originale; c'est celle que nous suivrons. Au reste il n'y a entre elle et les éditions postérieures qu'un petit nombre d'insignifiantes différences. Nous avons fait imprimer en petit texte tout ce qui n'est pas de Corneille; nous ne donnons ni notes ni variantes pour cette portion de l'ouvrage, qui sera annotée dans l'édition de Molière de M. E. Soulié.

LISTE DES ÉDITIONS QUI ONT ÉTÉ COLLATIONNÉES POUR LES VARIANTES DE *PSYCHÉ*.

ÉDITION SÉPARÉE.

1671 in-12.

RECUEILS[1].

1676 in-12 ;　　　1697 in-12.
1682 in-12 ;

---

1. *Psyché* n'a pas été, du vivant de Corneille, réunie à ses œuvres. Les recueils indiqués ici sont ceux du théâtre de Molière.

ACTEURS.

JUPITER.		Du Croisy[1].
VÉNUS.		Mlle de Brie.
L'AMOUR.		Baron.
ÆGIALE, PHAÈNE,	} Grâces.	} Les petites la Thorillière et du Croisy[2].
PSYCHÉ.		Mlle Molière.
LE ROI,	père de Psyché.	La Thorillière.
AGLAURE, CYDIPPE,	} sœurs de Psyché.	} Mlles Marotte et Boval.
CLÉOMÈNE, AGÉNOR,	} princes, amants de Psyché.	} Hubert et la Grange.
LE ZÉPHIRE[3].		Molière.
LYCAS.		Chateauneuf.
LE DIEU D'UN FLEUVE.		De Brie.

1. Ces noms d'acteurs sont tirés du programme de *Psyché* dont nous avons parlé dans la *Notice*, p. 282 et 284.
2. Thérèse Lenoir de la Thorillière, née en 1660, avait alors onze ans; Marie-Angélique du Croisy, née en 1658, en avait treize. — Voyez p. 294 les vers 75 et 76.
3. Il faut remarquer que le « zéphir » qui chante au troisième intermède est un autre personnage. Il était joué, nous dit le programme, par un nommé « Iannot. »

PSYCHÉ.

TRAGÉDIE-BALLET.

PROLOGUE.

La scène représente sur le devant un lieu champêtre, et dans l'enfoncement un rocher percé à jour, à travers duquel on voit la mer en éloignement.

Flore paroît au milieu du théâtre, accompagnée de Vertumne, dieu des arbres et des fruits, et de Palæmon, dieu des eaux. Chacun de ces dieux conduit une troupe de divinités : l'un mène à sa suite des Dryades et des Sylvains; et l'autre des dieux des fleuves, et des Naïades. Flore chante ce récit pour inviter Vénus à descendre en terre :

> Ce n'est plus le temps de la guerre :
>   Le plus puissant des rois
>   Interrompt ses exploits
> Pour donner la paix à la terre.
> Descendez, mère des Amours ;   5
> Venez nous donner de beaux jours.

(Vertumne et Palæmon, avec les divinités qui les accompagnent, joignent leurs voix à celle de Flore, et chantent ces paroles :)

CHŒUR DES DIVINITÉS DE LA TERRE ET DES EAUX, COMPOSÉ DE FLORE, NYMPHES, PALÆMON, VERTUMNE, SYLVAINS, FAUNES, DRYADES ET NAÏADES.

> Nous goûtons une paix profonde ;
> Les plus doux jeux sont ici-bas :
> On doit ce repos, plein d'appas,
>   Au plus grand roi du monde.   10
> Descendez, mère des Amours ;
> Venez nous donner de beaux jours.

Il se fait ensuite une entrée de ballet, composée de deux Dryades, quatre Sylvains, deux Fleuves et deux Naïades ; après laquelle Vertumne et Palæmon chantent ce dialogue :)

VERTUMNE.
Rendez-vous, beautés cruelles;
Soupirez à votre tour.
PALÆMON.
Voici la reine des belles,
Qui vient inspirer l'amour.
VERTUMNE.
Un bel objet toujours sévère
Ne se fait jamais bien aimer.
PALÆMON.
C'est la beauté qui commence de plaire;
Mais la douceur achève de charmer.
(Ils répètent ensemble ces derniers vers :)
C'est la beauté qui commence de plaire;
Mais la douceur achève de charmer.
VERTUMNE.
Souffrons tous qu'amour nous blesse :
Languissons, puisqu'il le faut.
PALÆMON.
Que sert un cœur sans tendresse?
Est-il un plus grand défaut?
VERTUMNE.
Un bel objet toujours sévère
Ne se fait jamais bien aimer.
PALÆMON.
C'est la beauté qui commence de plaire;
Mais la douceur achève de charmer.

(Flore répond au dialogue de Vertumne et de Palæmon par ce menuet, et les autres divinités y mêlent leurs danses :)

Est-on sage,
Dans le bel âge,
Est-on sage
De n'aimer pas?
Que sans cesse
L'on se presse
De goûter les plaisirs ici-bas.
La sagesse
De la jeunesse,
C'est de savoir jouir de ses appas.

L'Amour charme
Ceux qu'il désarme;
L'Amour charme,
Cédons-lui tous :
    Notre peine   45
Seroit vaine
De vouloir résister à ses coups.
Quelque chaîne
Qu'un amant prenne,
La liberté n'a rien qui soit si doux.   50

(Vénus descend du ciel dans une grande machine avec l'Amour, son fils, et deux petites Grâces, nommées Ægiale et Phaène; et les divinités de la terre et des eaux recommencent de joindre toutes leurs voix, et continuent par leurs danses de lui témoigner la joie qu'elles ressentent à son abord.)

CHŒUR DE TOUTES LES DIVINITÉS DE LA TERRE ET DES EAUX.

Nous goûtons une paix profonde;
Les plus doux jeux sont ici-bas;
On doit ce repos, plein d'appas,
    Au plus grand roi du monde.
Descendez, mère des Amours;   55
Venez nous donner de beaux jours.

VÉNUS, dans sa machine.

Cessez, cessez pour moi tous vos chants d'allégresse :
De si rares honneurs ne m'appartiennent pas,
Et l'hommage qu'ici votre bonté m'adresse
Doit être réservé pour de plus doux appas. 60
    C'est une trop vieille méthode
    De me venir faire sa cour;
    Toutes les choses ont leur tour,
    Et Vénus n'est plus à la mode.
    Il est d'autres attraits naissants,   65
    Où l'on va porter son encens :
Psyché, Psyché la belle, aujourd'hui tient ma place;
Déjà tout l'univers s'empresse à l'adorer,
Et c'est trop que dans ma disgrâce
Je trouve encor quelqu'un qui me daigne honorer. 70
On ne balance point entre nos deux mérites :
A quitter mon parti tout s'est licencié,
Et du nombreux amas de Grâces favorites
Dont je traînois partout les soins et l'amitié,

Il ne m'en est resté que deux des plus petites, 75
Qui m'accompagnent par pitié.
Souffrez que ces demeures sombres
Prêtent leur solitude aux troubles de mon cœur,
Et me laissez parmi leurs ombres
Cacher ma honte et ma douleur. 80

(Flore et les autres déités se retirent, et Vénus avec sa suite sort de sa machine.)

ÆGIALE.

Nous ne savons, Déesse, comment faire,
Dans ce chagrin qu'on voit vous accabler.
Notre respect veut se taire,
Notre zèle veut parler.

VÉNUS.

Parlez, mais si vos soins aspirent à me plaire, 85
Laissez tous vos conseils pour une autre saison,
Et ne parlez de ma colère
Que pour dire que j'ai raison.
C'étoit là, c'étoit là la plus sensible offense
Que ma divinité pût jamais recevoir ; 90
Mais j'en aurai la vengeance,
Si les Dieux ont du pouvoir.

PHAÈNE.

Vous avez plus que nous de clartés, de sagesse,
Pour juger ce qui peut être digne de vous ;
Mais pour moi, j'aurois cru qu'une grande déesse 95
Devroit moins se mettre en courroux.

VÉNUS.

Et c'est là la raison de ce courroux extrême.
Plus mon rang a d'éclat, plus l'affront est sanglant ;
Et si je n'étois pas dans ce degré suprême,
Le dépit de mon cœur seroit moins violent. 100
Moi, la fille du dieu qui lance le tonnerre,
Mère du dieu qui fait aimer,
Moi, les plus doux souhaits du ciel et de la terre,
Et qui ne suis venue au jour que pour charmer,
Moi qui, par tout ce qui respire, 105
Ai vu de tant de vœux encenser mes autels,
Et qui de la beauté, par des droits immortels,

PROLOGUE.

Ai tenu de tout temps le souverain empire,
Moi dont les yeux ont mis deux grandes déités
Au point de me céder le prix de la plus belle, 110
Je me vois ma victoire et mes droits disputés
  Par une chétive mortelle!
Le ridicule excès d'un fol entêtement
Va jusqu'à m'opposer une petite fille!
Sur ses traits et les miens j'essuierai constamment 115
  Un téméraire jugement,
  Et du haut des cieux où je brille,
J'entendrai prononcer aux mortels prévenus :
  « Elle est plus belle que Vénus! »

ÆGIALE.

Voilà comme l'on fait ; c'est le style des hommes : 120
Ils sont impertinents dans leurs comparaisons.

PHAÈNE.

Ils ne sauroient louer, dans le siècle où nous sommes,
  Qu'ils n'outragent les plus grands noms.

VÉNUS.

Ah! que de ces trois mots la rigueur insolente
  Venge bien Junon et Pallas, 125
Et console leurs cœurs de la gloire éclatante
Que la fameuse pomme acquit à mes appas!
Je les vois s'applaudir de mon inquiétude,
Affecter à toute heure un ris malicieux,
Et d'un fixe regard chercher avec étude 130
  Ma confusion dans mes yeux.
Leur triomphante joie, au fort d'un tel outrage,
Semble me venir dire, insultant mon courroux :
« Vante, vante, Vénus, les traits de ton visage :
Au jugement d'un seul, tu l'emportas sur nous ; 135
  Mais par le jugement de tous
Une simple mortelle a sur toi l'avantage. »
Ah! ce coup-là m'achève, il me perce le cœur ;
Je n'en puis plus souffrir les rigueurs sans égales,
Et c'est trop de surcroît à ma vive douleur 140
  Que le plaisir de mes rivales.
Mon fils, si j'eus jamais sur toi quelque crédit,
  Et si jamais je te fus chère,

Si tu portes un cœur à sentir le dépit
    Qui trouble le cœur d'une mère   145
    Qui si tendrement te chérit,
Emploie, emploie ici l'effort de ta puissance
    A soutenir mes intérêts,
    Et fais à Psyché par tes traits
    Sentir les traits de ma vengeance.   150
    Pour rendre son cœur malheureux,
Prends celui de tes traits le plus propre à me plaire,
    Le plus empoisonné de ceux
    Que tu lances dans ta colère.
Du plus bas, du plus vil, du plus affreux mortel,   155
Fais que jusqu'à la rage elle soit enflammée,
Et qu'elle ait à souffrir le supplice cruel
    D'aimer et n'être point aimée.

             L'AMOUR.

Dans le monde on n'entend que plaintes de l'Amour :
On m'impute partout mille fautes commises,   160
Et vous ne croiriez point le mal et les sottises
    Que l'on dit de moi chaque jour,
    Si pour servir votre colère....

             VÉNUS.

Va, ne résiste point aux souhaits de ta mère;
    N'applique tes raisonnements   165
    Qu'à chercher les plus prompts moments
De faire un sacrifice à ma gloire outragée.
Pars, pour toute réponse à mes empressements,
Et ne me revois point que je ne sois vengée.

L'Amour s'envole, et Vénus se retire avec les Grâces. — La scène est changée en une grande ville, où l'on découvre, des deux côtés, des palais et des maisons de différents ordres d'architecture.)

ACTE I.

SCÈNE PREMIÈRE.
AGLAURE, CYDIPPE.

AGLAURE.

Il est des maux, ma sœur, que le silence aigrit : 170
Laissons, laissons parler mon chagrin et le vôtre,
  Et de nos cœurs l'un à l'autre
   Exhalons le cuisant dépit.
  Nous nous voyons sœurs d'infortune :
Et la vôtre et la mienne ont un si grand rapport, 175
Que nous pouvons mêler toutes les deux en une,
   Et dans notre juste transport,
   Murmurer à plainte commune
   Des cruautés de notre sort.
   Quelle fatalité secrète, 180
  Ma sœur, soumet tout l'univers
  Aux attraits de notre cadette,
  Et de tant de princes divers,
  Qu'en ces lieux la fortune jette,
  N'en présente aucun à nos fers ? 185
Quoi ? voir de toutes parts, pour lui rendre les armes,
   Les cœurs se précipiter,
   Et passer devant nos charmes
   Sans s'y vouloir arrêter !
  Quel sort ont nos yeux en partage, 190
  Et qu'est-ce qu'ils ont fait aux Dieux,
   De ne jouir d'aucun hommage
Parmi tous ces tributs de soupirs glorieux,
   Dont le superbe avantage
   Fait triompher d'autres yeux ? 195
Est-il pour nous, ma sœur, de plus rude disgrâce

Que de voir tous les cœurs mépriser nos appas,
Et l'heureuse Psyché jouir avec audace
D'une foule d'amants attachés à ses pas?
CYDIPPE.
Ah! ma sœur, c'est une aventure 200
A faire perdre la raison;
Et tous les maux de la nature
Ne sont rien en comparaison.
AGLAURE.
Pour moi, j'en suis souvent jusqu'à verser des larmes.
Tout plaisir, tout repos par là m'est arraché; 205
Contre un pareil malheur ma constance est sans armes.
Toujours à ce chagrin mon esprit attaché
Me tient devant les yeux la honte de nos charmes,
Et le triomphe de Psyché.
La nuit, il m'en repasse une idée éternelle, 210
Qui sur toute chose prévaut :
Rien ne me peut chasser cette image cruelle;
Et dès qu'un doux sommeil me vient délivrer d'elle,
Dans mon esprit aussitôt
Quelque songe la rappelle, 215
Qui me réveille en sursaut.
CYDIPPE.
Ma sœur, voilà mon martyre.
Dans vos discours je me voi;
Et vous venez là de dire
Tout ce qui se passe en moi. 220
AGLAURE.
Mais encor, raisonnons un peu sur cette affaire.
Quels charmes si puissants en elle sont épars?
Et par où, dites-moi, du grand secret de plaire
L'honneur est-il acquis à ses moindres regards?
Que voit-on dans sa personne 225
Pour inspirer tant d'ardeurs?
Quel droit de beauté lui donne
L'empire de tous les cœurs?
Elle a quelques attraits, quelque éclat de jeunesse :
On en tombe d'accord, je n'en disconviens pas; 230
Mais lui cède-t-on fort pour quelque peu d'aînesse,

Et se vois-on sans appas?
Est-on d'une figure à faire qu'on se raille?
N'a-t-on point quelques traits et quelques agréments,
Quelque teint, quelques yeux, quelque air, et quelque taille
A pouvoir dans nos fers jeter quelques amants?
  Ma sœur, faites-moi la grâce
  De me parler franchement :
Suis-je faite d'un air, à votre jugement,
Que mon mérite au sien doive céder la place?   240
  Et dans quelque ajustement
  Trouvez-vous qu'elle m'efface?

CYDIPPE.

  Qui? vous, ma sœur? nullement.
  Hier à la chasse près d'elle
  Je vous regardai longtemps;   245
  Et sans vous donner d'encens.
  Vous me parûtes plus belle.
Mais, moi, dites, ma sœur, sans me vouloir flatter,
Sont-ce des visions que je me mets en tête,
Quand je me crois taillée à pouvoir mériter   250
  La gloire de quelque conquête?

AGLAURE.

Vous, ma sœur, vous avez, sans nul déguisement,
Tout ce qui peut causer une amoureuse flamme.
Vos moindres actions brillent d'un agrément
  Dont je me sens toucher l'âme;   255
  Et je serois votre amant,
  Si j'étois autre que femme.

CYDIPPE.

D'où vient donc qu'on la voit l'emporter sur nous deux,
Qu'à ses premiers regards les cœurs rendent les armes,
Et que d'aucun tribut de soupirs et de vœux   260
  On ne fait honneur à nos charmes?

AGLAURE.

  Toutes les dames, d'une voix,
  Trouvent ses attraits peu de chose;
Et du nombre d'amants qu'elle tient sous ses lois,
  Ma sœur, j'ai découvert la cause.   265

CYDIPPE.

Pour moi, je la devine, et l'on doit présumer

Qu'il faut que là-dessous soit caché du mystère.
  Ce secret de tout enflammer
N'est point de la nature un effet ordinaire :
L'art de la Thessalie entre dans cette affaire ; 270
Et quelque main a su sans doute lui former
  Un charme pour se faire aimer.
    AGLAURE.
Sur un plus fort appui ma croyance se fonde ;
Et le charme qu'elle a pour attirer les cœurs,
C'est un air en tout temps désarmé de rigueurs, 275
Des regards caressants, que la bouche seconde,
  Un souris chargé de douceurs,
  Qui tend les bras à tout le monde,
  Et ne vous promet que faveurs.
Notre gloire n'est plus aujourd'hui conservée, 280
Et l'on n'est plus au temps de ces nobles fiertés
Qui par un digne essai d'illustres cruautés,
Vouloient voir d'un amant la constance éprouvée.
De tout ce noble orgueil qui nous seyoit si bien,
On est bien descendu dans le siècle où nous sommes ; 285
Et l'on en est réduite à n'espérer plus rien,
A moins que l'on se jette à la tête des hommes.
    CYDIPPE.
Oui, voilà le secret de l'affaire, et je voi
  Que vous le prenez mieux que moi.
C'est pour nous attacher à trop de bienséance 290
Qu'aucun amant, ma sœur, à nous ne veut venir ;
  Et nous voulons trop soutenir
L'honneur de notre sexe et de notre naissance.
Les hommes maintenant aiment ce qui leur rit ;
L'espoir, plus que l'amour, est ce qui les attire, 295
  Et c'est par là que Psyché nous ravit
  Tous les amants qu'on voit sous son empire.
Suivons, suivons l'exemple : ajustons-nous au temps ;
Abaissons-nous, ma sœur, à faire des avances,
Et ne ménageons plus de tristes bienséances 300
Qui nous ôtent les fruits du plus beau de nos ans.
    AGLAURE.
J'approuve la pensée ; et nous avons matière

D'en faire l'épreuve première
Aux deux princes qui sont les derniers arrivés.
Ils sont charmants, ma sœur, et leur personne entière 305
    Me.... Les avez-vous observés?
CYDIPPE.
Ah! ma sœur, ils sont faits tous deux d'une manière
Que mon âme.... Ce sont deux princes achevés.
AGLAURE.
Je trouve qu'on pourroit rechercher leur tendresse
    Sans se faire déshonneur.   310
CYDIPPE.
Je trouve que, sans honte, une belle princesse
    Leur pourroit donner son cœur.

SCÈNE II.
CLÉOMÈNE, AGÉNOR, AGLAURE, CYDIPPE.

AGLAURE.
    Les voici tous deux, et j'admire
    Leur air et leur ajustement.
CYDIPPE.
    Ils ne démentent nullement   315
    Tout ce que nous venons de dire.
AGLAURE.
D'où vient, princes, d'où vient que vous fuyez ainsi?
Prenez-vous l'épouvante en nous voyant paroître?
CLÉOMÈNE.
    On nous faisoit croire qu'ici
La princesse Psyché, Madame, pourroit être.   320
AGLAURE.
Tous ces lieux n'ont-ils rien d'agréable pour vous,
Si vous ne les voyez ornés de sa présence?
AGÉNOR.
Ces lieux peuvent avoir des charmes assez doux;
Mais nous cherchons Psyché dans notre impatience.
CYDIPPE.
    Quelque chose de bien pressant   325
Vous doit à la chercher pousser tous deux sans doute?

CLÉOMÈNE.
Le motif est assez puissant,
Puisque notre fortune enfin en dépend toute.
AGLAURE.
Ce seroit trop à nous que de nous informer
Du secret que ces mots nous peuvent enfermer. 330
CLÉOMÈNE.
Nous ne prétendons point en faire de mystère :
Aussi bien malgré nous paroîtroit-il au jour;
Et le secret ne dure guère,
Madame, quand c'est de l'amour.
CYDIPPE.
Sans aller plus avant, princes, cela veut dire 335
Que vous aimez Psyché tous deux.
AGÉNOR.
Tous deux sonmis à son empire,
Nous allons de concert lui découvrir nos feux.
AGLAURE.
C'est une nouveauté sans doute assez bizarre
Que deux rivaux si bien unis. 340
CLÉOMÈNE.
Il est vrai que la chose est rare,
Mais non pas impossible à deux parfaits amis.
CYDIPPE.
Est-ce que dans ces lieux il n'est qu'elle de belle,
Et n'y trouvez-vous point à séparer vos vœux ?
AGLAURE.
Parmi l'éclat du sang, vos yeux n'ont-ils vu qu'elle 345
A pouvoir mériter vos feux ?
CLÉOMÈNE.
Est-ce que l'on consulte au moment qu'on s'enflamme ?
Choisit-on qui l'on veut aimer ?
Et pour donner toute son âme,
Regarde-t-on quel droit on a de nous charmer ? 350
AGÉNOR.
Sans qu'on ait le pouvoir d'élire,
On suit dans une telle ardeur
Quelque chose qui nous attire ;
Et lorsque l'amour touche un cœur,

On n'a point de raisons à dire. 355
AGLAURE.
En verité, je plains les fâcheux embarras
    Où je vois que vos cœurs se mettent.
Vous aimez un objet dont les riants appas
Mêleront des chagrins à l'espoir qu'ils vous jettent ;
    Et son cœur ne vous tiendra pas 360
    Tout ce que ses yeux vous promettent.
CYDIPPE.
L'espoir qui vous appelle au rang de ses amants
Trouvera du mécompte aux douceurs qu'elle étale ;
Et c'est pour essuyer de très-fâcheux moments,
Que les soudains retours de son âme inégale. 365
AGLAURE.
Un clair discernement de ce que vous valez
Nous fait plaindre le sort où cet amour vous guide ;
Et vous pouvez trouver tous deux, si vous voulez,
Avec autant d'attraits, une âme plus solide.
CYDIPPE.
    Par un choix plus doux de moitié, 370
Vous pouvez de l'amour sauver votre amitié ;
Et l'on voit en vous deux un mérite si rare,
Qu'un tendre avis veut bien prévenir par pitié
    Ce que votre cœur se prépare.
CLÉOMÈNE.
Cet avis généreux fait pour nous éclater 375
    Des bontés qui nous touchent l'âme ;
Mais le ciel nous réduit à ce malheur, Madame,
    De ne pouvoir en profiter.
AGÉNOR.
Votre illustre pitié veut en vain nous distraire
D'un amour dont tous deux nous redoutons l'effet : 380
Ce que notre amitié, Madame, n'a pas fait,
    Il n'est rien qui le puisse faire.
CYDIPPE.
Il faut que le pouvoir de Psyché.... La voici.

SCÈNE III.

PSYCHÉ, CYDIPPE, AGLAURE, CLÉOMÈNE AGÉNOR.

CYDIPPE.
Venez jouir, ma sœur, de ce qu'on vous apprête.
AGLAURE.
Préparez vos attraits à recevoir ici 385
Le triomphe nouveau d'une illustre conquête.
CYDIPPE.
Ces princes ont tous deux si bien senti vos coups,
Qu'à vous le découvrir leur bouche se dispose.
PSYCHÉ.
Du sujet qui les tient si rêveurs parmi nous,
Je ne me croyois pas la cause; 390
Et j'aurois cru toute autre chose
En les voyant parler à vous.
AGLAURE.
N'ayant ni beauté ni naissance
A pouvoir mériter leur amour et leurs soins,
Il nous favorisent au moins 395
De l'honneur de la confidence.
CLÉOMÈNE.
L'aveu qu'il nous faut faire à vos divins appas
Est sans doute, Madame, un aveu téméraire ;
Mais tant de cœurs près du trépas
Sont par de tels aveux forcés à vous déplaire, 400
Que vous êtes réduite à ne les punir pas
Des foudres de votre colère.
Vous voyez en nous deux amis
Qu'un doux rapport d'humeurs sut joindre dès l'enfance ;
Et ces tendres liens se sont vus affermis 405
Par cent combats d'estime et de reconnoissance.
Du destin ennemi les assauts rigoureux,
Les mépris de la mort et l'aspect des supplices,
Par d'illustres éclats de mutuels offices,
Ont de notre amitié signalé les beaux nœuds ; 410
Mais à quelques essais qu'elle se soit trouvée,

ACTE I, SCÈNE III.

    Son grand triomphe est en ce jour;
Et rien ne fait tant voir sa constance éprouvée
Que de se conserver au milieu de l'amour.
Oui, malgré tant d'appas, son illustre constance   415
Aux lois qu'elle nous fait a soumis tous nos vœux :
Elle vient, d'une douce et pleine déférence,
Remettre à votre choix le succès de nos feux;
Et pour donner un poids à notre concurrence,
Qui des raisons d'État entraîne la balance   420
    Sur le choix de l'un de nous deux,
Cette même amitié s'offre sans répugnance
D'unir nos deux États au sort du plus heureux.

          AGÉNOR.

    Oui, de ces deux États, Madame,
Que sous votre heureux choix nous nous offrons d'unir,
    Nous voulons faire à notre flamme,
    Un secours pour vous obtenir.
Ce que, pour ce bonheur, près du roi votre père,
    Nous nous sacrifions tous deux,
N'a rien de difficile à nos cœurs amoureux;   430
Et c'est au plus heureux faire un don nécessaire
    D'un pouvoir dont le malheureux,
    Madame, n'aura plus affaire.

          PSYCHÉ.

Le choix que vous m'offrez, princes, montre à mes yeux
De quoi remplir les vœux de l'âme la plus fière,   435
Et vous me le parez tous deux d'une manière
Qu'on ne peut rien offrir qui soit plus précieux.
Vos feux, votre amitié, votre vertu suprême,
Tout me relève en vous l'offre de votre foi;
Et j'y vois un mérite à s'opposer lui-même   440
    A ce que vous voulez de moi.
Ce n'est pas à mon cœur qu'il faut que je défère
    Pour entrer sous de tels liens :
Ma main, pour se donner, attend l'ordre d'un père,
Et mes sœurs ont des droits qui vont devant les miens.
Mais si l'on me rendoit sur mes vœux absolue,
Vous y pourriez avoir trop de part à la fois;
Et toute mon estime, entre vous suspendue,

Ne pourroit sur aucun laisser tomber mon choix.
A l'ardeur de votre poursuite 450
Je répondrois assez de mes vœux les plus doux ;
Mais c'est, parmi tant de mérite,
Trop que deux cœurs pour moi, trop peu qu'un cœur pour
De mes plus doux souhaits j'aurois l'âme gênée [vous.
A l'effort de votre amitié ; 455
Et j'y vois l'un de vous prendre une destinée
A me faire trop de pitié.
Oui, princes, à tous ceux dont l'amour suit le vôtre
Je vous préférerois tous deux avec ardeur ;
Mais je n'aurois jamais le cœur 460
De pouvoir préférer l'un de vous deux à l'autre.
A celui que je choisirois
Ma tendresse feroit un trop grand sacrifice ;
Et je m'imputerois à barbare injustice
Le tort qu'à l'autre je ferois. 465
Oui, tous deux vous brillez de trop de grandeur d'âme
Pour en faire aucun malheureux ;
Et vous devez chercher dans l'amoureuse flamme
Le moyen d'être heureux tous deux.
Si votre cœur me considère 470
Assez pour me souffrir de disposer de vous,
J'ai deux sœurs capables de plaire,
Qui peuvent bien vous faire un destin assez doux ;
Et l'amitié me rend leur personne assez chère
Pour vous souhaiter leurs époux. 475

CLÉOMÈNE.

Un cœur dont l'amour est extrême
Peut-il bien consentir, hélas !
D'être donné par ce qu'il aime ?
Sur nos deux cœurs, Madame, à vos divins appas
Nous donnons un pouvoir suprême : 480
Disposez-en pour le trépas ;
Mais pour une autre que vous-même
Ayez cette bonté de n'en disposer pas.

AGÉNOR.

Aux princesses, Madame, on feroit trop d'outrage,
Et c'est pour leurs attraits un indigne partage 485

Que les restes d'une autre ardeur.
Il faut d'un premier feu la pureté fidèle
Pour aspirer à cet honneur
Où votre bonté nous appelle;
Et chacune mérite un cœur 490
Qui n'ait soupiré que pour elle.

AGLAURE.

Il me semble, sans nul courroux,
Qu'avant que de vous en défendre,
Princes, vous deviez bien attendre
Qu'on se fût expliqué sur vous. 495
Nous croyez-vous un cœur si facile et si tendre?
Et lorsqu'on parle ici de vous donner à nous,
Savez-vous si l'on veut vous prendre?

CYDIPPE.

Je pense que l'on a d'assez hauts sentiments,
Pour refuser un cœur qu'il faut qu'on sollicite, 500
Et qu'on ne veut devoir qu'à son propre mérite
La conquête de ses amants.

PSYCHÉ.

J'ai cru pour vous, mes sœurs, une gloire assez grande,
Si la possession d'un mérite si haut....

SCÈNE IV.

LYCAS, PSYCHÉ, AGLAURE, CYDIPPE, CLÉOMÈNE, AGÉNOR.

LYCAS.

Ah! Madame.

PSYCHÉ.

Qu'as-tu?

LYCAS.

Le Roi....

PSYCHÉ.

Quoi?

LYCAS.

Vous demande.

PSYCHÉ.
De ce trouble si grand que faut-il que j'attende ?
LYCAS.
Vous ne le saurez que trop tôt.
PSYCHÉ.
Hélas ! que pour le Roi tu me donnes à craindre !
LYCAS.
Ne craignez que pour vous, c'est vous quel'on doit plaindre.
PSYCHÉ.
C'est pour louer le ciel, et me voir hors d'effroi,   510
De savoir que je n'aie à craindre que pour moi.
Mais apprends-moi, Lycas, le sujet qui te touche.
LYCAS.
Souffrez que j'obéisse à qui m'envoie ici,
Madame, et qu'on vous laisse apprendre de sa bouche
    Ce qui peut m'affliger ainsi.   515
PSYCHÉ.
Allons savoir sur quoi l'on craint tant ma foiblesse.

SCÈNE V.

AGLAURE, CYDIPPE, LYCAS.

AGLAURE.
Si ton ordre n'est pas jusqu'à nous étendu,
Dis-nous quel grand malheur nous couvre ta tristesse.
LYCAS.
Hélas ! ce grand malheur dans la cour répandu,
    Voyez-le vous-même, princesse,   520
Dans l'oracle qu'au Roi les destins ont rendu.
Voici ses propres mots que la douleur, Madame,
    A gravés au fond de mon âme :
    « Que l'on ne pense nullement
A vouloir de Psyché conclure l'hyménée ;   525
Mais qu'au sommet d'un mont elle soit promptement
    En pompe funèbre menée ;
    Et que de tous abandonnée,
Pour époux elle attende en ces lieux constamment
Un monstre dont on a la vue empoisonnée,   530

ACTE I, SCÈNE V.

Un serpent qui répand son venin en tous lieux,
Et trouble dans sa rage et la terre et les cieux. »
   Après un arrêt si sévère
Je vous quitte, et vous laisse à juger entre vous
Si par de plus cruels et plus sensibles coups   535
Tous les Dieux nous pouvoient expliquer leur colère.

SCÈNE VI.

AGLAURE, CYDIPPE.

CYDIPPE.

Ma sœur, que sentez-vous à ce soudain malheur
Où nous voyons Psyché par les destins plongée ?

AGLAURE.

Mais vous, que sentez-vous, ma sœur ?

CYDIPPE.

A ne vous point mentir, je sens que dans mon cœur   540
   Je n'en suis pas trop affligée.

AGLAURE.

   Moi, je sens quelque chose au mien
   Qui ressemble assez à la joie.
   Allons, le destin nous envoie
Un mal que nous pouvons regarder comme un bien.

PREMIER INTERMÈDE.

La scène est changée en des rochers affreux, et fait voir en éloignement une grotte effroyable. — C'est dans ce désert que Psyché doit être exposée pour obéir à l'oracle. Une troupe de personnes affligées y viennent déplorer sa disgrâce. Une partie de cette troupe désolée témoigne sa pitié par des plaintes touchantes et par des concerts lugubres ; et l'autre exprime sa désolation par une danse pleine de toutes les marques du plus violent désespoir.

PLAINTES EN ITALIEN,

Chantées par une femme désolée et deux hommes affligés.

FEMME DÉSOLÉE.

Deh! piangete al pianto mio,

Sassi duri, antiche selve,
Lagrimate, fonti, e belue,
D'un bel volto il fata rio.
   1. HOMME AFFLIGÉ.
 Ahi dolore!   550
   2. HOMME AFFLIGÉ.
 Ahi martire!
   1. HOMME AFFLIGÉ.
 Cruda morte!
   2. HOMME AFFLIGÉ.
 Empia sorte?
   TOUS TROIS.
Che condanni a morir tanta beltà,
Cieli, stelle, ahi crudeltà!   555
   2. HOMME AFFLIGÉ.
Com' esser può fra voi, o numi eterni,
Chi voglia estinta una beltà innocente?
Ahi! che tanto rigor, cielo inclemente,
Vince di crudeltà gli stessi inferni!
   1. HOMME AFFLIGÉ.
 Nume fiero!   560
   2. HOMME AFFLIGÉ.
 Dio severo!
   ENSEMBLE.
 Perchè tanto rigor
 Contro innocente cor?
 Ahi sentenza inudita!
Dar morte a la beltà, ch' altrui dà vita. 565
   FEMME DÉSOLÉE.
 Ahi ch' indarno si tarda!
Non resiste agli dei mortale affetto,
 Alto impero ne sforza:
Ove commanda il ciel, l'uom cede a forza.
 Ahi dolore! etc., *come sopra*. 570
(Ces plaintes sont entrecoupées et finies par une entrée de ballet
   de huit personnes affligées.)

ACTE II.

SCÈNE PREMIÈRE.

LE ROI, PSYCHÉ, AGLAURE, CYDIPPE, LYCAS, suite

PSYCHÉ.

De vos larmes, Seigneur, la source m'est bien chère ;
Mais c'est trop aux bontés que vous avez pour moi
Que de laisser régner les tendresses de père
  Jusque dans les yeux d'un grand roi.
Ce qu'on vous voit ici donner à la nature 575
Au rang que vous tenez, Seigneur, fait trop d'injure,
Et j'en dois refuser les touchantes faveurs.
  Laissez moins sur votre sagesse
  Prendre d'empire à vos douleurs,
Et cessez d'honorer mon destin par des pleurs, 580
Qui dans le cœur d'un roi montrent de la foiblesse.

LE ROI.

Ah! ma fille, à ces pleurs laisse mes yeux ouverts :
Mon deuil est raisonnable, encor qu'il soit extrême ;
Et lorsque pour toujours on perd ce que je perds,
La sagesse, crois-moi, peut pleurer elle-même. 585
  En vain l'orgueil du diadème
Veut qu'on soit insensible à ces cruels revers ;
En vain de la raison les secours sont offerts
Pour vouloir d'un œil sec voir mourir ce qu'on aime :
L'effort en est barbare aux yeux de l'univers ; 590
Et c'est brutalité plus que vertu suprême.
  Je ne veux point, dans cette adversité,
  Parer mon cœur d'insensibilité,
   Et cacher l'ennui qui me touche :
   Je renonce à la vanité 595

De cette dureté farouche
Que l'on appelle fermeté;
Et de quelque façon qu'on nomme
Cette vive douleur dont je ressens les coups,
Je veux bien l'étaler, ma fille, aux yeux de tous,   600
Et dans le cœur d'un roi montrer le cœur d'un homme.
PSYCHÉ.
Je ne mérite pas cette grande douleur :
Opposez, opposez un peu de résistance
　　　Aux droits qu'elle prend sur un cœur
Dont mille événements ont marqué la puissance.   605
Quoi? faut-il que pour moi vous renonciez, Seigneur,
　　　A cette royale constance
Dont vous avez fait voir dans les coups du malheur
　　　Une fameuse expérience?
LE ROI.
La constance est facile en mille occasions.   610
　　　Toutes les révolutions
Où nous peut exposer la fortune inhumaine,
La perte des grandeurs, les persécutions,
Le poison de l'envie, et les traits de la haine,
　　　N'ont rien que ne puissent sans peine   615
　　　Braver les résolutions
D'une âme où la raison est un peu souveraine.
　　　Mais ce qui porte des rigueurs
　　　A faire succomber les cœurs
　　　Sous le poids des douleurs amères,   620
　　　Ce sont, ce sont les rudes traits
　　　De ces fatalités sévères
　　　Qui nous enlèvent pour jamais
　　　Les personnes qui nous sont chères.
　　　La raison contre de tels coups   625
　　　N'offre point d'armes secourables;
　　　Et voilà des Dieux en courroux
　　　Les foudres les plus redoutables
　　　Qui se puissent lancer sur nous.
PSYCHÉ.
Seigneur, une douceur ici vous est offerte.   630
Votre hymen a reçu plus d'un présent des Dieux;

ACTE II, SCÈNE I.

      Et par une faveur ouverte,
Ils ne vous ôtent rien, en m'ôtant à vos yeux,
Dont ils n'aient pris le soin de réparer la perte.
Il vous reste de quoi consoler vos douleurs,   635
Et cette loi du ciel, que vous nommez cruelle,
      Dans les deux princesses mes sœurs
      Laisse à l'amitié paternelle
      Où placer toutes ses douceurs.

LE ROI.

      Ah! de mes maux soulagement frivole!   640
Rien, rien ne s'offre à moi qui de toi me console.
C'est sur mes déplaisirs que j'ai les yeux ouverts,
      Et dans un destin si funeste,
      Je regarde ce que je perds,
      Et ne vois point ce qui me reste.   645

PSYCHÉ.

Vous savez mieux que moi qu'aux volontés des Dieux,
      Seigneur, il faut régler les nôtres;
Et je ne puis vous dire, en ces tristes adieux,
Que ce que beaucoup mieux vous pouvez dire aux autres.
      Ces dieux sont maîtres souverains   650
      Des présents qu'ils daignent nous faire;
      Ils ne les laissent dans nos mains
      Qu'autant de temps qu'il peut leur plaire :
      Lorsqu'ils viennent les retirer,
      On n'a nul droit de murmurer   655
Des grâces que leur main ne veut plus nous étendre.
Seigneur, je suis un don qu'ils ont fait à vos vœux;
Et quand par cet arrêt ils veulent me reprendre,
Ils ne vous ôtent rien que vous ne teniez d'eux,
Et c'est sans murmurer que vous devez me rendre.   660

LE ROI.

      Ah! cherche un meilleur fondement
Aux consolations que ton cœur me présente;
Et de la fausseté de ce raisonnement
      Ne fais point un accablement
      A cette douleur si cuisante   665
      Dont je souffre ici le tourment.
Crois-tu là me donner une raison puissante

Pour ne me plaindre point de cet arrêt des cieux?
    Et dans le procédé des Dieux
      Dont tu veux que je me contente, 670
      Une rigueur assassinante
    Ne paroît-elle pas aux yeux?
Vois l'état où ces Dieux me forcent à te rendre,
Et l'autre où te reçut mon cœur infortuné :
Tu connoîtras par là qu'ils me viennent reprendre 675
    Bien plus que ce qu'ils m'ont donné.
    Je reçus d'eux en toi, ma fille,
Un présent que mon cœur ne leur demandoit pas ;
    J'y trouvois alors peu d'appas,
Et leur en vis sans joie accroître la famille ; 680
    Mais mon cœur, ainsi que mes yeux,
S'est fait de ce présent une douce habitude ;
J'ai mis quinze ans de soins, de veilles et d'étude
    À me le rendre précieux ;
    Je l'ai paré de l'aimable richesse 685
    De mille brillantes vertus ;
En lui j'ai renfermé, par des soins assidus,
Tous les plus beaux trésors que fournit la sagesse ;
A lui j'ai de mon âme attaché la tendresse ;
J'en ai fait de ce cœur le charme et l'allégresse, 690
La consolation de mes sens abattus,
    Le doux espoir de ma vieillesse.
    Ils m'ôtent tout cela, ces Dieux ;
Et tu veux que je n'aie aucun sujet de plainte
Sur cet affreux arrêt dont je souffre l'atteinte ? 695
Ah ! leur pouvoir se joue avec trop de rigueur
    Des tendresses de notre cœur.
Pour m'ôter leur présent, leur falloit-il attendre
    Que j'en eusse fait tout mon bien ?
Ou plutôt, s'ils avoient dessein de le reprendre, 700
N'eût-il pas été mieux de ne me donner rien ?

PSYCHÉ.
    Seigneur, redoutez la colère
De ces Dieux contre qui vous osez éclater.

LE ROI.
Après ce coup, que peuvent-ils me faire ?

Ils m'ont mis en état de ne rien redouter. 705
    PSYCHÉ.
  Ah! Seigneur, je tremble des crimes
Que je vous fais commettre, et je dois me haïr.
    LE ROI.
Ah! qu'ils souffrent du moins mes plaintes légitimes!
Ce m'est assez d'effort que de leur obéir;
Ce doit leur être assez que mon cœur t'abandonne 710
Au barbare respect qu'il faut qu'on ait pour eux,
Sans prétendre gêner la douleur que me donne
L'épouvantable arrêt d'un sort si rigoureux.
Mon juste désespoir ne sauroit se contraindre :
Je veux, je veux garder ma douleur à jamais? 715
Je veux sentir toujours la perte que je fais;
De la rigueur du ciel je veux toujours me plaindre:
Je veux jusqu'au trépas incessamment pleurer
Ce que tout l'univers ne peut me réparer.
    PSYCHÉ.
Ah! de grâce, Seigneur, épargnez ma foiblesse : 720
J'ai besoin de constance en l'état où je suis.
Ne fortifiez point l'excès de mes ennuis
  Des larmes de votre tendresse.
Seuls il sont assez forts; et c'est trop pour mon cœur
  De mon destin et de votre douleur. 725
    LE ROI.
Oui, je dois t'épargner mon deuil inconsolable.
Voici l'instant fatal de m'arracher de toi;
Mais comment prononcer ce mot épouvantable?
Il le faut toutefois, le ciel m'en fait la loi :
  Une rigueur inévitable 730
M'oblige à te laisser en ce funeste lieu.
  Adieu : je vais.... Adieu.

SCÈNE II[1].

PSYCHÉ, AGLAURE, CYDIPPE.

PSYCHÉ.

Suivez le Roi, mes sœurs : vous essuierez ses larmes,
    Vous adoucirez ses douleurs;
    Et vous l'accableriez d'alarmes,   735
Si vous vous exposiez encore à mes malheurs.
    Conservez-lui ce qui lui reste.
Le serpent que j'attends peut vous être funeste,
    Vous envelopper dans mon sort,
Et me porter en vous une seconde mort.   740
    Le ciel m'a seule condamnée
    A son haleine empoisonnée :
    Rien ne sauroit me secourir;
Et je n'ai pas besoin d'exemple pour mourir.

AGLAURE.

Ne nous enviez pas ce cruel avantage   745
De confondre nos pleurs avec vos déplaisirs,
De mêler nos soupirs à vos derniers soupirs :
D'une tendre amitié souffrez ce dernier gage.

PSYCHÉ.

C'est vous perdre inutilement.

CYDIPPE.

C'est en votre faveur espérer un miracle,   750
Ou vous accompagner jusques au monument.

PSYCHÉ.

Que peut-on se promettre après un tel oracle?

---

1. « Ce qui suit, jusqu'à la fin de la pièce, est de M. C.[*], à la réserve de la première scène du troisième acte, qui est de la même main que ce qui a précédé. » (*Note des éditions de 1671-1697.*) Voyez ci-dessus, p. 287 et 288.

[*] Tel est le texte des éditions de 1671 et de 1676, les suivantes donnent le nom en toutes lettres : « de Monsieur de Corneille l'aîné. »

ACTE II, SCÈNE II.

AGLAURE.

Un oracle jamais n'est sans obscurité :
On l'entend d'autant moins que mieux on croit l'enten-
Et peut-être, après tout, n'en devez-vous attendre [dre[1] ;
   Que gloire et que félicité.
Laissez-nous voir, ma sœur, par une digne issue
Cette frayeur mortelle heureusement déçue,
   Ou mourir du moins avec vous,
Si le ciel à nos vœux ne se montre plus doux. 760

PSYCHÉ.

Ma sœur, écoutez mieux la voix de la nature
   Qui vous appelle auprès du Roi.
  Vous m'aimez trop ; le devoir en murmure,
   Vous en savez l'indispensable loi :
Un père vous doit être encor plus cher que moi. 765
Rendez-vous toutes deux l'appui de sa vieillesse ;
Vous lui devez chacune[2] un gendre et des neveux.
Mille rois à l'envi vous gardent leur tendresse,
Mille rois à l'envi vous offriront leurs vœux.
L'oracle me veut seule ; et seule aussi je veux 770
   Mourir, si je puis, sans foiblesse,
Ou ne vous avoir pas pour témoins toutes deux
De ce que, malgré moi, la nature m'en laisse.

AGLAURE.

Partager vos malheurs, c'est vous importuner ?

CYDIPPE.

J'ose dire un peu plus, ma sœur, c'est vous déplaire ?

---

1. Ces deux vers sont un souvenir de ce passage de la tragédie d'*Horace* (acte III, scène III, vers 851 et 852) :

  Un oracle jamais ne se laisse comprendre :
  On l'entend d'autant moins que plus on croit l'entendre.

2. On lit *chacun* dans l'édition de 1697. L'édition de 1682 donne de même, plus haut, au vers 482, *un autre*, pour *une autre*. Voyez tome I, p. 288, note 3-*a*.

PSYCHÉ.
Non ; mais enfin c'est me gêner,
Et peut-être du ciel redoubler la colère.
AGLAURE.
Vous le voulez, et nous partons.
Daigne ce même ciel, plus juste et moins sévère,
Vous envoyer le sort que nous vous souhaitons, 780
Et que notre amitié sincère,
En dépit de l'oracle, et malgré vous, espère !
PSYCHÉ.
Adieu : c'est un espoir, ma sœur, et des souhaits
Qu'aucun des Dieux ne remplira jamais.

SCÈNE III.

PSYCHÉ, seule.

Enfin, seule et toute à moi-même, 785
Je puis envisager cet affreux changement
Qui du haut d'une gloire extrême
Me précipite au monument.
Cette gloire étoit sans seconde ;
L'éclat s'en répandoit jusqu'aux deux bouts du monde ;
Tout ce qu'il a de rois sembloient faits pour m'aimer ;
Tous leurs sujets, me prenant pour déesse,
Commençoient à m'accoutumer
Aux encens qu'ils m'offroient sans cesse ;
Leurs soupirs me suivoient sans qu'il m'en coûtât rien ;
Mon âme restoit libre en captivant tant d'âmes ;
Et j'étois, parmi tant de flammes,
Reine de tous les cœurs et maîtresse du mien.
O ciel, m'auriez-vous fait un crime
De cette insensibilité ? 800
Déployez-vous sur moi tant de sévérité,

Pour n'avoir à leurs vœux rendu que de l'estime?
 Si vous m'imposiez cette loi,
Qu'il fallût faire un choix pour ne pas vous déplaire[1],
  Puisque je ne pouvois le faire, 805
   Que ne le faisiez-vous pour moi?
Que ne m'inspiriez-vous ce qu'inspire à tant d'autres
Le mérite, l'amour, et.... Mais que vois-je ici?

SCÈNE IV.
CLÉOMÈNE, AGÉNOR, PSYCHÉ.

CLÉOMÈNE.

Deux amis, deux rivaux, dont l'unique souci
Est d'exposer leurs jours pour conserver les vôtres. 810

PSYCHÉ.

Puis-je vous écouter, quand j'ai chassé deux sœurs?
Princes, contre le ciel pensez-vous me défendre?
Vous livrer au serpent qu'ici je dois attendre,
Ce n'est qu'un désespoir qui sied mal aux grands cœurs;
  Et mourir alors que je meurs, 815
   C'est accabler une âme tendre,
   Qui n'a que trop de ses douleurs.

AGÉNOR.

   Un serpent n'est pas invincible :
Cadmus, qui n'aimoit rien, défit celui de Mars.
Nous aimons, et l'amour sait rendre tout possible 820
   Au cœur qui suit ses étendards,
A la main dont lui-même il conduit tous les dards.

PSYCHÉ.

Voulez-vous qu'il vous serve en faveur d'une ingrate
   Que tous ses traits n'ont pu toucher;
Qu'il dompte sa vengeance au moment qu'elle éclate,

---

1. Dans les éditions de 1682 et de 1697 : « pour ne vous pas dépaire. »

Et vous aide à m'en arracher?
Quand même vous m'auriez servie,
Quand vous m'auriez rendu la vie,
Quel fruit espérez-vous de qui ne peut aimer?
CLÉOMÈNE.
Ce n'est point par l'espoir d'un si charmant salaire 830
    Que nous nous sentons animer :
    Nous ne cherchons qu'à satisfaire
Aux devoirs d'un amour qui n'ose présumer
    Que jamais, quoi qu'il puisse faire,
    Il soit capable de vous plaire,   835
    Et digne de vous enflammer.
Vivez, belle princesse, et vivez pour un autre :
    Nous le verrons d'un œil jaloux,
Nous en mourrons, mais d'un trépas plus doux
    Que s'il nous falloit voir le vôtre;   840
Et si nous ne mourons en vous sauvant le jour,
Quelque amour qu'à nos yeux vous préfériez au nôtre,
Nous voulons bien mourir de douleur et d'amour.
PSYCHÉ.
Vivez, princes, vivez, et de ma destinée
Ne songez plus à rompre ou partager la loi;   845
Je crois vous l'avoir dit, le ciel ne veut que moi,
    Le ciel m'a seule condamnée.
Je pense ouïr déjà les mortels sifflements
    De son ministre qui s'approche :
Ma frayeur me le peint, me l'offre à tous moments; 850
Et maîtresse qu'elle est de tous mes sentiments,
Elle me le figure au haut de cette roche.
J'en tombe de foiblesse, et mon cœur abattu
Ne soutient plus qu'à peine un reste de vertu.
Adieu princes : fuyez, qu'il ne vous empoisonne. 855
AGÉNOR.
Rien ne s'offre à nos yeux encor qui les étonne;

ACTE II, SCÈNE IV.

Et quand vous vous peignez un si proche trépas,
　　Si la force vous abandonne,
　　Nous avons des cœurs et des bras
　　Que l'espoir n'abandonne pas.   860
Peut-être qu'un rival a dicté cet oracle,
Que l'or a fait parler celui qui l'a rendu :
　　Ce ne seroit pas un miracle
Que pour un dieu muet un homme eût répondu ;
Et dans tous les climats on n'a que trop d'exemples   865
Qu'il est, ainsi qu'ailleurs, des méchants dans les temples.

　　　　　　　CLÉOMÈNE.

Laissez-nous opposer au lâche ravisseur
A qui le sacrilége indignement vous livre,
Un amour qu'a le ciel choisi pour défenseur
De la seule beauté pour qui nous voulons vivre.   870
Si nous n'osons prétendre à sa possession,
Du moins en son péril permettez-nous de suivre
L'ardeur et les devoirs de notre passion.

　　　　　　　PSYCHÉ.

　　Portez-les à d'autres moi-mêmes,
　　Princes, portez-les à mes sœurs,   875
　　Ces devoirs, ces ardeurs extrêmes,
　　Dont pour moi sont remplis vos cœurs :
　　Vivez pour elles quand je meurs.
Plaignez de mon destin les funestes rigueurs,
Sans leur donner en vous de nouvelles matières.   880
　　Ce sont mes volontés dernières ;
　　Et l'on a reçu de tout temps
Pour souveraines lois les ordres des mourants.

　　　　　　　CLÉOMÈNE.

Princesse....

　　　　　　　PSYCHÉ.

　　Encore un coup, princes, vivez pour elles.
Tant que vous m'aimerez, vous devez m'obéir :   885

Ne me réduisez pas à vouloir vous haïr,
  Et vous regarder en rebelles,
  A force de m'être fidèles.
Allez, laissez-moi seule expirer en ce lieu
Où je n'ai plus de voix que pour vous dire adieu.   890
Mais je sens qu'on m'enlève, et l'air m'ouvre une route
D'où vous n'entendrez plus cette mourante voix.
Adieu, princes, adieu pour la dernière fois.
Voyez si de mon sort vous pouvez être en doute.
(Elle est enlevée en l'air par deux Zéphirs.)
AGÉNOR.
Nous la perdons de vue. Allons tous deux chercher   895
  Sur le faîte de ce rocher,
  Prince, les moyens de la suivre.
CLÉOMÈNE.
Allons-y chercher ceux de ne lui point survivre.

SCÈNE V.

L'AMOUR, en l'air.

Allez mourir, rivaux d'un dieu jaloux,
  Dont vous méritez le courroux   900
Pour avoir eu le cœur sensible aux mêmes charmes.
Et toi, forge, Vulcain, mille brillants attraits
  Pour orner un palais
Où l'Amour de Psyché veut essuyer les larmes,
  Et lui rendre les armes.   905

SECOND INTERMÈDE.

La scène se change en une cour magnifique ornée de colonnes de lapis enrichies de figures d'or, qui forment un palais pompeux et brillant que l'Amour destine pour Psyché. Six Cyclopes avec quatre fées y font une entrée de ballet, où ils achèvent en cadence quatre gros vases d'argent que les fées leur ont apportés. Cette entrée est entrecoupée par ce récit de Vulcain, qu'il fait à deux reprises :

> Dépêchez, préparez ces lieux
> Pour le plus aimable des Dieux ;
> Que chacun pour lui s'intéresse.
> N'oubliez rien des soins qu'il faut :
>   Quand l'Amour presse,   910
> On n'a jamais fait assez tôt.

> L'Amour ne veut point qu'on diffère :
>   Travaillez, hâtez-vous,
>   Frappez, redoublez vos coups ;
>   Que l'ardeur de lui plaire   915
> Fasse vos soins les plus doux.

SECOND COUPLET.

> Servez bien un dieu si charmant ;
> Il se plaît dans l'empressement :
> Que chacun pour lui s'intéresse.
> N'oubliez rien des soins qu'il faut :   920
>   Quand l'Amour presse,
> On n'a jamais fait assez tôt.

> L'amour ne veut point qu'on diffère :
>   Travaillez, etc.

ACTE III.

SCÈNE PREMIÈRE.

L'AMOUR, ZÉPHIRE.

ZÉPHIRE.

Oui, je me suis galamment acquitté 925
De la commission que vous m'avez donnée;
Et du haut du rocher, je l'ai, cette beauté,
Par le milieu des airs, doucement amenée
  Dans ce beau palais enchanté,
  Où vous pouvez en liberté 930
  Disposer de sa destinée.
Mais vous me surprenez par ce grand changement
  Qu'en votre personne vous faites :
Cette taille, ces traits, et cet ajustement,
  Cachent tout à fait qui vous êtes; 935
Et je donne aux plus fins à pouvoir en ce jour
  Vous reconnoître pour l'Amour.

L'AMOUR.

Aussi ne veux-je pas qu'on puisse me connoître :
Je ne veux à Psyché découvrir que mon cœur[2],
Rien que les beaux transports de cette vive ardeur 940
  Que ses doux charmes y font naître;
Et pour en exprimer l'amoureuse langueur,
  Et cacher ce que je puis être
  Aux yeux qui m'imposent des lois,
  J'ai pris la forme que tu vois. 945

---

1. Cette scène, comme il a été dit plus haut, est de Molière.
2. Tel est le texte de l'édition originale; dans les impressions postérieures on lit : « que découvrir mon cœur. »

ZÉPHIRE.
　　En tout vous êtes un grand maître ;
　　C'est ici que je le connois.
Sous des déguisements de diverse nature
　　　　On a vu les Dieux amoureux
Chercher à soulager cette douce blessure　　　　950
Que reçoivent les cœurs de vos traits pleins de feux ;
　　Mais en bon sens vous l'emportez sur eux ;
　　　　Et voilà la bonne figure
　　　　Pour avoir un succès heureux
Près de l'aimable sexe où l'on porte ses vœux.　　955
Oui, de ces formes-là l'assistance est bien forte ;
　　Et sans parler ni de rang ni d'esprit,
Qui peut trouver moyen d'être fait de la sorte
　　　　Ne soupire guère à crédit.
L'AMOUR.
　　J'ai résolu, mon cher Zéphire,　　　　960
　　De demeurer ainsi toujours ;
　　Et l'on ne peut le trouver à redire
　　A l'aîné de tous les Amours.
Il est temps de sortir de cette longue enfance
　　　　Qui fatigue ma patience ;　　　　965
Il est temps désormais que je devienne grand.
ZÉPHIRE.
　　Fort bien, vous ne pouvez mieux faire ;
　　Et vous entrez dans un mystère
　　Qui ne demande rien d'enfant.
L'AMOUR.
Ce changement sans doute irritera ma mère.　　970
ZÉPHIRE.
Je prévois là-dessus quelque peu de colère.
　　　　Bien que les disputes des ans
Ne doivent point régner parmi des immortelles,
Votre mère Vénus est de l'humeur des belles,
　　　　Qui n'aiment point de grands enfants.　　975
　　Mais où je la trouve outragée,
C'est dans le procédé que l'on vous voit tenir :
　　Et c'est l'avoir étrangement vengée
Que d'aimer la beauté qu'elle vouloit punir.

Cette haine où ses vœux prétendent que réponde 980
La puissance d'un fils que redoutent les Dieux....

L'AMOUR.

Laissons cela, Zéphire, et me dis si tes yeux
Ne trouvent pas Psyché la plus belle du monde.
Est-il rien sur la terre, est-il rien dans les cieux
Qui puisse lui ravir le titre glorieux 985
    De beauté sans seconde?
   Mais je la vois, mon cher Zéphire,
Qui demeure surprise à l'éclat de ces lieux.

ZÉPHIRE.

Vous pouvez vous montrer pour finir son martyre,
   Lui découvrir son destin glorieux, 990
Et vous dire entre vous tout ce que peuvent dire
   Les soupirs, la bouche et les yeux.
En confident discret, je sais ce qu'il faut faire
Pour ne pas interrompre un amoureux mystère.

SCÈNE II.

PSYCHÉ[1].

Où suis-je? et dans un lieu que je croyois barbare, 995
Quelle savante main a bâti ce palais,
   Que l'art, que la nature pare
   De l'assemblage le plus rare
   Que l'œil puisse admirer jamais?
   Tout rit, tout brille, tout éclate 1000
Dans ces jardins, dans ces appartements,
   Dont les pompeux ameublements
   N'ont rien qui n'enchante et ne flatte;
Et de quelque côté que tournent mes frayeurs,
Je ne vois sous mes pas que de l'or ou des fleurs. 1005

Le ciel auroit-il fait cet amas de merveilles

---

1. PSYCHÉ, *seule.* (1676-97)

ACTE III, SCÈNE II.

   Pour la demeure d'un serpent?
Ou lorsque par leur vue il amuse et suspend
De mon destin jaloux les rigueurs sans pareilles,
   Veut-il montrer qu'il s'en repent?   1010
Non, non, c'est de sa haine, en cruautés féconde,
   Le plus noir, le plus rude trait,
Qui par une rigueur nouvelle et sans seconde,
   N'étale ce choix qu'elle a fait
   De ce qu'a de plus beau le monde,   1015
Qu'afin que je le quitte avec plus de regret.

   Que mon espoir est ridicule,
  S'il croit par là soulager mes douleurs!
Tout autant de moments que ma mort se recule
   Sont autant de nouveaux malheurs;   1020
 Plus elle tarde, et plus de fois je meurs.

Ne me fais plus languir, viens prendre ta victime,
   Monstre qui dois me déchirer.
Veux-tu que je te cherche, et faut-il que j'anime
   Tes fureurs à me dévorer?   1025
Si le ciel veut ma mort, si ma vie est un crime,
De ce peu qui m'en reste ose enfin t'emparer.
   Je suis lasse de murmurer
   Contre un châtiment légitime;
   Je suis lasse de soupirer: 1030
   Viens que j'achève d'expirer.

SCÈNE III.

L'AMOUR, PSYCHÉ, ZÉPHIRE.

L'AMOUR.

Le voilà ce serpent, ce monstre impitoyable,
Qu'un oracle étonnant pour vous a préparé,

Et qui n'est pas peut-être à tel point effroyable
    Que vous vous l'êtes figuré.   1035
            PSYCHÉ.
Vous, Seigneur, vous seriez ce monstre dont l'oracle
    A menacé mes tristes jours,
Vous qui semblez plutôt un dieu qui par miracle
    Daigne venir lui-même à mon secours!
            L'AMOUR.
Quel besoin de secours au milieu d'un empire   1040
        Où tout ce qui respire
N'attend que vos regards pour en prendre la loi,
Où vous n'avez à craindre autre monstre que moi?
            PSYCHÉ.
Qu'un monstre tel que vous inspire peu de crainte!
    Et que, s'il a quelque poison,   1045
    Une âme auroit peu de raison
    De hasarder la moindre plainte
    Contre une favorable atteinte
    Dont tout le cœur craindroit la guérison!
A peine je vous vois, que mes frayeurs cessées   1050
Laissent évanouir l'image du trépas,
Et que je sens couler dans mes veines glacées
Un je ne sais quel feu que je ne connois pas.
J'ai senti de l'estime et de la complaisance,
    De l'amitié, de la reconnoissance;   1055
De la compassion les chagrins innocents
    M'en ont fait sentir la puissance;
Mais je n'ai point encor senti ce que je sens.
Je ne sais ce que c'est; mais je sais qu'il me charme,
    Que je n'en conçois point d'alarme :   1060
Plus j'ai les yeux sur vous, plus je m'en sens charmer.
Tout ce que j'ai senti n'agissoit point de même,
    Et je dirois que je vous aime,
Seigneur, si je savois ce que c'est que d'aimer.

ACTE III, SCÈNE III.

Ne les détournez point, ces yeux qui m'empoisonnent,
Ces yeux tendres, ces yeux perçants, mais amoureux.
Qui semblent partager le trouble qu'ils me donnent.
      Hélas! plus ils sont dangereux,
    Plus je me plais à m'attacher sur eux.
Par quel ordre du ciel, que je ne puis comprendre, 1070
      Vous dis-je plus que je ne dois,
Moi de qui la pudeur devroit du moins attendre
Que vous m'expliquassiez le trouble où je vous vois?
Vous soupirez, Seigneur, ainsi que je soupire :
Vos sens comme les miens paroissent interdits. 1075
C'est à moi de m'en taire, à vous de me le dire;
    Et cependant c'est moi qui vous le dis.

           L'AMOUR.

Vous avez eu, Psyché, l'âme toujours si dure,
      Qu'il ne faut pas vous étonner
      Si pour en réparer l'injure, 1080
L'Amour en ce moment se paye avec usure
      De ceux qu'elle a dû lui donner.
Ce moment est venu qu'il faut que votre bouche
Exhale des soupirs si longtemps retenus;
Et qu'en vous arrachant à cette humeur farouche, 1085
Un amas de transports aussi doux qu'inconnus,
Aussi sensiblement tout à la fois vous touche,
Qu'ils ont dû vous toucher durant tant de beaux jours
Dont cette âme insensible a profané le cours.

           PSYCHÉ.

    N'aimer point, c'est donc un grand crime? 1090

           L'AMOUR.

En souffrez-vous un rude châtiment?

           PSYCHÉ.

C'est punir assez doucement.

           L'AMOUR.

C'est lui choisir sa peine légitime,

Et se faire justice, en ce glorieux jour,
D'un manquement d'amour par un excès d'amour. 1095
PSYCHÉ.
Que n'ai-je été plus tôt punie !
J'y mets le bonheur de ma vie.
Je devrois en rougir, ou le dire plus bas;
Mais le supplice a trop d'appas.
Permettez que tout haut je le die et redie : 1100
Je le dirois cent fois et n'en rougirois pas.
Ce n'est point moi qui parle, et de votre présence
L'empire surprenant, l'aimable violence,
Dès que je veux parler, s'empare de ma voix.
C'est en vain qu'en secret ma pudeur s'en offense, 1105
Que le sexe et la bienséance
Osent me faire d'autres lois :
Vos yeux de ma réponse eux-mêmes font le choix;
Et ma bouche, asservie à leur toute-puissance,
Ne me consulte plus sur ce que je me dois. 1110
L'AMOUR.
Croyez, belle Psyché, croyez ce qu'ils vous disent,
Ces yeux qui ne sont point jaloux :
Qu'à l'envi les vôtres m'instruisent
De tout ce qui se passe en vous.
Croyez-en ce cœur qui soupire, 1115
Et qui, tant que le vôtre y voudra repartir,
Vous dira bien plus, d'un soupir,
Que cent regards ne peuvent dire.
C'est le langage le plus doux,
C'est le plus fort, c'est le plus sûr de tous. 1120
PSYCHÉ.
L'intelligence en étoit due
A nos cœurs, pour les rendre également contents.
J'ai soupiré, vous m'avez entendue;
Vous soupirez, je vous entends;

　　　　Mais ne me laissez plus en doute, 1125
Seigneur, et dites-moi si par la même route,
Après moi, le Zéphire ici vous a rendu,
　　　Pour me dire ce que j'écoute.
Quand j'y suis arrivée, étiez-vous attendu?
Et quand vous lui parlez, êtes-vous entendu? 1130
　　　　　　L'AMOUR.
J'ai dans ce doux climat un souverain empire
　　　Comme vous l'avez sur mon cœur;
L'Amour m'est favorable, et c'est en sa faveur
Qu'à mes ordres Æole a soumis le Zéphire.
C'est l'Amour qui pour voir mes feux récompensés, 1135
　　　Lui-même a dicté cet oracle
　　　Par qui vos beaux jours menacés,
D'une foule d'amants se sont débarrassés,
Et qui m'a délivré de l'éternel obstacle
　　　De tant de soupirs empressés, 1140
Qui ne méritoient pas de vous être adressés.
Ne me demandez point quelle est cette province,
　　　Ni le nom de son prince;
　　Vous le saurez quand il en sera temps.
Je veux vous acquérir, mais c'est par mes services, 1145
Par des soins assidus, et par des vœux constants,
　　　Par les amoureux sacrifices
　　　　De tout ce que je suis,
　　　　De tout ce que je puis,
Sans que l'éclat du rang pour moi vous sollicite, 1150
Sans que de mon pouvoir je me fasse un mérite;
Et bien que souverain dans cet heureux séjour,
Je ne vous veux, Psyché, devoir qu'à mon amour.
Venez en admirer avec moi les merveilles,
Princesse, et préparez vos yeux et vos oreilles 1155
　　　A ce qu'il a d'enchantements.
　　Vous y verrez des bois et des prairies

Contester sur leurs agréments
Avec l'or et les pierreries ;
Vous n'entendrez que des concerts charmants ; 1160
De cent beautés vous y serez servie,
Qui vous adoreront sans vous porter envie,
Et brigueront à tous moments,
D'une âme soumise et ravie,
L'honneur de vos commandements. 1165

PSYCHÉ.

Mes volontés suivent les vôtres :
Je n'en saurois plus avoir d'autres ;
Mais votre oracle enfin vient de me séparer
De deux sœurs, et du Roi mon père,
Que mon trépas imaginaire 1170
Réduit tous trois à me pleurer.
Pour dissiper l'erreur dont leur âme accablée
De mortels déplaisirs se voit pour moi comblée,
Souffrez que mes sœurs soient témoins
Et de ma gloire et de vos soins ; 1175
Prêtez-leur, comme à moi, les ailes du Zéphire[1],
Qui leur puissent de votre empire,
Ainsi qu'à moi, faciliter l'accès :
Faites-leur voir en quel lieu je respire,
Faites-leur de ma perte admirer le succès. 1180

L'AMOUR.

Vous ne me donnez pas, Psyché, toute votre âme :
Ce tendre souvenir d'un père et de deux sœurs
Me vole une part des douceurs
Que je veux toutes pour ma flamme.
N'ayez d'yeux que pour moi qui n'en ai que pour vous ;
Ne songez qu'à m'aimer, ne songez qu'à me plaire,

---

1. « Ordonne à Zéphyre ton serviteur de m'amener ici mes sœurs, comme il m'y a transporté moi-même. » *Illi tuo famulo præcipe Zephyro, simili vectura sorores hic mihi sistat.* (Apulée, *la Métamorphose*, livre V.)

Et quand de tels soucis osent vous en distraire....
PSYCHÉ.
Des tendresses du sang peut-on être jaloux?
L'AMOUR.
Je le suis, ma Psyché, de toute la nature :
Les rayons du soleil vous baisent trop souvent ; 1190
Vos cheveux souffrent trop les caresses du vent :
Dès qu'il les flatte, j'en murmure;
L'air même que vous respirez
Avec trop de plaisir passe par votre bouche;
Votre habit de trop près vous touche ; 1195
Et sitôt que vous soupirez,
Je ne sais quoi qui m'effarouche
Craint parmi vos soupirs des soupirs égarés.
Mais vous voulez vos sœurs : allez, partez, Zéphire ;
Psyché le veut, je ne l'en puis dédire. 1200
(Le Zéphire s'envole.)
Quand vous leur ferez voir ce bienheureux séjour,
De ses trésors faites-leur cent largesses,
Prodiguez-leur caresses sur caresses,
Et du sang, s'il se peut, épuisez les tendresses,
Pour vous rendre toute à l'amour. 1205
Je n'y mêlerai point d'importune présence ;
Mais ne leur faites pas de si longs entretiens :
Vous ne sauriez avoir pour eux de complaisance,
Que vous ne dérobiez aux miens.
PSYCHÉ.
Votre amour me fait une grâce 1210
Dont je n'abuserai jamais.
L'AMOUR.
Allons voir cependant ces jardins, ce palais,
Où vous ne verrez rien que votre éclat n'efface.
Et vous, petits Amours, et vous jeunes Zéphirs,
Qui pour âmes n'avez que de tendres soupirs, 1215

Montrez tous à l'envi ce qu'à voir ma princesse
Vous avez senti d'allégresse.

TROISIÈME INTERMÈDE.

Il se fait une entrée de ballet de quatre Amours et quatre Zéphirs, interrompue deux fois par un dialogue chanté par un Amour et un Zéphir.

LE ZÉPHIR.

Aimable jeunesse,
Suivez la tendresse;
Joignez aux beaux jours
La douceur des Amours.
C'est pour vous surprendre
Qu'on vous fait entendre
Qu'il faut éviter leurs soupirs
Et craindre leurs desirs :
Laissez-vous apprendre
Quels sont leurs plaisirs.

ILS CHANTENT ENSEMBLE.

Chacun est obligé d'aimer
A son tour;
Et plus on a de quoi charmer,
Plus on doit à l'Amour.

LE ZÉPHIR SEUL.

Un cœur jeune et tendre
Est fait pour se rendre;
Il n'a point à prendre
De fâcheux détour.

LES DEUX ENSEMBLE.

Chacun est obligé d'aimer
A son tour;
Et plus on a de quoi charmer,
Plus on doit à l'Amour.

L'AMOUR SEUL.

Pourquoi se défendre?
Que sert-il d'attendre?
Quand on perd un jour,

On le perd sans retour.
LES DEUX ENSEMBLE.
Chacun est obligé d'aimer
   A son tour ;   1245
Et plus on a de quoi charmer,
Plus on doit à l'Amour.

SECOND COUPLET.

LE ZÉPHIR.
L'Amour a des charmes ;
Rendons-lui les armes :
   Ses soins et ses pleurs   1250
Ne sont pas sans douceurs.
Un cœur, pour le suivre,
A cent maux se livre.
Il faut, pour goûter ses appas,
   Languir jusqu'au trépas ;   1255
Mais ce n'est pas vivre
Que de n'aimer pas.

ILS CHANTENT ENSEMBLE.
S'il faut des soins et des travaux
   En aimant,
On est payé de mille maux   1260
Par un heureux moment.

LE ZÉPHIR SEUL.
On craint, on espère,
Il faut du mystère :
Mais on n'obtient guère
De bien sans tourment.   1265

LES DEUX ENSEMBLE.
S'il faut des soins et des travaux
   En aimant,
On est payé de mille maux
Par un heureux moment.

L'AMOUR SEUL.
Que peut-on mieux faire   1270
Qu'aimer et que plaire ?
C'est un soin charmant
Que l'emploi d'un amant.

LES DEUX ENSEMBLE.
S'il faut des soins et des travaux
  En aimant,
On est payé de mille maux
  Par un heureux moment.

Le théâtre devient un autre palais magnifique, coupé dans le fond par un vestibule, au travers duquel on voit un jardin superbe et charmant, décoré de plusieurs vases d'orangers, et d'arbres chargés de toutes sortes de fruits.)

ACTE IV.

SCÈNE PREMIÈRE.
AGLAURE, CYDIPPE.

AGLAURE.

Je n'en puis plus, ma sœur; j'ai vu trop de merveilles :
L'avenir aura peine à les bien concevoir;
Le soleil, qui voit tout, et qui nous fait tout voir,
    N'en a vu jamais[1] de pareilles.
    Elles me chagrinent l'esprit;
Et ce brillant palais, ce pompeux équipage,
    Font un odieux étalage
Qui m'accable de honte autant que de dépit.
    Que la fortune indignement nous traite[2] !
    Et que sa largesse indiscrète
Prodigue aveuglément, épuise, unit d'efforts,
    Pour faire de tant de trésors
    Le partage d'une cadette !

CYDIPPE.

    J'entre dans tous vos sentiments,
J'ai les mêmes chagrins; et dans ces lieux charmants,
    Tout ce qui vous déplaît me blesse;

---

1. Dans l'édition de 1697 : « N'en a jamais vu. »
2. *Sorores egregiæ, domum redeuntes, jamque gliscentis invidiæ felle flagrantes, multa secum sermonibus mutuis perstrepebant. Sic denique infit altera :* « *En orba et sæva et iniqua fortuna! Hoccine tibi complacuit, ut utroque parente prognatæ, diversam sortem sustineremus?* » (Apulée, *la Métamorphose*, livre V.)

Tout ce que vous prenez pour un mortel affront,
    Comme vous, m'accable et me laisse   1295
L'amertume dans l'âme et la rougeur au front.

AGLAURE.

    Non, ma sœur, il n'est point de reines
Qui dans leur propre État parlent en souveraines
    Comme Psyché parle en ces lieux.
On l'y voit obéie avec exactitude,   1300
Et de ses volontés une amoureuse étude
    Les cherche jusque dans ses yeux.
    Mille beautés s'empressent autour d'elle,
    Et semblent dire à nos regards jaloux :
« Quels que soient nos attraits, elle est encor plus belle ;
Et nous, qui la servons, le sommes plus que vous. »
    Elle prononce, on exécute ;
Aucun ne s'en défend, aucun ne s'en rebute.
    Flore, qui s'attache à ses pas,
Répand à pleines mains autour de sa personne   1310
    Ce qu'elle a de plus doux appas ;
    Zéphire vole aux ordres qu'elle donne[1] ;
Et son amante et lui, s'en laissant trop charmer,
Quittent pour la servir les soins de s'entr'aimer.

CYDIPPE.

    Elle a des Dieux à son service,   1315
    Elle aura bientôt des autels[2] ;
Et nous ne commandons qu'à de chétifs mortels
    De qui l'audace et le caprice,
Contre nous à toute heure en secret révoltés,
    Opposent à nos volontés   1320
    Ou le murmure ou l'artifice !

---

1. « Une des choses qui leur causa le plus de dépit fut qu'en leur présence notre héroïne ordonna aux Zéphyrs de redoubler la fraîcheur ordinaire de ce séjour. » (La Fontaine, *les Amours de Psyché et de Cupidon*, livre I.)

2. *Deam quoque illam deus maritus efficiet.* (Apulée, *la Métamorphose*, livre V.)

ACTE IV, SCÈNE I.

AGLAURE.

C'étoit peu que dans notre cour
Tant de cœurs à l'envi nous l'eussent préférée ;
Ce n'étoit pas assez que de nuit et de jour
D'une foule d'amants elle y fût adorée :   1325
Quand nous nous consolions de la voir au tombeau
    Par l'ordre imprévu d'un oracle,
    Elle a voulu de son destin nouveau
Faire en notre présence éclater le miracle,
    Et choisi nos yeux pour témoins   1330
De ce qu'au fond du cœur nous souhaitions le moins.

CYDIPPE.

    Ce qui le plus me désespère,
C'est cet amant parfait et si digne de plaire
    Qui se captive sous ses lois.
Quand nous pourrions choisir entre tous les monarques,
    En est-il un, de tant de rois,
    Qui porte de si nobles marques?
    Se voir du bien par delà ses souhaits,
N'est souvent qu'un bonheur qui fait des misérables ;
Il n'est ni train pompeux, ni superbes palais   1340
Qui n'ouvrent quelque porte à des maux incurables ;
Mais avoir un amant d'un mérite achevé,
    Et s'en voir chèrement aimée,
    C'est un bonheur si haut, si relevé,
Que sa grandeur ne peut être exprimée[1].   1345

AGLAURE.

N'en parlons plus, ma sœur, nous en mourrions d'ennui :
    Songeons plutôt à la vengeance ;
Et trouvons le moyen de rompre entre elle et lui
    Cette adorable intelligence[2].

---

1. *Quod si maritum etiam tam formosum tenet, ut affirmat, nulla nunc in orbe toto felicior vivit.* (Apulée, *la Métamorphose*, livre V.)
2. *Consilium validum ambæ requiramus.* (*Ibidem.*)

La voici. J'ai des coups tous prêts[1] à lui porter 1350
Qu'elle aura peine d'éviter.

SCÈNE II.

PSYCHÉ, AGLAURE, CYDIPPE.

PSYCHÉ.

Je viens vous dire adieu; mon amant vous renvoie,
Et ne sauroit plus endurer
Que vous lui retranchiez un moment de la joie
Qu'il prend de se voir seul à me considérer : 1355
Dans un simple regard, dans la moindre parole,
Son amour trouve des douceurs,
Qu'en faveur du sang je lui vole,
Quand je les partage à des sœurs.

AGLAURE.

La jalousie est assez fine; 1360
Et ces délicats sentiments
Méritent bien qu'on s'imagine
Que celui qui pour vous a ces empressements
Passe le commun des amants.
Je vous en parle ainsi, faute de le connoître. 1365
Vous ignorez son nom et ceux dont il tient l'être;
Nos esprits en sont alarmés.
Je le tiens un grand prince, et d'un pouvoir suprême,
Bien au delà du diadème;
Ses trésors sous vos pas confusément semés 1370
Ont de quoi faire honte à l'abondance même.
Vous l'aimez autant qu'il vous aime;
Il vous charme, et vous le charmez :
Votre félicité, ma sœur, seroit extrême

---

1. L'édition de 1697 porte seule *tout prêts*. Voyez plus loin le vers 1800 et la note qui s'y rapporte.

Si vous saviez qui vous aimez. 1375
PSYCHÉ.
Que m'importe? j'en suis aimée :
Plus il me voit, plus je lui plais.
Il n'est point de plaisirs dont l'âme soit charmée
Qui ne préviennent mes souhaits;
Et je vois mal de quoi la vôtre est alarmée, 1380
Quand tout me sert dans ce palais.
AGLAURE.
Qu'importe qu'ici tout vous serve,
Si toujours cet amant vous cache ce qu'il est?
Nous ne nous alarmons que pour votre intérêt
En vain tout vous y rit, en vain tout vous y plaît; 1385
Le véritable amour ne fait point de réserve;
Et qui s'obstine à se cacher
Sent quelque chose en soi qu'on peut lui reprocher.
Si cet amant devient volage,
Car souvent en amour le change est assez doux; 1390
Et j'ose le dire entre nous,
Pour grand que soit l'éclat dont brille ce visage,
Il en peut être ailleurs d'aussi belles que vous;
Si, dis-je, un autre objet sous d'autres lois l'engage,
Si dans l'état où je vous voi, 1395
Seule en ses mains et sans défense,
Il va jusqu'à la violence,
Sur qui vous vengera le Roi,
Ou de ce changement ou de cette insolence?
PSYCHÉ.
Ma sœur, vous me faites trembler. 1400
Juste ciel! pourrois-je être assez infortunée....
CYDIPPE.
Que sait-on si déjà les vœux de l'hyménée....
PSYCHÉ.
N'achevez pas, ce seroit m'accabler.

AGLAURE.
Je n'ai plus qu'un mot à vous dire.
Ce prince qui vous aime et qui commande aux vents,
Qui nous donne pour char les ailes du Zéphire,
Et de nouveaux plaisirs vous comble à tous moments,
Quand il rompt à vos yeux l'ordre de la nature,
Peut-être à tant d'amour mêle un peu d'imposture;
Peut-être ce palais n'est qu'un enchantement; 1410
Et ces lambris dorés, ces amas de richesses
    Dont il achète vos tendresses,
Dès qu'il sera lassé de souffrir vos caresses,
    Disparoîtront en un moment.
Vous savez comme nous ce que peuvent les charmes. 1415
PSYCHÉ.
Que je sens à mon tour de cruelles alarmes!
AGLAURE.
Notre amitié ne veut que votre bien.
PSYCHÉ.
Adieu, mes sœurs : finissons l'entretien;
J'aime, et je crains qu'on ne s'impatiente.
    Partez; et demain, si je puis, 1420
    Vous me verrez ou plus contente,
Ou dans l'accablement des plus mortels ennuis.
AGLAURE.
Nous allons dire au Roi quelle nouvelle gloire,
Quel excès de bonheur le ciel répand sur vous.
CYDIPPE.
Nous allons lui conter d'un changement si doux 1425
La surprenante et merveilleuse histoire.
PSYCHÉ.
Ne l'inquiétez point, ma sœur, de vos soupçons;
Et quand vous lui peindrez un si charmant empire....
AGLAURE.
Nous savons toutes deux ce qu'il faut taire ou dire,

Et n'avons pas besoin, sur ce point, de leçons. 1430
(Le Zéphire enlève les deux sœurs de Psyché dans un nuage qui descend jusqu'à terre, et dans lequel il les emporte avec rapidité.)

SCÈNE III.
L'AMOUR, PSYCHÉ.

L'AMOUR.
Enfin vous êtes seule, et je puis vous redire,
Sans avoir pour témoins vos importunes sœurs,
Ce que des yeux si beaux ont pris sur moi d'empire,
    Et quel excès ont les douceurs
      Qu'une sincère ardeur inspire, 1435
    Sitôt qu'elle assemble deux cœurs.
Je puis vous expliquer de mon âme ravie
      Les amoureux empressements,
    Et vous jurer qu'à vous seule asservie
Elle n'a pour objet de ses ravissements 1440
Que de voir cette ardeur, de même ardeur suivie,
      Ne concevoir plus d'autre envie
    Que de régler mes vœux sur vos desirs,
Et de ce qui vous plaît faire tous mes plaisirs.
      Mais d'où vient qu'un triste nuage 1445
    Semble offusquer l'éclat de ces beaux yeux?
     Vous manque-t-il quelque chose en ces lieux?
Des vœux qu'on vous y rend dédaignez-vous l'hommage?

PSYCHÉ.
Non, Seigneur.

L'AMOUR.
       Qu'est-ce donc? et d'où vient mon malheur?
J'entends moins de soupirs d'amour que de douleur; 1450
Je vois de votre teint les roses amorties
    Marquer un déplaisir secret;

Vos sœurs à peine sont parties
Que vous soupirez de regret.
Ah! Psyché, de deux cœurs quand l'ardeur est la même,
Ont-ils des soupirs différents?
Et quand on aime bien, et qu'on voit ce qu'on aime,
Peut-on songer à des parents?
PSYCHÉ.
Ce n'est point là ce qui m'afflige.
L'AMOUR.
Est-ce l'absence d'un rival, 1460
Et d'un rival aimé, qui fait qu'on me néglige?
PSYCHÉ.
Dans un cœur tout à vous que vous pénétrez mal!
Je vous aime, Seigneur, et mon amour s'irrite
De l'indigne soupçon que vous avez formé.
Vous ne connoissez pas quel est votre mérite, 1465
Si vous craignez de n'être pas aimé.
Je vous aime; et depuis que j'ai vu la lumière,
Je me suis montrée assez fière
Pour dédaigner les vœux de plus d'un roi;
Et s'il vous faut ouvrir mon âme toute entière, 1470
Je n'ai trouvé que vous qui fût digne de moi.
Cependant j'ai quelque tristesse
Qu'en vain je voudrois vous cacher :
Un noir chagrin se mêle à toute ma tendresse,
Dont je ne la puis détacher. 1475
Ne m'en demandez point la cause :
Peut-être la sachant voudrez-vous m'en punir,
Et si j'ose aspirer encore à quelque chose,
Je suis sûre du moins de ne point l'obtenir.
L'AMOUR.
Et ne craignez-vous point qu'à mon tour je m'irrite 1480
Que vous connoissiez mal quel est votre mérite,
Ou feigniez de ne pas savoir

Quel est sur moi votre absolu pouvoir?
Ah! si vous en doutez, soyez désabusée.
Parlez.
PSYCHÉ.
J'aurai l'affront de me voir refusée. 1485
L'AMOUR.
Prenez en ma faveur de meilleurs sentiments,
L'expérience en est aisée :
Parlez, tout se tient prêt à vos commandements.
Si pour m'en croire il vous faut des serments,
J'en jure vos beaux yeux, ces maîtres de mon âme, 1490
Ces divins auteurs de ma flamme;
Et si ce n'est assez d'en jurer vos beaux yeux,
J'en jure par le Styx, comme jurent les Dieux.
PSYCHÉ.
J'ose craindre un peu moins après cette assurance.
Seigneur, je vois ici la pompe et l'abondance, 1495
Je vous adore, et vous m'aimez,
Mon cœur en est ravi, mes sens en sont charmés;
Mais parmi ce bonheur suprême,
J'ai le malheur de ne savoir qui j'aime.
Dissipez cet aveuglement, 1500
Et faites-moi connoître un si parfait amant.
L'AMOUR.
Psyché, que venez-vous de dire?
PSYCHÉ.
Que c'est le bonheur où j'aspire;
Et si vous ne me l'accordez....
L'AMOUR.
Je l'ai juré, je n'en suis plus le maître; 1505
Mais vous ne savez pas ce que vous demandez.
Laissez-moi mon secret. Si je me fais connoître,
Je vous perds, et vous me perdez.
Le seul remède est de vous en dédire.

PSYCHÉ.

C'est là sur vous mon souverain empire? 1510

L'AMOUR.

Vous pouvez tout, et je suis tout à vous ;
Mais si nos feux vous semblent doux,
Ne mettez point d'obstacle à leur charmante suite ;
Ne me forcez point à la fuite :
C'est le moindre malheur qui nous puisse arriver 1515
D'un souhait qui vous a séduite.

PSYCHÉ.

Seigneur, vous voulez m'éprouver ;
Mais je sais ce que j'en dois croire.
De grâce, apprenez-moi tout l'excès de ma gloire,
Et ne me cachez plus pour quel illustre choix 1520
J'ai rejeté les vœux de tant de rois.

L'AMOUR.

Le voulez-vous ?

PSYCHÉ.

Souffrez que je vous en conjure.

L'AMOUR.

Si vous saviez, Psyché, la cruelle aventure
Que par là vous vous attirez....

PSYCHÉ.

Seigneur, vous me désespérez. 1525

L'AMOUR.

Pensez-y bien, je puis encor me taire.

PSYCHÉ.

Faites-vous des serments pour n'y point satisfaire ?

L'AMOUR.

Eh bien ! je suis le dieu le plus puissant des dieux,
Absolu sur la terre, absolu dans les cieux ;
Dans les eaux, dans les airs mon pouvoir est suprême :
En un mot, je suis l'Amour même,

Qui de mes propres traits m'étois blessé pour vous[1] ;
Et sans la violence, hélas! que vous me faites,
Et qui vient de changer mon amour en courroux,
  Vous m'alliez avoir pour époux.   1535
  Vos volontés sont satisfaites,
  Vous avez su qui vous aimiez,
 Vous connoissez l'amant que vous charmiez ;
  Psyché, voyez où vous en êtes :
 Vous me forcez vous-même à vous quitter ;   1540
 Vous me forcez vous-même à vous ôter
  Tout l'effet de votre victoire.
Peut-être vos beaux yeux ne me reverront plus.
Ce palais, ces jardins, avec moi disparus,
Vont faire évanouir votre naissante gloire.   1545
  Vous n'avez pas voulu m'en croire[2] ;
 Et pour tout fruit de ce doute éclairci,
  Le Destin, sous qui le ciel tremble,
Plus fort que mon amour, que tous les Dieux ensemble,
Vous va montrer sa haine, et me chasse d'ici.   1550

(L'Amour disparoît, et dans l'instant qu'il s'envole, le superbe jardin s'évanouit. Psyché demeure seule au milieu d'une vaste campagne, et sur le bord sauvage d'un grand fleuve où elle se veut précipiter. Le Dieu du fleuve paroît, assis sur un amas de joncs et de roseaux, et appuyé sur une grande urne, d'où sort une grosse source d'eau.)

---

1. *Præclarus ille sagittarius ipse me telo meo percussi.* (Apulée, *la Métamorphose*, livre V.)
2. On lit *me croire* dans l'édition de 1697.

SCÈNE IV.

PSYCHÉ[1].

PSYCHÉ.

Cruel destin! funeste inquiétude!
    Fatale curiosité!
Qu'avez-vous fait, affreuse solitude,
    De toute ma félicité?
J'aimois un dieu, j'en étois adorée, 1555
Mon bonheur redoubloit de moment en moment;
    Et je me vois seule, éplorée,
Au milieu d'un désert, où pour accablement,
    Et confuse et désespérée,
Je sens croître l'amour, quand j'ai perdu l'amant. 1560
    Le souvenir m'en charme et m'empoisonne;
Sa douceur tyrannise un cœur infortuné
Qu'aux plus cuisants chagrins ma flamme a condamné.
    O ciel! quand l'Amour m'abandonne,
Pourquoi me laisse-t-il l'amour qu'il m'a donné? 1565
Source de tous les biens, inépuisable et pure,
    Maître des hommes et des Dieux,
    Cher auteur des maux que j'endure,
Êtes-vous pour jamais disparu de mes yeux[2]?
    Je vous en ai banni moi-même : 1570
Dans un excès d'amour, dans un bonheur extrême,
D'un indigne soupçon mon cœur s'est alarmé.
Cœur ingrat, tu n'avois qu'un feu mal allumé;
Et l'on ne peut vouloir, du moment que l'on aime,
    Que ce que veut l'objet aimé. 1575

---

1. Les éditions anciennes ne font figurer en tête de cette scène, que PSYCHÉ, bien qu'elle y ait pour interlocuteur LE DIEU DU FLEUVE.

2. L'impression de 1676 porte *veux*, pour *yeux*, et de cette faute typographique l'édition de 1682 a fait *vœux*.

Mourons, c'est le parti qui seul me reste à suivre.
 Après la perte que je fais.
 Pour qui, grands Dieux! voudrois-je vivre?
  Et pour qui former des souhaits?
Fleuve, de qui les eaux baignent ces tristes sables, 1580
 Ensevelis mon crime dans tes flots;
 Et pour finir des maux si déplorables,
Laisse-moi dans ton lit assurer mon repos.

LE DIEU DU FLEUVE.

 Ton trépas souilleroit mes ondes,
 Psyché¹ : le ciel te le défend;   1585
Et peut-être qu'après des douleurs si profondes
  Un autre sort t'attend.
Fuis plutôt de Vénus l'implacable colère.
Je la vois qui te cherche et qui te veut punir :
L'amour du fils a fait la haine de la mère.   1590
 Fuis, je saurai la retenir.

PSYCHÉ.

 J'attends ses fureurs vengeresses :
Qu'auront-elles pour moi qui ne me soit trop doux?
Qui cherche le trépas ne craint dieux ni déesses,
 Et peut braver tout leur courroux.   1595

SCÈNE V.

VÉNUS, PSYCHÉ.

VÉNUS.

Orgueilleuse Psyché, vous m'osez donc attendre
Après m'avoir sur terre enlevé mes honneurs,
 Après que vos traits suborneurs

---

1. *Psyche.... neque tua miserrima morte meas sanctas aquas polluas, nec*, etc. (Apulée, *la Métamorphose*, livre VI.)

Ont reçu les encens qu'aux miens seuls on doit rendre ?
    J'ai vu mes temples désertés ; 1600
J'ai vu tous les mortels, séduits par vos beautés,
Idolâtrer en vous la beauté souveraine,
Vous offrir des respects jusqu'alors inconnus,
    Et ne se mettre pas en peine
    S'il étoit une autre Vénus ; 1605
    Et je vous vois encor l'audace
De n'en pas redouter les justes châtiments,
    Et de me regarder en face,
Comme si c'étoit peu que mes ressentiments !

PSYCHÉ.

Si de quelques mortels on m'a vue adorée, 1610
Est-ce un crime pour moi d'avoir eu des appas
    Dont leur âme inconsidérée
Laissoit charmer des yeux qui ne vous voyoient pas ?
    Je suis ce que le ciel m'a faite,
Je n'ai que les beautés qu'il m'a voulu prêter. 1615
Si les vœux qu'on m'offroit vous ont mal satisfaite,
Pour forcer tous les cœurs à vous les reporter,
    Vous n'aviez qu'à vous présenter,
Qu'à ne leur cacher plus cette beauté parfaite
    Qui pour les rendre à leur devoir, 1620
Pour se faire adorer, n'a qu'à se faire voir.

VÉNUS.

    Il falloit vous en mieux défendre.
Ces respects, ces encens, se devoient refuser[1] ;
    Et pour les mieux désabuser,
Il falloit à leurs yeux vous-même me les rendre. 1625
    Vous avez aimé cette erreur
Pour qui vous ne deviez avoir que de l'horreur ;
Vous avez bien fait plus : votre humeur arrogante,

---

1. Dans les éditions de 1676, de 1682 et de 1697 : « se doivent refuser. »

ACTE IV, SCÈNE V.

Sur le mépris de mille rois,
Jusques aux cieux a porté de son choix   1630
L'ambition extravagante.
PSYCHÉ.
J'aurois porté mon choix, Déesse, jusqu'aux cieux?
VÉNUS.
Votre insolence est sans seconde.
Dédaigner tous les rois du monde,
N'est-ce pas aspirer aux Dieux?   1635
PSYCHÉ.
Si l'Amour pour eux tous m'avoit endurci l'âme,
Et me réservoit toute à lui,
En puis-je être coupable? et faut-il qu'aujourd'hui,
Pour prix d'une si belle flamme,
Vous vouliez m'accabler d'un éternel ennui?   1640
VÉNUS.
Psyché, vous deviez mieux connoître
Qui vous étiez, et quel étoit ce dieu.
PSYCHÉ.
Et m'en a-t-il donné ni le temps ni le lieu,
Lui qui de tout mon cœur d'abord s'est rendu maître?
VÉNUS.
Tout votre cœur s'en est laissé charmer,   1645
Et vous l'avez aimé, dès qu'il vous a dit : « J'aime. »
PSYCHÉ.
Pouvois-je n'aimer pas le dieu qui fait aimer,
Et qui me parloit pour lui-même?
C'est votre fils : vous savez son pouvoir;
Vous en connoissez le mérite.   1650
VÉNUS.
Oui, c'est mon fils; mais un fils qui m'irrite;
Un fils qui me rend mal ce qu'il sait me devoir;
Un fils qui fait qu'on m'abandonne,
Et qui pour mieux flatter ses indignes amours,

Depuis que vous l'aimez ne blesse plus personne 1655
Qui vienne à mes autels implorer mon secours.
   Vous m'en avez fait un rebelle,
On m'en verra vengée, et hautement, sur vous;
Et je vous apprendrai s'il faut qu'une mortelle
  Souffre qu'un dieu soupire à ses genoux. 1660
Suivez-moi; vous verrez, par votre expérience,
   A quelle folle confiance
   Vous portoit cette ambition.
Venez, et préparez autant de patience
  Qu'on vous voit de présomption. 1665

QUATRIÈME INTERMÈDE.

La scène représente les enfers. On y voit une mer toute de feu, dont les flots sont dans une perpétuelle agitation. Cette mer effroyable est bornée par des ruines enflammées; et au milieu de ses flots agités, au travers d'une gueule affreuse, paroît le palais infernal de Pluton. Huit Furies en sortent, et forment une entrée de ballet, où elles se réjouissent de la rage qu'elles ont allumée dans l'âme de la plus douce des divinités. Un Lutin mêle quantité de sauts périlleux à leurs danses, cependant que Psyché, qui a passé aux enfers par le commandement de Vénus, repasse dans la barque de Charon avec la boîte qu'elle a reçue de Proserpine pour cette déesse.

ACTE V.

SCÈNE PREMIÈRE.
PSYCHÉ.

Effroyables replis des ondes infernales,
Noirs palais où Mégère et ses sœurs font leur cour,
    Éternels ennemis du jour,
Parmi vos Ixions et parmi vos Tantales,
Parmi tant de tourments qui n'ont point d'intervalles,
    Est-il dans votre affreux séjour
    Quelques peines qui soient égales
Aux travaux où Vénus condamne son amour?
    Elle n'en peut être assouvie;
Et depuis qu'à ses lois je me trouve asservie,   1675
Depuis qu'elle me livre à ses ressentiments,
    Il m'a fallu dans ces cruels moments
    Plus d'une âme et plus d'une vie,
    Pour remplir ses commandements.
    Je souffrirois tout avec joie,   1680
Si parmi les rigueurs que sa haine déploie
Mes yeux pouvoient revoir, ne fût-ce qu'un moment,
    Ce cher, cet adorable amant.
Je n'ose le nommer: ma bouche, criminelle
    D'avoir trop exigé de lui,   1685
S'en est rendue indigne; et dans ce dur ennui,
    La souffrance la plus mortelle
Dont m'accable à toute heure un renaissant trépas,
    Est celle de ne le voir pas.

Si son courroux duroit encore, 1690
Jamais aucun malheur n'approcheroit du mien ;
Mais s'il avoit pitié d'une âme qui l'adore,
Quoi qu'il fallût souffrir, je ne souffrirois rien.
Oui, destins, s'il calmoit cette juste colère,
  Tous mes malheurs seroient finis : 1695
Pour me rendre insensible aux fureurs de la mère,
  Il ne faut qu'un regard du fils[1].
Je n'en veux plus douter, il partage ma peine :
Il voit ce que je souffre et souffre comme moi ;
  Tout ce que j'endure le gêne ; 1700
Lui-même il s'en impose une amoureuse loi.
En dépit de Vénus, en dépit de mon crime,
C'est lui qui me soutient, c'est lui qui me ranime
Au milieu des périls où l'on me fait courir ;
Il garde la tendresse où son feu le convie, 1705
Et prend soin de me rendre une nouvelle vie,
  Chaque fois qu'il me faut mourir.
  Mais que me veulent ces deux ombres
Qu'à travers le faux jour de ces demeures sombres
  J'entrevois s'avancer vers moi ? 1710

SCÈNE II.
PSYCHÉ, CLÉOMÈNE, AGÉNOR.

PSYCHÉ.
Cléomène, Agénor, est-ce vous que je vois ?
  Qui vous a ravi la lumière ?
CLÉOMÈNE.
La plus juste douleur qui d'un beau désespoir
  Nous eût pu fournir la matière ;
Cette pompe funèbre où du sort le plus noir 1715

---

1. L'édition de 1671 porte, par erreur sans doute, *d'un fils*.

ACTE V, SCÈNE II.

Vous attendiez la rigueur la plus fière,
L'injustice la plus entière.
AGÉNOR.
Sur ce même rocher où le ciel en courroux
    Vous promettoit, au lieu d'époux,
Un serpent dont soudain vous seriez dévorée,
    Nous tenions la main préparée
A repousser sa rage, ou mourir avec vous.
Vous le savez, princesse; et lorsqu'à notre vue
Par le milieu des airs vous êtes disparue,
Du haut de ce rocher, pour suivre vos beautés,
Ou plutôt pour goûter cette amoureuse joie
D'offrir pour vous au monstre une première proie,
D'amour et de douleur l'un et l'autre emportés,
    Nous nous sommes précipités.
CLÉOMÈNE.
Heureusement déçus au sens de votre oracle,
    Nous en avons ici reconnu le miracle,
  Et su que le serpent prêt à vous dévorer
        Étoit le dieu qui fait qu'on aime,
Et qui, tout dieu qu'il est, vous adorant lui-même,
        Ne pouvoit endurer
Qu'un mortel comme nous osât vous adorer.
AGÉNOR.
    Pour prix de vous avoir suivie,
Nous jouissons ici d'un trépas assez doux.
    Qu'avions-nous affaire de vie,
    Si nous ne pouvions être à vous?
    Nous revoyons ici vos charmes,
Qu'aucun des deux là-haut n'auroit revus jamais.
Heureux si nous voyons la moindre de vos larmes
Honorer des malheurs que vous nous avez faits!
PSYCHÉ.
    Puis-je avoir des larmes de reste,

Après qu'on a porté les miens au dernier point?
Unissons nos soupirs dans un sort si funeste,
  Les soupirs ne s'épuisent point;
Mais vous soupireriez, princes, pour une ingrate.
Vous n'avez point voulu survivre à mes malheurs; 1750
  Et quelque douleur qui m'abatte,
  Ce n'est point pour vous que je meurs.

CLÉOMÈNE.

L'avons-nous mérité, nous dont toute la flamme
N'a fait que vous lasser du récit de nos maux?

PSYCHÉ.

Vous pouviez mériter, princes, toute mon âme, 1755
  Si vous n'eussiez été rivaux.
  Ces qualités incomparables
Qui de l'un et de l'autre accompagnoient les vœux
  Vous rendoient tous deux trop aimables
  Pour mépriser aucun des deux. 1760

AGÉNOR.

Vous avez pu, sans être injuste ni cruelle,
Nous refuser un cœur réservé pour un dieu.
Mais revoyez Vénus. Le Destin nous rappelle,
  Et nous force à vous dire adieu.

PSYCHÉ.

Ne vous donne-t-il point le loisir de me dire 1765
  Quel est ici votre séjour?

CLÉOMÈNE.

Dans des bois toujours verts, où d'amour on respire,
  Aussitôt qu'on est mort d'amour:
D'amour on y revit, d'amour on y soupire,
Sous les plus douces lois de son heureux empire; 1770
Et l'éternelle nuit n'ose en chasser le jour
  Que lui-même il attire
  Sur nos fantômes, qu'il inspire,
Et dont aux enfers même il se fait une cour.

AGÉNOR.

Vos envieuses sœurs, après nous descendues, 1775
    Pour vous perdre se sont perdues;
    Et l'une et l'autre tour à tour,
Pour le prix d'un conseil qui leur coûte la vie,
A côté d'Ixion, à côté de Titye,
Souffre tantôt la roue, et tantôt le vautour. 1780
L'Amour, par les Zéphirs, s'est fait prompte justice
De leur envenimée et jalouse malice :
Ces ministres ailés de son juste courroux,
Sous couleur de les rendre encore auprès de vous,
Ont plongé l'une et l'autre au fond d'un précipice, 1785
Où le spectacle affreux de leurs corps déchirés
N'étale que le moindre et le premier supplice
    De ces conseils dont l'artifice
    Fait les maux dont vous soupirez.

PSYCHÉ.

    Que je les plains!

CLÉOMÈNE.

            Vous êtes seule à plaindre. 1790
Mais nous demeurons trop à vous entretenir :
Adieu : puissions-nous vivre en votre souvenir!
Puissiez-vous, et bientôt, n'avoir plus rien à craindre!
Puisse, et bientôt, l'Amour vous enlever aux cieux,
    Vous y mettre à côté des Dieux, 1795
Et rallumant un feu qui ne se puisse éteindre,
Affranchir à jamais l'éclat de vos beaux yeux
    D'augmenter le jour en ces lieux!

SCÈNE III.

PSYCHÉ.

Pauvres amants! Leur amour dure encore!

Tous morts[1] qu'ils sont, l'un et l'autre m'adore,
Moi dont la dureté reçut si mal leurs vœux.
Tu n'en fais pas ainsi, toi qui seul m'as ravie,
Amant que j'aime encor cent fois plus que ma vie,
    Et qui brises de si beaux nœuds !
  Ne me fuis plus, et souffre que j'espère   1805
Que tu pourras un jour rabaisser l'œil sur moi,
Qu'à force de souffrir j'aurai de quoi te plaire,
    De quoi me rengager ta foi.
Mais ce que j'ai souffert m'a trop défigurée
    Pour rappeler un tel espoir :   1810
    L'œil abattu, triste, désespérée,
    Languissante et décolorée,
    De quoi puis-je me prévaloir,
Si par quelque miracle, impossible à prévoir,
Ma beauté qui t'a plu ne se voit réparée ?   1815
    Je porte ici de quoi la réparer :
    Ce trésor de beauté divine,
Qu'en mes mains pour Vénus a remis Proserpine,
Enferme des appas dont je puis m'emparer[2] ;
    Et l'éclat en doit être extrême,   1820
    Puisque Vénus, la beauté même,
    Les demande pour se parer.
En dérober un peu seroit-ce un si grand crime ?
Pour plaire aux yeux d'un dieu qui s'est fait mon amant,
Pour regagner son cœur et finir mon tourment,   1825
    Tout n'est-il pas trop légitime ?
Ouvrons. Quelles vapeurs m'offusquent le cerveau,
Et que vois-je sortir de cette boîte ouverte[3] ?

1. Dans l'édition de 1697 : « Tout morts. » Voyez ci-dessus, p. 340, le vers 1350 et la note qui s'y rapporte.

2. *Et ecce, inquit, inepta ego divinæ formositatis gerula, quæ ne tantillum quidem indidem mihi delibo, vel sic illi amatori meo formoso placitura.* (Apulée, *la Métamorphose*, livre VI.)

3. *Reserat pyxidem* (Psyche). *Nec quidquam ibi rerum, nec formositas ulla,*

Amour, si ta pitié ne s'oppose à ma perte,
Pour ne revivre plus je descends au tombeau. 1830

(Elle s'évanouit, et l'Amour descend auprès d'elle en volant.)

SCÈNE IV.

L'AMOUR, PSYCHÉ évanouie.

L'AMOUR.

Votre péril, Psyché, dissipe ma colère,
Ou plutôt de mes feux l'ardeur n'a point cessé ;
Et bien qu'au dernier point vous m'ayez su déplaire,
Je ne me suis intéressé
    Que contre celle de ma mère. 1835
J'ai vu tous vos travaux, j'ai suivi vos malheurs,
Mes soupirs ont partout accompagné vos pleurs.
Tournez les yeux vers moi, je suis encor le même.
Quoi? je dis et redis tout haut que je vous aime,
Et vous ne dites point, Psyché, que vous m'aimez! 1840
Est-ce que pour jamais vos beaux yeux sont fermés,
Qu'à jamais la clarté leur vient d'être ravie?
O mort! devois-tu prendre un dard si criminel,
Et sans aucun respect pour mon être éternel,
    Attenter à ma propre vie? 1845
  Combien de fois, ingrate déité,
    Ai-je grossi ton noir empire
  Par les mépris et par la cruauté
  D'une orgueilleuse ou farouche beauté!
    Combien même, s'il le faut dire, 1850
  T'ai-je immolé de fidèles amants

---

sed infernus somnus ac vere stygius; qui statim cooperculo revelatus, invadit eam, crassaque soporis nebula cunctis ejus membris perfunditur, et in ipso vestigio ipsaque semita collapsam possidet; et jacebat immobilis, ut nihil aliud quam dormiens cadaver. (Apulée, *la Métamorphose*, livre VI.)

A force de ravissements!
Va, je ne blesserai plus d'âmes,
Je ne percerai plus de cœurs,
Qu'avec des dards trempés aux divines liqueurs 1855
Qui nourrissent du ciel les immortelles flammes,
Et n'en lancerai plus que pour faire à tes yeux
  Autant d'amants, autant de dieux.
  Et vous, impitoyable mère,
  Qui la forcez à m'arracher 1860
  Tout ce que j'avois de plus cher,
Craignez, à votre tour, l'effet de ma colère.
  Vous me voulez faire la loi,
Vous qu'on voit si souvent la recevoir de moi!
Vous qui portez un cœur sensible comme un autre, 1865
Vous enviez au mien les délices du vôtre!
Mais dans ce même cœur j'enfoncerai des coups
Qui ne seront suivis que de chagrins jaloux;
Je vous accablerai de honteuses surprises,
Et choisirai partout à vos vœux les plus doux 1870
  Des Adonis et des Anchises
  Qui n'auront que haine pour vous.

SCÈNE V.

VÉNUS, L'AMOUR, PSYCHÉ évanouie.

VÉNUS.

  La menace est respectueuse;
  Et d'un enfant qui fait le révolté
  La colère présomptueuse.... 1875

L'AMOUR.

Je ne suis plus enfant, et je l'ai trop été;
Et ma colère est juste autant qu'impétueuse.

VÉNUS.
L'impétuosité s'en devroit retenir,
 Et vous pourriez vous souvenir
 Que vous me devez la naissance.

L'AMOUR.
 Et vous pourriez n'oublier pas
 Que vous avez un cœur et des appas
 Qui relèvent de ma puissance;
Que mon arc de la vôtre est l'unique soutien;
 Que sans mes traits elle n'est rien;
 Et que si les cœurs les plus braves
En triomphe par vous se sont laissé traîner[1],
 Vous n'avez jamais fait d'esclaves
 Que ceux qu'il m'a plu d'enchaîner.
Ne me vantez donc plus ces droits de la naissance
 Qui tyrannisent mes desirs;
Et si vous ne voulez perdre mille soupirs,
Songez, en me voyant, à la reconnoissance,
 Vous qui tenez de ma puissance
 Et votre gloire et vos plaisirs.

VÉNUS.
 Comment l'avez-vous défendue,
 Cette gloire dont vous parlez?
 Comment me l'avez-vous rendue?
Et quand vous avez vu mes autels désolés,
 Mes temples violés,
 Mes honneurs ravalés,
Si vous avez pris part à tant d'ignominie,
 Comment en a-t-on vu punie
 Psyché qui me les a volés?
Je vous ai commandé de la rendre charmée

1880

1885

1890

1895

1900

1905

---

1. Les anciennes éditions donnent *se sont laissés traîner*, avec accord du participe.

Du plus vil de tous les mortels,
Qui ne daignât répondre à son âme enflammée
   Que par des rebuts éternels,
   Par les mépris les plus cruels;
   Et vous-même l'avez aimée!   1910
Vous avez contre moi séduit des immortels :
C'est pour vous qu'à mes yeux les Zéphirs l'ont cachée;
   Qu'Apollon même, suborné
   Par un oracle adroitement tourné,
      Me l'avoit si bien arrachée,   1915
   Que si sa curiosité,
   Par une aveugle défiance,
   Ne l'eût rendue à ma vengeance,
Elle échappoit à mon cœur irrité.
   Voyez l'état où votre amour l'a mise,   1920
   Votre Psyché : son âme va partir;
Voyez; et si la vôtre en est encore éprise,
   Recevez son dernier soupir.
Menacez, bravez-moi, cependant qu'elle expire :
      Tant d'insolence vous sied bien!   1925
Et je dois endurer quoi qu'il vous plaise dire,
   Moi qui sans vos traits ne puis rien!

L'AMOUR.

Vous ne pouvez que trop, déesse impitoyable :
Le Destin l'abandonne à tout votre courroux;
   Mais soyez moins inexorable   1930
Aux prières, aux pleurs d'un fils à vos genoux.
   Ce doit vous être un spectacle assez doux
   De voir d'un œil Psyché mourante,
Et de l'autre ce fils, d'une voix suppliante,
Ne vouloir plus tenir son bonheur que de vous.   1935
Rendez-moi ma Psyché, rendez-lui tous ses charmes;
   Rendez-la, Déesse, à mes larmes;
Rendez à mon amour, rendez à ma douleur

ACTE V, SCÈNE V.

Le charme de mes yeux et le choix de mon cœur.
VÉNUS.
Quelque amour que Psyché vous donne, 1940
De ses malheurs par moi n'attendez pas la fin :
Si le Destin me l'abandonne,
Je l'abandonne à son destin.
Ne m'importunez plus; et dans cette infortune,
Laissez-la sans Vénus triompher ou périr. 1945
L'AMOUR.
Hélas! si je vous importune,
Je ne le ferois pas si je pouvois mourir.
VÉNUS.
Cette douleur n'est pas commune,
Qui force un immortel à souhaiter la mort.
L'AMOUR.
Voyez par son excès si mon amour est fort. 1950
Ne lui ferez-vous grâce aucune?
VÉNUS.
Je vous l'avoue, il me touche le cœur,
Votre amour : il désarme, il fléchit ma rigueur.
Votre Psyché reverra la lumière.
L'AMOUR.
Que je vous vais partout faire donner d'encens! 1955
VÉNUS.
Oui, vous la reverrez dans sa beauté première;
Mais de vos vœux reconnoissants
Je veux la déférence entière;
Je veux qu'un vrai respect laisse à mon amitié
Vous choisir une autre moitié. 1960
L'AMOUR.
Et moi je ne veux plus de grâce,
Je reprends toute mon audace :
Je veux Psyché, je veux sa foi;
Je veux qu'elle revive, et revive pour moi,

Et tiens indifférent que votre haine lasse 1965
  En faveur d'une autre se passe.
Jupiter, qui paroît, va juger entre nous
De mes emportements et de votre courroux.
  (Après quelques éclairs et roulements de tonnerre, Jupiter paroît
  en l'air sur son aigle.)

SCÈNE VI.

JUPITER, VÉNUS, L'AMOUR, PSYCHÉ.

L'AMOUR.

  Vous à qui seul tout est possible,
  Père des Dieux, souverain des mortels, 1970
Fléchissez la rigueur d'une mère inflexible,
  Qui sans moi n'auroit point d'autels.
J'ai pleuré, j'ai prié, je soupire, menace,
  Et perds menaces et soupirs.
Elle ne veut pas voir que de mes déplaisirs 1975
Dépend du monde entier l'heureuse ou triste face,
  Et que si Psyché perd le jour,
Si Psyché n'est à moi, je ne suis plus l'Amour.
Oui, je romprai mon arc, je briserai mes flèches,
  J'éteindrai jusqu'à mon flambeau, 1980
Je laisserai languir la nature au tombeau;
Ou si je daigne au cœur faire encor quelques brèches
Avec ces pointes d'or qui me font obéir,
Je vous blesserai tous là-haut pour des mortelles,
  Et ne décocherai sur elles 1985
Que des traits émoussés qui forcent à haïr,
  Et qui ne font que des rebelles,
  Des ingrates et des cruelles.
  Par quelle tyrannique loi
Tiendrai-je à vous servir mes armes toujours prêtes, 1990

Et vous ferai-je à tous conquêtes sur conquêtes,
Si vous me défendez d'en faire une pour moi?
JUPITER.
Ma fille, sois-lui moins sévère.
Tu tiens de sa Psyché le destin en tes mains :
La Parque, au moindre mot, va suivre ta colère,   1995
Parle, et laisse-toi vaincre aux tendresses de mère,
Ou¹ redoute un courroux que moi-même je crains.
  Veux-tu donner le monde en proie
A la haine, au désordre, à la confusion;
   Et d'un dieu d'union,   2000
  D'un dieu de douceurs et de joie,
Faire un dieu d'amertume et de division?
  Considère ce que nous sommes,
Et si les passions doivent nous dominer :
  Plus la vengeance a de quoi plaire aux hommes,   2005
Plus il sied bien aux Dieux de pardonner.
VÉNUS.
  Je pardonne à ce fils rebelle.
Mais voulez-vous qu'il me soit reproché
  Qu'une misérable mortelle,
L'objet de mon courroux, l'orgueilleuse Psyché,   2010
  Sous ombre qu'elle est un peu belle,
  Par un hymen dont je rougis
Souille mon alliance et le lit de mon fils?
JUPITER.
  Eh bien! je la fais immortelle²,
  Afin d'y rendre tout égal.   2015
VÉNUS.
Je n'ai plus de mépris ni de haine pour elle,
Et l'admets à l'honneur de ce nœud conjugal.

---

1. Les éditions de 1676, de 1682 et de 1697 portent *On*, pour *Ou*.
2. *Porrecto ambrosiæ poculo,* « *Sume, inquit, Psyche, et immortalis esto.* » (Apulée, *la Métamorphose*, livre VI.)

PSYCHÉ.

Psyché, reprenez la lumière
Pour ne la reperdre jamais.
Jupiter a fait votre paix, 2020
Et je quitte cette humeur fière
Qui s'opposoit à vos souhaits.

PSYCHÉ.

C'est donc vous, ô grande déesse,
Qui redonnez la vie à ce cœur innocent!

VÉNUS.

Jupiter vous fait grâce, et ma colère cesse. 2025
Vivez, Vénus l'ordonne; aimez, elle y consent.

PSYCHÉ, à l'Amour.

Je vous revois enfin, cher objet de ma flamme!

L'AMOUR, à Psyché.

Je vous possède enfin, délices de mon âme!

JUPITER.

Venez, amants, venez aux cieux
Achever un si grand et si digne hyménée. 2030
Viens-y, belle Psyché, changer de destinée;
Viens prendre place au rang des Dieux.

Deux grandes machines descendent aux deux côtés de Jupiter, cependant qu'il dit ces derniers vers. Vénus avec sa suite monte dans l'une, l'Amour avec Psyché dans l'autre, et tous ensemble remontent au ciel.

Les divinités, qui avoient été partagées entre Vénus et son fils, se réunissent en les voyant d'accord; et toutes ensemble, par des concerts, des chants et des danses, célèbrent la fête des noces de l'Amour.

Apollon paroît le premier, et comme dieu de l'harmonie, commence à chanter, pour inviter les autres dieux à se réjouir.

RÉCIT D'APOLLON.

Unissons-nous, troupe immortelle :
Le dieu d'amour devient heureux amant,
Et Vénus a repris sa douceur naturelle 2035
En faveur d'un fils si charmant :

Il va goûter en paix, après un long tourment,
Une félicité qui doit être éternelle.
(Toutes les divinités chantent ensemble ce couplet à la gloire de l'Amour.)
   Célébrons ce grand jour;
   Célébrons tous une fête si belle;   2040
Que nos chants en tous lieux en portent la nouvelle,
Qu'ils fassent retentir le céleste séjour.
  Chantons, répétons tour à tour
  Qu'il n'est point d'âme si cruelle
Qui tôt ou tard ne se rende à l'Amour.   2045
   APOLLON continue.
   Le dieu qui nous engage
   A lui faire la cour
   Défend qu'on soit trop sage.
   Les Plaisirs ont leur tour;
   C'est leur plus doux usage   2050
  Que de finir les soins du jour.
   La nuit est le partage
   Des Jeux et de l'Amour.

   Ce seroit grand dommage
   Qu'en ce charmant séjour   2055
   On eût un cœur sauvage,
   Les Plaisirs ont leur tour;
   C'est leur plus doux usage
  Que de finir les soins du jour.
   La nuit est le partage   2060
   Des Jeux et de l'Amour.
(Deux Muses, qui ont toujours évité de s'engager sous les lois de l'Amour, conseillent aux belles qui n'ont point encore aimé de s'en défendre avec soin, à leur exemple.)
   CHANSON DES MUSES.
   Gardez-vous, beautés sévères;
   Les Amours font trop d'affaires;
  Craignez toujours de vous laisser charmer.
   Quand il faut que l'on soupire,   2065
  Tout le mal n'est pas de s'enflammer :
   Le martyre
   De le dire
  Coûte plus cent fois que d'aimer.

SECOND COUPLET DES MUSES.

On ne peut aimer sans peines ;   2070
Il est peu de douces chaînes :
A tout moment on se sent alarmer.
Quand il faut que l'on soupire,
Tout le mal n'est pas de s'enflammer :
 Le martyre   2075
De le dire
Coûte plus cent fois que d'aimer.

(Bacchus fait entendre qu'il n'est pas si dangereux que l'Amour.)

RÉCIT DE BACCHUS.

Si quelquefois,
Suivant nos douces lois.
La raison se perd et s'oublie,   2080
Ce que le vin nous cause de folie
Commence et finit en un jour ;
Mais quand un cœur est enivré d'amour,
Souvent c'est pour toute la vie.

(Mome déclare qu'il n'a point de plus doux emploi que de médire, et que ce n'est qu'à l'Amour seul qu'il n'ose se jouer.)

RÉCIT DE MOME.

Je cherche à médire   2085
Sur la terre et dans les cieux,
Je soumets à ma satire
Les plus grands des Dieux.
Il n'est dans l'univers que l'Amour qui m'étonne :
Il est le seul que j'épargne aujourd'hui.   2090
Il n'appartient qu'à lui
De n'épargner personne.

ENTRÉE DE BALLET,

Composée de deux Mænades et de deux Ægipans, qui suivent Bacchus.

ENTRÉE DE BALLET,

Composée de quatre Polichinelles et de deux Matassins, qui suivent Mome et viennent joindre leur plaisanterie et leur badinage aux divertissements de cette grande fête.

Bacchus et Mome, qui les conduisent, chantent au milieu d'eux chacun une chanson, Bacchus à la louange du vin, et Mome une chanson enjouée sur le sujet et les avantages de la raillerie.

RÉCIT DE BACCHUS.

Admirons le jus de la treille ;

ACTE V, SCÈNE VI.

Qu'il est puissant! qu'il a d'attraits!
Il sert aux douceurs de la paix,   2095
Et dans la guerre il fait merveille;
Mais surtout pour les amours
Le vin est d'un grand secours.

RÉCIT DE MOME.

Folâtrons, divertissons-nous,
Raillons; nous ne saurions mieux faire: 2100
La raillerie est nécessaire
Dans les jeux les plus doux,
Sans la douceur que l'on goûte à médire,
On trouve peu de plaisirs sans ennui:
Rien n'est si plaisant que de rire,   2105
Quand on rit aux dépens d'autrui.

Plaisantons, ne pardonnons rien,
Rions, rien n'est plus à la mode:
On court péril d'être incommodé
En disant trop de bien.   2110
Sans la douceur que l'on goûte à médire,
On trouve peu de plaisirs sans ennui:
Rien n'est si plaisant que de rire,
Quand on rit aux dépens d'autrui.

(Mars arrive au milieu du théâtre, suivi de sa troupe guerrière, qu'il excite à profiter de leur loisir, en prenant part aux divertissements.)

RÉCIT DE MARS.

Laissons en paix toute la terre,   2115
Cherchons de doux amusements;
Parmi les jeux les plus charmants
Mêlons l'image de la guerre.

ENTRÉE DE BALLET.

Suivants de Mars, qui font, en dansant avec des enseignes, une manière d'exercice.

DERNIÈRE ENTRÉE DE BALLET.

Les troupes différentes de la suite d'Apollon, de Bacchus, de Mome et de Mars, après avoir achevé leurs entrées particulières, s'unissent ensemble, et forment la dernière entrée, qui renferme toutes les autres.

Un chœur de toutes les voix et de tous les instruments, qui sont au nombre de quarante, se joint à la danse générale, et termine la fête des noces de l'Amour et de Psyché.

DERNIER CHOEUR.

Chantons les plaisirs charmants
Des heureux amants. 2120
Que tout le ciel s'empresse
A leur faire sa cour.
Célébrons ce beau jour
Par mille doux chants d'allégresse ;
Célébrons ce beau jour 2125
Par mille doux chants d'amour.

(Dans le grand salon du palais des Tuileries, où *Psyché* a été représentée devant Leurs Majestés, il y avoit des timbales, des trompettes et des tambours, mêlés dans ces derniers concerts ; et ce dernier couplet se chantoit ainsi :)

Chantons les plaisirs charmants
Des heureux amants.
Répondez-nous, trompettes,
Timbales et tambours ; 2130
Accordez-vous toujours
Avec le doux son des musettes ;
Accordez-vous toujours
Avec le doux chant des amours.

FIN DE PSYCHÉ.

PULCHÉRIE

COMÉDIE HÉROÏQUE

1672

NOTICE.

Nous apprenons par plusieurs témoignages contemporains, que Corneille, suivant sa coutume[1], alla lire cette pièce chez plusieurs personnes considérables, assez longtemps avant de la faire représenter. Le 15 janvier 1672, Mme de Sévigné écrit à sa fille : « Il (*Corneille*) nous lut l'autre jour une comédie chez M. de la Rochefoucauld, qui fait souvenir (*disent les éditions de Perrin*) de sa défunte veine, » ou, suivant le texte d'une ancienne copie, adopté dans la dernière édition des lettres de Mme de Sévigné[2] : « qui fait souvenir de la Reine mère. » La déclaration par laquelle *Pulchérie*, âgée de plus de cinquante ans, annonce à Léon qu'elle l'aime, « *fait souvenir*, en effet, comme on le remarque en note, d'Anne d'Autriche et de Mazarin. »

Près de deux mois plus tard, le 9 mars, Mme de Sévigné nous signale une autre lecture de notre poëte ; elle dit en parlant de Retz : « Nous tâchons d'amuser notre cher Cardinal. Corneille lui a lu une comédie qui sera jouée dans quelque temps, et qui fait souvenir des anciennes[3]. » Cette lecture ne fut pas la dernière, car Mme de Sévigné ajoute dans la même

---

1. Voyez ce qui est raconté au tome III, p. 254 et 465, et au tome VI, p. 567.
2. Edition Monmerqué (1862), tome II, p. 470.
3. Tome II, p. 524. — L'analogie de cette dernière phrase avec ce passage de la lettre du 15 janvier, que nous venons de rapporter : « qui fait souvenir de sa défunte veine, » pourrait, comme il est dit dans une note de l'édition de Mme de Sévigné à laquelle nous empruntons ces citations, donner un certain degré de vraisemblance à cette leçon de Perrin.

lettre : « Je suis folle de Corneille; il nous redonnera encore *Pulchérie*, où l'on verra encore

> La main qui crayonna
> La mort du grand Pompée et l'amour de Cinna[1].

Il faut que tout cède à son génie[2]. »

Dans le *Mercure galant*[3], Donneau de Visé parle, sous la date du 19 mars, de la favorable impression que ces lectures avaient produite, et fait l'éloge de Corneille, « de qui, malgré le grand âge, on doit toujours attendre des pièces achevées, comme on trouvera sans doute dans sa dernière tragédie, qui paroîtra l'hiver prochain sous le nom de *Pulchérie*, et qui ne peut manquer de plaire à ceux qui ont le cœur et l'esprit bien fait, comme elle a déjà plu à ceux qui ont eu le bonheur de lui entendre lire. »

M. Édouard Fournier fait ressortir l'habileté avec laquelle Corneille avait su choisir des auditeurs qui devaient être préparés d'avance à bien accueillir un pareil ouvrage : « Ce n'est pas, dit-il, chez la Rochefoucauld, dont un dernier amour, plus d'esprit que de cœur, il est vrai, ranimait la goutteuse vieillesse; ce n'est pas non plus chez le cardinal de Retz, désabusé de tout, hormis de l'ambition, que l'on se fût avisé de trouver invraisemblable et ridicule le vieux Martian partageant sa dernière saison entre les soins de l'ambition et ceux de l'amour[4]. »

Du reste, à en croire Fontenelle, ce personnage de Martian, qui fut le plus goûté de l'ouvrage, n'était autre que Corneille. « Il s'est dépeint lui-même, avec bien de la force, nous dit son neveu, dans Martian, qui est un vieillard amoureux[5]. » Beaucoup de vieux gentilshommes de la cour spirituelle et élégante

---

1. Allusion à ce passage des *Vers* à Foucquet en tête d'*Œdipe* (tome VI, p. 122, vers 35 et 36).

> Et je me trouve encor la main qui crayonna
> L'âme du grand Pompée et l'esprit de Cinna.

2. Tome II, p. 529. — 3. Tome I, p. 221 et 222.
4. *Notes sur la vie de Corneille*, en tête de *Corneille à la butte Saint-Roch*, p. XXIII et XXIV.
5. *Œuvres*, édition de 1742, tome III, p. 117.

de Versailles se reconnaissaient, sans l'avouer, dans ce portrait. L'un d'eux, plus sincère que les autres, osa féliciter Corneille de l'avoir tracé : « M. le maréchal de Gramont lui dit qu'il lui savoit bon gré d'avoir trouvé un caractère d'amant pour les vieillards, dont on ne s'étoit point encore avisé, et qu'il lui en étoit obligé pour la part qu'il y pouvoit avoir[1]. »

« Corneille, dit Voltaire[2], intitula d'abord cette pièce tragédie ; il la présenta aux comédiens, qui refusèrent de la jouer. Ils étaient plus frappés de leurs intérêts que de la réputation de Corneille ; il fut obligé de la donner à une mauvaise troupe qui jouait au Marais et qui ne put se soutenir. » Ce fait, qui ne se trouve appuyé d'aucun témoignage plus ancien, ne nous paraît pas bien certain. Nous avons vu que de tout temps Corneille avait aimé à faire représenter tour à tour ses divers ouvrages par des troupes différentes. Quelques-uns de ses contemporains ont même vu là, bien à tort, un calcul d'avarice[3]. Il faudrait donc se garder d'imaginer, d'après le passage de Voltaire que nous venons de rapporter, que le théâtre du Marais fût pour Corneille une sorte de pis aller auquel le dédain de la troupe royale l'eût forcé d'avoir recours.

Dans ses nouvelles « du 30e de juillet jusques au 6e d'aoust, » le *Mercure galant* annonce, parmi les pièces qui devront être jouées dans le courant de l'hiver, le dernier ouvrage de notre poète : « Les comédiens du Marais représenteront, dit-il, la *Pulchérie*, de M. de Corneille l'aîné[4]. »

Dans le volume suivant[5], Donneau de Visé, le rédacteur du *Mercure*, rend compte en ces termes de cette pièce, qui, suivant les frères Parfait, avait été jouée en novembre 1672 : « La *Pulchérie* de M. de Corneille l'aîné, dont je vous ai déjà parlé, a été représentée sur le théâtre du Marais, et tous les obstacles qui empêchent les pièces de réussir dans un quartier si éloigné, n'ont pas été assez puissants pour nuire à cet ouvrage. » C'est à peu près ce que l'auteur lui-même dit dans son avis *au lecteur :*

---

1. Lettre de Mlle Dupré à Bussy, 29 janvier 1675. *Correspondance de Roger de Rabutin, comte de Bussy*, publiée par M. Lalanne, tome II, p. 213.
2. *Préface de Pulchérie.* — 3. Voyez tome I, p. 258.
4. Tome III, p. 370. — 5. Tome IV, p. 225 et suivantes.

« Bien que cette pièce aye été reléguée dans un lieu où on ne vouloit plus se souvenir qu'il y eût un théâtre, bien qu'elle ait passé par des bouches pour qui on n'étoit prévenu d'aucune estime, bien que ses principaux caractères soient contre le goût du temps, elle n'a pas laissé de peupler le désert, de mettre en crédit des acteurs dont on ne connoissoit pas le mérite.... »

Nous ignorons quels furent ces acteurs, mais ce qu'on ne sait que trop, c'est que, malgré les assertions de Corneille et de ses amis, le succès fut loin d'être tel qu'ils le disent et que peut-être ils se l'imaginèrent. A coup sûr, Mme de Coulanges étoit une plus fidèle interprète des sentiments du public, lorsqu'elle écrivait, le 24 février 1673, à Mme de Sévigné, alors en Provence, cette phrase brève et indifférente : « *Pulchérie* n'a point réussi[1]. »

Le privilége de *Pulchérie* a été accordé « le trentiesme jour de decembre l'an de grace mil six cens soixante-douze. » L'Achevé d'imprimer est du 10 janvier 1673. Le titre de l'édition originale est ainsi conçu : PULCHERIE, COMEDIE HEROIQUE. *A Paris, chez Guillaume de Luyne....* M.DC.LXXIII. Auec priuilege du Roy. Le volume, de format in-12, se compose de 4 feuillets et de 72 pages.

AU LECTEUR.

PULCHÉRIE, fille de l'empereur Arcadius et sœur du jeune Théodose, a été une princesse très-illustre et dont les talents étoient merveilleux : tous les historiens en conviennent. Dès l'âge de quinze ans elle empiéta le gouvernement sur son frère, dont elle avoit reconnu la foiblesse, et s'y conserva tant qu'il vécut, à la réserve d'environ une année de disgrâce, qu'elle passa loin de la cour, et qui coûta cher à ceux qui l'avoient réduite à s'en éloigner[2]. Après la mort de ce prince, ne pouvant rete-

---

1. *Lettres de Mme de Sévigné*, tome III, p. 192.
2. Ælia Pulcheria, née le 19 janvier 399, petite-fille de Théodose

nir l'autorité souveraine en sa personne, ni se résoudre
à la quitter, elle proposa son mariage à Martian, à la
charge qu'il lui permettroit de garder sa virginité, qu'elle
avoit vouée et consacrée à Dieu. Comme il étoit déjà
assez avancé dans la vieillesse, il accepta la condition
aisément, et elle le nomma pour empereur au sénat, qui
ne voulut, ou n'osa l'en dédire¹. Elle passoit alors cinquante ans, et mourut deux ans après. Martian en régna
sept, et eut pour successeur Léon, que ses excellentes

le Grand, deuxième fille d'Arcadius et d'Ælia Eudoxia, fut déclarée
Auguste et impératrice le 4 juillet 414, pour prendre soin de tout
l'empire et de son frère Théodose, qui n'avoit que deux ans de moins
qu'elle. Pulchérie consacra sa virginité à Jésus-Christ, et son exemple
fut suivi par ses trois sœurs Flaccille, Arcadie et Marine. C'est par son
influence que furent convoqués les conciles d'Éphèse et de Chalcé-
doine. L'Église grecque la vénère comme sainte et célèbre sa fête le
15 septembre. La disgrâce de Pulchérie et son éloignement passager
de la cour eurent lieu en 447. Dans *Attila*, Corneille indique, en
quatre vers, le caractère de cette princesse et la position qu'elle
occupait; après avoir parlé de plusieurs souverains qui se laissent
gouverner par ceux qui les entourent, Valamir ajoute :

> Le second Théodose avoit pris leur modèle :
> Sa sœur à cinquante ans le tenoit en tutelle,
> Et fut, tant qu'il régna, l'âme de ce grand corps,
> Dont elle fait encor mouvoir tous les ressorts.
>   (Acte I, scène II, vers 255-208.)

Peut-être est-ce en écrivant ce passage que l'idée de mettre au
théâtre le personnage de Pulchérie s'est présentée à notre poëte.

1. Dans sa *Préface de Pulchérie*, Voltaire dit que Martian ou
Marcien avait « soixante et dix » ans au moment où il se maria. C'est
une assez grave erreur. Marcien, né en 391, n'avait que neuf ans
de plus que l'Impératrice. Marcien, qui avait passé dix-neuf ans
au service domestique et militaire d'Aspar (patrice et général romain) et de son fils, et qui avait fait sous leurs ordres les guerres
de Perse et d'Afrique, était parvenu, grâce à leur protection, au
rang de tribun et de sénateur. Théodose mourut le 20 juin ou
le 28 juillet 450; Marcien, déclaré empereur le 24 ou le 25 août,
épousa ensuite Pulchérie.

qualités firent surnommer le Grand[1]. Le patrice Aspar le servit à monter au trône, et lui demanda pour récompense l'association à cet empire qu'il lui avoit fait obtenir. Le refus de Léon le fit conspirer contre ce maître qu'il s'étoit choisi, la conspiration fut découverte, et Léon s'en défit[2]. Voilà ce que m'a prêté l'histoire. Je ne veux point prévenir votre jugement sur ce que j'y ai changé ou ajouté, et me contenterai de vous dire que bien que cette pièce aye été reléguée dans un lieu où on ne vouloit plus se souvenir qu'il y eût un théâtre, bien qu'elle ait passé[3] par des bouches pour qui on n'étoit prévenu d'aucune estime, bien que ses principaux caractères soient contre le goût du temps, elle n'a pas laissé de peupler le désert, de mettre en crédit des acteurs dont on ne connoissoit pas le mérite, et de faire voir qu'on n'a pas toujours besoin de s'assujettir aux entêtements du siècle pour se faire écouter sur la scène[4]. J'aurai de quoi me satisfaire, si cet ouvrage est aussi heureux à la lecture qu'il a été[5] à la représentation; et si je n'ose ne vous dissimuler rien, je me flatte assez pour l'espérer.

1. Léon Ier, dit le Thrace, l'Ancien ou le Grand, régna de 457 à 474. Il avait été intendant d'Aspar, qui par son crédit le fit parvenir à l'empire.
2. Aspar, Alain de naissance et arien de religion, fit ses premières armes sous la conduite de son père, Ardaburius, général de Théodose II, qui commandait en 421 l'armée qui marcha contre les Perses. Il devint à son tour général de Théodose, conserva son crédit sous Marcien, et en 457, à la mort de ce prince, il était le personnage le plus considérable de l'Empire. Il fut massacré en 471.
3. *Aye été.... ait passé :* tel est le texte des deux éditions publiées du vivant de Corneille; voyez tome VI, p. 611, note 2.
4. Voyez ci-dessus la *Notice*, p. 376.
5. Thomas Corneille (1692) et Voltaire (1764) donnent : « qu'il l'a été. »

LISTE DES ÉDITIONS QUI ONT ÉTÉ COLLATIONNÉES POUR LES VARIANTES DE *PULCHÉRIE*.

ÉDITION SÉPARÉE.

1673 in-12;

RECUEIL.

1682 in-12.

ACTEURS[1].

PULCHERIE, impératrice d'Orient.
MARTIAN, vieux sénateur, ministre d'État sous Théodose le jeune[2].
LÉON, amant de Pulchérie.
ASPAR, amant d'Irène.
IRÈNE, sœur de Léon.
JUSTINE, fille de Martian.

La scène est à Constantinople, dans le palais impérial.

1. Presque tous les personnages de cette pièce sont historiques. Voyez ci-dessus, p. 376-378, l'avis *Au lecteur* et les notes qui l'accompagnent.
2. Dans l'édition de 1692 il y a simplement : « sous Théodose. »

PULCHÉRIE.

COMÉDIE HÉROÏQUE

ACTE I.

SCÈNE PREMIÈRE.

PULCHÉRIE, LÉON.

PULCHÉRIE.

Je vous aime, Léon, et n'en fais point mystère[1] :
Des feux tels que les miens n'ont rien qu'il faille taire.
Je vous aime, et non point de cette folle ardeur
Que les yeux éblouis font maîtresse du cœur,
Non d'un amour conçu par les sens en tumulte,   5
A qui l'âme applaudit sans qu'elle se consulte,
Et qui ne concevant que d'aveugles desirs,
Languit dans les faveurs, et meurt dans les plaisirs :
Ma passion pour vous, généreuse et solide,
A la vertu pour âme, et la raison pour guide,   10
La gloire pour objet, et veut sous votre loi
Mettre en ce jour illustre et l'univers et moi.
    Mon aïeul Théodose, Arcadius mon père,
Cet empire quinze ans gouverné par un frère[2],

---

1. Voyez ci-dessus la *Notice*, p. 373.
2. Non pas quinze ans, mais plus de trente, ainsi qu'il résulte du propre témoignage de Corneille (voyez ci-dessus, p. 376 et note 2). Comme il donne de l'amour à Pulchérie, il cherche à dissimuler son âge aux spectateurs. *Quinze*

L'habitude à régner, et l'horreur d'en déchoir, 15
Vouloient¹ dans un mari trouver même pouvoir.
Je vous en ai cru digne; et dans ces espérances,
Dont un penchant flatteur m'a fait des assurances,
De tout ce que sur vous j'ai fait tomber d'emplois
Aucun n'a démenti l'attente de mon choix; 20
Vos hauts faits à grands pas nous² portoient à l'empire;
J'avois réduit mon frère à ne m'en point dédire :
Il vous y donnoit part, et j'étois toute à vous;
Mais ce malheureux prince est mort trop tôt pour nous.
L'empire est à donner, et le sénat s'assemble 25
Pour choisir une tête à ce grand corps qui tremble³,
Et dont les Huns, les Goths, les Vandales, les Francs,
Bouleversent la masse et déchirent les flancs.
Je vois de tous côtés des partis et des ligues :
Chacun s'entre-mesure et forme ses intrigues. 30
Procope, Gratian, Aréobinde, Aspar⁴
Vous peuvent enlever ce grand nom de César :
Ils ont tous du mérite; et ce dernier s'assure
Qu'on se souvient encor de son père Ardabure,
Qui terrassant Mitrane en combat singulier, 35
Nous acquit sur la Perse un avantage entier,
Et rassurant par là nos aigles alarmées,

ans ne marque pas la durée du gouvernement de Pulchérie, mais c'est l'âge qu'elle avait lorsqu'elle « empiéta le gouvernement sur son frère. »

1. L'édition de 1682 donne seule ici le singulier *vouloit*.
2. L'édition de 1692 a changé *nous* en *vous;* Voltaire (1764) a gardé *nous*.
3. On a rapproché de ce passage ces vers de Voltaire (*Mort de César,* acte III, scène IV) :

   Ce colosse effrayant dont le monde est foulé,
   En pressant l'univers, est lui-même ébranlé.

4. Procope, Aréobinde et Ardabure, qui est nommé trois vers plus loin, avaient commandé les troupes romaines dans la guerre de 421 contre les Perses. Voyez l'*Histoire ecclésiastique* de Socrate, livre VII, chapitres XVIII et XX. Aréobinde figure avec Aspar dans les Fastes consulaires, à l'année 434.

ACTE I, SCÈNE I. 383

Termina seul la guerre aux yeux des deux armées[1].
  Mes souhaits, mon crédit, mes amis, sont pour vous ;
Mais à moins que ce rang, plus d'amour, point d'époux :
Il faut, quelques douceurs que cet amour propose,
Le trône ou la retraite au sang de Théodose ;
Et si par le succès mes desseins sont trahis,
Je m'exile en Judée auprès d'Athénaïs[2].

LÉON.

Je vous suivrois, Madame ; et du moins sans ombrage   45
De ce que mes rivaux ont sur moi d'avantage,
Si vous ne m'y faisiez quelque destin plus doux,
J'y mourrois de douleur d'être indigne de vous :
J'y mourrois à vos yeux en adorant vos charmes.
Peut-être essuieriez-vous quelqu'une de mes larmes ;   50
Peut-être ce grand cœur, qui n'ose s'attendrir,
S'y défendroit si mal de mon dernier soupir,
Qu'un éclat imprévu de douleur et de flamme
Malgré vous à son tour voudroit suivre mon âme.
La mort, qui finiroit à vos yeux mes ennuis,   55
Auroit plus de douceur que l'état où je suis.
Vous m'aimez[3] ; mais, hélas ! quel amour est le vôtre,
Qui s'apprête peut-être à pencher vers un autre ?
Que servent ces desirs, qui n'auront point d'effet
Si votre illustre orgueil ne se voit satisfait ?   60
Et que peut cet amour dont vous êtes maîtresse,
Cet amour dont le trône a toute la tendresse,
Esclave ambitieux du suprême degré,

    1. Si nous en croyons Socrate (au chapitre XVIII déjà cité), c'est Aréobinde qui tua en combat singulier le plus brave des Perses. Quant à Ardabure, il surprit et fit périr dans une embuscade sept des principaux officiers de leur armée.
    2. Athénaïs, fille du sophiste athénien Léontius, embrassa le christianisme, prit le nom d'Eudoxie, et, grâce à l'influence de Pulchérie, épousa Théodose II le 7 juin 421. Soupçonnée d'infidélité par son mari, elle se retira à Jérusalem, où elle mourut en 460.
    3. On lit *Vous m'aimiez*, pour *Vous m'aimez*, dans l'édition de 1682

D'un titre qui l'allume et l'éteint à son gré?
Ah! ce n'est point par là que je vous considère ; 65
Dans le plus triste exil vous me seriez plus chère :
Là mes yeux, sans relâche attachés à vous voir,
Feroient de mon amour mon unique devoir;
Et mes soins, réunis à ce noble esclavage,
Sauroient de chaque instant vous rendre un plein hom-
Pour être heureux amant, faut-il que l'univers [mage.
Ait place dans un cœur qui ne veut que vos fers ;
Que les plus dignes soins d'une flamme si pure
Deviennent partagés à toute la nature?
Ah! que ce cœur, Madame, a lieu d'être alarmé, 75
Si sans être empereur je ne suis plus aimé!

PULCHÉRIE.

Vous le serez toujours ; mais une âme bien née
Ne confond pas toujours l'amour et l'hyménée :
L'amour entre deux cœurs ne veut que les unir ;
L'hyménée a de plus leur gloire à soutenir ; 80
Et je vous l'avouerai, pour les plus belles vies
L'orgueil de la naissance a bien des tyrannies :
Souvent les beaux desirs n'y servent qu'à gêner :
Ce qu'on se doit combat ce qu'on se veut donner :
L'amour gémit en vain sous ce devoir sévère.... 85
Ah! si je n'avois eu qu'un sénateur pour père!
Mais mon sang dans mon sexe a mis les plus grands cœurs ;
Eudoxe et Placidie[1] ont eu des empereurs :
Je n'ose leur céder en grandeur de courage ;
Et malgré mon amour je veux même partage : 90
Je pense en être sûre, et tremble toutefois

1. Ælia Eudoxia, mère de Pulchérie, épousa Arcadius en 395 et mourut en 404. Galla Placidia Augusta, sœur d'Arcadius et d'Honorius, et par conséquent tante de Pulchérie, épousa un général d'Honorius, Constance III, qui reçut le titre d'Auguste en 421, et dont elle eut Honoria (voyez ci-dessus, p. 104, note 1) et Valentinien III.

Quand je vois mon bonheur dépendre d'une voix.
LÉON.
Qu'avez-vous à trembler? Quelque empereur qu'on nom-
Vous aurez votre amant, ou du moins un grand homme, [me,
Dont le nom, adoré du peuple et de la cour, 95
Soutiendra votre gloire, et vaincra votre amour.
Procope, Aréobinde, Aspar, et leurs semblables,
Parés de ce grand nom, vous deviendront aimables;
Et l'éclat de ce rang, qui fait tant de jaloux,
En eux, ainsi qu'en moi, sera charmant pour vous. 100
PULCHÉRIE.
Que vous m'êtes cruel, que vous m'êtes injuste
D'attacher tout mon cœur au seul titre d'Auguste!
Quoi que de ma naissance exige la fierté,
Vous seul ferez ma joie et ma félicité :
De tout autre empereur la grandeur odieuse.... 105
LÉON.
Mais vous l'épouserez, heureuse ou malheureuse?
PULCHÉRIE.
Ne me pressez point tant, et croyez avec moi
Qu'un choix si glorieux vous donnera ma foi,
Ou que si le sénat à nos vœux est contraire,
Le ciel m'inspirera ce que je devrai faire. 110
LÉON.
Il vous inspirera quelque sage douleur,
Qui n'aura qu'un soupir à perdre en ma faveur.
Oui, de si grands rivaux....
PULCHÉRIE.
    Ils ont tous des maîtresses.
LÉON.
Le trône met une âme au-dessus des tendresses.
Quand du grand Théodose on aura pris le rang, 115
Il y faudra placer les restes de son sang :
Il voudra, ce rival, qui que l'on puisse élire,

S'assurer par l'hymen de vos droits à l'empire.
S'il a pu faire ailleurs quelque offre de sa foi,
C'est qu'il a cru ce cœur trop prévenu pour moi ; 120
Mais se voyant au trône et moi dans la poussière,
Il se promettra tout de votre humeur altière ;
Et s'il met à vos pieds ce charme de vos yeux,
Il deviendra l'objet que vous verrez le mieux.

PULCHÉRIE.

Vous pourriez un peu loin pousser ma patience, 125
Seigneur : j'ai l'âme fière, et tant de prévoyance
Demande à la souffrir encor plus de bonté
Que vous ne m'avez vu jusqu'ici de fierté.
Je ne condamne point ce que l'amour inspire ;
Mais enfin on peut craindre, et ne le point tant dire.

Je n'en tiendrai pas moins tout ce que j'ai promis.
Vous avez mes souhaits, vous aurez mes amis[1] ;
De ceux de Martian vous aurez le suffrage :
Il a, tout vieux qu'il est, plus de vertus que d'âge ;
Et s'il briguoit pour lui, ses glorieux travaux 135
Donneroient fort à craindre à vos plus grands rivaux.

LÉON.

Notre empire, il est vrai, n'a point de plus grand homme :
Séparez-vous du rang, Madame, et je le nomme.
S'il me peut enlever celui de souverain,
Du moins je ne crains pas qu'il m'ôte votre main : 140
Ses vertus le pourroient ; mais je vois sa vieillesse.

PULCHÉRIE.

Quoi qu'il en soit, pour vous ma bonté l'intéresse :
Il s'est plu sous mon frère à dépendre de moi,
Et je me viens encor d'assurer de sa foi.
Je vois entrer Irène ; Aspar la trouve belle : 145

1. Dans l'édition de 1692 :

Vous avez mes souhaits, vous *avez* mes amis.

ACTE I, SCÈNE I.

Faites agir pour vous l'amour qu'il a pour elle;
Et comme en ce dessein rien n'est à négliger,
Voyez ce qu'une sœur vous pourra ménager.

SCÈNE II.

PULCHÉRIE, LÉON, IRÈNE.

PULCHÉRIE.
M'aiderez-vous, Irène, à couronner un frère?
IRÈNE.
Un si foible secours vous est peu nécessaire,   150
Madame, et le sénat....
PULCHÉRIE.
N'en agissez pas moins :
Joignez vos vœux aux miens, et vos soins à mes soins,
Et montrons ce que peut en cette conjoncture
Un amour secondé de ceux de la nature.
Je vous laisse y penser.

SCÈNE III.

LÉON, IRÈNE.

IRÈNE.
Vous ne me dites rien,   155
Seigneur : attendez-vous que j'ouvre l'entretien?
LÉON.
A dire vrai, ma sœur, je ne sais que vous dire.
Aspar m'aime, il vous aime : il y va de l'empire;
Et s'il faut qu'entre nous on balance aujourd'hui,
La princesse est pour moi, le mérite est pour lui.   160
Vouloir qu'en ma faveur à ce grade il renonce,
C'est faire une prière indigne de réponse;

Et de son amitié je ne puis l'exiger,
Sans vous voler un bien qu'il vous doit partager.
 C'est là ce qui me force à garder le silence : 165
Je me réponds pour vous à tout ce que je pense,
Et puisque j'ai souffert qu'il ait tout votre cœur,
Je dois souffrir aussi vos soins pour sa grandeur.

IRÈNE.

J'ignore encor quel fruit je pourrois en attendre.
Pour le trône, il est sûr qu'il a droit d'y prétendre ; 170
Sur vous et sur tout autre il le peut emporter :
Mais qu'il m'y donne part, c'est dont j'ose douter.
Il m'aime en apparence, en effet il m'amuse ;
Jamais pour notre hymen il ne manque d'excuse,
Et vous aime à tel point, que si vous l'en croyez, 175
Il ne peut être heureux que vous ne le soyez :
Non que votre bonheur fortement l'intéresse ;
Mais sachant quel amour a pour vous la princesse,
Il veut voir quel succès aura son grand dessein,
Pour ne point m'épouser qu'en sœur de souverain. 180
 Ainsi depuis deux ans vous[1] voyez qu'il diffère.
Du reste à Pulchérie il prend grand soin de plaire,
Avec exactitude il suit toutes ses lois ;
Et dans ce que sous lui vous avez eu d'emplois,
Votre tête aux périls à toute heure exposée 185
M'a pour vous et pour moi presque désabusée ;
La gloire d'un ami, la haine d'un rival,
La hasardoient peut-être avec un soin égal.
Le temps est arrivé qu'il faut qu'il se déclare ;
Et de son amitié l'effort sera bien rare 190
Si mis à cette épreuve, ambitieux qu'il est,
Il cherche à vous servir contre son intérêt.

---

1. Il y a ici une faute commune aux deux éditions de 1673 et de 1682 : le pronom *vous* manque dans l'une et dans l'autre.

Peut-être il promettra; mais quoi qu'il vous promette,
N'en ayons pas, Seigneur, l'âme moins inquiète;
Son ardeur trouvera pour vous si peu d'appui,   195
Qu'on le fera lui-même empereur malgré lui;
Et lors, en ma faveur quoi que l'amour oppose,
Il faudra faire grâce au sang de Théodose;
Et le sénat voudra qu'il prenne d'autres yeux
Pour mettre la princesse au rang de ses aïeux.   200
    Son cœur suivra le sceptre, en quelque main qu'il brille :
Si Martian l'obtient, il aimera sa fille;
Et l'amitié du frère et l'amour de la sœur
Céderont à l'espoir de s'en voir successeur.
En un mot, ma fortune est encor fort douteuse :   205
Si vous n'êtes heureux, je ne puis être heureuse;
Et je n'ai plus d'amant non plus que vous d'ami,
A moins que dans le trône il vous voie affermi.

LÉON.

Vous présumez bien mal d'un héros qui vous aime.

IRÈNE.

Je pense le connoître à l'égal de moi-même;   210
Mais croyez-moi, Seigneur, et l'empire est à vous.

LÉON.

Ma sœur!

IRÈNE.

    Oui, vous l'aurez malgré lui, malgré tous.

LÉON.

N'y perdons aucun temps; hâtez-vous de m'instruire;
Hâtez-vous de m'ouvrir la route à m'y conduire;
Et si votre bonheur peut dépendre du mien....   215

IRÈNE.

Apprenez le secret de ne hasarder rien.
    N'agissez point pour vous; il s'en offre trop d'autres
De qui les actions brillent plus que les vôtres,

Que leurs emplois plus hauts ont mis en plus d'éclat,
Et qui, s'il faut tout dire, ont plus servi l'État :   220
Vous les passez peut-être en grandeur de courage ;
Mais il vous a manqué l'occasion et l'âge ;
Vous n'avez commandé que sous des généraux,
Et n'êtes pas encor du poids de vos rivaux.

Proposez la princesse ; elle a des avantages   225
Que vous verrez sur l'heure unir tous les suffrages :
Tant qu'a vécu son frère, elle a régné pour lui ;
Ses ordres de l'empire ont été tout l'appui ;
On vit depuis quinze ans sous son obéissance :
Faites qu'on la maintienne en sa toute-puissance,   230
Qu'à ce prix le sénat lui demande un époux ;
Son choix tombera-t-il sur un autre que vous ?
Voudroit-elle de vous une action plus belle
Qu'un respect amoureux qui veut tenir tout d'elle ?
L'amour en deviendra plus fort qu'auparavant,   235
Et vous vous servirez vous-même en la servant.

LÉON.

Ah ! que c'est me donner un conseil salutaire !
A-t-on jamais vu sœur qui servît mieux un frère ?
Martian avec joie embrassera l'avis :
A peine parle-t-il que les siens sont suivis ;   240
Et puisqu'à la princesse il a promis un zèle
A tout oser pour moi sur l'ordre qu'il a d'elle,
Comme sa créature, il fera hautement
Bien plus en sa faveur qu'en faveur d'un amant.

IRÈNE.

Pour peu qu'il vous appuie, allez, l'affaire est sûre.   245

LÉON.

Aspar vient : faites-lui, ma sœur, quelque ouverture ;
Voyez....

IRÈNE.

C'est un esprit qu'il faut mieux ménager ;

Nous découvrir à lui, c'est tout mettre en danger :
Il est ambitieux, adroit, et d'un mérite....

SCÈNE IV.
ASPAR, LÉON, IRÈNE.

LÉON.

Vous me pardonnez bien, Seigneur, si je vous quitte :
C'est suppléer assez à ce que je vous doi
Que vous laisser ma sœur, qui vous plaît plus que moi.

ASPAR.

Vous m'obligez, Seigneur ; mais en cette occurrence
J'ai besoin avec vous d'un peu de conférence.
 Du sort de l'univers nous allons décider : 255
L'affaire vous regarde, et peut me regarder ;
Et si tous mes amis ne s'unissent aux vôtres,
Nos partis divisés pourront céder à d'autres.
 Agissons de concert ; et sans être jaloux,
En ce grand coup d'État, vous de moi, moi de vous,
Jurons-nous que des deux qui que l'on puisse élire
Fera de son ami son collègue à l'empire ;
Et pour nous l'assurer, voyons sur qui des deux
Il est plus à propos de jeter tant de vœux :
Quel nom seroit plus propre à s'attirer le reste 265
Pour moi, j'y suis tout prêt, et dès ici j'atteste....

LÉON.

Votre nom pour ce choix est plus fort que le mien,
Et je n'ose douter que vous n'en usiez bien.
Je craindrois de tout autre un dangereux partage ;
Mais de vous je n'ai pas, Seigneur, le moindre ombrage,
Et l'amitié voudroit vous en donner ma foi ;
Mais c'est à la princesse à disposer de moi :
Je ne puis que par elle, et n'ose rien sans elle.

ASPAR.

Certes, s'il faut choisir l'amant le plus fidèle,
Vous l'allez emporter sur tous sans contredit;
Mais ce n'est pas, Seigneur, le point dont il s'agit :
Le plus flatteur effort de la galanterie
Ne peut....

LÉON.

Que voulez-vous ? j'adore Pulchérie ;
Et n'ayant rien d'ailleurs par où la mériter,
J'espère en ce doux titre, et j'aime à le porter.

ASPAR.

Mais il y va du trône, et non d'une maîtresse.

LÉON.

Je vais faire, Seigneur, votre offre à la princesse ;
Elle sait mieux que moi les besoins de l'État.
Adieu : je vous dirai sa réponse au sénat.

SCÈNE V.

ASPAR, IRÈNE.

IRÈNE.

Il a beaucoup d'amour.

ASPAR.

Oui, Madame; et j'avoue
Qu'avec quelque raison la princesse s'en loue :
Mais j'aurois souhaité qu'en cette occasion
L'amour concertât mieux avec l'ambition,
Et que son amitié, s'en laissant moins séduire,
Ne nous exposât point à nous entre-détruire.
Vous voyez qu'avec lui j'ai voulu m'accorder.
M'aimeriez-vous encor si j'osois lui céder,
Moi qui dois d'autant plus mes soins à ma fortune,
Que l'amour entre nous la doit rendre commune?

IRÈNE.

Seigneur, lorsque le mien vous a donné mon cœur, 295
Je n'ai point prétendu la main d'un empereur :
Vous pouviez être heureux sans m'apporter ce titre;
Mais du sort de Léon Pulchérie est l'arbitre,
Et l'orgueil de son sang avec quelque raison
Ne peut souffrir d'époux à moins de ce grand nom. 300
Avant que ce cher frère épouse la princesse,
Il faut que le pouvoir s'unisse à la tendresse,
Et que le plus haut rang mette en leur plus beau jour
La grandeur du mérite et l'excès de l'amour.
M'aimeriez-vous assez pour n'être point contraire 305
A l'unique moyen de rendre heureux ce frère,
Vous qui, dans votre amour, avez pu sans ennui
Vous défendre de l'être un moment avant lui,
Et qui mériteriez qu'on vous fît mieux connoître
Que s'il ne le devient, vous aurez peine à l'être? 310

ASPAR.

C'est aller un peu vite, et bientôt m'insulter
En sœur de souverain qui cherche à me quitter.
Je vous aime, et jamais une ardeur plus sincère....

IRÈNE.

Seigneur, est-ce m'aimer que de perdre mon frère?

ASPAR.

Voulez-vous que pour lui je me perde d'honneur? 315
Est-ce m'aimer que mettre à ce prix mon bonheur?
Moi, qu'on a vu forcer trois camps et vingt murailles,
Moi qui, depuis dix ans, ai gagné sept batailles,
N'ai-je acquis tant de nom que pour prendre la loi
De qui n'a commandé que sous Procope[1], ou moi, 320
Que pour m'en faire un maître, et m'attacher moi-même

---

1. Les deux éditions publiées du vivant de Corneille (1673 et 1682) ont ici encore une même faute : *Porcope*, pour *Procope*; partout ailleurs elles portent *Procope*.

Un joug honteux au front, au lieu d'un diadème?
IRÈNE.
Je suis plus raisonnable, et ne demande pas
Qu'en faveur d'un ami vous descendiez si bas.
Pylade pour Oreste auroit fait davantage ; 325
Mais de pareils efforts ne sont plus en usage,
Un grand cœur les dédaigne, et le siècle a changé :
A s'aimer de plus près on se croit obligé,
Et des vertus du temps l'âme persuadée
Hait de ces vieux héros la surprenante idée. 330
ASPAR.
Il y va de ma gloire, et les siècles passés....
IRÈNE.
Elle n'est pas, Seigneur, peut-être où vous pensez ;
Et quoi qu'un juste espoir ose vous faire croire,
S'exposer au refus, c'est hasarder sa gloire.
La princesse peut tout, ou du moins plus que vous. 335
Vous vous attirerez sa haine et son courroux.
Son amour l'intéresse, et son âme hautaine....
ASPAR.
Qu'on me fasse empereur, et je crains peu sa haine.
IRÈNE.
Mais s'il faut qu'à vos yeux un autre préféré
Monte, en dépit de vous, à ce rang adoré, 340
Quel déplaisir! quel trouble! et quelle ignominie
Laissera pour jamais votre gloire ternie!
Non, Seigneur, croyez-moi, n'allez point au sénat,
De vos hauts faits pour vous laissez parler l'éclat.
Qu'il sera glorieux que sans briguer personne, 345
Ils fassent à vos pieds apporter la couronne,
Que votre seul mérite emporte ce grand choix,
Sans que votre présence ait mendié de voix!
Si Procope, ou Léon, ou Martian, l'emporte,
Vous n'aurez jamais eu d'ambition si forte, 350

Et vous désavouerez tous ceux de vos amis
Dont la chaleur pour vous se sera trop permis.
ASPAR.
A ces hauts sentiments s'il me falloit répondre,
J'aurois peine, Madame, à ne me point confondre :
J'y vois beaucoup d'esprit, j'y trouve encor plus d'art ;
Et ce que j'en puis dire à la hâte et sans fard,
Dans ces grands intérêts vous montrer si savante,
C'est être bonne sœur et dangereuse amante.
L'heure me presse : adieu. J'ai des amis à voir
Qui sauront accorder ma gloire et mon devoir :   360
Le ciel me prêtera par eux quelque lumière
A mettre l'un et l'autre en assurance entière,
Et répondre avec joie à tout ce que je doi
A vous, à ce cher frère, à la princesse, à moi.
IRÈNE, seule.
Perfide, tu n'es pas encore où tu te penses.   365
J'ai pénétré ton cœur, j'ai vu tes espérances :
De ton amour pour moi je vois l'illusion ;
Mais tu n'en sortiras qu'à ta confusion.

FIN DU PREMIER ACTE.

ACTE II.

SCÈNE PREMIÈRE.
MARTIAN, JUSTINE.

JUSTINE.
Notre illustre princesse est donc impératrice,
Seigneur?

MARTIAN.
A ses vertus on a rendu justice. 370
Léon l'a proposée; et quand je l'ai suivi,
J'en ai vu le sénat au dernier point ravi;
Il a réduit soudain toutes ses voix en une,
Et s'est débarrassé de la foule importune,
Du turbulent espoir de tant de concurrents 375
Que la soif de régner avoit mis sur les rangs.

JUSTINE.
Ainsi voilà Léon assuré de l'empire.

MARTIAN.
Le sénat, je l'avoue, avoit peine à l'élire,
Et contre les grands noms de ses compétiteurs
Sa jeunesse eût trouvé d'assez froids protecteurs : 380
Non qu'il n'ait du mérite, et que son grand courage
Ne se pût tout promettre avec un peu plus d'âge;
On n'a point vu sitôt tant de rares exploits;
Mais et l'expérience, et les premiers emplois,
Le titre éblouissant de général d'armée, 385
Tout ce qui peut enfin grossir la renommée,
Tout cela veut du temps; et l'amour aujourd'hui

ACTE II, SCÈNE I.

Va faire ce qu'un jour son nom feroit pour lui.
JUSTINE.
Hélas! Seigneur.
MARTIAN.
    Hélas! ma fille, quel mystère
T'oblige à soupirer de ce que dit un père?   390
JUSTINE.
L'image de l'empire en de si jeunes mains
M'a tiré ce soupir pour l'État, que je plains.
MARTIAN.
Pour l'intérêt public rarement on soupire,
Si quelque ennui secret n'y mêle son martyre :
L'un se cache sous l'autre, et fait un faux éclat;   395
Et jamais, à ton âge, on ne plaignit l'État.
JUSTINE.
A mon âge, un soupir semble dire qu'on aime :
Cependant vous avez soupiré tout de même,
Seigneur; et si j'osois vous le dire à mon tour....
MARTIAN.
Ce n'est point à mon âge à soupirer d'amour,   400
Je le sais; mais enfin chacun a sa foiblesse.
Aimerois-tu Léon?
JUSTINE.
    Aimez-vous la princesse?
MARTIAN.
Oublie en ma faveur que tu l'as deviné,
Et démens un soupçon qu'un soupir t'a donné.
L'amour en mes pareils n'est jamais excusable :   405
Pour peu qu'on s'examine, on s'en tient méprisable,
On s'en hait; et ce mal, qu'on n'ose découvrir,
Fait encor plus de peine à cacher qu'à souffrir;
Mais t'en faire l'aveu, c'est n'en faire à personne;
La part que le respect, que l'amitié t'y donne,   410
Et tout ce que le sang en attire sur toi,

T'imposent de le taire une éternelle loi.
　J'aime, et depuis dix ans ma flamme et mon silence
Font à mon triste cœur égale violence :
J'écoute la raison, j'en goûte les avis,　　　　　　415
Et les mieux écoutés sont le plus mal suivis[1].
Cent fois en moins d'un jour je guéris et retombe ;
Cent fois je me révolte, et cent fois je succombe :
Tant ce calme forcé, que j'étudie en vain,
Près d'un si rare objet s'évanouit soudain !　　　　420

　　　　　　JUSTINE.
Mais pourquoi lui donner vous-même la couronne,
Quant à son cher Léon c'est donner sa personne ?

　　　　　　MARTIAN.
Apprends que dans un âge usé comme le mien,
Qui n'ose souhaiter ni même accepter rien,
L'amour hors d'intérêt s'attache à ce qu'il aime,　425
Et n'osant rien pour soi, le sert contre soi-même.

　　　　　　JUSTINE.
N'ayant rien prétendu, de quoi soupirez-vous ?

　　　　　　MARTIAN.
Pour ne prétendre rien, on n'est pas moins jaloux ;
Et ces desirs, qu'éteint le déclin de la vie,
N'empêchent pas de voir avec un œil d'envie,　　430
Quand on est d'un mérite à pouvoir faire honneur,
Et qu'il faut qu'un autre âge emporte le bonheur.
Que le moindre retour vers nos belles années
Jette alors d'amertume en nos âmes gênées !
« Que n'ai-je vu le jour quelques lustres plus tard !　435
Disois-je ; en ses bontés peut-être aurois-je part,
Si le ciel n'opposoit auprès de la princesse
A l'excès de l'amour le manque de jeunesse ;

---

1. Dans l'édition de 1692 et dans celle de Voltaire (1764) :
　　Et les *plus* écoutés sont *les* plus mal suivis.

De tant et tant de cœurs qu'il force à l'adorer;
Devois-je être le seul qui ne pût espérer ? »   440
    J'aimois quand j'étois jeune, et ne déplaisois guère[1] :
Quelquefois de soi-même on cherchoit à me plaire;
Je pouvois aspirer au cœur le mieux placé;
Mais, hélas! j'étois jeune, et ce temps est passé;
Le souvenir en tue, et l'on ne l'envisage   445
Qu'avec, s'il le faut dire, une espèce de rage;
On le repousse, on fait cent projets superflus :
Le trait qu'on porte au cœur s'enfonce d'autant plus;
Et ce feu, que de honte on s'obstine à contraindre,
Redouble par l'effort qu'on se fait pour l'éteindre.   450

JUSTINE.

Instruit que vous étiez des maux que fait l'amour,
Vous en pouviez, Seigneur, empêcher le retour,
Contre toute sa ruse être mieux sur vos gardes.

MARTIAN.

Et l'ai-je regardé comme tu le regardes,
Moi qui me figurois que ma caducité   455
Près de la beauté même étoit en sûreté ?
Je m'attachois sans crainte à servir la princesse,
Fier de mes cheveux blancs, et fort de ma foiblesse;
Et quand je ne pensois qu'à remplir mon devoir,
Je devenois amant sans m'en apercevoir.   460
Mon âme, de ce feu nonchalamment saisie,
Ne l'a point reconnu que par ma jalousie :
Tout ce qui l'approchoit vouloit me l'enlever,
Tout ce qui lui parloit cherchoit à m'en priver;
Je tremblois qu'à leurs yeux elle ne fût trop belle;   465
Je les haïssois tous, comme plus dignes[2] d'elle,
Et ne pouvois souffrir qu'on s'enrichît d'un bien

---

1. Suivant Fontenelle, Corneille parle ici de lui-même. Voyez ci-dessus, p. 374.
2. L'édition de 1682 a ici une faute qui dénature le sens : *digne*, au singulier, au lieu de *dignes*.

Que j'enviois à tous sans y prétendre à rien.
   Quel supplice d'aimer un objet adorable,
Et de tant de rivaux se voir le moins aimable!   470
D'aimer plus qu'eux ensemble, et n'oser de ses feux,
Quelques'ardents qu'ils soient, se promettre autant qu'eux!
On auroit deviné mon amour par ma peine,
Si la peur que j'en eus n'avoit fui tant de gêne.
L'auguste Pulchérie avoit beau me ravir,   475
J'attendois à la voir qu'il la fallût servir :
Je fis plus, de Léon j'appuyai l'espérance ;
La princesse l'aima, j'en eus la confiance,
Et la dissuadai de se donner à lui
Qu'il ne fût de l'empire où le maître ou l'appui.   480
Ainsi, pour éviter un hymen si funeste,
Sans rendre heureux Léon, je détruisois le reste ;
Et mettant un long terme au succès de l'amour,
J'espérois de mourir avant ce triste jour.
   Nous y voilà, ma fille, et du moins j'ai la joie   485
D'avoir à son triomphe ouvert l'unique voie.
J'en mourrai du moment qu'il recevra sa foi,
Mais dans cette douceur qu'ils tiendront tout de moi.
   J'ai caché si longtemps l'ennui qui me dévore,
Qu'en dépit que j'en aye, enfin il s'évapore :   490
L'aigreur en diminue à te le raconter.
Fais-en autant du tien ; c'est mon tour d'écouter.

JUSTINE.

Seigneur, un mot suffit pour ne vous en rien taire :
Le même astre a vu naître et la fille et le père ;
Ce mot dit tout. Souffrez qu'une imprudente ardeur,   495
Prête à s'évaporer, respecte ma pudeur.
   Je suis jeune, et l'amour trouvoit une âme tendre
Qui n'avoit ni le soin ni l'art de se défendre :

---

1. Voyez tome I, p. 205, note 3.

La princesse, qui m'aime et m'ouvroit ses secrets,
Lui prêtoit contre moi d'inévitables traits, 500
Et toutes les raisons dont s'appuyoit sa flamme
Étoient autant de dards qui me traversoient l'âme.
Je pris, sans y penser, son exemple pour loi :
« Un amant digne d'elle est trop digne de moi,
Disois-je ; et s'il brûloit pour moi comme pour elle, 505
Avec plus de bonté je recevrois son zèle. »
Plus elle m'en peignoit les rares qualités,
Plus d'une douce erreur mes sens étoient flattés.
D'un illustre avenir l'infaillible présage,
Qu'on voit si hautement écrit sur son visage, 510
Son nom que je voyois croître de jour en jour,
Pour moi, comme pour elle, étoient dignes d'amour :
Je les voyois d'accord d'un heureux hyménée ;
Mais nous n'en étions pas encore à la journée :
« Quelque obstacle imprévu rompra de si doux nœuds,
Ajoutois-je ; et le temps éteint les plus beaux feux. »
C'est ce que m'inspiroit l'aimable rêverie
Dont jusqu'à ce grand jour ma flamme s'est nourrie ;
Mon cœur, qui ne vouloit désespérer de rien,
S'en faisoit à toute heure un charmant entretien. 520

Qu'on rêve avec plaisir, quand notre âme blessée
Autour de ce qu'elle aime est toute ramassée !
Vous le savez, Seigneur, et comme à tous propos
Un doux je ne sais quoi trouble notre repos :
Un sommeil inquiet sur de confus nuages 525
Élève incessamment de flatteuses images,
Et sur leur vain rapport fait naître des souhaits
Que le réveil admire et ne dédit jamais.

Ainsi, près de tomber dans un malheur extrême,
J'en écartois l'idée en m'abusant moi-même ; 530
Mais il faut renoncer à des abus si doux ;
Et je me vois, Seigneur, au même état que vous.

MARTIAN.

Tu peux aimer ailleurs, et c'est un avantage
Que n'ose se permettre[1] un amant de mon âge.
Choisis qui tu voudras, je saurai l'obtenir. 535
Mais écoutons Aspar, que j'aperçois venir.

SCÈNE II.

MARTIAN, ASPAR, JUSTINE.

ASPAR.

Seigneur, votre suffrage a réuni les nôtres :
Votre voix a plus fait que n'auroient fait cent autres;
Mais j'apprends qu'on murmure, et doute si le choix
Que fera la princesse aura toutes les voix. 540

MARTIAN.

Et qui fait présumer de son incertitude
Qu'il aura quelque chose ou d'amer ou de rude?

ASPAR.

Son amour pour Léon : elle en fait son époux,
Aucun n'en veut douter.

MARTIAN.

Je le crois comme eux tous.
Qu'y trouve-t-on à dire, et quelle défiance...? 545

ASPAR.

Il est jeune, et l'on craint son peu d'expérience.
Considérez, Seigneur, combien c'est hasarder :
Qui n'a fait qu'obéir saura mal commander;
On n'a point vu sous lui d'armée ou de province.

MARTIAN.

Jamais un bon sujet ne devint mauvais prince; 550

---

1. Tel est le texte des deux éditions publiées du vivant de Corneille (1673 et 1682). Thomas Corneille (1692) donne *promettre;* Voltaire (1764) a gardé *permettre.*

ACTE II, SCÈNE II.

Et si le ciel en lui répond mal à nos vœux,
L'auguste Pulchérie en sait assez pour deux.
Rien ne nous surprendra de voir la même chose
Où nos yeux se sont faits quinze ans[1] sous Théodose :
C'étoit un prince foible, un esprit mal tourné ;   555
Cependant avec elle il a bien gouverné.

ASPAR.

Cependant nous voyons six généraux d'armée
Dont au commandement l'âme est accoutumée :
Voudront-ils recevoir un ordre souverain
De qui l'a jusqu'ici toujours pris de leur main ?   560
Seigneur, il est bien dur de se voir sous un maître
Dont on le fut toujours, et dont on devroit l'être.

MARTIAN.

Et qui m'assurera que ces six généraux
Se réuniront mieux sous un de leurs égaux ?
Plus un pareil mérite aux grandeurs nous appelle,   565
Et plus la jalousie aux grands est naturelle.

ASPAR.

Je les tiens réunis. Seigneur, si vous voulez.
Il est, il est encor des noms plus signalés :
J'en sais qui leur plairoient ; et s'il vous faut plus dire,
Avouez-en mon zèle, et je vous fais élire.   570

MARTIAN.

Moi, Seigneur, dans un âge où la tombe m'attend !
Un maître pour deux jours n'est pas ce qu'on prétend.
Je sais le poids d'un sceptre, et connois trop mes forces
Pour être encor sensible à ces vaines amorces.
Les ans, qui m'ont usé l'esprit comme le corps,   575
Abattroient tous les deux sous les moindres efforts ;
Et ma mort, que par là vous verriez avancée,
Rendroit à tant d'égaux leur première pensée,

---

[1]. Voyez ci-dessus, p. 381, note 2.

Et feroit une triste et prompte occasion
De rejeter l'État dans la division. 580

ASPAR.

Pour éviter les maux qu'on en pourroit attendre,
Vous pourriez partager vos soins avec un gendre,
L'installer dans le trône, et le nommer César.

MARTIAN.

Il faudroit que ce gendre eût les vertus d'Aspar;
Mais vous aimez ailleurs, et ce seroit un crime 585
Que de rendre infidèle un cœur si magnanime.

ASPAR.

J'aime, et ne me sens pas capable de changer;
Mais d'autres vous diroient que pour vous soulager,
Quand leur amour iroit jusqu'à l'idolâtrie,
Ils le sacrifieroient au bien de la patrie. 590

JUSTINE.

Certes, qui m'aimeroit pour le bien de l'État
Ne me trouveroit pas, Seigneur, un cœur ingrat,
Et je lui rendrois grâce au nom de tout l'empire;
Mais vous êtes constant; et s'il vous faut plus dire,
Quoi que le bien public jamais puisse exiger, 595
Ce ne sera pas moi qui vous ferai changer.

MARTIAN.

Revenons à Léon. J'ai peine à bien comprendre
Quels malheurs d'un tel choix nous aurions lieu d'attendre.
Quiconque vous verra le mari de sa sœur,
S'il ne le craint assez, craindra son défenseur; 600
Et si vous me comptez encor pour quelque chose,
Mes conseils agiront comme sous Théodose.

ASPAR.

Nous en pourrons tous deux avoir le démenti.

MARTIAN.

C'est à faire à périr pour le meilleur parti :
Il ne m'en peut coûter qu'une mourante vie, 605

ACTE II, SCÈNE II.

Que l'âge et ses chagrins m'auront bientôt ravie.
  Pour vous, qui d'un autre œil regardez ce danger,
Vous avez plus à vivre et plus à ménager;
Et je n'empêche pas qu'auprès de la princesse
Votre zèle n'éclate autant qu'il s'intéresse.   610
Vous pouvez l'avertir de ce que vous croyez,
Lui dire de ce choix ce que vous prévoyez,
Lui proposer sans fard celui qu'elle doit faire.
La vérité lui plaît, et vous pourrez lui plaire.
Je changerai comme elle alors de sentiments,   615
Et tiens mon âme prête à ses commandements.

ASPAR.

Parmi les vérités il en est de certaines
Qu'on ne dit point en face aux têtes souveraines,
Et qui veulent de nous un tour, un ascendant
Qu'aucun ne peut trouver qu'un ministre prudent :   620
Vous ferez mieux valoir ces marques d'un vrai zèle.
M'en ouvrant avec vous, je m'acquitte envers elle;
Et n'ayant rien de plus qui m'amène en ce lieu,
Je vous en laisse maître, et me retire. Adieu.

SCÈNE III.

MARTIAN, JUSTINE.

MARTIAN.

Le dangereux esprit! et qu'avec peu de peine   625
Il manqueroit d'amour et de foi pour Irène!
Des rivaux de Léon il est le plus jaloux,
Et roule des projets qu'il ne dit pas à tous.

JUSTINE.

Il n'a pour but, Seigneur, que le bien de l'empire.
Détrônez la princesse, et faites-vous élire :   630
C'est un amant pour moi que je n'attendois pas,

Qui vous soulagera du poids de tant d'États.
MARTIAN.
C'est un homme, et je veux qu'un jour il t'en souvienne,
C'est un homme à tout perdre, à moins qu'on le prévienne.
Mais Léon vient déjà nous vanter son bonheur :   635
Arme-toi de constance, et prépare un grand cœur;
Et quelque émotion qui trouble ton courage,
Contre tout son désordre affermis ton visage.

SCÈNE IV.
LÉON, MARTIAN, JUSTINE.
LÉON.
L'auriez-vous cru jamais, Seigneur? je suis perdu.
MARTIAN.
Seigneur, que dites-vous? ai-je bien entendu?   640
LÉON.
Je le suis sans ressource, et rien plus ne me flatte.
J'ai revu Pulchérie, et n'ai vu qu'une ingrate :
Quand je crois l'acquérir, c'est lors que je la perds;
Et me détruis moi-même alors que je la sers.
MARTIAN.
Expliquez-vous, Seigneur, parlez en confiance;   645
Fait-elle un autre choix?
LÉON.
Non, mais elle balance :
Elle ne me veut pas encor désespérer,
Mais elle prend du temps pour en délibérer.
Son choix n'est plus pour moi, puisqu'elle le diffère :
L'amour n'est point le maître alors qu'on délibère;   650
Et je ne saurois plus me promettre sa foi,
Moi qui n'ai que l'amour qui lui parle pour moi.
Ah! Madame....

ACTE II, SCÈNE IV.

JUSTINE.

Seigneur....

LÉON.

Auriez-vous pu le croire?

JUSTINE.

L'amour qui délibère est sûr de sa victoire,
Et quand d'un vrai mérite il s'est fait un appui,   655
Il n'est point de raisons qui ne parlent pour lui.
Souvent il aime à voir un peu d'impatience,
Et feint de reculer, lorsque plus il avance :
Ce moment d'amertume en rend les fruits plus doux.
Aimez, et laissez faire une âme toute à vous.   660

LÉON.

Toute à moi! mon malheur n'est que trop véritable;
J'en ai prévu le coup, je le sens qui m'accable.
Plus elle m'assuroit de son affection,
Plus je me faisois peur de son ambition,
Je ne savois des deux quelle étoit la plus forte;   665
Mais il n'est que trop vrai, l'ambition l'emporte ;
Et si son cœur encor lui parle en ma faveur,
Son trône me dédaigne en dépit de son cœur.
    Seigneur, parlez pour moi; parlez pour moi, Madame :
Vous pouvez tout sur elle, et lisez dans son âme   670
Peignez-lui bien mes feux, retracez-lui les siens ;
Rappelez dans son cœur leurs plus doux entretiens;
Et si vous concevez de quelle ardeur je l'aime,
Faites-lui souvenir qu'elle m'aimoit de même.
Elle-même a brigué pour me voir souverain :   675
J'étois, sans ce grand titre, indigne de sa main ;
Mais si je ne l'ai pas, ce titre qui l'enchante,
Seigneur, à qui tient-il qu'à son humeur changeante?
Son orgueil contre moi doit-il s'en prévaloir,
Quand pour me voir au trône elle n'a qu'à vouloir?   680
Le sénat n'a pour elle appuyé mon suffrage

Qu'afin que d'un beau feu ma grandeur fût l'ouvrage :
Il sait depuis quel temps il lui plaît de m'aimer ;
Et quand il l'a nommée, il a cru me nommer.
  Allez, Seigneur, allez empêcher son parjure ; 685
Faites qu'un empereur soit votre créature.
Que je vous céderois ce grand titre aisément,
Si vous pouviez sans lui me rendre heureux amant !
Car enfin mon amour n'en veut qu'à sa personne,
Et n'a d'ambition que ce qu'on m'en ordonne. 690

MARTIAN.

Nous allons, et tous deux, Seigneur, lui faire voir
Qu'elle doit mieux user de l'absolu pouvoir.
Modérez cependant l'excès de votre peine ;
Remettez vos esprits dans l'entretien d'Irène.

LÉON.

D'Irène ? et ses conseils m'ont trahi, m'ont perdu. 695

MARTIAN.

Son zèle pour un frère a fait ce qu'il a dû.
Pouvoit-elle prévoir cette supercherie
Qu'a faite[1] à votre amour l'orgueil de Pulchérie ?
J'ose en parler ainsi, mais ce n'est qu'entre nous.
Nous lui rendrons l'esprit plus traitable et plus doux,
Et vous rapporterons son cœur et ce grand titre.
Allez.

LÉON.

  Entre elle et moi que n'êtes-vous l'arbitre !
Adieu : c'est de vous seuls que je puis recevoir
De quoi garder encor quelque reste d'espoir.

---

1. On lit *Qu'a fait*, sans accord, dans l'édition de 1682.

SCÈNE V.

MARTIAN, JUSTINE.

MARTIAN.

Justine, tu le vois, ce bienheureux obstacle   705
Dont ton amour sembloit pressentir le miracle.
Je ne te défends point, en cette occasion,
De prendre un peu d'espoir sur leur division ;
Mais garde-toi d'avoir une âme assez hardie
Pour faire à leur amour la moindre perfidie :   710
Le mien de ce revers s'applique tant de part,
Que j'espère en mourir quelques moments plus tard.
Mais de quel front enfin leur donner à connoître
Les périls d'un amour que nous avons vu naître,
Dont nous avons tous deux été les confidents,   715
Et peut-être formé les traits les plus ardents?
De tous leurs déplaisirs c'est nous rendre coupables :
Servons-les en amis, en amants véritables ;
Le véritable amour n'est point intéressé.
Allons, j'achèverai comme j'ai commencé :   720
Suis l'exemple, et fais voir qu'une âme généreuse
Trouve dans sa vertu de quoi se rendre heureuse,
D'un sincère devoir fait son unique bien,
Et jamais ne s'expose à se reprocher rien.

FIN DU SECOND ACTE.

ACTE III.

SCÈNE PREMIÈRE.
PULCHÉRIE, MARTIAN, JUSTINE.

PULCHÉRIE.

Je vous ai dit mon ordre : allez, Seigneur, de grâce, 725
Sauver[1] mon triste cœur du coup qui le menace;
Mettez tout le sénat dans ce cher intérêt.

MARTIAN.

Madame, il sait assez combien Léon vous plaît,
Et le nomme assez haut alors qu'il vous défère
Un choix que votre amour vous a déjà fait faire. 730

PULCHÉRIE.

Que ne m'en fait-il donc une obligeante loi?
Ce n'est pas le choisir que s'en remettre à moi;
C'est attendre l'issue à couvert de l'orage :
Si l'on m'en applaudit, ce sera son ouvrage;
Et si j'en suis blâmée, il n'y veut point de part. 735
En doute du succès, il en fuit le hasard;
Et lorsque je l'en veux garant vers tout le monde,
Il veut qu'à l'univers moi seule j'en réponde.
Ainsi m'abandonnant au choix de mes souhaits,
S'il est des mécontents, moi seule je les fais; 740
Et je devrai moi seule apaiser le murmure
De ceux à qui ce choix semblera faire injure,
Prévenir leur révolte, et calmer les mutins

---

1. Dans l'édition de Voltaire (1764), il y a *sauvez*, au lieu de *sauver*.

Qui porteront envie à nos heureux destins.
MARTIAN.
Aspar vous aura vue, et cette âme chagrine.... 745
PULCHÉRIE.
Il m'a vue, et j'ai vu quel chagrin le domine;
Mais il n'a pas laissé de me faire juger
Du choix que fait mon cœur quel sera le danger.
Il part de bons avis quelquefois de la haine;
On peut tirer du fruit de tout ce qui fait peine; 750
Et des plus grands desseins qui veut venir à bout
Prête l'oreille à tous, et fait profit de tout.
MARTIAN.
Mais vous avez promis, et la foi qui vous lie....
PULCHÉRIE.
Je suis impératrice, et j'étois Pulchérie.
De ce trône, ennemi de mes plus doux souhaits, 755
Je regarde l'amour comme un de mes sujets:
Je veux que le respect qu'il doit à ma couronne
Repousse l'attentat qu'il fait sur ma personne;
Je veux qu'il m'obéisse, au lieu de me trahir;
Je veux qu'il donne à tous l'exemple d'obéir; 760
Et jalouse déjà de mon pouvoir suprême,
Pour l'affermir sur tous, je le prends sur moi-même.
MARTIAN.
Ainsi donc ce Léon qui vous étoit si cher....
PULCHÉRIE.
Je l'aime d'autant plus qu'il m'en faut détacher.
MARTIAN.
Seroit-il à vos yeux moins digne de l'empire 765
Qu'alors que vous pressiez le sénat de l'élire?
PULCHÉRIE.
Il falloit qu'on le vît des yeux dont je le voi,
Que de tout son mérite on convînt avec moi,
Et que par une estime éclatante et publique

On mît l'amour d'accord avec la politique. 770
 J'aurois déjà rempli l'espoir d'un si beau feu,
Si le choix du sénat m'en eût donné l'aveu :
J'aurois pris le parti dont il me faut défendre;
Et si jusqu'à Léon je n'ose plus descendre,
Il m'étoit glorieux, le voyant souverain, 775
De remonter au trône en lui donnant la main.

MARTIAN.

Votre cœur tiendra bon pour lui contre tous autres.

PULCHÉRIE.

S'il a ces sentiments, ce ne sont pas les vôtres :
Non, Seigneur, c'est Léon, c'est son juste courroux,
Ce sont des déplaisirs qui s'expliquent par vous : 780
Vous prêtez votre bouche et n'êtes pas capable
De donner à ma gloire un conseil qui l'accable.

MARTIAN.

Mais ses rivaux ont-ils plus de mérite?

PULCHÉRIE.

         Non;
Mais ils ont plus d'emploi, plus de rang, plus de nom;
Et si de ce grand choix ma flamme est la maîtresse, 785
Je commence à régner par un trait de foiblesse.

MARTIAN.

Et tenez-vous fort sûr qu'une légèreté
Donnera plus d'éclat à votre dignité?
Pardonnez-moi ce mot, s'il a trop de franchise,
Le peuple aura peut-être une âme moins soumise : 790
Il aime à censurer ceux qui lui font la loi,
Et vous reprochera jusqu'au manque de foi.

PULCHÉRIE.

Je vous ai déjà dit ce qui m'en justifie :
Je suis impératrice, et j'étois Pulchérie.
J'ose vous dire plus : Léon a des jaloux, 795
Qui n'en font pas, Seigneur, même estime que nous.

Pour surprenant que soit l'essai de son courage,
Les vertus d'empereur ne sont point de son âge :
Il est jeune, et chez eux c'est un si grand défaut,
Que ce mot prononcé détruit tout ce qu'il vaut.   800
Si donc j'en fais le choix, je paroîtrai le faire
Pour régner sous son nom ainsi que sous mon frère.
Vous-même, qu'ils ont vu sous lui dans un emploi
Où vos conseils régnoient autant et plus que moi,
Ne donnerez-vous point quelque lieu de vous dire   805
Que vous n'aurez voulu qu'un fantôme à l'empire,
Et que dans un tel choix vous vous serez flatté
De garder en vos mains toute l'autorité?

MARTIAN.

Ce n'est pas mon dessein, Madame ; et s'il faut dire
Sur le choix de Léon ce que le ciel m'inspire,   810
Dès cet heureux moment qu'il sera votre époux,
J'abandonne Byzance et prends congé de vous,
Pour aller, dans le calme et dans la solitude,
De la mort qui m'attend faire l'heureuse étude.
   Voilà comme j'aspire à gouverner l'État.   815
Vous m'avez commandé d'assembler le sénat ;
J'y vais, Madame.

PULCHÉRIE.

       Quoi ? Martian m'abandonne,
Quand il faut sur ma tête affermir la couronne !
Lui, de qui le grand cœur, la prudence, la foi ...

MARTIAN.

Tout le prix que j'en veux, c'est de mourir à moi.   820

SCÈNE II.

PULCHÉRIE, JUSTINE.

PULCHÉRIE.

Que me dit-il, Justine, et de quelle retraite
Ose-t-il menacer l'hymen qu'il me souhaite?
De Léon près de moi ne se fait-il l'appui
Que pour mieux dédaigner de me servir sous lui?
Le hait-il? le craint-il? et par quelle autre cause.... 825

JUSTINE.

Qui que vous épousiez, il voudra même chose.

PULCHÉRIE.

S'il étoit dans un âge à prétendre ma foi,
Comme il seroit de tous le plus digne de moi,
Ce qu'il donne à penser auroit quelque apparence
Mais les ans l'ont dû mettre en entière assurance. 830

JUSTINE.

Que savons-nous, Madame? est-il dessous les cieux
Un cœur impénétrable au pouvoir de vos yeux?
Ce qu'ils ont d'habitude à faire des conquêtes
Trouve à prendre vos fers les âmes toujours prêtes.
L'âge n'en met aucune à couvert de leurs traits : 835
Non que sur Martian j'en sache les effets;
Il m'a dit comme à vous que ce grand hyménée
L'envoira[1] loin d'ici finir sa destinée;
Et si j'ose former quelque soupçon confus,
Je parle en général, et ne sais rien de plus. 840
   Mais pour votre Léon, êtes-vous résolue
A le perdre aujourd'hui de puissance absolue?
Car ne l'épouser pas, c'est le perdre en effet.

---

1. Voltaire (1764) a changé *l'envoira* en *l'enverra*.

ACTE III, SCÈNE II.

PULCHÉRIE.
Pour te montrer la gêne où son nom seul me met,
Souffre que je t'explique en faveur de sa flamme
La tendresse du cœur après la grandeur d'âme.
 Léon seul est ma joie, il est mon seul désir ;
Je n'en puis choisir d'autre, et n'ose le choisir :
Depuis trois ans unie à cette chère idée,
J'en ai l'âme à toute heure, en tous lieux, obsédée ;
Rien n'en détachera mon cœur que le trépas,
Encore après ma mort n'en répondrois-je pas ;
Et si dans le tombeau le ciel permet qu'on aime,
Dans le fond du tombeau je l'aimerai de même.
Trône qui m'éblouis, titres qui me flattez,
Pourrez-vous me valoir ce que vous me coûtez ?
Et de tout votre orgueil la pompe la plus haute
A-t-elle un bien égal à celui qu'elle m'ôte ?

JUSTINE.
Et vous pouvez penser à prendre un autre époux ?

PULCHÉRIE.
Ce n'est pas, tu le sais, à quoi je me résous.
Si ma gloire à Léon me défend de me rendre,
De tout autre que lui l'amour sait me défendre.
Qu'il est fort cet amour ! sauve-m'en, si tu peux ;
Vois Léon, parle-lui, dérobe-moi ses vœux :
M'en faire un prompt larcin, c'est me rendre un service
Qui saura m'arracher des bords du précipice.
Je le crains, je me crains, s'il n'engage sa foi,
Et je suis trop à lui tant qu'il est tout à moi.
Sens-tu d'un tel effort ton amitié capable ?
Ce héros n'a-t-il rien qui te paroisse aimable ?
Au pouvoir de tes yeux j'unirai mon pouvoir :
Parle, que résous-tu de faire ?

JUSTINE.
    Mon devoir.

Je sors d'un sang, Madame, à me rendre assez vaine
Pour attendre un époux d'une main souveraine ;
Et n'ayant point d'amour que pour ma liberté,   875
S'il la faut immoler à votre sûreté,
J'oserai.... Mais voici ce cher Léon, Madame ;
Voulez-vous....

PULCHÉRIE.

Laisse-moi consulter mieux mon âme ;
Je ne sais pas encor trop bien ce que je veux :
Attends un nouvel ordre, et suspends tous tes vœux. 880

SCÈNE III.

PULCHÉRIE, LÉON, JUSTINE.

PULCHÉRIE.

Seigneur, qui vous ramène ? est-ce l'impatience
D'ajouter à mes maux ceux de votre présence,
De livrer tout mon cœur à de nouveaux combats ;
Et souffré-je trop peu quand je ne vous vois pas ?

LÉON.

Je viens savoir mon sort.

PULCHÉRIE.

N'en soyez point en doute ;
Je vous aime et nous plains[1] : c'est là me peindre toute,
C'est tout ce que je sens ; et si votre amitié
Sentoit pour mes malheurs quelque trait de pitié,
Elle m'épargneroit cette fatale vue,
Qui me perd, m'assassine, et vous-même vous tue.   890

LÉON.

Vous m'aimez, dites-vous ?

---

1. Thomas Corneille (1692) et Voltaire (1764) ont substitué *vous plains* à *nous plains*, qui est la leçon des deux éditions publiées du vivant de l'auteur (1673 et 1682).

ACTE III, SCÈNE III.

PULCHÉRIE.
Plus que jamais.
LÉON.
Hélas!
Je souffrirois bien moins si vous ne m'aimiez pas.
Pourquoi m'aimer encor seulement pour me plaindre?
PULCHÉRIE.
Comment cacher un feu que je ne puis éteindre?
LÉON.
Vous l'étouffez du moins sous l'orgueil scrupuleux   895
Qui fait seul tous les maux dont nous mourons tous deux.
Ne vous en plaignez point, le vôtre est volontaire :
Vous n'avez que celui qu'il vous plaît de vous faire;
Et ce n'est pas pour être aux termes d'en mourir
Que d'en pouvoir guérir dès qu'on s'en veut guérir.   900
PULCHÉRIE.
Moi seule je me fais les maux dont je soupire!
A-ce été sous mon nom que j'ai brigué l'empire?
Ai-je employé mes soins, mes amis, que pour vous?
Ai-je cherché par là qu'à vous voir mon époux?
Quoi? votre déférence à mes efforts s'oppose!   905
Elle rompt mes projets, et seule j'en suis cause!
M'avoir fait obtenir plus qu'il ne m'étoit dû,
C'est ce qui m'a perdue, et qui vous a perdu.
Si vous m'aimiez, Seigneur, vous me deviez mieux croire,
Ne pas intéresser mon devoir et ma gloire :   910
Ce sont deux ennemis que vous nous avez faits,
Et que tout notre amour n'apaisera jamais.
Vous m'accablez en vain de soupirs, de tendresse;
En vain mon triste cœur en vos maux s'intéresse,
Et vous rend, en faveur de nos communs desirs,   915
Tendresse pour tendresse, et soupirs pour soupirs :
Lorsqu'à des feux si beaux je rends cette justice,
C'est l'amante qui parle; oyez l'impératrice.

CORNEILLE. VII

Ce titre est votre ouvrage, et vous me l'avez dit :
D'un service si grand votre espoir s'applaudit, 920
Et s'est fait en aveugle un obstacle invincible,
Quand il a cru se faire un succès infaillible.
    Appuyé de mes soins, assuré de mon cœur,
Il falloit m'apporter la main d'un empereur,
M'élever jusqu'à vous en heureuse sujette : 925
Ma joie étoit entière, et ma gloire parfaite ;
Mais puis-je avec ce nom même chose pour vous ?
Il faut nommer un maître, et choisir un époux :
C'est la loi qu'on m'impose, ou plutôt c'est la peine
Qu'on attache aux douceurs de me voir souveraine. 930
Je sais que le sénat, d'une commune voix,
Me laisse avec respect la liberté du choix ;
Mais il attend de moi celui du plus grand homme
Qui respire aujourd'hui dans l'une et l'autre Rome :
Vous l'êtes, j'en suis sûre, et toutefois, hélas ! 935
Un jour on le croira, mais....

LÉON.

                On ne le croit pas,
Madame : il faut encor du temps et des services ;
Il y faut du destin quelques heureux caprices,
Et que la renommée, instruite en ma faveur,
Séduisant l'univers, impose à ce grand cœur. 940
Cependant admirez comme un amant se flatte :
J'avois cru votre gloire un peu moins délicate ;
J'avois cru mieux répondre à ce que je vous doi
En tenant tout de vous, qu'en vous l'offrant en moi ;
Et qu'auprès d'un objet que l'amour sollicite, 945
Ce même amour pour moi tiendroit lieu de mérite.

PULCHÉRIE.

Oui ; mais le tiendra-t-il auprès de l'univers,
Qui sur un si grand choix tient tous ses yeux ouverts ?
Peut-être le sénat n'ose encor vous élire,

ACTE III, SCÈNE III.

Et si je m'y hasarde, osera m'en dédire ; 950
Peut-être qu'il s'apprête à faire ailleurs sa cour
Du honteux désaveu qu'il garde à notre amour ;
Car ne nous flattons point, ma gloire inexorable
Me doit au plus illustre, et non au plus aimable ;
Et plus ce rang m'élève, et plus sa dignité 955
M'en fait avec hauteur une nécessité.

LÉON.

Rabattez ces hauteurs où tout le cœur s'oppose,
Madame, et pour tous deux hasardez quelque chose :
Tant d'orgueil et d'amour ne s'accordent pas bien ;
Et c'est ne point aimer que ne hasarder rien. 960

PULCHÉRIE.

S'il n'y faut que mon sang, je veux bien vous en croire ;
Mais c'est trop hasarder qu'y hasarder ma gloire ;
Et plus je ferme l'œil aux périls que j'y cours,
Plus je vois que c'est trop qu'y hasarder vos jours.
Ah ! si la voix publique enfloit votre espérance 965
Jusqu'à me demander pour vous la préférence,
Si des noms que la gloire à l'envi me produit
Le plus cher à mon cœur faisoit le plus de bruit,
Qu'aisément à ce bruit on me verroit souscrire,
Et remettre en vos mains ma personne et l'empire ! 970
Mais l'empire vous fait trop d'illustres jaloux :
Dans le fond de ce cœur je vous préfère à tous ;
Vous passez les plus grands, mais ils sont plus en vue.
Vos vertus n'ont point eu toute leur étendue ;
Et le monde, ébloui par des noms trop fameux, 975
N'ose espérer de vous ce qu'il présume d'eux.
  Vous aimez, vous plaisez : c'est tout auprès des femmes ;
C'est par là qu'on surprend, qu'on enlève leurs âmes ;
Mais pour remplir[1] un trône et s'y faire estimer,

---

1. L'édition de 1682 porte seule *emplir*, au lieu de *remplir*.

Ce n'est pas tout, Seigneur, que de plaire et d'aimer.
La plus ferme couronne est bientôt ébranlée,
Quand un effort d'amour semble l'avoir volée;
Et pour garder[1] un rang si cher à nos desirs,
Il faut un plus grand art que celui des soupirs.
Ne vous abaissez pas à la honte des larmes :   985
Contre un devoir si fort ce sont de foibles armes;
Et si de tels secours vous couronnoient ailleurs,
J'aurois pitié d'un sceptre acheté par des pleurs.

LÉON.

Ah Madame, aviez-vous de si fières pensées,
Quand vos bontés pour moi se sont intéressées?   990
Me disiez-vous alors que le gouvernement
Demandoit un autre art que celui d'un amant?
Si le sénat eût joint ses suffrages aux vôtres,
J'en aurois paru digne autant ou plus qu'un autre :
Ce grand art de régner eût suivi tant de voix;   995
Et vous-même....

PULCHÉRIE.

          Oui, Seigneur, j'aurois suivi ce choix,
Sûre que le sénat, jaloux de son suffrage,
Contre tout l'univers maintiendroit son ouvrage.
Tel contre vous et moi s'osera révolter,
Qui contre un si grand corps craindroit de s'emporter,
Et méprisant en moi ce que l'amour m'inspire,
Respecteroit en lui le démon[2] de l'empire.

LÉON.

Mais l'offre qu'il vous fait d'en croire tous vos vœux....

PULCHÉRIE.

N'est qu'un refus moins rude et plus respectueux.

LÉON.

Quelles illusions de gloire chimérique,   1005

1. *Garder* a été changé en *gagner* dans l'édition de 1692.
2. *Le démon*, le génie.

Quels farouches égards de dure politique,
Dans ce cœur tout à moi, mais qu'en vain j'ai charmé,
Me font le plus aimable et le moins estimé?

PULCHÉRIE.

Arrêtez : mon amour ne vient que de l'estime.
Je vous vois un grand cœur, une vertu sublime[1], 1010
Une âme, une valeur digne[2] de mes aïeux;
Et si tout le sénat avoit les mêmes yeux....

LÉON.

Laissons là le sénat, et m'apprenez, de grâce,
Madame, à quel heureux je dois quitter la place,
Qui je dois imiter pour obtenir un jour 1015
D'un orgueil souverain le prix d'un juste amour.

PULCHÉRIE.

J'aurai peine à choisir; choisissez-le vous-même,
Cet heureux, et nommez qui vous voulez que j'aime;
Mais vous souffrez assez, sans devenir jaloux.

J'aime; et si ce grand choix ne peut tomber sur vous,
Aucun autre du moins, quelque ordre qu'on m'en donne,
Ne se verra jamais maître de ma personne[3] :
Je le jure en vos mains, et j'y laisse mon cœur.
N'attendez rien de plus, à moins d'être empereur;
Mais j'entends empereur comme vous devez l'être, 1025
Par le choix d'un sénat qui vous prenne pour maître,
Qui d'un État si grand vous fasse le soutien,
Et d'un commun suffrage autorise le mien.
Je le fais rassembler exprès pour vous élire,
Ou me laisser moi seule à gouverner l'empire, 1030
Et ne plus m'asservir à ce dangereux choix,

---

1. *Var.* Je vous vois un cœur grand, une vertu sublime. (1673)

2. Il y a *digne*, au singulier, dans toutes les éditions anciennes, y compris celles de 1692 et de Voltaire (1764).

3. Voyez ci-dessus l'avis *Au lecteur*, p. 377 : « Elle proposa son mariage à Martian, à la charge qu'il lui permettroit de garder sa virginité, qu'elle avoit vouée et consacrée à Dieu.

S'il ne me veut pour vous donner toutes ses voix.

Adieu, Seigneur : je crains de n'être plus maîtresse
De ce que vos regards m'inspirent de foiblesse,
Et que ma peine, égale à votre déplaisir, 1035
Ne coûte à mon amour quelque indigne soupir.

SCÈNE IV.

LÉON, JUSTINE.

LÉON.

C'est trop de retenue, il est temps que j'éclate :
Je ne l'ai point nommée ambitieuse, ingrate ;
Mais le sujet enfin va céder à l'amant,
Et l'excès du respect au juste emportement. 1040
Dites-le-moi, Madame : a-t-on vu perfidie
Plus noire au fond de l'âme, au dehors plus hardie ?
A-t-on vu plus d'étude attacher la raison
A l'indigne secours de tant de trahison ?
Loin d'en baisser les yeux, l'orgueilleuse en fait gloire :
Elle nous l'ose peindre en illustre victoire.
L'honneur et le devoir eux seuls la font agir !
Et m'étant plus fidèle, elle auroit à rougir !

JUSTINE.

La gêne qu'elle en souffre égale bien la vôtre :
Pour vous, elle renonce à choisir aucun autre ; 1050
Elle-même en vos mains en a fait le serment.

LÉON.

Illusion nouvelle, et pur amusement !
Il n'est, Madame, il n'est que trop de conjonctures
Où les nouveaux serments sont de nouveaux parjures.
Qui sait l'art de régner les rompt avec éclat, 1055
Et ne manque jamais de cent raisons d'État.

JUSTINE.

Mais si vous la piquiez d'un peu de jalousie[1],
Seigneur, si vous brouilliez par là sa fantaisie,
Son amour mal éteint pourroit vous rappeler,
Et sa gloire auroit peine à vous laisser aller.   1060

LÉON.

Me soupçonneriez-vous d'avoir l'âme assez basse
Pour employer la feinte à tromper ma disgrâce?
Je suis jeune, et j'en fais trop mal ici ma cour
Pour joindre à ce défaut un faux éclat d'amour.

JUSTINE.

L'agréable défaut, Seigneur, que la jeunesse!   1065
Et que de vos jaloux l'importune sagesse,
Toute fière qu'elle est, le voudroit racheter
De tout ce qu'elle croit et croira mériter!
Mais si feindre en amour à vos yeux est un crime,
Portez sans feinte ailleurs votre plus tendre estime: 1070
Punissez tant d'orgueil par de justes dédains,
Et mettez votre cœur en de plus sûres mains.

LÉON.

Vous voyez qu'à son rang elle me sacrifie,
Madame, et vous voulez que je la justifie!
Qu'après tous les mépris qu'elle montre pour moi,   1075
Je lui prête un exemple à me voler sa foi!

JUSTINE.

Aimez, à cela près, et sans vous mettre en peine
Si c'est justifier ou punir l'inhumaine;
Songez que si vos vœux en étoient mal reçus,
On pourroit avec joie accepter ses refus.   1080
L'honneur qu'on se feroit à vous détacher d'elle

---

1. Voici pour ce vers la leçon de 1692 :

   Mais si vous la piquiez un peu de jalousie.

— L'édition de 1682 a *piquez* et *brouillez*, au présent.

Rendroit cette conquête et plus noble et plus belle.
Plus il faut de mérite à vous rendre inconstant,
Plus en auroit de gloire un cœur qui vous attend;
Car peut-être en est-il que la princesse même 1085
Condamne à vous aimer dès que vous direz : « J'aime. »
Adieu : c'en est assez pour la première fois.
LÉON.
O ciel, délivre-moi du trouble où tu me vois!

FIN DU TROISIÈME ACTE.

ACTE IV.

SCÈNE PREMIÈRE.

JUSTINE, IRÈNE.

JUSTINE.

Non, votre cher Aspar n'aime point la princesse :
Ce n'est que pour le rang que tout son cœur s'empresse ;
Et si l'on eût choisi mon père pour César,
J'aurois déjà les vœux de cet illustre Aspar.
Il s'en est expliqué tantôt en ma présence ;
Et tout ce que pour elle il a de complaisance,
Tout ce qu'il lui veut faire ou craindre ou dédaigner,
Ne doit être imputé qu'à l'ardeur de régner.
Pulchérie a des yeux qui percent le mystère,
Et le croit plus rival qu'ami de ce cher frère ;
Mais comme elle balance, elle écoute aisément
Tout ce qui peut d'abord flatter son sentiment : 1100
Voilà ce que j'en sais[1].

IRÈNE.

Je ne suis point surprise
De tout ce que d'Aspar m'apprend votre franchise.
Vous ne m'en dites rien que ce que j'en ai dit.
Lorsqu'à Léon tantôt j'ai dépeint son esprit ;
Et j'en ai pénétré l'ambition secrète 1105
Jusques à pressentir l'offre qu'il vous a faite.

---

1. Dans l'édition de 1692 : « Voilà ce que je sais. »

Puisque en vain¹ je m'attache à qui ne m'aime pas,
Il faut avec honneur franchir ce mauvais pas :
Il faut, à son exemple, avoir ma politique,
Trouver à ma disgrâce une face héroïque,   1110
Donner à ce divorce une illustre couleur,
Et sous de beaux dehors dévorer ma douleur.
Dites-moi cependant, que deviendra mon frère?
D'un si parfait amour que faut-il qu'il espère?

JUSTINE.

On l'aime, et fortement, et bien plus qu'on ne veut;
Mais pour s'en détacher, on fait tout ce qu'on peut.
Faut-il vous dire tout? On m'a commandé même
D'essayer contre lui l'art et le stratagème.
On me devra beaucoup si je puis l'ébranler,
On me donne son cœur, si je le puis voler;   1120
Et déjà pour essai de mon obéissance,
J'ai porté quelque attaque, et fait un peu d'avance.
Vous pouvez bien juger comme il a rebuté,
Fidèle amant qu'il est, cette importunité;
Mais pour peu qu'il vous plût appuyer l'artifice,   1125
Cet appui tiendroit lieu d'un signalé service.

IRÈNE.

Ce n'est point un service à prétendre de moi
Que de porter mon frère à garder mal sa foi;
Et quand à vous aimer j'aurois su le réduire,
Quel fruit son changement pourroit-il lui produire?   1130
Vous qui ne l'aimez point, pourriez-vous l'accepter?

JUSTINE.

Léon ne sauroit être un homme à rejeter,
Et l'on voit si souvent, après la foi donnée,
Naître un parfait amour d'un pareil hyménée,
Que si de son côté j'y voyois quelque jour,   1135

---

1. Thomas Corneille (1692) a remplacé *en vain* par *enfin*.

J'espérerois bientôt de l'aimer à mon tour.
                    IRÈNE.
C'est trop et trop peu dire. Est-il encore à naître,
Cet amour? Est-il né?
                    JUSTINE.
            Cela pourroit bien être[1].
Ne l'examinons point avant qu'il en soit temps;
L'occasion viendra peut-être, et je l'attends.   1140
                    IRÈNE.
Et vous servez Léon auprès de la princesse?
                    JUSTINE.
Avec sincérité pour lui je m'intéresse;
Et si j'en étois crue, il auroit le bonheur
D'en obtenir la main, comme il en a le cœur.
J'obéis cependant aux ordres qu'on me donne,   1145
Et souffrirois ses vœux, s'il perdoit la couronne.
Mais la princesse vient.

SCÈNE II.

PULCHÉRIE, IRÈNE, JUSTINE.

                    PULCHÉRIE.
            Que fait ce malheureux,
Irène?
                    IRÈNE.
    Ce qu'on fait dans un sort rigoureux :
Il soupire, il se plaint.
                    PULCHÉRIE.
            De moi?
                    IRÈNE.
                    De sa fortune.

---

1. Cet hémistiche se trouve dans *Polyeucte*. Voyez tome III, p. 501, vers 323.

PULCHÉRIE.
Est-il bien convaincu qu'elle nous est commune, 1150
Qu'ainsi que lui¹ du sort j'accuse la rigueur ?
IRÈNE.
Je ne pénètre point jusqu'au fond de son cœur;
Mais je sais qu'au dehors sa douleur vous respecte :
Elle se tait de vous.
PULCHÉRIE.
Ah! qu'elle m'est suspecte!
Un modeste reproche à ses maux siéroit bien : 1155
C'est me trop accuser que de n'en dire rien.
M'auroit-il oubliée, et déjà dans son âme
Effacé tous les traits d'une si belle flamme?
IRÈNE.
C'est par là qu'il devroit soulager ses ennuis,
Madame; et de ma part j'y fais ce que je puis. 1160
PULCHÉRIE.
Ah! ma flamme n'est pas à tel point affoiblie,
Que je puisse endurer, Irène, qu'il m'oublie.
Fais-lui, fais-lui plutôt soulager son ennui
A croire que je souffre autant et plus que lui.
C'est une vérité que j'ai besoin qu'il croie, 1165
Pour mêler à mes maux quelque inutile joie,
Si l'on peut nommer joie une triste douceur
Qu'un digne amour conserve en dépit du malheur.
L'âme qui l'a sentie en est toujours charmée,
Et même en n'aimant plus, il est doux d'être aimée.
JUSTINE.
Vous souvient-il encor de me l'avoir donné,
Madame? et ce doux soin dont votre esprit gêné....
PULCHÉRIE.
Souffre un reste d'amour qui me trouble et m'accable.

1. On lit : « Qu'ainsi *de* lui, » dans les deux éditions de 1673 et de 1682.

Je ne t'en ai point fait un don irrévocable;
Mais je te le redis, dérobe-moi ses vœux; 1175
Séduis, enlève-moi son cœur, si tu le peux.
J'ai trop mis à l'écart celui d'impératrice;
Reprenons avec lui ma gloire et mon supplice :
C'en est un, et bien rude, à moins que le sénat
Mette d'accord ma flamme et le bien de l'État. 1180
     IRÈNE.
N'est-ce point avilir votre pouvoir suprême
Que mendier ailleurs ce qu'il peut de lui-même?
     PULCHÉRIE.
Irène, il te faudroit les mêmes yeux qu'à moi
Pour voir la moindre part de ce que je prévoi.
Épargne à mon amour la douleur de te dire 1185
A quels troubles ce choix hasarderoit l'empire :
Je l'ai déjà tant dit, que mon esprit lassé
N'en sauroit plus souffrir le portrait retracé.
Ton frère a l'âme grande, intrépide, sublime;
Mais d'un peu de jeunesse on lui fait un tel crime, 1190
Que si tant de vertus n'ont que moi pour appui,
En faire un empereur, c'est me perdre avec lui.
     IRÈNE.
Quel ordre a pu du trône exclure la jeunesse?
Quel astre à nos beaux jours enchaîne la foiblesse?
Les vertus, et non l'âge, ont droit à ce haut rang; 1195
Et n'étoit le respect qu'imprime votre sang,
Je dirois que Léon vaudroit bien Théodose.
     PULCHÉRIE.
Sans doute; et toutefois ce n'est pas même chose.
 Foible qu'étoit ce prince à régir tant d'États,
Il avoit des appuis que ton frère n'a pas : 1200
L'empire en sa personne étoit héréditaire;
Sa naissance le tint d'un aïeul et d'un père[1];

---

1. Théodose le Grand et Arcadius.

Il régna dès l'enfance et régna sans jaloux,
Estimé d'assez peu, mais obéi de tous.
Léon peut succéder aux droits de la puissance, 1205
Mais non pas au bonheur de cette obéissance :
Tant ce trône, où l'amour par ma main l'auroit mis,
Dans mes premiers sujets lui feroit d'ennemis!
  Tout ce qu'ont vu d'illustre et la paix et la guerre
Aspire à ce grand nom de maître de la terre : 1210
Tous regardent l'empire ainsi qu'un bien commun
Que chacun veut pour soi, tant qu'il n'est à pas un.
Pleins de la renommée, enflés de leurs services,
Combien ce choix pour eux aura-t-il d'injustices,
Si ma flamme obstinée et ses odieux soins 1215
L'arrêtent sur celui qu'ils estiment le moins!
Léon est d'un mérite à devenir leur maître;
Mais comme c'est l'amour qui m'aide à le connoître,
Tout ce qui contre nous s'osera mutiner
Dira que je suis seule à me l'imaginer. 1220

IRÈNE.

C'est donc en vain pour lui qu'on prie et qu'on espère?

PULCHÉRIE.

Je l'aime, et sa personne à mes yeux est bien chère;
Mais si le ciel pour lui n'inspire le sénat,
Je sacrifierai tout au bonheur de l'État.

IRÈNE.

Que pour vous imiter j'aurois l'âme ravie 1225
D'immoler à l'État le bonheur de ma vie!
Madame, ou de Léon faites-nous un César,
Ou portez ce grand choix sur le fameux Aspar :
Je l'aime, et ferois gloire, en dépit de ma flamme,
De faire un maître à tous de celui de mon âme; 1230
Et pleurant pour le frère en ce grand changement,
Je m'en consolerois à voir régner l'amant.
Des deux têtes qu'au monde on me voit les plus chères,

Élevez l'une ou l'autre au trône de vos pères :
Daignez....
PULCHÉRIE.
    Aspar seroit digne d'un tel honneur, 1235
Si vous pouviez, Irène, un peu moins sur son cœur.
J'aurois trop à rougir si sous le nom de femme
Je le faisois régner sans régner dans son âme;
Si j'en avois le titre, et vous tout le pouvoir,
Et qu'entre nous ma cour partageât son devoir. 1240
IRÈNE.
Ne l'appréhendez pas : de quelque ardeur qu'il m'aime,
Il est plus à l'État, Madame, qu'à lui-même.
PULCHÉRIE.
Je le crois comme vous, et que sa passion
Regarde plus l'État que vous, moi, ni Léon.
C'est vous entendre, Irène, et vous parler sans feindre :
Je vois ce qu'il projette, et ce qu'il en faut craindre.
L'aimez-vous ?
IRÈNE.
    Je l'aimai, quand je crus qu'il m'aimoit.
Je voyois sur son front un air qui me charmoit ;
Mais depuis que le temps m'a fait mieux voir sa flamme,
J'ai presque éteint la mienne et dégagé mon âme. 1250
PULCHÉRIE.
Achevez. Tel qu'il est, voulez-vous l'épouser ?
IRÈNE.
Oui, Madame, ou du moins le pouvoir refuser.
Après deux ans d'amour il y va de ma gloire :
L'affront seroit trop grand, et la tache trop noire,
Si dans la conjoncture où l'on est aujourd'hui 1255
Il m'osoit regarder comme indigne de lui.
Ses desseins vont plus haut ; et voyant qu'il vous aime,
Bien que peut-être moins que votre diadème,
Je n'ai vu rien en moi qui le pût retenir ;

Et je ne vous l'offrois que pour le prévenir. 1260
C'est ainsi que j'ai cru me mettre en assurance
Par l'éclat généreux d'une fausse apparence :
Je vous cédois un bien que je ne puis garder,
Et qu'à vous seule enfin ma gloire peut céder.
PULCHÉRIE.
Reposez-vous sur moi. Votre Aspar vient.

SCÈNE III.

PULCHÉRIE, ASPAR, IRÈNE, JUSTINE,

ASPAR.

Madame,
Déjà sur vos desseins j'ai lu dans plus d'une âme,
Et crois de mon devoir de vous mieux avertir
De ce que sur tous deux on m'a fait pressentir.
J'espère pour Léon, et j'y fais mon possible ;
Mais j'en prévois, Madame, un murmure infaillible,
Qui pourra se borner à quelque émotion,
Et peut aller plus loin que la sédition.
PULCHÉRIE.
Vous en savez l'auteur : parlez, qu'on le punisse ;
Que moi-même au sénat j'en demande justice.
ASPAR.
Peut-être est-ce quelqu'un que vous pourriez choisir,
S'il vous falloit ailleurs tourner votre desir,
Et dont le choix illustre à tel point sauroit plaire,
Que[1] nous n'aurions à craindre aucun parti contraire.
Comme à vous le nommer, ce seroit fait de lui,
Ce seroit à l'empire ôter un ferme appui, 1280
Et livrer un grand cœur à sa perte certaine,
Quand il n'est pas encor digne de votre haine.

1. L'édition de 1682 porte par erreur *Quand*, pour *Que*.

ACTE IV, SCÈNE III.

PULCHÉRIE.

On me fait mal sa cour avec de tels avis,
Qui sans nommer personne, en nomment plus de dix.
Je hais l'empressement de ces devoirs sincères, 1285
Qui ne jette en l'esprit que de vagues chimères,
Et ne me présentant qu'un obscur avenir,
Me donne tout à craindre, et rien à prévenir.

ASPAR.

Le besoin de l'État est souvent un mystère
Dont la moitié se dit, et l'autre est bonne à taire. 1290

PULCHÉRIE.

Il n'est souvent aussi qu'un pur fantôme en l'air
Que de secrets ressorts font agir et parler,
Et s'arrête où le fixe une âme prévenue,
Qui pour ses intérêts le forme et le remue.
Des besoins de l'État si vous êtes jaloux, 1295
Fiez-vous-en à moi, qui les vois mieux que vous.
Martian, comme vous, à vous parler sans feindre,
Dans le choix de Léon voit quelque chose à craindre ;
Mais il m'apprend de qui je dois me défier ;
Et je puis, si je veux, me le sacrifier. 1300

ASPAR.

Qui nomme-t-il, Madame ?

PULCHÉRIE.

Aspar, c'est un mystère
Dont la moitié se dit, et l'autre est bonne à taire.
Si l'on hait tant Léon, du moins réduisez-vous
A faire qu'on m'admette à régner sans époux.

ASPAR.

Je ne l'obtiendrai point, la chose est sans exemple. 1305

PULCHÉRIE.

La matière au vrai zèle en est d'autant plus ample ;
Et vous en montrerez de plus rares effets
En obtenant pour moi ce qu'on n'obtint jamais.

CORNEILLE. VII 28

ASPAR.

Oui ; mais qui voulez-vous que le sénat vous donne,
Madame, si Léon....

PULCHÉRIE.

Ou Léon, où personne.

A l'un de ces deux points amenez les esprits.
Vous adorez Irène, Irène est votre prix ;
Je la laisse avec vous, afin que votre zèle
S'allume à ce beau feu que vous avez pour elle.
Justine, suivez-moi.

SCÈNE IV.
ASPAR, IRÈNE.

IRÈNE.

Ce prix qu'on vous promet
Sur votre âme, Seigneur, doit faire peu d'effet.
La mienne, toute acquise à votre ardeur sincère,
Ne peut à ce grand cœur tenir lieu de salaire ;
Et l'amour à tel point vous rend maître du mien,
Que me donner à vous, c'est ne vous donner rien.

ASPAR.

Vous dites vrai, Madame ; et du moins j'ose dire
Que me donner un cœur au-dessous de l'empire,
Un cœur qui me veut faire une honteuse loi,
C'est ne me donner rien qui soit digne de moi.

IRÈNE.

Indigne que je suis d'une foi si douteuse,
Vous fais-je quelque loi qui puisse être honteuse ?
Et si Léon devoit l'empire à votre appui,
Lui qui vous y feroit le premier d'après lui,
Auriez-vous à rougir de l'en avoir fait maître,
Seigneur, vous qui voyez que vous ne pouvez l'être ?

Mettez-vous, j'y consens, au-dessus de l'amour,
Si pour monter au trône, il s'offre quelque jour.
Qu'à ce glorieux titre un amant soit volage,
Je puis l'en estimer, l'en aimer davantage,
Et voir avec plaisir la belle ambition   1335
Triompher d'une ardente et longue passion.
L'objet le plus charmant doit céder à l'empire :
Régnez ; j'en dédirai mon cœur s'il en soupire.
Vous ne m'en croyez pas, Seigneur ; et toutefois
Vous régneriez bientôt si l'on suivoit ma voix.   1340
Apprenez à quel point pour vous je m'intéresse.
Je viens de vous offrir moi-même à la princesse ;
Et je sacrifiois mes plus chères ardeurs
A l'honneur de vous mettre au faîte des grandeurs.
Vous savez sa réponse : « Où Léon, ou personne. » 1345

ASPAR.

C'est agir en amante et généreuse et bonne ;
Mais sûre d'un refus qui doit rompre le coup,
La générosité ne coûte pas beaucoup.

IRÈNE.

Vous voyez les chagrins où cette offre m'expose,
Et ne me voulez pas devoir la moindre chose !   1350
Ah ! si j'osois, Seigneur, vous appeler ingrat !

ASPAR.

L'offre sans doute est rare, et feroit grand éclat,
Si pour mieux éblouir vous aviez eu l'adresse
D'ébranler tant soit peu l'esprit de la princesse.
Elle est impératrice, et d'un seul : « Je le veux, » 1355
Elle peut de Léon faire un monarque heureux :
Qu'a-t-il besoin de moi, lui qui peut tout sur elle ?

IRÈNE.

N'insultez point, Seigneur, une flamme si belle.
L'amour, las de gémir sous les raisons d'État,
Pourroit n'en croire pas tout à fait le sénat.   1360

ASPAR.

L'amour n'a qu'à parler : le sénat, quoi qu'on pense,
N'aura que du respect et de la déférence ;
Et de l'air dont la chose a déjà pris son cours,
Léon pourra se voir empereur pour trois jours.

IRÈNE.

Trois jours peuvent suffire à faire bien des choses : 1365
La cour en moins de temps voit cent métamorphoses ;
En moins de temps un prince à qui tout est permis
Peut rendre ce qu'il doit aux vrais et faux amis.

ASPAR.

L'amour qui parle ainsi ne paroît pas fort tendre
Mais je vous aime assez pour ne vous pas entendre ;
Et dirai toutefois, sans m'en embarrasser,
Qu'il est un peu bien tôt pour vous de menacer.

IRÈNE.

Je ne menace point, Seigneur ; mais je vous aime
Plus que moi, plus encor que ce cher frère même.
L'amour tendre est timide, et craint pour son objet,
Dès qu'il lui voit former un dangereux projet.

ASPAR.

Vous m'aimez, je le crois ; du moins cela peut être ;
Mais de quelle façon le faites-vous connoître ?
L'amour inspire-t-il ce rare empressement
De voir régner un frère aux dépens d'un amant ? 1380

IRÈNE.

Il m'inspire à regret la peur de votre perte.
Régnez, je vous l'ai dit, la porte en est ouverte ;
Vous avez du mérite, et je manque d'appas ;
Dédaignez, quittez-moi, mais ne vous perdez pas.
Pour le salut d'un frère ai-je si peu d'alarmes 1385
Qu'il y faille ajouter d'autres sujets de larmes ?
C'est assez que pour vous j'ose enfin soupirer ;
Ne me réduisez point, Seigneur, à vous pleurer.

ASPAR.
Gardez, gardez vos pleurs pour ceux qui sont à plaindre :
Puisque vous m'aimez tant, je n'ai point lieu de craindre.
Quelque peine qu'on doive à ma témérité,
Votre main qui m'attend fera ma sûreté ;
Et contre le courroux le plus inexorable
Elle me servira d'asile inviolable.
IRÈNE.
Vous la voudrez peut-être, et la voudrez trop tard. 1395
Ne vous exposez point, Seigneur, à ce hasard ;
Je doute si j'aurois toujours même tendresse,
Et pourrois[1] de ma main n'être pas la maîtresse.
Je vous parle sans feindre, et ne sais point railler
Lorsqu'au salut commun il nous faut travailler. 1400
ASPAR.
Et je veux bien aussi vous répondre sans feindre.
 J'ai pour vous un amour à ne jamais s'éteindre,
Madame ; et dans l'orgueil que vous-même approuvez,
L'amitié de Léon a ses droits conservés ;
Mais ni cette amitié, ni cet amour si tendre, 1405
Quelques soins, quelque effort qu'il vous en plaise attendre,
Ne me verront jamais l'esprit persuadé
Que je doive obéir à qui j'ai commandé,
A qui, si j'en puis croire un cœur qui vous adore,
J'aurai droit, et longtemps, de commander encore. 1410
Ma gloire, qui s'oppose à cet abaissement,
Trouve en tous mes égaux le même sentiment.
Ils ont fait la princesse arbitre de l'empire :
Qu'elle épouse Léon, tous sont prêts d'y souscrire ;
Mais je ne réponds pas d'un long respect en tous, 1415
A moins qu'il associe aussitôt l'un de nous.
La chose est peu nouvelle, et je ne vous propose

---

1. On lit : « Je pourrois, » pour « Et pourrois, » dans l'édition le 1692.

Que ce que l'on a fait pour le grand Théodose[1].
C'est par là que l'empire est tombé dans ce sang
Si fier de sa naissance et si jaloux du rang.   1420
Songez sur cet exemple à vous rendre justice,
A me faire empereur pour être impératrice :
Vous avez du pouvoir, Madame ; usez-en bien,
Et pour votre intérêt attachez-vous au mien.

IRÈNE.

Léon dispose-t-il du cœur de la princesse ?   1425
C'est un cœur fier et grand : le partage la blesse ;
Elle veut tout ou rien ; et dans ce haut pouvoir
Elle éteindra l'amour plutôt que d'en déchoir.
Près d'elle avec le temps nous pourrons davantage :
Ne pressons point, Seigneur, un si juste partage.   1430

ASPAR.

Vous le voudrez peut-être, et le voudrez trop tard :
Ne laissez point longtemps nos destins au hasard.
J'attends de votre amour cette preuve nouvelle.
Adieu, Madame.

IRÈNE.

Adieu. L'ambition est belle ;
Mais vous n'êtes, Seigneur, avec ce sentiment,   1435
Ni véritable ami, ni véritable amant.

1. Après la mort de Valens, Gratien proposa à Théodose de partager l'empire et le proclama empereur d'Orient.

FIN DU QUATRIÈME ACTE.

ACTE V.

SCÈNE PREMIÈRE.
PULCHÉRIE, JUSTINE.

PULCHÉRIE.

Justine, plus j'y pense, et plus je m'inquiète :
Je crains de n'avoir plus une amour si parfaite,
Et que si de Léon on me fait un époux,
Un bien si désiré ne me soit plus si doux.   1440
Je ne sais si le rang m'auroit fait changer d'âme ;
Mais je tremble à penser que je serois sa femme,
Et qu'on n'épouse point l'amant le plus chéri,
Qu'on ne se fasse un maître aussitôt qu'un mari.
J'aimerois à régner avec l'indépendance   1445
Que des vrais souverains s'assure la prudence ;
Je voudrois que le ciel inspirât au sénat
De me laisser moi seule à gouverner l'État,
De m'épargner ce maître, et vois d'un œil d'envie[1]
Toujours Sémiramis, et toujours Zénobie.   1450
On triompha de l'une ; et pour Sémiramis,
Elle usurpa le nom et l'habit de son fils ;
Et sous l'obscurité d'une longue tutelle,
Cet habit et ce nom régnoient tous deux plus qu'elle.
Mais mon cœur de leur sort n'en est pas moins jaloux
C'étoit régner enfin, et régner sans époux.
Le triomphe n'en fait qu'affermir la mémoire ;

---

1. L'édition de 1692 porte, par erreur : « et *voir* d'un œil d'envie. »

Et le déguisement n'en détruit point la gloire.
JUSTINE.
Que les choses bientôt prendroient un autre tour
Si le sénat prenoit le parti de l'amour! 1460
Que bientôt.... Mais je vois Aspar avec mon père.
PULCHÉRIE.
Sachons d'eux quel destin le ciel vient de me faire.

SCÈNE II.

MARTIAN, ASPAR, PULCHÉRIE, JUSTINE.

MARTIAN.
Madame, le sénat nous députe tous deux
Pour vous jurer encor qu'il suivra tous vos vœux.
Après qu'entre vos mains il a remis l'empire, 1465
C'est faire un attentat que de vous rien prescrire;
Et son respect vous prie une seconde fois
De lui donner vous seule un maître à votre choix.
PULCHÉRIE.
Il pouvoit le choisir.
MARTIAN.
        Il s'en défend l'audace,
Madame; et sur ce point il vous demande grâce. 1470
PULCHÉRIE.
Pourquoi donc m'en fait-il une nécessité?
MARTIAN.
Pour donner plus de force à votre autorité.
PULCHÉRIE.
Son zèle est grand pour elle : il faut le satisfaire,
Et lui mieux obéir qu'il n'a daigné me plaire.
    Sexe, ton sort en moi ne peut se démentir : 1475
Pour être souveraine il faut m'assujettir,

En[1] montant sur le trône entrer dans l'esclavage,
Et recevoir des lois de qui me rend hommage.
 Allez, dans quelques jours je vous ferai savoir
Le choix que par son ordre aura fait mon devoir. 1480
ASPAR.
Il tiendroit à faveur et bien haute et bien rare
De le savoir, Madame, avant qu'il se sépare.
PULCHÉRIE.
Quoi? pas un seul moment pour en délibérer.
Mais je ferois un crime à le plus différer;
Il vaut mieux, pour essai de ma toute-puissance, 1485
Montrer un digne effet de pleine obéissance.
Retirez-vous, Aspar: vous aurez votre tour.

SCÈNE III.
PULCHÉRIE, MARTIAN, JUSTINE.
PULCHÉRIE.
On m'a dit que pour moi vous aviez de l'amour,
Seigneur; seroit-il vrai?
MARTIAN.
    Qui vous l'a dit, Madame?
PULCHÉRIE.
Vos services, mes yeux, le trouble de votre âme, 1490
L'exil que mon hymen vous devoit imposer:
Sont-ce là des témoins, Seigneur, à récuser?
MARTIAN.
C'est donc à moi, Madame, à confesser mon crime.
L'amour naît aisément du zèle et de l'estime;
Et l'assiduité près d'un charmant objet   1495
N'attend point notre aveu pour faire son effet.

---

1. On lit *Et*, pour *En*, dans l'édition de 1682.

Il m'est honteux d'aimer; il vous l'est d'être aimée
D'un homme dont la vie est déjà consumée,
Qui ne vit qu'à regret depuis qu'il a pu voir
Jusqu'où ses yeux charmés ont trahi son devoir.   1500
Mon cœur, qu'un si long âge en mettoit hors d'alarmes,
S'est vu livré par eux à ces dangereux charmes.
En vain, Madame, en vain je m'en suis défendu;
En vain j'ai su me taire après m'être rendu :
On m'a forcé d'aimer, on me force à le dire.   1505
Depuis plus de dix ans je languis, je soupire,
Sans que de tout l'excès d'un si long déplaisir
Vous ayez pu surprendre une larme, un soupir;
Mais enfin la langueur qu'on voit sur mon visage
Est encor plus l'effet de l'amour que de l'âge.   1510
Il faut faire un heureux, le jour n'en est pas loin :
Pardonnez à l'horreur d'en être le témoin,
Si mes maux et ce feu digne de votre haine
Cherchent dans un exil leur remède, et sa peine.
Adieu : vivez heureuse; et si tant de jaloux....   1515

                  PULCHÉRIE.

Ne partez pas, Seigneur, je les tromperai tous;
Et puisque de ce choix aucun ne me dispense,
Il est fait, et de tel à qui pas un ne pense.

                  MARTIAN.

Quel qu'il soit, il sera l'arrêt de mon trépas,
Madame.
                  PULCHÉRIE.
             Encore un coup, ne vous éloignez pas.   1520
Seigneur, jusques ici vous m'avez bien servie;
Vos lumières ont fait tout l'éclat de ma vie;
La vôtre s'est usée à me favoriser :
Il faut encor plus faire, il faut....

                  MARTIAN.
                              Quoi?

PULCHÉRIE.
M'épouser.

MARTIAN.

Moi, Madame?

PULCHÉRIE.

Oui, Seigneur; c'est le plus grand service
Que vos soins puissent rendre à votre impératrice.
Non qu'en m'offrant à vous je réponde à vos feux
Jusques à souhaiter des fils et des neveux :
Mon aïeul, dont partout les hauts faits retentissent,
Voudra bien qu'avec moi ses descendants finissent, 1530
Que j'en sois la dernière, et ferme dignement
D'un si grand empereur l'auguste monument.
Qu'on ne prétende plus que ma gloire s'expose
A laisser des Césars du sang de Théodose.
Qu'ai-je affaire de race à me déshonorer, 1535
Moi qui n'ai que trop vu ce sang dégénérer,
Et que s'il est fécond en illustres princesses,
Dans les princes qu'il forme il n'a que des foiblesses?
Ce n'est pas que Léon, choisi pour souverain,
Pour me rendre à mon rang n'eût obtenu ma main :
Mon amour, à ce prix, se fût rendu justice;
Mais puisqu'on m'a sans lui nommée impératrice,
Je dois à ce haut rang d'assez nobles projets
Pour n'admettre en mon lit aucun de mes sujets.
Je ne veux plus d'époux, mais il m'en faut une ombre,
Qui des Césars pour moi puisse grossir le nombre;
Un mari qui content d'être au-dessus des rois,
Me donne ses clartés, et dispense mes lois;
Qui n'étant en effet que mon premier ministre,
Pare ce que sous moi l'on craindroit de sinistre, 1550
Et pour tenir en bride un peuple sans raison.
Paroisse mon époux, et n'en ait que le nom.
Vous m'entendez, Seigneur, et c'est assez vous dire.

Prêtez-moi votre main[1], je vous donne l'empire :
Éblouissons le peuple, et vivons entre nous   1555
Comme s'il n'étoit point d'épouses ni d'époux.
Si ce n'est posséder l'objet de votre[2] flamme,
C'est vous rendre du moins le maître de son âme,
L'ôter à vos rivaux, vous mettre au-dessus d'eux,
Et de tous mes amants vous voir le plus heureux.   1560

MARTIAN.

Madame....

PULCHÉRIE.

    A vos hauts faits je dois ce grand salaire ;
Et j'acquitte envers vous et l'État et mon frère.

MARTIAN.

Auroit-on jamais cru, Madame...?

PULCHÉRIE.

        Allez, Seigneur,
Allez en plein sénat faire voir l'Empereur.
Il demeure assemblé pour recevoir son maître :   1565
Allez-y de ma part vous faire reconnoître ;
Ou si votre souhait ne répond pas au mien,
Faites grâce à mon sexe, et ne m'en dites rien.

MARTIAN.

Souffrez qu'à vos genoux, Madame....

PULCHÉRIE.

        Allez, vous dis-je :
Je m'oblige encor plus que je ne vous oblige ;   1570
Et mon cœur qui vous vient d'ouvrir ses sentiments,
N'en veut ni de refus ni de remercîments.

---

1. Cette expression a été blâmée par Bouhours (*Remarques nouvelles sur la langue françoise*, 1675, in-4°, p. 385). Non-seulement Ménage en fait l'éloge, mais il ajoute : « J'ai ouï dire plus d'une fois à M. Corneille que ce vers :

Prêtez-moi votre main, je vous donne l'empire,

étoit un des plus beaux qu'il eût jamais faits. » (*Observations de M. Ménage sur la langue françoise. Seconde partie*, 1676, in-12, p. 149.) Voyez le *Lexique*.

2. L'édition de 1682 a la leçon impossible : *notre*, pour *votre*.

SCÈNE IV.

PULCHÉRIE, ASPAR, JUSTINE.

PULCHÉRIE.

Faites rentrer Aspar[1]. Que faites-vous d'Irène?
Quand l'épouserez-vous? Ce mot vous fait-il peine?
Vous ne répondez point?

ASPAR.

Non, Madame, et je dois 1575
Ce respect aux bontés que vous avez pour moi.
Qui se tait obéit.

PULCHÉRIE.

J'aime assez qu'on s'explique.
Les silences de cour ont de la politique.
Sitôt que nous parlons, qui consent applaudit,
Et c'est en se taisant que l'on nous contredit[2]. 1580
Le temps m'éclaircira de ce que je soupçonne.
Cependant j'ai fait choix de l'époux qu'on m'ordonne.
Léon vous faisoit peine, et j'ai dompté l'amour,
Pour vous donner un maître admiré dans la cour,
Adoré dans l'armée, et que de cet empire 1585
Les plus fermes soutiens feroient gloire d'élire :
C'est Martian.

ASPAR.

Tout vieil et tout cassé qu'il est!

PULCHÉRIE.

Tout vieil et tout cassé, je l'épouse; il me plaît.

---

1. Cet hémistiche termine la scène III dans l'édition de 1692, ainsi que dans celle de Voltaire (1764), qui donne *entrer*, pour *rentrer*.

2. « On ne manque jamais à leur applaudir (*aux rois*) quand on entre dans leurs sentiments; et le seul moyen de leur contredire avec le respect qui leur est dû, c'est de se taire. » (*Examen* du *Cid*, tome III, p. 93.)

J'ai mes raisons. Au reste, il a besoin d'un gendre
Qui partage avec lui les soins qu'il lui faut prendre, 1590
Qui soutienne des ans penchés dans[1] le tombeau,
Et qui porte sous lui la moitié du fardeau.
Qui jugeriez-vous propre à remplir cette place?
Une seconde fois vous paroissez de glace!

ASPAR.

Madame, Aréobinde et Procope tous deux 1595
Ont engagé leur cœur et formé d'autres vœux :
Sans cela je dirois....

PULCHÉRIE.

Et sans cela moi-même
J'élèverois Aspar à cet honneur suprême ;
Mais quand il seroit homme à pouvoir aisément
Renoncer aux douceurs de son attachement, 1600
Justine n'auroit pas une âme assez hardie
Pour accepter un cœur noirci de perfidie,
Et vous regarderoit comme un volage esprit
Toujours prêt à donner où la fortune rit.
N'en savez-vous aucun de qui l'ardeur fidèle.... 1605

ASPAR.

Madame, vos bontés choisiront mieux pour elle ;
Comme pour Martian elles nous ont surpris,
Elles sauront encor surprendre nos esprits.
Je vous laisse en résoudre.

PULCHÉRIE.

Allez ; et pour Irène,
Si vous ne sentez rien en l'âme qui vous gêne, 1610
Ne faites plus douter de vos longues amours,
Ou je dispose d'elle avant qu'il soit deux jours.

---

1. Tel est le texte de l'édition de 1682 et de celles de Thomas Corneille (1692) et de Voltaire (1764). L'impression originale (1673) donne seule : « penchés vers le tombeau. »

SCÈNE V.

PULCHÉRIE, JUSTINE.

PULCHÉRIE.

Ce n'est pas encor tout, Justine : je veux faire
Le malheureux Léon successeur de ton père.
Y contribueras-tu ? prêteras-tu la main 1615
Au glorieux succès d'un si noble dessein ?

JUSTINE.

Et la main et le cœur sont en votre puissance,
Madame : doutez-vous de mon obéissance,
Après que par votre ordre il m'a déjà coûté
Un conseil contre vous qui doit l'avoir flatté ? 1620

PULCHÉRIE.

Achevons : le voici. Je réponds de ton père ;
Son cœur est trop à moi pour nous être contraire.

SCÈNE VI.

PULCHÉRIE, LÉON, JUSTINE.

LÉON.

Je me le disois bien, que vos nouveaux serments,
Madame, ne seroient que des amusements.

PULCHÉRIE.

Vous commencez d'un air....

LÉON.

J'achèverai de même, 1625
Ingrate ! ce n'est plus ce Léon qui vous aime ;
Non, ce n'est plus....

PULCHÉRIE.

Sachez....

LÉON.

Je ne veux rien savoir,

Et je n'apporte ici ni respect ni devoir.
L'impétueuse ardeur d'une rage inquiète
N'y vient que mériter la mort que je souhaite ; 1630
Et les emportements de ma juste fureur
Ne m'y parlent de vous que pour m'en faire horreur.
Oui, comme Pulchérie et comme impératrice,
Vous n'avez eu pour moi que détour, qu'injustice :
Si vos fausses bontés ont su me décevoir, 1635
Vos serments m'ont réduit au dernier désespoir.

PULCHÉRIE.

Ah ! Léon.

LÉON.

Par quel art, que je ne puis comprendre,
Forcez-vous d'un soupir ma fureur à se rendre ?
Un coup d'œil en triomphe ; et dès que je vous voi
Il ne me souvient plus de vos manques de foi. 1640
Ma bouche se refuse à vous nommer parjure,
Ma douleur se défend jusqu'au moindre murmure ;
Et l'affreux désespoir qui m'amène en ces lieux
Cède au plaisir secret d'y mourir à vos yeux.
J'y vais mourir, Madame, et d'amour, non de rage :
De mon dernier soupir recevez l'humble hommage[1] ;
Et si de votre rang la fierté le permet,
Recevez-le, de grâce, avec quelque regret.
Jamais fidèle ardeur n'approcha de ma flamme,
Jamais frivole espoir ne flatta mieux une âme. 1650
Je ne méritois pas qu'il eût aucun effet,
Ni qu'un amour si pur se vît mieux satisfait.
Mais quand vous m'avez dit : « Quelque ordre qu'on me donne,
Nul autre ne sera maître de ma personne, »
J'ai dû me le promettre ; et toutefois, hélas ! 1655
Vous passez dès demain, Madame, en d'autres bras ;

---

1. Comparez à ce vers le vers 430 de *Polyeucte*:
   De son dernier soupir puisse lui faire hommage !

ACTE V, SCÈNE VI.

Et dès ce même jour, vous perdez la mémoire
De ce que vos bontés me commandoient de croire!

PULCHÉRIE.

Non, je ne la perds pas, et sais ce que je doi.
Prenez des sentiments qui soient dignes de moi, 1660
Et ne m'accusez point de manquer de parole,
Quand pour vous la tenir moi-même je m'immole.

LÉON.

Quoi? vous n'épousez pas Martian dès demain?

PULCHÉRIE.

Savez-vous à quel prix je lui donne la main?

LÉON.

Que m'importe à quel prix un tel bonheur s'achète? 1665

PULCHÉRIE.

Sortez, sortez du trouble où votre erreur vous jette,
Et sachez qu'avec moi ce grand titre d'époux
N'a point de privilége à vous rendre jaloux;
Que sous l'illusion de ce faux hyménée,
Je fais vœu de mourir telle que je suis née; 1670
Que Martian reçoit et ma main et ma foi
Pour me conserver toute, et tout l'empire à moi;
Et que tout le pouvoir que cette foi lui donne
Ne le fera jamais maître de ma personne.
  Est-ce tenir parole? et reconnoissez-vous 1675
A quel point je vous sers quand j'en fais mon époux?
C'est pour vous qu'en ses mains je dépose l'empire;
C'est pour vous le garder qu'il me plaît de l'élire[1].
Rendez-vous, comme lui, digne de ce dépôt,
Que son âge penchant vous remettra bientôt; 1680
Suivez-le pas à pas; et marchant dans sa route,
Mettez ce premier rang après lui hors de doute.

---

1 Voyez ci-dessus, p. 377, et note 1 de la p. 378.

Étudiez sous lui ce grand art de régner,
Que tout autre auroit peine à vous mieux enseigner ;
Et pour vous assurer ce que j'en veux attendre,   1685
Attachez-vous au trône, et faites-vous son gendre :
Je vous donne Justine.
            LÉON.
            A moi, Madame !
        PULCHÉRIE.
                        A vous,
Que je m'étois promis moi-même pour époux.
            LÉON.
Ce n'est donc pas assez de vous avoir perdue,
De voir en d'autres mains la main qui m'étoit due,   1690
Il faut aimer ailleurs !
        PULCHÉRIE.
                Il faut être empereur,
Et le sceptre à la main, justifier mon cœur ;
Montrer à l'univers, dans le héros que j'aime,
Tout ce qui rend un front digne du diadème ;
Vous mettre, à mon exemple, au-dessus de l'amour,
Et par mon ordre enfin régner à votre tour.
Justine a du mérite, elle est jeune, elle est belle :
Tous vos rivaux pour moi le vont être pour elle ;
Et l'empire pour dot est un trait si charmant,
Que je ne vous en puis répondre qu'un moment.   1700
            LÉON.
Oui, Madame, après vous elle est incomparable :
Elle est de votre cour la plus considérable ;
Elle a des qualités à se faire adorer,
Mais, hélas ! jusqu'à vous j'avois droit d'aspirer.
Voulez-vous qu'à vos yeux je trompe un tel mérite,   1705
Que sans amour pour elle à m'aimer je l'invite,
Qu'en vous laissant mon cœur je demande le sien,

Et lui promette tout pour ne lui donner rien?
PULCHÉRIE.
Et ne savez-vous pas qu'il est des hyménées
Que font sans nous au ciel les belles destinées?   1710
Quand il veut que l'effet en éclate ici-bas,
Lui-même il nous entraîne où nous ne pensions pas;
Et dès qu'il les résout, il sait trouver la voie
De nous faire accepter ses ordres avec joie.
LÉON.
Mais ne vous aimer plus! vous voler tous mes vœux!
PULCHÉRIE.
Aimez-moi, j'y consens; je dis plus, je le veux,
Mais comme impératrice, et non plus comme amante:
Que la passion cesse, et que le zèle augmente.
Justine, qui m'écoute, agréera bien, Seigneur,
Que je conserve ainsi ma part en votre cœur.   1720
Je connois tout le sien. Rendez-vous plus traitable,
Pour apprendre à l'aimer autant qu'elle est aimable;
Et laissez-vous conduire à qui sait mieux que vous
Les chemins de vous faire un sort illustre et doux.
Croyez-en votre amante et votre impératrice :   1725
L'une aime vos vertus, l'autre leur rend justice;
Et sur Justine et vous je dois pouvoir assez
Pour vous dire à tous deux : « Je parle, obéissez. »
LÉON[1].
J'obéis donc, Madame, à cet ordre suprême,
Pour vous offrir un cœur qui n'est pas à lui-même;   1730
Mais enfin je ne sais quand je pourrai donner
Ce que je ne puis même offrir sans le gêner;
Et cette offre d'un cœur entre les mains d'une autre[2]

---

1. On lit dans l'édition de 1692 et dans celle de Voltaire (1764) : LÉON, à *Justine*.
2. *D'une autre* est la leçon de Thomas Corneille et de Voltaire. Les

Ne peut faire un amour qui mérite le vôtre.

.JUSTINE.

Il est assez à moi, dans de si bonnes mains, 1735
Pour n'en point redouter de vrais et longs dédains ;
Et je vous répondrois d'une amitié sincère,
Si j'en avois l'aveu de l'Empereur mon père.
Le temps fait tout, Seigneur.

SCÈNE VII.

PULCHÉRIE, MARTIAN, LÉON, JUSTINE.

MARTIAN.

D'une commune voix,
Madame, le sénat accepte votre choix. 1740
A vos bontés pour moi son allégresse unie
Soupire après le jour de la cérémonie ;
Et le serment prêté, pour n'en retarder rien,
A votre auguste nom vient de mêler le mien.

PULCHÉRIE.

Cependant j'ai sans vous disposé de Justine, 1745
Seigneur, et c'est Léon à qui je la destine.

MARTIAN.

Pourrois-je lui choisir un plus illustre époux
Que celui que l'amour avoit choisi pour vous ?
Il peut prendre après vous tout pouvoir dans l'empire,
S'y faire des emplois où l'univers l'admire, 1750
Afin que par votre ordre et les conseils d'Aspar
Nous l'istallions au trône et le nommions César.

PULCHÉRIE.

Allons tout préparer pour ce double hyménée,

éditions antérieures (1673 et 1682) ont *d'un autre.* Voyez tome I, p. 228,
note 3-*a*

En ordonner la pompe, en choisir la journée.
D'Irène avec Aspar j'en voudrois faire autant ; 1755
Mais j'ai donné deux jours à cet esprit flottant,
Et laisse jusque-là ma faveur incertaine,
Pour régler son destin sur le destin d'Irène.

FIN DU CINQUIÈME ET DERNIER ACTE.

SURÉNA

GÉNÉRAL DES PARTHES

TRAGÉDIE

1674

NOTICE.

« Monsieur Corneille, dit Jolly[1], avoit en vue deux sujets de tragédie lorsqu'il s'arrêta à celui-ci : le premier étoit Usanguey, prince chinois dont les historiens font de grands éloges[2], et le second, tiré de Tacite[3], étoit le fameux Gaulois nommé Antonius Primus, lequel avoit contribué plus que personne à mettre Vespasian sur le trône, et dont les services furent mal reconnus. Ce nom lui paroissant peu propre à entrer dans un vers,

---

1. *Avertissement* du *Théâtre de P. Corneille*, p. LXXI.
2. Voyez l'histoire de la Chine, par le P. du Halde, jésuite. (*Note de Jolly.*) — L'ouvrage de du Halde n'a été indiqué dans cette note qu'à titre de renseignement et non comme la source à laquelle Corneille aurait puisé; son histoire ou plutôt sa *Description géographique, historique, etc., de l'empire de la Chine et de la Tartarie chinoise*, n'a paru qu'en 1735. Il y est question en divers endroits, aux tomes I et III, d'Usangey (*Ou san guey*), ce fameux général chinois qui ayant introduit les Tartares dans la Chine pour exterminer les rebelles, et contribué, sans le vouloir, à la conquête qu'ils en firent, forma le projet de délivrer sa patrie du joug tartare. (Tome III, p. 113.) Il mourut accablé de vieillesse, après avoir reçu la dignité de roi et le titre de *Ping si*, « pacificateur d'Occident. » (Tome I, p. 467 et 476.) Le livre où Corneille avait pris ce sujet chinois est sans doute celui du missionnaire jésuite Martin Martini, qui fut publié à Rome en 1654, sous ce titre : *De Bello Tartarico in Sinis* (in-12), qui fut traduit, dès cette même année 1654, et en italien, et en français (sous ce titre : *Histoire de la guerre des Tartares contre la Chine, traduite du latin du P. Martini*), puis de nouveau en français par le P. Semedo, à la suite de l'*Histoire de la Chine* (Lyon, 1667, in-4°).
3. *Histoires*, livres II, III et IV.

il préféra celui de Suréna, dont l'histoire lui fournissoit les mêmes circonstances, et le caractère d'un héros qui n'avoit point encore paru sur la scène. »

Il est fort curieux que Corneille ait ainsi songé, ne fût-ce qu'un instant, à transporter la scène d'une de ses tragédies dans un pays alors si mal connu, qu'il fallut encore en 1755 beaucoup de hardiesse à Voltaire pour oser faire représenter son *Orphelin de la Chine*.

Nous ne pouvons, du reste, contrôler le témoignage de Jolly par aucun autre. Privé pour cette époque du secours que nous ont fourni précédemment la *Gazette* de Loret et les *Lettres en vers* de Robinet, nous avons fort peu de détails sur tout ce qui concerne la tragédie de *Suréna*, et nous ignorons par quels acteurs cette pièce fut représentée.

« La tragédie de *Suréna*, dit Voltaire dans sa préface, fut jouée les derniers jours de 1674 et les premiers de 1675. » Les frères Parfait en placent l'analyse à la fin de l'année 1674, sans marquer ni le jour ni le mois de la première représentation. Elle est fixée au mardi 11 décembre dans le *Journal du Théâtre françois*[1], auquel nous n'avons guère recours qu'à défaut d'autre document, mais dont l'indication concorde en cette circonstance avec le passage suivant d'une lettre écrite par Bayle à M. Minutoli à Rouen, en date du 15 décembre 1674[2] : « On joue à l'hôtel de Bourgogne une nouvelle pièce de M. Corneille l'aîné, dont j'ai oublié le nom, qui fait, à la vérité, du bruit, mais pas eu égard au renom de l'auteur. Aussi dit-on que M. de Montausier lui dit en raillant : « Monsieur Cor« neille, j'ai vu le temps que je faisois d'assez bons vers; mais, « ma foi, depuis que je suis vieux, je ne fais rien qui vaille. « Il faut laisser cela pour les jeunes gens. »

Que M. de Montausier ait parfois traité certains poëtes amateurs comme Alceste, dont il avait, dit-on, fourni le modèle, traite Oronte dans *le Misanthrope*, on le comprend, et l'on n'a pas le courage de lui en vouloir; mais on aime à douter qu'il ait adressé des paroles aussi dures à un homme de

1. Tome III, feuillet 1329 recto.
2. *Lettres de M. Bayle*, publiées sur les originaux par des Maizeaux, Amsterdam, 1729, tome I, p. 61 et 62.

génie qui n'avait qu'un seul tort, bien respectacle : celui de vieillir.

Le titre exact de la pièce est : SURENA, GENERAL DES PARTHES, tragedie. *A Paris, chez Guillaume de Luyne*.... M.DC.LXXV. *Avec privilege du Roy*. L'Achevé d'imprimer est du 2 janvier 1675. Le volume, de format in-12, se compose de 2 feuillets et 72 pages.

AU LECTEUR.

Le sujet de cette tragédie est tiré de Plutarque et d'Appian Alexandrin[1]. Ils disent tous deux que Suréna[2] étoit le plus noble, le plus riche, le mieux fait, et le plus vaillant des Parthes[3]. Avec ces qualités, il ne pouvoit manquer d'être un des premiers hommes de son siècle; et si je ne m'abuse, la peinture que j'en ai faite ne l'a point rendu méconnoissable : vous en jugerez.

1. Voyez la *Vie de Crassus* de Plutarque. Quant à Appien, s'il a réellement écrit l'histoire de la guerre des Parthes, comme il promet de le faire au chapitre XVIII du livre II de ses *Guerres civiles*, où il mentionne en deux mots la défaite et la mort de Crassus, cette partie de son ouvrage n'est point parvenue jusqu'à nous. Le livre de la *Guerre des Parthes* qu'on a mis sous son nom est tout simplement un extrait des *Vies de Crassus* et *d'Antoine*, de Plutarque.

2. Voltaire reproche à Corneille de s'être mépris : « Suréna, dit-il, n'est point un nom propre; c'est un titre d'honneur, un nom de dignité. » Cette critique ne fait que reproduire l'opinion adoptée par tous les modernes sur la foi de Zosime ; mais cette opinion est une erreur. Saint-Martin, dans ses notes sur l'*Histoire du bas empire* de le Beau (tome III, p. 79), a prouvé, par le témoignage des auteurs arméniens, que Suréna était bien un nom propre.

3. « Surena n'estoit point homme de basse ou petite qualité, ains le second des Parthes après le Roy, tant en noblesse qu'en richesse et en reputation; mais en vaillance, suffisance et experience au fait des armes, le premier personnage qui fust de son temps entre les Parthes, et au demourant en grandeur et beaulté de corps ne cedant à nul autre. » (Plutarque, *Vie de Crassus*, chapitre XXI, traduction d'Amyot.) — Un peu plus loin, dans le même chapitre, Plutarque dit que Suréna n'avait pas encore trente ans.

LISTE DES ÉDITIONS QUI ONT ÉTÉ COLLATIONNÉES
POUR LES VARIANTES DE *SURÉNA*.

ÉDITION SÉPARÉE.

1675 in-12.

RECUEIL.

1682 in-12.

ACTEURS.

ORODE, roi des Parthes[1].
PACORUS, fils d'Orode[2],
SURÉNA, lieutenant d'Orode, et général de son armée contre Crassus[3].
SILLACE, autre lieutenant d'Orode[4].
EURYDICE, fille d'Artabase, roi d'Arménie[5].
PALMIS, sœur de Suréna.
ORMÈNE, dame d'honneur d'Eurydice.

La scène est à Séleucie, sur l'Euphrate[6].

1. Ce roi, que Plutarque nomme Hyrodes (*Vie de Crassus*, chapitre XXI), est appelé Orodes par Appien (*Guerres de Syrie*, chapitre LI), et par la plupart des auteurs, et cette dernière forme a prévalu. Il était fils de Phraate III et mourut l'an 36 avant Jésus-Christ. Voyez ci-après, p. 498, note 2, et p. 530, note 3.

2. Pacorus, fils aîné d'Orodes, contribua à la victoire de Carrhes (en Mésopotamie), remportée sur Crassus l'an 53 avant Jésus-Christ. Défait en l'an 38 par Ventidius, il périt dans la bataille.

3. Voyez ci-dessus, p. 460, notes 2 et 3.

4. Dans le récit de Plutarque, c'est Sillace qui apporte la tête de Crassus et la jette aux pieds du roi Orode, au milieu d'une représentation des *Bacchantes* d'Euripide. Voyez la *Vie de Crassus*, chapitre XXXIII. Plus haut, au chapitre XXI, Sillace est nommé avec Suréna, comme un des généraux des Parthes.

5. Personnage d'invention. Dans l'histoire ce n'est pas la fille, mais la sœur d'Artabase (successivement *Artabaze* et *Artavasde* dans Plutarque) qui est fiancée à Pacorus, et elle n'est point nommée : voyez Plutarque, *Vie de Crassus*, chapitre XXXIII. Peut-être Corneille a-t-il pris l'idée de ce changement dans une indication marginale fautive de l'Appien de Tollius (Amsterdam, 1670), où l'on lit *Artabazis filia* (au lieu de *soror*) *Pacoro desponsata*. Quant aux deux derniers personnages, ils n'ont rien d'historique.

6. « (*Suréna*) auoit remis le Roy Hyrodes.... en son royaume, duquel il auoit esté dechassé, et luy auoit conquis la grande cité de Seleucie. » (Plutarque, *Vie de Crassus*, chapitre XXI, traduction d'Amyot.) — Séleucie était située dans la Babylonie, sur un canal qui joignait le Tigre à l'Euphrate.

SURÉNA,
GÉNÉRAL DES PARTHES
TRAGÉDIE.

ACTE I.

SCÈNE PREMIÈRE.
EURYDICE, ORMÈNE.

EURYDICE.

Ne me parle plus tant de joie et d'hyménée ;
Tu ne sais pas les maux où je suis condamnée,
Ormène : c'est ici que doit s'exécuter
Ce traité qu'à deux rois il a plu d'arrêter ;
Et l'on a préféré cette superbe ville,   5
Ces murs de Séleucie, aux murs d'Hécatompyle[1].
La Reine et la princesse en quittent le séjour,
Pour rendre en ces beaux lieux tout son lustre à la cour.
Le Roi les mande exprès, le prince n'attend qu'elles ;
Et jamais ces climats n'ont vu pompes si belles.   10
Mais que servent pour moi tous ces préparatifs,
Si mon cœur est esclave et tous ses vœux captifs,
Si de tous ces efforts de publique allégresse

---

[1]. *Hécatompylos*, ville de l'ancienne Hyrcanie, était devenue la capitale des Parthes, et la résidence ordinaire des Arsacides.

Il se fait des sujets de trouble et de tristesse?
J'aime ailleurs.

ORMÈNE.
Vous, Madame?

EURYDICE.
Ormène, je l'ai tu 15
Tant que j'ai pu me rendre à toute ma vertu.
N'espérant jamais voir l'amant qui m'a charmée,
Ma flamme dans mon cœur se tenoit renfermée :
L'absence et la raison sembloient la dissiper;
Le manque d'espoir même aidoit à me tromper. 20
Je crus ce cœur tranquille, et mon devoir sévère
Le préparoit sans peine aux lois du Roi mon père,
Au choix qui lui plairoit. Mais, ô Dieux! quel tourment,
S'il faut prendre un époux aux yeux de cet amant!

ORMÈNE.
Aux yeux de votre amant!

EURYDICE.
Il est temps de te dire 25
Et quel malheur m'accable, et pour qui je soupire.
Le mal qui s'évapore en devient plus léger,
Et le mien avec toi cherche à se soulager.
  Quand l'avare Crassus[1], chef des troupes romaines,
Entreprit de dompter les Parthes dans leurs plaines, 30
Tu sais que de mon père il brigua le secours;
Qu'Orode en fit autant au bout de quelques jours;
Que pour ambassadeur il prit ce héros même,
Qui l'avoit su venger et rendre au diadème[2].

ORMÈNE.
Oui, je vis Suréna vous parler pour son roi, 35

---

1. « On blasme aussi grandement les occupations ausquelles il vaqua pendant qu'il fut de seiour en la Syrie, comme tenant plus du marchand que du capitaine. » (Plutarque, *Vie de Crassus*, chapitre XVII, traduction d'Amyot.)
2. Voyez plus haut, p. 462, note 6.

Et Cassius[1] pour Rome avoir le même emploi[2].
Je vis de ces États l'orgueilleuse puissance
D'Artabase à l'envi mendier l'assistance,
Ces deux grands intérêts partager votre cour,
Et des ambassadeurs prolonger le séjour.   40
                    EURYDICE.
Tous deux, ainsi qu'au roi, me rendirent visite,
Et j'en connus bientôt le différent mérite.
L'un, fier et tout gonflé d'un vieux mépris des rois,
Sembloit pour compliment nous apporter des lois;
L'autre, par les devoirs d'un respect légitime,   45
Vengeoit le sceptre en nous de ce manque d'estime.
L'amour s'en mêla même; et tout son entretien
Sembla m'offrir son cœur, et demander le mien.
Il l'obtint; et mes yeux, que charmoit sa présence,
Soudain avec les siens en firent confidence.   50
Ces muets truchements surent lui révéler
Ce que je me forçois à lui dissimuler;
Et les mêmes regards qui m'expliquoient sa flamme
S'instruisoient dans les miens du secret de mon âme.
Ses vœux y rencontroient d'aussi tendres desirs: 55
Un accord imprévu confondoit nos soupirs,
Et d'un mot échappé la douceur hasardée
Trouvoit l'âme en tous deux toute persuadée.
                    ORMÈNE.
Cependant est-il roi, Madame?
                    EURYDICE.
                              Il ne l'est pas;
Mais il sait rétablir les rois dans leurs États.   60

---

1. Le questeur Cassius était un des principaux officiers de Crassus; il est nommé plusieurs fois dans Plutarque : voyez la *Vie de Crassus*, chapitres XVIII et XXII.

2. Thomas Corneille (1692) et Voltaire (1764) ont remplacé l'infinitif par l'imparfait : « avoit le même emploi. »

Des Parthes le mieux fait d'esprit et de visage,
Le plus puissant en biens, le plus grand en courage,
Le plus noble[1] : joins-y l'amour qu'il a pour moi;
Et tout cela vaut bien un roi qui n'est que roi.
Ne t'effarouche point d'un feu dont je fais gloire,   65
Et souffre de mes maux que j'achève l'histoire.

   L'amour, sous les dehors de la civilité,
Profita quelque temps des longueurs du traité :
On ne soupçonna rien des soins d'un si grand homme.
Mais il fallut choisir entre le Parthe et Rome.   70
Mon père eut ses raisons en faveur du Romain;
J'eus les miennes pour l'autre, et parlai même en vain;
Je fus mal écoutée, et dans ce grand ouvrage
On ne daigna peser ni compter mon suffrage.

   Nous fûmes donc pour Rome[2]; et Suréna confus   75
Emporta la douleur d'un indigne refus.
Il m'en parut ému, mais il sut se contraindre :
Pour tout ressentiment il ne fit que nous plaindre;
Et comme tout son cœur me demeura soumis,
Notre adieu ne fut point un adieu d'ennemis.   80

   Que servit de flatter l'espérance détruite?
Mon père choisit mal : on l'a vu par la suite.
Suréna fit périr l'un et l'autre Crassus[3],
Et sur notre Arménie Orode eut le dessus :
Il vint dans nos États fondre comme un tonnerre[4].   85

---

1. Voyez ci-dessus, p. 460, note 3.
2. « Ce qui plus l'asseura (*Crassus*) et l'encouragea, fut Artabazes le roy de l'Armenie, lequel vint deuers luy en son camp auec six mille cheuaux. » Plutarque, *Vie de Crassus*, chapitre xix.)
3. Voyez le récit de la mort de Publius, fils de Marcus Crassus, au chapitre xxv de la *Vie de Crassus* par Plutarque, et celui de la mort de Marcus Crassus lui-même au chapitre xxxi du même ouvrage.
4. « Hyrodes ayant.... diuisé ses forces en deux, luy auec vne partie alloit destruisant le royaume d'Armenie pour se venger du roy Artabazes, et auoit enuoyé Surena à l'encontre des Romains. » (Plutarque, *Vie de Crassus*, chapitre xxi.)

Hélas! j'avois prévu les maux de cette guerre,
Et n'avois pas compté parmi ses noirs succès
Le funeste bonheur que me gardoit la paix.
Les deux rois l'ont conclue¹, et j'en suis la victime :
On m'amène épouser un prince magnanime ; 90
Car son mérite enfin ne m'est point inconnu,
Et se feroit aimer d'un cœur moins prévenu ;
Mais quand ce cœur est pris et la place occupée,
Des vertus d'un rival en vain l'âme est frappée :
Tout ce qu'il a d'aimable importune les yeux ; 95
Et plus il est parfait, plus il est odieux.
Cependant j'obéis, Ormène : je l'épouse,
Et de plus....

ORMÈNE.
Qu'auriez-vous de plus ?

EURYDICE.
Je suis jalouse.

ORMÈNE.
Jalouse ! Quoi ? pour comble aux maux dont je vous plains....

EURYDICE.
Tu vois ceux que je souffre, apprends ceux que je crains.
Orode fait venir la princesse sa fille ;
Et s'il veut de mon bien enrichir sa famille,
S'il veut qu'un double hymen honore un même jour,
Conçois mes déplaisirs : je t'ai dit mon amour.
C'est bien assez, ô ciel ! que le pouvoir suprême 105
Me livre en d'autres bras aux yeux de ce que j'aime :
Ne me condamne pas à ce nouvel ennui
De voir tout ce que j'aime entre les bras d'autrui.

---

1. Plutarque mentionne ce traité : « Hyrodes, dit-il, auoit desia fait appointement et alliance auec Artabazes le roy d'Armenie. » (*Vie de Crassus*, chapitre XXXIII.) Mais, comme nous l'avons déjà remarqué (ci-dessus, p. 462, note 5), il s'agissait du mariage de la sœur, et non de la fille d'Artabase, avec Pacorus.

ORMÈNE.
Votre douleur, Madame, est trop ingénieuse.
EURYDICE.
Quand on a commencé de se voir malheureuse, 110
Rien ne s'offre à nos yeux qui ne fasse trembler :
La plus fausse apparence a droit de nous troubler;
Et tout ce qu'on prévoit, tout ce qu'on s'imagine,
Forme un nouveau poison pour une âme chagrine.
ORMÈNE.
En ces nouveaux poisons trouvez-vous tant d'appas 115
Qu'il en faille faire un d'un hymen qui n'est pas?
EURYDICE.
La princesse est mandée, elle vient, elle est belle;
Un vainqueur des Romains n'est que trop digne d'elle.
S'il la voit, s'il lui parle, et si le Roi le veut....
J'en dis trop; et déjà tout mon cœur qui s'émeut.... 120
ORMÈNE.
A soulager vos maux appliquez même étude
Qu'à prendre un vain soupçon pour une certitude :
Songez par où l'aigreur s'en pourroit adoucir
EURYDICE.
J'y fais ce que je puis, et n'y puis réussir,
N'osant voir Suréna, qui règne en ma pensée, 125
Et qui me croit peut-être une âme intéressée,
Tu vois quelle amitié j'ai faite avec sa sœur :
Je crois le voir en elle, et c'est quelque douceur,
Mais légère, mais foible, et qui me gêne l'âme
Par l'inutile soin de lui cacher ma flamme. 130
Elle la sait sans doute, et l'air dont elle agit
M'en demande un aveu dont mon devoir rougit :
Ce frère l'aime trop pour s'être caché d'elle.
N'en use pas de même, et sois-moi plus fidèle;
Il suffit qu'avec toi j'amuse mon ennui. 135
Toutefois tu n'as rien à me dire de lui

Tu ne sais ce qu'il fait, tu ne sais ce qu'il pense.
Une sœur est plus propre à cette confiance :
Elle sait s'il m'accuse, ou s'il plaint mon malheur,
S'il partage ma peine, ou rit de ma douleur,   140
Si du vol qu'on lui fait il m'estime complice,
S'il me garde son cœur, ou s'il me rend justice.
Je la vois : force-la, si tu peux, à parler;
Force-moi, s'il le faut, à ne lui rien celer.
L'oserai-je, grands Dieux! ou plutôt le pourrai-je ?   145

ORMÈNE.

L'amour dès qu'il le veut, se fait un privilége;
Et quand de se forcer ses desirs sont lassés,
Lui-même à n'en rien taire il s'enhardit assez.

SCÈNE II.

EURYDICE, PALMIS, ORMÈNE.

PALMIS.

J'apporte ici, Madame, une heureuse nouvelle :
Ce soir la Reine arrive.

EURYDICE.

Et Mandane avec elle?   150

PALMIS.

On n'en fait aucun doute.

EURYDICE.

Et Suréna l'attend

Avec beaucoup de joie et d'un esprit content?

PALMIS.

Avec tout le respect qu'elle a lieu d'en attendre.

EURYDICE.

Rien de plus?

PALMIS.

Qu'a de plus un sujet à lui rendre?

EURYDICE.

Je suis trop curieuse et devrois mieux savoir
Ce qu'aux filles des rois un sujet peut devoir;
Mais de pareils sujets, sur qui tout l'État roule,
Se font assez souvent distinguer de la foule;
Et je sais qu'il en est qui, si j'en puis juger,
Avec moins de respect savent mieux obliger.

PALMIS.

Je n'en sais point, Madame, et ne crois pas mon frère
Plus savant que sa sœur en un pareil mystère.

EURYDICE.

Passons. Que fait le prince?

PALMIS.

En véritable amant,
Doutez-vous qu'il ne soit dans le ravissement?
Et pourroit-il n'avoir qu'une joie imparfaite
Quand il se voit toucher au bonheur qu'il souhaite?

EURYDICE.

Peut-être n'est-ce pas un grand bonheur pour lui,
Madame; et j'y craindrois quelque sujet d'ennui.

PALMIS.

Et quel ennui pourroit mêler son amertume
Au doux et plein succès du feu qui le consume?
Quel chagrin a de quoi troubler un tel bonheur?
Le don de votre main....

EURYDICE.

La main n'est pas le cœur.

PALMIS.

Il est maître du vôtre.

EURYDICE.

Il ne l'est point, Madame;
Et même je ne sais s'il le sera de l'âme:
Jugez après cela quel bonheur est le sien.

Mais achevons, de grâce, et ne déguisons rien.
Savez-vous mon secret?

PALMIS.

Je sais celui d'un frère.

EURYDICE.

Vous savez donc le mien. Fait-il ce qu'il doit faire?
Me hait-il? et son cœur, justement irrité,
Me rend-il sans regret ce que j'ai mérité? 180

PALMIS.

Oui, Madame, il vous rend tout ce qu'une grande âme
Doit au plus grand mérite et de zèle et de flamme.

EURYDICE.

Il m'aimeroit encor?

PALMIS.

C'est peu de dire aimer :
Il souffre sans murmure; et j'ai beau vous blâmer,
Lui-même il vous défend, vous excuse sans cesse. 185
« Elle est fille, et de plus, dit-il, elle est princesse :
Je sais les droits d'un père, et connois ceux d'un roi;
Je sais de ses devoirs l'indispensable loi;
Je sais quel rude joug, dès sa plus tendre enfance,
Imposent à ses vœux son rang et sa naissance : 190
Son cœur n'est pas exempt d'aimer ni de haïr[1];
Mais qu'il aime ou haïsse, il lui faut obéir.
Elle m'a tout donné ce qui dépendoit d'elle,
Et ma reconnoissance en doit être éternelle. »

EURYDICE.

Ah! vous redoublez trop, par ce discours charmant, 195
Ma haine pour le prince et mes feux pour l'amant;
Finissons-le, Madame; en ce malheur extrême,
Plus je hais, plus je souffre, et souffre autant que j'aime.

1. On lit : « d'aimer *ou* de haïr, » dans l'édition de 1692. Voltaire (1764) a gardé *ni*.

PALMIS.

N'irritons point vos maux, et changeons d'entretien.
Je sais votre secret, sachez aussi le mien.   200
  Vous n'êtes pas la seule à qui la destinée
Prépare un long supplice en ce grand hyménée :
Le prince....

EURYDICE.

  Au nom des Dieux, ne me le nommez pas :
Son nom seul me prépare à plus que le trépas.

PALMIS.

Un tel excès de haine !

EURYDICE.

  Elle n'est que trop due   205
Aux mortelles douleurs dont m'accable sa vue.

PALMIS.

Eh bien ! ce prince donc, qu'il vous plaît de haïr,
Et pour qui votre cœur s'apprête à se trahir,
Ce prince qui vous aime, il m'aimoit.

EURYDICE.

  L'infidèle !

PALMIS.

Nos vœux étoient pareils, notre ardeur mutuelle :   210
Je l'aimois.

EURYDICE.

  Et l'ingrat brise des nœuds si doux !

PALMIS.

Madame, est-il des cœurs qui tiennent contre vous ?
Est-il vœux ni serments qu'ils ne vous sacrifient ?
Si l'ingrat me trahit, vos yeux le justifient,
Vos yeux qui sur moi-même ont un tel ascendant....   215

EURYDICE.

Vous demeurez à vous, Madame, en le perdant ;
Et le bien d'être libre aisément vous console
De ce qu'a d'injustice un manque de parole ;

Mais je deviens esclave; et tels sont mes malheurs,
Qu'en perdant ce que j'aime, il faut que j'aime ailleurs.

PALMIS.

Madame, trouvez-vous ma fortune meilleure?
Vous perdez votre amant, mais son cœur vous demeure;
Et j'éprouve en mon sort une telle rigueur,
Que la perte du mien m'enlève tout son cœur.
Ma conquête m'échappe où les vôtres grossissent;   225
Vous faites des captifs des miens qui s'affranchissent;
Votre empire s'augmente où se détruit le mien,
Et de toute ma gloire il ne me reste rien.

EURYDICE.

Reprenez vos captifs, rassurez vos conquêtes,
Rétablissez vos lois sur les plus grandes têtes: 230
J'en serai peu jalouse, et préfère à cent rois
La douceur de ma flamme et l'éclat de mon choix.
La main de Suréna vaut mieux qu'un diadème.
Mais dites-moi, Madame, est-il bien vrai qu'il m'aime?
Dites, et s'il est vrai, pourquoi fuit-il mes yeux?   235

PALMIS.

Madame, le voici qui vous le dira mieux.

EURYDICE.

Juste ciel! à le voir déjà mon cœur soupire!
Amour, sur ma vertu prends un peu moins d'empire!

SCÈNE III.

EURYDICE, SURÉNA.

EURYDICE.

Je vous ai fait prier de ne me plus revoir,
Seigneur: votre présence étonne mon devoir;   240
Et ce qui de mon cœur fit toutes les délices,
Ne sauroit plus m'offrir que de nouveaux supplices.

Osez-vous l'ignorer? et lorsque je vous vois,
S'il me faut trop souffrir, souffrez-vous moins que moi?
Souffrons-nous moins tous deux pour soupirer ensemble?
Allez, contentez-vous d'avoir vu que j'en tremble;
Et du moins par pitié d'un triomphe douteux,
Ne me hasardez plus à des soupirs honteux.

SURÉNA.

Je sais ce qu'à mon cœur coûtera votre vue;
Mais qui cherche à mourir doit chercher ce qui tue. 250
Madame, l'heure approche, et demain votre foi
Vous fait de m'oublier une éternelle loi :
Je n'ai plus que ce jour, que ce moment de vie.
Pardonnez à l'amour qui vous la sacrifie[1],
Et souffrez qu'un soupir exhale à vos genoux,   255
Pour ma dernière joie, une âme toute à vous.

EURYDICE.

Et la mienne, Seigneur, la jugez-vous si forte,
Que vous ne craigniez point que ce moment l'emporte,
Que ce même soupir qui tranchera vos jours
Ne tranche aussi des miens le déplorable cours?   260
Vivez, Seigneur, vivez, afin que je languisse,
Qu'à vos feux ma langueur rende longtemps justice.
Le trépas à vos yeux me sembleroit trop doux,
Et je n'ai pas encore assez souffert pour vous.
Je veux qu'un noir chagrin à pas lents me consume, 265
Qu'il me fasse à longs traits goûter son amertume;
Je veux, sans que la mort ose me secourir,
Toujours aimer, toujours souffrir, toujours mourir.
Mais pardonneriez-vous l'aveu d'une foiblesse
A cette douloureuse et fatale tendresse?   270
Vous pourriez-vous, Seigneur, résoudre à soulager
Un malheur si pressant par un bonheur léger?

---

1. L'édition de 1692 a changé *la* en *le* : « qui vous le sacrifie. » Voltaire (1764) a gardé *la*.

SURÉNA.

Quel bonheur peut dépendre ici d'un misérable
Qu'après tant de faveurs son amour même accable?
Puis-je encor quelque chose en l'état où je suis ?   275
EURYDICE.
Vous pouvez m'épargner d'assez rudes ennuis.
N'épousez point Mandane[1] : exprès on l'a mandée ;
Mon chagrin, mes soupçons m'en ont persuadée.
N'ajoutez point, Seigneur, à des malheurs si grands
Celui de vous unir au sang de mes tyrans ;   280
De remettre en leurs mains[2] le seul bien qui me reste,
Votre cœur : un tel don me seroit trop funeste.
Je veux qu'il me demeure, et malgré votre roi,
Disposer d'une main qui ne peut être à moi.
SURÉNA.
Plein d'un amour si pur et si fort que le nôtre,   285
Aveugle pour Mandane, aveugle pour toute autre[3],
Comme je n'ai plus d'yeux vers elles à tourner,
Je n'ai plus ni de cœur ni de main à donner.
Je vous aime et vous perds. Après cela, Madame,
Seroit-il quelque hymen que pût souffrir mon âme ?   290
Seroit-il quelques nœuds où se pût attacher
Le bonheur d'un amant qui vous étoit si cher,
Et qu'à force d'amour vous rendez incapable
De trouver sous le ciel quelque chose d'aimable ?
EURYDICE.
Ce n'est pas là de vous, Seigneur, ce que je veux.   295
A la postérité vous devez des neveux ;
Et ces illustres morts dont vous tenez la place

---

1. Par une singulière erreur, la première édition (1675) porte *Madame*, pour *Mandane*.
2. L'édition de 1692 et celle de Voltaire (1764) portent *en leur main*, au singulier.
3. On lit : « pour tout autre, » au masculin, dans l'édition de 1682. Voyez t I, p. 228, note 3-*a*.

Ont assez mérité de revivre en leur race :
Je ne veux pas l'éteindre, et tiendrois à forfait
Qu'il m'en fût échappé le plus léger souhait.   300

SURÉNA.

Que tout meure avec moi, Madame : que m'importe
Qui foule après ma mort la terre qui me porte ?
Sentiront-ils percer par un éclat nouveau,
Ces illustres aïeux, la nuit de leur tombeau ?
Respireront-ils l'air où les feront revivre   305
Ces neveux qui peut-être auront peine à les suivre,
Peut-être ne feront que les déshonorer,
Et n'en auront le sang que pour dégénérer ?
Quand nous avons perdu le jour qui nous éclaire,
Cette sorte de vie est bien imaginaire,   310
Et le moindre moment d'un bonheur souhaité
Vaut mieux qu'une si froide et vaine éternité.

EURYDICE.

Non, non, je suis jalouse; et mon impatience
D'affranchir mon amour de toute défiance,
Tant que je vous verrai maître de votre foi,   315
La croira réservée aux volontés du Roi :
Mandane aura toujours un plein droit de vous plaire ;
Ce sera l'épouser que de le pouvoir faire ;
Et ma haine sans cesse aura de quoi trembler,
Tant que par là mes maux pourront se redoubler.   320
Il faut qu'un autre hymen me mette en assurance.
N'y portez, s'il se peut, que de l'indifférence ;
Mais par de nouveaux feux dussiez-vous me trahir,
Je veux que vous aimiez afin de m'obéir ;
Je veux que ce grand choix soit mon dernier ouvrage,   325
Qu'il tienne lieu vers moi d'un éternel hommage,
Que mon ordre le règle, et qu'on me voie enfin
Reine de votre cœur et de votre destin ;
Que Mandane, en dépit de l'espoir qu'on lui donne,

Ne pouvant s'élever jusqu'à votre personne, 330
Soit réduite à descendre à ces malheureux rois
A qui, quand vous voudrez, vous donnerez des lois.
Et n'appréhendez point d'en regretter la perte :
Il n'est cour sous les cieux qui ne vous soit ouverte ;
Et partout votre gloire a fait de tels éclats, 235
Que les filles de roi ne vous manqueront pas.

SURÉNA.

Quand elles me rendroient maître de tout un monde,
Absolu sur la terre et souverain sur l'onde,
Mon cœur....

EURYDICE.

        N'achevez point : l'air dont vous commencez
Pourroit à mon chagrin ne plaire pas assez ; 340
Et d'un cœur qui veut être encor sous ma puissance
Je ne veux recevoir que de l'obéissance.

SURÉNA.

A qui me donnez-vous ?

EURYDICE.

        Moi ? que ne puis-je, hélas !
Vous ôter à Mandane, et ne vous donner pas !
Et contre les soupçons de ce cœur qui vous aime 345
Que ne m'est-il permis de m'assurer moi-même !
Mais adieu : je m'égare.

SURÉNA.

        Où dois-je recourir,
O ciel ! s'il faut toujours aimer, souffrir, mourir[1] ?

---

1. Voyez ci-dessus, p. 474, vers 268.

FIN DU PREMIER ACTE.

ACTE II.

SCÈNE PREMIÈRE.

PACORUS, SURÉNA.

PACORUS.

Suréna, votre zèle a trop servi mon père
Pour m'en laisser attendre un devoir moins sincère ; 350
Et si près d'un hymen qui doit m'être assez doux,
Je mets ma confiance et mon espoir en vous.
Palmis avec raison de cet hymen murmure ;
Mais je puis réparer ce qu'il lui fait d'injure ;
Et vous n'ignorez pas qu'à former ces grands nœuds 355
Mes pareils ne sont point tout à fait maîtres d'eux.
Quand vous voudrez tous deux attacher vos tendresses,
Il est des rois pour elle, et pour vous des princesses,
Et je puis hautement vous engager ma foi
Que vous ne vous plaindrez du prince ni du Roi. 360

SURÉNA.

Cessez de me traiter, Seigneur, en mercenaire :
Je n'ai jamais servi par espoir de salaire ;
La gloire m'en suffit, et le prix que reçoit....

PACORUS.

Je sais ce que je dois quand on fait ce qu'on doit,
Et si de l'accepter ce grand cœur vous dispense, 365
Le mien se satisfait alors qu'il récompense.

J'épouse une princesse en qui les doux accords
Des grâces de l'esprit avec celles du corps

Forment le plus brillant et plus noble assemblage
Qui puisse orner une âme et parer un visage. 370
Je n'en dis que ce mot; et vous savez assez
Quels en sont les attraits, vous qui la connoissez.
   Cette princesse donc, si belle, si parfaite,
Je crains qu'elle n'ait pas ce que plus je souhaite :
Qu'elle manque d'amour, ou plutôt que ses vœux 375
N'aillent pas tout à fait du côté que je veux.
Vous qui l'avez tant vue, et qu'un devoir fidèle
A tenu si longtemps près de son père et d'elle,
Ne me déguisez point ce que dans cette cour
Sur de pareils soupçons vous auriez eu de jour. 380

SURÉNA.

Je la voyois, Seigneur, mais pour gagner son père :
C'étoit tout mon emploi, c'étoit ma seule affaire;
Et je croyois pour elle être sûr de son choix;
Mais Rome et son intrigue eurent le plus de voix.
Du reste, ne prenant intérêt à m'instruire 385
Que de ce qui pouvoit vous servir ou vous nuire,
Comme je me bornois à remplir ce devoir,
Je puis n'avoir pas vu ce qu'un autre eût pu voir.
Si j'eusse pressenti que la guerre achevée,
A l'honneur de vos feux elle étoit réservée, 390
J'aurois pris d'autres soins, et plus examiné;
Mais j'ai suivi mon ordre, et n'ai point deviné.

PACORUS.

Quoi? de ce que je crains, vous n'auriez nulle idée?
Par aucune ambassade on ne l'a demandée?
Aucun prince auprès d'elle, aucun digne sujet 395
Par ses attachements n'a marqué de projet?
Car il vient quelquefois du milieu des provinces
Des sujets en nos cours qui valent bien des princes;
Et par l'objet présent les sentiments émus
N'attendent pas toujours des rois qu'on n'a point vus. 400

SURÉNA.

Durant tout mon séjour rien n'y blessoit ma vue;
Je n'y rencontrois point de visite assidue,
Point de devoirs suspects, ni d'entretiens si doux
Que si j'avois aimé, j'en dusse être jaloux.
Mais qui vous peut donner cette importune crainte, 405
Seigneur?

PACORUS.

Plus je la vois, plus j'y vois de contrainte :
Elle semble, aussitôt que j'ose en approcher,
Avoir je ne sais quoi qu'elle me veut cacher;
Non qu'elle ait jusqu'ici demandé de remise;
Mais ce n'est pas m'aimer, ce n'est qu'être soumise; 410
Et tout le bon accueil que j'en puis recevoir,
Tout ce que j'en obtiens ne part que du devoir.

SURÉNA.

N'en appréhendez rien. Encor toute étonnée,
Toute tremblante encore au seul nom d'hyménée,
Pleine de son pays, pleine de ses parents, 415
Il lui passe en l'esprit cent chagrins différents.

PACORUS.

Mais il semble, à la voir, que son chagrin s'applique
A braver par dépit l'allégresse publique :
Inquiète, rêveuse, insensible aux douceurs
Que par un plein succès l'amour verse en nos cœurs....

SURÉNA.

Tout cessera, Seigneur, dès que sa foi reçue
Aura mis en vos mains la main qui vous est due :
Vous verrez ces chagrins détruits en moins d'un jour,
Et toute sa vertu devenir toute[1] amour.

PACORUS.

C'est beaucoup hasarder que de prendre assurance 425

1. Il y a *toute*, au féminin, dans toutes les éditions anciennes, y compris celles de Thomas Corneille (1692) et de Voltaire (1764)

Sur une si légère et douteuse espérance ;
Et qu'aura cet amour d'heureux, de singulier,
Qu'à son trop de vertu je devrai tout entier?
Qu'aura-t-il de charmant, cet amour, s'il ne donne
Que ce qu'un triste hymen ne refuse à personne, 430
Esclave dédaigneux d'une odieuse loi
Qui n'est pour toute chaîne attaché qu'à sa foi?
 Pour faire aimer ses lois, l'hymen ne doit en faire
Qu'afin d'autoriser la pudeur à se taire.
Il faut, pour rendre heureux, qu'il donne sans gêner, 435
Et prête un doux prétexte à qui veut tout donner.
Que sera-ce, grands Dieux! si toute ma tendresse
Rencontre un souvenir plus cher à ma princesse,
Si le cœur pris ailleurs ne s'en arrache pas,
Si pour un autre objet il soupire en mes bras? 440
Il faut, il faut enfin m'éclaircir avec elle.

SURÉNA.

Seigneur, je l'aperçois ; l'occasion est belle.
Mais si vous en tirez quelque éclaircissement
Qui donne à votre crainte un juste fondement,
Que ferez-vous?

PACORUS.

    J'en doute, et pour ne vous rien feindre,
Je crois m'aimer[1] assez pour ne la pas contraindre ;
Mais tel chagrin aussi pourroit me survenir,
Que je l'épouserois afin de la punir.
Un amant dédaigné souvent croit beaucoup faire
Quand il rompt le bonheur de ce qu'on lui préfère. 450
Mais elle approche. Allez, laissez-moi seul agir :
J'aurois peur devant vous d'avoir trop à rougir.

---

 1. Voltaire (1764) a substitué *l'aimer* à *m'aimer*, qui est la leçon de toutes les éditions antérieures. — Dans le second hémistiche, l'édition de 1682, par une erreur évidente, a *le*, pour *la*.

SCÈNE II.

PACORUS, EURYDICE.

PACORUS.

Quoi? Madame, venir vous-même à ma rencontre!
Cet excès de bonté que votre cœur me montre....

EURYDICE.

J'allois chercher Palmis, que j'aime à consoler 455
Sur un malheur qui presse et ne peut reculer.

PACORUS.

Laissez-moi vous parler d'affaires plus pressées,
Et songez qu'il est temps de m'ouvrir vos pensées :
Vous vous abuseriez à les plus retenir.
Je vous aime, et demain l'hymen doit nous unir : 460
M'aimez-vous?

EURYDICE.

Oui, Seigneur, et ma main vous est sûre.

PACORUS.

C'est peu que de la main, si le cœur en murmure.

EURYDICE.

Quel mal pourroit causer le murmure du mien,
S'il murmuroit si bas qu'aucun n'en apprît rien?

PACORUS.

Ah! Madame, il me faut un aveu plus sincère. 465

EURYDICE.

Épousez-moi, Seigneur, et laissez-moi me taire :
Un pareil doute offense, et cette liberté
S'attire quelquefois trop de sincérité.

PACORUS.

C'est ce que je demande, et qu'un mot sans contrainte
Justifie aujourd'hui mon espoir ou ma crainte. 470
Ah! si vous connoissiez ce que pour vous je sens!

EURYDICE.

Je ferois ce que font les cœurs obéissants,
Ce que veut mon devoir, ce qu'attend votre flamme,
Ce que je fais enfin.

PACORUS.

Vous feriez plus, Madame :
Vous me feriez justice, et prendriez plaisir   475
A montrer que nos cœurs ne forment qu'un desir.
Vous me diriez sans cesse : « Oui, prince, je vous aime,
Mais d'une passion comme la vôtre extrême;
Je sens le même feu, je fais les mêmes vœux;
Ce que vous souhaitez est tout ce que je veux ;   480
Et cette illustre ardeur ne sera point contente,
Qu'un glorieux hymen n'ait rempli notre attente. »

EURYDICE.

Pour vous tenir, Seigneur, un langage si doux,
Il faudroit qu'en amour j'en susse autant que vous.

PACORUS.

Le véritable amour, dès que le cœur soupire,   485
Instruit en un moment de tout ce qu'on doit dire.
Ce langage à ses feux n'est jamais importun,
Et si vous l'ignorez, vous n'en sentez aucun.

EURYDICE.

Suppléez-y, Seigneur, et dites-vous vous-même
Tout ce que sent un cœur dès le moment qu'il aime;   490
Faites-vous-en pour moi le charmant entretien :
J'avouerai tout, pourvu que je n'en dise rien.

PACORUS.

Ce langage est bien clair, et je l'entends sans peine.
Au défaut de l'amour, auriez-vous de la haine?
Je ne veux pas le croire, et des yeux si charmants.... 495

EURYDICE.

Seigneur, sachez pour vous quels sont mes sentiments.
Si l'amitié vous plaît, si vous aimez l'estime,

A vous les refuser[1] je croirois faire un crime ;
Pour le cœur, si je puis vous le dire entre nous,
Je ne m'aperçois point qu'il soit encore à vous.   500
PACORUS.
Ainsi donc ce traité qu'ont fait les deux couronnes....
EURYDICE.
S'il a pu l'une à l'autre engager nos personnes,
Au seul don de la main son droit est limité,
Et mon cœur avec vous n'a point fait de traité.
C'est sans vous le devoir que je fais mon possible   505
A le rendre pour vous plus tendre et plus sensible :
Je ne sais si le temps l'y pourra disposer ;
Mais qu'il le puisse ou non, vous pouvez m'épouser.
PACORUS.
Je le puis, je le dois, je le veux ; mais, Madame,
Dans ces tristes froideurs dont vous payez ma flamme,
Quelque autre amour plus fort....
EURYDICE.
                       Qu'osez-vous demander,
Prince ?
PACORUS.
De mon bonheur ce qui doit décider.
EURYDICE.
Est-ce un aveu qui puisse échapper à ma bouche ?
PACORUS.
Il est tout échappé, puisque ce mot vous touche.
Si vous n'aviez du cœur fait ailleurs l'heureux don,   515
Vous auriez moins de gêne à me dire que non ;
Et pour me garantir de ce que j'appréhende,
La réponse avec joie eût suivi la demande.
Madame, ce qu'on fait sans honte et sans remords
Ne coûte rien à dire, il n'y faut point d'efforts ;   520
Et sans que la rougeur au visage nous monte....

1. L'édition de 1682 porte : « A vous *le* refuser. »

ACTE II, SCÈNE II.

EURYDICE.

Ah! ce n'est point pour moi que je rougis de honte.
Si j'ai pu faire un choix, je l'ai fait assez beau
Pour m'en faire un honneur jusque dans le tombeau;
Et quand je l'avouerai, vous aurez lieu de croire   525
Que tout mon avenir en aimera la gloire.
Je rougis, mais pour vous, qui m'osez demander
Ce qu'on doit avoir peine à se persuader;
Et je ne comprends point avec quelle prudence
Vous voulez qu'avec vous j'en fasse confidence,   530
Vous qui près d'un hymen accepté par devoir,
Devriez sur ce point craindre de trop savoir.

PACORUS.

Mais il est fait, ce choix qu'on s'obstine à me taire,
Et qu'on cherche à me dire avec tant de mystère?

EURYDICE.

Je ne vous le dis point; mais si vous m'y forcez,   535
Il vous en coûtera plus que vous ne pensez.

PACORUS.

Eh bien! Madame, eh bien! sachons, quoi qu'il en coûte,
Quel est ce grand rival qu'il faut que je redoute.
Dites, est-ce un héros? est-ce un prince? est-ce un roi?

EURYDICE.

C'est ce que j'ai connu de plus digne de moi.   540

PACORUS.

Si le mérite est grand, l'estime est un peu forte.

EURYDICE.

Vous la pardonnerez à l'amour qui s'emporte :
Comme vous le forcez à se trop expliquer,
S'il manque de respect, vous l'en faites manquer.
Il est si naturel d'estimer ce qu'on aime,   545
Qu'on voudroit que partout on l'estimât de même;
Et la pente est si douce à vanter ce qu'il vaut,
Que jamais on ne craint de l'élever trop haut.

PACORUS.

C'est en dire beaucoup.

EURYDICE.

Apprenez davantage,
Et sachez que l'effort où mon devoir m'engage   550
Ne peut plus me réduire à vous donner demain
Ce qui vous étoit sûr, je veux dire ma main.
Ne vous la promettez qu'après que dans mon âme
Votre mérite aura dissipé cette flamme,
Et que mon cœur, charmé par des attraits plus doux,
Se sera répondu de n'aimer rien que vous;
Et ne me dites point que pour cet hyménée
C'est par mon propre aveu qu'on a pris la journée :
J'en sais la conséquence, et diffère à regret;
Mais puisque vous m'avez arraché mon secret,   560
Il n'est ni roi, ni père, il n'est prière, empire,
Qu'au péril de cent morts mon cœur n'ose en dédire.
C'est ce qu'il n'est plus temps de vous dissimuler,
Seigneur; et c'est le prix de m'avoir fait parler.

PACORUS.

A ces bontés, Madame, ajoutez une grâce;   565
Et du moins, attendant que cette ardeur se passe,
Apprenez-moi le nom de cet heureux amant
Qui sur tant de vertu règne si puissamment,
Par quelles qualités il a pu la surprendre.

EURYDICE.

Ne me pressez point tant, Seigneur, de vous l'apprendre.
Si je vous l'avois dit....

PACORUS.

Achevons.

EURYDICE.

Dès demain
Rien ne m'empêcheroit de lui donner la main.

PACORUS.
Il est donc en ces lieux, Madame?
EURYDICE.
Il y peut être,
Seigneur, si déguisé qu'on ne le peut connoître.
Peut-être en domestique est-il auprès de moi ;   575
Peut-être s'est-il mis de la maison du Roi ;
Peut-être chez vous-même il s'est réduit à feindre.
Craignez-le dans tous ceux que vous ne daignez craindre,
Dans tous les inconnus que vous aurez à voir ;
Et plus que tout encor, craignez de trop savoir.   580
J'en dis trop ; il est temps que ce discours finisse.
A Palmis que je vois rendez plus de justice ;
Et puissent de nouveau ses attraits vous charmer,
Jusqu'à ce que le temps m'apprenne à vous aimer !

SCÈNE III.

PACORUS, PALMIS.

PACORUS.
Madame, au nom des Dieux, ne venez pas vous plaindre :
On me donne sans vous assez de gens à craindre ;
Et je serois bientôt accablé de leurs coups,
N'étoit que pour asile on me renvoie à vous.
J'obéis, j'y reviens, Madame ; et cette joie....
PALMIS.
Que n'y revenez-vous sans qu'on vous y renvoie !   590
Votre amour ne fait rien ni pour moi ni pour lui,
Si vous n'y revenez que par l'ordre d'autrui.
PACORUS.
N'est-ce rien que pour vous à cet ordre il défère ?
PALMIS.
Non, ce n'est qu'un dépit qu'il cherche à satisfaire.

PACORUS.

Depuis quand le retour d'un cœur comme le mien 595
Fait-il si peu d'honneur qu'on ne le compte à rien?

PALMIS.

Depuis qu'il est honteux d'aimer un infidèle,
Que ce qu'un mépris chasse un coup d'œil le rappelle,
Et que les inconstants ne donnent point de cœurs
Sans être encor tous prêts[1] de les porter ailleurs. 600

PACORUS.

Je le suis, je l'avoue, et mérite la honte
Que d'un retour suspect vous fassiez peu de conte[2].
Montrez-vous généreuse; et si mon changement
A changé votre amour en vif ressentiment,
Immolez un courroux si grand, si légitime, 605
A la juste pitié d'un si malheureux crime.
J'en suis assez puni sans que l'indignité....

PALMIS.

Seigneur, le crime est grand; mais j'ai de la bonté.
Je sais ce qu'à l'État ceux de votre naissance,
Tous maîtres qu'ils en sont, doivent d'obéissance: 610
Son intérêt chez eux l'emporte sur le leur,
Et du moment qu'il parle, il fait taire le cœur.

PACORUS.

Non, Madame, souffrez que je vous désabuse;
Je ne mérite point l'honneur de cette excuse:
Ma légèreté seule a fait ce nouveau choix; 615
Nulles raisons d'État ne m'en ont fait de lois;
Et pour traiter la paix avec tant d'avantage,
On ne m'a point forcé de m'en faire le gage:
J'ai pris plaisir à l'être, et plus mon crime est noir,

---

1. Thomas Corneille (1692), et Voltaire après lui (1764), ont corrigé *tous prêts* en *tout prêts;* et un peu plus loin, au vers 610, *Tous maîtres* en *Tout maîtres*.
2. Voyez tome I, p. 150, note 1-a.

Plus l'oubli que j'en veux me fera vous devoir.   620
Tout mon cœur....
PALMIS.
            Entre amants qu'un changement sépare,
Le crime est oublié, sitôt qu'on le répare ;
Et bien qu'il vous ait plu, Seigneur, de me trahir,
Je le dis malgré moi, je ne vous puis haïr.
PACORUS.
Faites-moi grâce entière, et songez à me rendre   625
Ce qu'un amour si pur, ce qu'une ardeur si tendre....
PALMIS.
Donnez-moi donc, Seigneur, vous-même, quelque jour,
Quelque infaillible voie à fixer votre amour;
Et s'il est un moyen....
PACORUS.
              S'il en est? Oui, Madame,
Il en est de fixer tous les vœux de mon âme ;   630
Et ce joug qu'à tous deux l'amour rendit si doux,
Si je ne m'y rattache, il ne tiendra qu'à vous.
Il est, pour m'arrêter sous un si digne empire,
Un office à me rendre, un secret à me dire.
La princesse aime ailleurs, je n'en puis plus douter, 635
Et doute quel rival s'en fait mieux écouter.
Vous êtes avec elle en trop d'intelligence
Pour n'en avoir pas eu toute la confidence :
Tirez-moi de ce doute, et recevez ma foi
Qu'autre que vous jamais ne régnera sur moi.   640
PALMIS.
Quel gage en est-ce, hélas! qu'une foi si peu sûre?
Le ciel la rendra-t-il moins sujette au parjure?
Et ces liens si doux, que vous avez brisés,
A briser de nouveau seront-ils moins aisés?
Si vous voulez, Seigneur, rappeler mes tendresses, 645
Il me faut des effets et, non pas des promesses ;

Et cette foi n'a rien qui me puisse ébranler,
Quand la main seule a droit de me faire parler.
PACORUS.
La main seule en a droit! Quand cent troubles m'agitent,
Que la haine, l'amour, l'honneur me sollicitent, 650
Qu'à l'ardeur de punir je m'abandonne en vain,
Hélas! suis-je en état de vous donner la main?
PALMIS.
Et moi, sans cette main, Seigneur, suis-je maîtresse
De ce que m'a daigné confier la princesse,
Du secret de son cœur? Pour le tirer de moi, 655
Il me faut vous devoir plus que je ne lui doi,
Être une autre vous-même[1]; et le seul hyménée
Peut rompre le silence où je suis enchaînée.
PACORUS.
Ah! vous ne m'aimez plus.
PALMIS.
Je voudrois le pouvoir;
Mais pour ne plus aimer que sert de le vouloir? 660
J'ai pour vous trop d'amour, et je le sens renaître
Et plus tendre et plus fort qu'il n'a dû jamais être.
Mais si....
PACORUS.
Ne m'aimez plus, ou nommez ce rival.
PALMIS.
Me préserve le ciel de vous aimer si mal?
Ce seroit vous livrer à des guerres nouvelles, 665
Allumer entre vous des haines immortelles....
PACORUS.
Que m'importe? et qu'aurai-je à redouter de lui,
Tant que je me verrai Suréna pour appui?
Quel qu'il soit, ce rival, il sera seul à plaindre :
Le vainqueur des Romains n'a point de rois à craindre.

---

1 On lit : « *un* autre vous-même, » dans l'édition de 1692. Voltaire a conservé la leçon des éditions antérieures : « une autre. »

PALMIS.

Je le sais; mais, Seigneur, qui vous peut engager
Aux soins de le punir et de vous en venger?
Quand son grand cœur charmé d'une belle princesse
En a su mériter l'estime et la tendresse,
Quel dieu, quel bon génie a dû lui révéler   675
Que le vôtre pour elle aimeroit à brûler?
A quels traits ce rival a-t-il dû le connoître,
Respecter de si loin des feux encore à naître,
Voir pour vous d'autres fers que ceux où vous viviez,
Et lire en vos destins plus que vous n'en saviez?   680
S'il a vu la conquête à ses vœux exposée,
S'il a trouvé du cœur la sympathie aisée,
S'être emparé d'un bien[1] où vous n'aspiriez pas,
Est-ce avoir fait des vols et des assassinats?

PACORUS.

Je le vois bien, Madame, et vous et ce cher frère   685
Abondez en raisons pour cacher le mystère :
Je parle, promets, prie, et je n'avance rien.
Aussi votre intérêt est préférable au mien;
Rien n'est plus juste; mais....

PALMIS.

     Seigneur....

PACORUS.

        Adieu, Madame :
Je vous fais trop jouir des troubles de mon âme.   690
Le ciel se lassera de m'être rigoureux.

PALMIS,

Seigneur, quand vous voudrez, il fera quatre heureux[2].

---

1. L'édition de 1692 porte : « S'être emparé *du* bien.... »
2. La même situation et une pensée analogue se trouvaient déjà dans *Tite et Bérénice*. Domitian y dit à Bérénice (acte III, scène II, vers 799 et 800) :

  Les scrupules d'État, qu'il falloit mieux combattre,
  Assez et trop longtemps nous ont gênés tous quatre.

FIN DU SECOND ACTE.

ACTE III.

SCÈNE PREMIÈRE.
ORODE, SILLACE.

SILLACE.

Je l'ai vu par votre ordre, et voulu par avance
Pénétrer le secret de son indifférence.
Il m'a paru, Seigneur, si froid, si retenu.... 695
Mais vous en jugerez quand il sera venu.
Cependant je dirai que cette retenue
Sent une âme de trouble et d'ennuis prévenue ;
Que ce calme paroît assez prémédité
Pour ne répondre pas de sa tranquillité ; 700
Que cette indifférence a de l'inquiétude,
Et que cette froideur marque un peu trop d'étude.

ORODE.

Qu'un tel calme, Sillace, a droit d'inquiéter
Un roi qui lui doit tant, qu'il ne peut s'acquitter !
Un service au-dessus de toute récompense 705
A force d'obliger tient presque lieu d'offense[1] :
Il reproche en secret tout ce qu'il a d'éclat,
Il livre tout un cœur au dépit d'être ingrat.

---

1. Corneille avait dit au Ier acte, scène II, de *Cinna* (vers 73 et 74) :
> Les bienfaits ne font pas toujours ce que tu penses ;
> D'une main odieuse ils tiennent lieu d'offenses ;

et Racine, au IVe acte, scène VI, de son *Iphigénie*, qui fut jouée plusieurs mois avant *Suréna*, en février 1674 :
> Un bienfait reproché tint toujours lieu d'offense.

Le plus zélé déplaît, le plus utile gêne,
Et l'excès de son poids fait pencher vers la haine. 710
Suréna de l'exil lui seul m'a rappelé;
Il m'a rendu lui seul ce qu'on m'avoit volé,
Mon sceptre[1]; de Crassus il vient de me défaire :
Pour faire autant pour lui, quel don puis-je lui faire?
Lui partager mon trône? Il seroit tout à lui, 715
S'il n'avoit mieux aimé n'en être que l'appui.
Quand j'en pleurois la perte, il forçoit des murailles;
Quand j'invoquois mes dieux, il gagnoit des batailles.
J'en frémis, j'en rougis, je m'en indigne, et crains
Qu'il n'ose quelque jour s'en payer par ses mains; 720
Et dans tout ce qu'il a de nom et de fortune,
Sa fortune me pèse, et son nom m'importune.
Qu'un monarque est heureux quand parmi ses sujets
Ses yeux n'ont point à voir de plus nobles objets,
Qu'au-dessus de sa gloire il n'y connoît personne, 725
Et qu'il est le plus digne enfin de sa couronne!

SILLACE.

Seigneur, pour vous tirer de ces perplexités,
La saine politique a deux extrémités.
Quoi qu'ait fait Suréna, quoi qu'il en faille attendre,
Ou faites-le périr, ou faites-en un gendre. 730
Puissant par sa fortune, et plus par son emploi,
S'il devient par l'hymen l'appui d'un autre roi,
Si dans les différends que le ciel vous peut faire,
Une femme l'entraîne au parti de son père,
Que vous servira lors, Seigneur, d'en murmurer? 735
Il faut, il faut le perdre, ou vous en assurer :
Il n'est point de milieu.

ORODE.
         Ma pensée est la vôtre;

1. Voyez ci-dessus, p. 462, note 6.

Mais s'il ne veut pas l'un, pourrai-je vouloir l'autre ?
Pour prix de ses hauts faits, et de m'avoir fait roi,
Son trépas.... Ce mot seul me fait pâlir d'effroi ; 740
Ne m'en parlez jamais : que tout l'État périsse
Avant que jusque-là ma vertu se ternisse,
Avant que je défère à ces raisons d'État
Qui nommeroient justice un si lâche attentat !

SILLACE.

Mais pourquoi lui donner les Romains en partage, 745
Quand sa gloire, Seigneur, vous donnoit tant d'ombrage ?
Pourquoi contre Artabase attacher vos emplois,
Et lui laisser matière à de plus grands exploits[1] ?

ORODE.

L'événement, Sillace, a trompé mon attente.
Je voyois des Romains la valeur éclatante ; 750
Et croyant leur défaite impossible sans moi,
Pour me la préparer, je fondis sur ce roi :
Je crus qu'il ne pourroit à la fois se défendre
Des fureurs de la guerre et de l'offre d'un gendre ;
Et que par tant d'horreurs son peuple épouvanté 755
Lui feroit mieux goûter la douceur d'un traité ;
Tandis que Suréna, mis aux Romains en butte,
Les tiendroit en balance, ou craindroit pour sa chute,
Et me réserveroit la gloire d'achever,
Ou de le voir tombant, et de le relever. 760
Je réussis à l'un et conclus l'alliance ;
Mais Suréna vainqueur prévint mon espérance.
A peine d'Artabase eus-je signé la paix,
Que j'appris Crassus mort et les Romains défaits.
Ainsi d'une si haute et si prompte victoire 765
J'emporte tout le fruit, et lui toute la gloire,
Et beaucoup plus heureux que je n'aurois voulu,

---

1. Voyez ci-dessus, p. 466, note 4.

Je me fais un malheur d'être trop absolu,
Je tiens toute l'Asie et l'Europe en alarmes,
Sans que rien s'en impute à l'effort de mes armes ; 770
Et quand tous mes voisins tremblent pour leurs États,
Je ne les fais trembler que par un autre bras.
J'en tremble enfin moi-même, et pour remède unique,
Je n'y vois qu'une basse et dure politique,
Si Mandane, l'objet des vœux de tant de rois, 775
Se doit voir d'un sujet le rebut ou le choix.

SILLACE.
Le rebut ! Vous craignez, Seigneur, qu'il la refuse ?

ORODE.
Et ne se peut-il pas qu'un autre amour l'amuse,
Et que rempli qu'il est d'une juste fierté,
Il n'écoute son cœur plus que ma volonté ? 780
Le voici ; laissez-nous.

SCÈNE II[1].

ORODE, SURÉNA.

ORODE.
Suréna, vos services
(Qui l'auroit osé croire ?) ont pour moi des supplices :
J'en ai honte, et ne puis assez me consoler
De ne voir aucun don qui les puisse égaler.
Suppléez au défaut d'une reconnoissance 785
Dont vos propres exploits m'ont mis en impuissance ;
Et s'il en est un prix dont vous fassiez état,
Donnez-moi les moyens d'être un peu moins ingrat.

SURÉNA.
Quand je vous ai servi, j'ai reçu mon salaire,
Seigneur, et n'ai rien fait qu'un sujet n'ait dû faire ; 790

---

1. Cette scène rappelle en plus d'un endroit la 1re scène du IIIe acte d'*Agésilas*.

La gloire m'en demeure, et c'est l'unique prix
Que s'en est proposé le soin que j'en ai pris.
Si pourtant il vous plaît, Seigneur, que j'en demande
De plus dignes d'un roi dont l'âme est toute grande,
La plus haute vertu peut faire de faux pas ; 795
Si la mienne en fait un, daignez ne le voir pas :
Gardez-moi des bontés toujours prêtes d'éteindre
Le plus juste courroux que j'aurois lieu d'en craindre ;
Et si....

ORODE.

Ma gratitude oseroit se borner
Au pardon d'un malheur qu'on ne peut deviner, 800
Qui n'arrivera point ? et j'attendrois un crime
Pour vous montrer le fond de toute mon estime ?
Le ciel m'est plus propice, et m'en ouvre un moyen
Par l'heureuse union de votre sang au mien :
D'avoir tant fait pour moi ce sera le salaire. 805

SURÉNA.

J'en ai flatté longtemps un espoir téméraire ;
Mais puisqu'enfin le prince....

ORODE.

Il aima votre sœur,
Et le bien de l'État lui dérobe son cœur :
La paix de l'Arménie à ce prix est jurée.
Mais l'injure aisément peut être réparée ; 810
J'y sais des rois tous prêts[1] ; et pour vous, dès demain,
Mandane, que j'attends, vous donnera la main.
C'est tout ce qu'en la mienne ont mis des destinées
Qu'à force de hauts faits la vôtre a couronnées.

SURÉNA.

A cet excès d'honneur rien ne peut s'égaler ; 815

---

1. Ici encore Thomas Corneille (1692) et Voltaire (1764) donnent : « tout prêts. » Comparez plus haut, p. 488, vers 600 et 610.

ACTE III, SCÈNE II.

Mais si vous me laissiez liberté d'en parler,
Je vous dirois, Seigneur, que l'amour paternelle
Doit à cette princesse un trône digne d'elle;
Que l'inégalité de mon destin au sien
Ravaleroit son sang sans élever le mien; 820
Qu'une telle union, quelque haut qu'on la mette,
Me laisse encor sujet, et la rendroit sujette;
Et que de son hymen, malgré tous mes hauts faits,
Au lieu de rois à naître, il naîtroit des sujets.
De quel œil voulez-vous, Seigneur, qu'elle me donne 825
Une main refusée à plus d'une couronne,
Et qu'un si digne objet des vœux de tant de rois
Descende par votre ordre à cet indigne choix?
Que de mépris pour moi! que de honte pour elle!
Non, Seigneur, croyez-en un serviteur fidèle : 830
Si votre sang du mien veut augmenter l'honneur,
Il y faut l'union du prince avec ma sœur.
Ne le mêlez, Seigneur, au sang de vos ancêtres
Qu'afin que vos sujets en reçoivent des maîtres :
Vos Parthes dans la gloire ont trop longtemps vécu, 835
Pour attendre des rois du sang de leur vaincu.
Si vous ne le savez, tout le camp en murmure;
Ce n'est qu'avec dépit que le peuple l'endure.
Quelles lois eût pu faire Artabase vainqueur
Plus rudes, disent-ils, même à des gens sans cœur? 840
Je les fais taire; mais, Seigneur, à le bien prendre,
C'étoit moins l'attaquer que lui mener un gendre;
Et si vous en aviez consulté leurs souhaits,
Vous auriez préféré la guerre à cette paix.

ORODE.

Est-ce dans le dessein de vous mettre à leur tête 845
Que vous me demandez ma grâce toute prête?
Et de leurs vains souhaits vous font-ils le porteur
Pour faire Palmis reine avec plus de hauteur?

Il n'est rien d'impossible à la valeur d'un homme
Qui rétablit son maître et triomphe de Rome ;   850
Mais sous le ciel tout change, et les plus valeureux
N'ont jamais sûreté d'être toujours heureux.
J'ai donné ma parole : elle est inviolable.
Le prince aime Eurydice autant qu'elle est aimable ;
Et s'il faut dire tout, je lui dois cet appui   855
Contre ce que Phradate[1] osera contre lui ;
Car tout ce qu'attenta contre moi Mithradate[2],
Pacorus le doit craindre à son tour de Phradate :
Cet esprit turbulent, et jaloux du pouvoir,
Quoique son frère....

SURÉNA.

Il sait que je sais mon devoir,   860
Et n'a pas oublié que dompter des rebelles,
Détrôner un tyran....

ORODE.

Ces actions sont belles ;
Mais pour m'avoir remis en état de régner,
Rendent-elles pour vous ma fille à dédaigner?

1. Dans les auteurs anciens la forme ordinaire de ce nom est *Phraates*, *Phrahates*; cependant on trouve *Phradates* dans Quinte-Curce (livre VI, chapitre v). Le frère de Pacorus fut, après la mort de celui-ci, associé au trône par Orode, et régna après lui sous le nom de Phraate IV. Voyez plus loin, p. 530, la note du vers 1648.

2. Mithridate III, fils et successeur de Phraate III, et frère d'Orode, était monté sur le trône par l'assassinat de son père, l'an 58 avant Jésus-Christ. Orode ayant voulu s'emparer de la couronne, fut d'abord vaincu par lui, puis le vainquit plusieurs fois à son tour sans pouvoir le réduire, et finit par le faire mettre à mort. Corneille, qui nous a prévenus dans l'*Avertissement de Rodogune* qu'il avait évité de nommer dans ses vers la Cléopâtre qu'il introduit dans cet ouvrage, de peur qu'on ne le confondît avec la reine d'Égypte (voyez tome IV, p. 416), a, sans doute par un scrupule analogue, changé le nom de Mithradate, que Racine avait l'année précédente remis en mémoire à tous, en celui de Mithradate, qui ne peut donner lieu à aucune confusion, et qui du reste se trouve sur des médailles. — Les éditions anciennes donnent trois fois dans cette scène *Mitradate*, sans *h*; mais plus loin, aux vers 1445 et 1644, elles portent *Mithradate*.

ACTE III, SCÈNE II.

SURÉNA.

La dédaigner, Seigneur, quand mon zèle fidèle 865
N'ose me regarder que comme indigne d'elle !
Osez me dispenser de ce que je vous doi,
Et pour la mériter, je cours me faire roi.
S'il n'est rien d'impossible à la valeur d'un homme
Qui rétablit son maître et triomphe de Rome, 870
Sur quels rois aisément ne pourrai-je emporter,
En faveur de Mandane, un sceptre à la doter ?
Prescrivez-moi, Seigneur, vous-même une conquête
Dont en prenant sa main je couronne sa tête ;
Et vous direz après si c'est la dédaigner 875
Que de vouloir me perdre ou la faire régner[1].
Mais je suis né sujet, et j'aime trop à l'être
Pour hasarder mes jours que pour servir mon maître,
Et consentir jamais qu'un homme tel que moi
Souille par son hymen le pur sang de son roi. 880

ORODE.

Je n'examine point si ce respect déguise ;
Mais parlons une fois avec pleine franchise.
  Vous êtes mon sujet, mais un sujet si grand,
Que rien n'est malaisé quand son bras l'entreprend.
Vous possédez sous moi deux provinces entières 885
De peuples si hardis, de nations si fières,
Que sur tant de vassaux je n'ai d'autorité
Qu'autant que votre zèle a de fidélité :
Ils vous ont jusqu'ici suivi comme fidèle,
Et quand vous le voudrez, ils vous suivront rebelle ; 890
Vous avez tant de nom, que tous les rois voisins
Vous veulent, comme Orode, unir à leurs destins.
La victoire, chez vous passée en habitude,

---

1. Thomas Corneille (1692) a ainsi modifié ce vers :

   Que vouloir ou me perdre ou la faire régner.

Met jusque dans ses murs Rome en inquiétude :
Par gloire, ou pour braver au besoin mon courroux,   895
Vous traînez en tous lieux dix mille âmes à vous[1] :
Le nombre est peu commun pour un train domestique ;
Et s'il faut qu'avec vous tout à fait je m'explique,
Je ne vous saurois croire assez en mon pouvoir,
Si les nœuds de l'hymen n'enchaînent le devoir.   900

SURÉNA.

Par quel crime, Seigneur, ou par quelle imprudence
Ai-je pu mériter si peu de confiance ?
Si mon cœur, si mon bras pouvoit être gagné,
Mithradate et Crassus n'auroient rien épargné :
Tous les deux....

ORODE.

    Laissons là Crassus et Mithradate.   905
Suréna, j'aime à voir que votre gloire éclate :
Tout ce que je vous dois, j'aime à le publier ;
Mais quand je m'en souviens, vous devez l'oublier.
Si le ciel par vos mains m'a rendu cet empire,
Je sais vous épargner la peine de le dire ;   910
Et s'il met votre zèle au-dessus du commun,
Je n'en suis point ingrat : craignez d'être importun.

SURÉNA.

Je reviens à Palmis, Seigneur. De mes hommages
Si les lois du devoir sont de trop foibles gages,
En est-il de plus sûrs, ou de plus fortes lois,   915
Qu'avoir une sœur reine et des neveux pour rois ?
Mettez mon sang au trône, et n'en cherchez point d'autres,
Pour unir à tel point mes intérêts aux vôtres,
Que tout cet univers, que tout notre avenir
Ne trouve aucune voie à les en désunir.   920

---

1. « Il (*Suréna*) faisoit en tout de ses subjects et vassaux plus de dix mille cheuaux. » (Plutarque, *Vie de Crassus*, chapitre XXI.)

ACTE III, SCÈNE II.

ORODE.
Mais, Suréna, le puis-je après la foi donnée,
Au milieu des apprêts d'un si grand hyménée ?
Et rendrai-je aux Romains qui voudront me braver
Un ami que la paix vient de leur enlever ?
Si le prince renonce au bonheur qu'il espère, 925
Que dira la princesse, et que fera son père ?

SURÉNA.
Pour son père, Seigneur, laissez-m'en le souci.
J'en réponds, et pourrois répondre d'elle aussi.
Malgré la triste paix que vous avez jurée,
Avec le prince même elle s'est déclarée ; 930
Et si je puis vous dire avec quels sentiments
Elle attend à demain l'effet de vos serments,
Elle aime ailleurs.

ORODE.
Et qui ?

SURÉNA.
C'est ce qu'elle aime à taire :
Du reste son amour n'en fait aucun mystère,
Et cherche à reculer les effets d'un traité 935
Qui fait tant murmurer votre peuple irrité.

ORODE.
Est-ce au peuple, est-ce à vous, Suréna, de me dire
Pour lui donner des rois quel sang je dois élire ?
Et pour voir dans l'État tous mes ordres suivis,
Est-ce de mes sujets que je dois prendre avis ? 940
Si le prince à Palmis veut rendre sa tendresse,
Je consens qu'il dédaigne à son tour la princesse ;
Et nous verrons après quel remède apporter
A la division qui peut en résulter.
Pour vous, qui vous sentez indigne de ma fille, 945
Et craignez par respect d'entrer en ma famille,
Choisissez un parti qui soit digne de vous,

Et qui surtout n'ait rien à me rendre jaloux :
Mon âme avec chagrin sur ce point balancée
En veut, et dès demain, être débarrassée. 950
SURÉNA.
Seigneur, je n'aime rien.
ORODE.
Que vous aimiez ou non,
Faites un choix vous-même, ou souffrez-en le don.
SURÉNA.
Mais si j'aime en tel lieu qu'il m'en faille avoir honte,
Du secret de mon cœur puis-je vous rendre conte?
ORODE.
A demain, Suréna. S'il se peut, dès ce jour, 955
Résolvons cet hymen avec ou sans amour.
Cependant allez voir la princesse Eurydice;
Sous les lois du devoir ramenez son caprice;
Et ne m'obligez point à faire à ses appas
Un compliment de roi qui ne lui plairoit pas. 960
Palmis vient par mon ordre, et je veux en apprendre
Dans vos prétentions la part qu'elle aime à prendre.

SCÈNE III.

ORODE, PALMIS.

ORODE.
Suréna m'a surpris, et je n'aurois pas dit
Qu'avec tant de valeur il eût eu tant d'esprit[1];
Mais moins on le prévoit, et plus cet esprit brille : 965
Il trouve des raisons à refuser ma fille,
Mais fortes, et qui même ont si bien succédé,
Que s'en disant indigne il m'a persuadé.
   Savez-vous ce qu'il aime? Il est hors d'apparence

---

1. Dans l'édition de 1692 : « *on* eût eu tant d'esprit. »

Qu'il fasse un tel refus sans quelque préférence,   970
Sans quelque objet charmant, dont l'adorable choix
Ferme tout son grand cœur au pur sang de ses rois.

PALMIS.

J'ai cru qu'il n'aimoit rien.

ORODE.

                Il me l'a dit lui-même.
Mais la princesse avoue, et hautement, qu'elle aime :
Vous êtes son amie, et savez quel amant   975
Dans un cœur qu'elle doit règne si puissamment.

PALMIS.

Si la princesse en moi prend quelque confiance,
Seigneur, m'est-il permis d'en faire confidence?
Reçoit-on des secrets sans une forte loi...?

ORODE.

Je croyois qu'elle pût se rompre pour un roi,   980
Et veux bien toutefois qu'elle soit si sévère
Qu'en mon propre intérêt elle oblige à se taire;
Mais vous pouvez du moins me répondre de vous.

PALMIS.

Ah! pour mes sentiments, je vous les dirai tous.
J'aime ce que j'aimois, et n'ai point changé d'âme :   985
Je n'en fais point secret.

ORODE.

             L'aimer encor, Madame?
Ayez-en quelque honte, et parlez-en plus bas.
C'est foiblesse d'aimer qui ne vous aime pas.

PALMIS.

Non, Seigneur : à son prince attacher sa tendresse,
C'est une grandeur d'âme et non une foiblesse;   990
Et lui garder un cœur qu'il lui plut mériter
N'a rien d'assez honteux pour ne s'en point vanter.
J'en ferai toujours gloire; et mon âme, charmée
De l'heureux souvenir de m'être vue aimée,

N'étouffera jamais l'éclat de ces beaux feux 995
Qu'alluma son mérite, et l'offre de ses vœux.

ORODE.

Faites mieux, vengez-vous. Il est des rois, Madame,
Plus dignes qu'un ingrat d'une si belle flamme.

PALMIS.

De ce que j'aime encor ce seroit m'éloigner,
Et me faire un exil sous ombre de régner. 1000
Je veux toujours le voir, cet ingrat qui me tue,
Non pour le triste bien de jouir de sa vue :
Cette fausse douceur est au-dessous de moi,
Et ne vaudra jamais que je néglige un roi ;
Mais il est des plaisirs qu'une amante trahie 1005
Goûte au milieu des maux qui lui coûtent la vie :
Je verrai l'infidèle inquiet, alarmé
D'un rival inconnu, mais ardemment aimé,
Rencontrer à mes yeux sa peine dans son crime,
Par les mains de l'hymen devenir ma victime, 1010
Et ne me regarder, dans ce chagrin profond,
Que le remords en l'âme, et la rougeur au front.
De mes bontés pour lui l'impitoyable image,
Qu'imprimera l'amour sur mon pâle visage,
Insultera son cœur ; et dans nos entretiens 1015
Mes pleurs et mes soupirs rappelleront les siens,
Mais qui ne serviront qu'à lui faire connoître
Qu'il pouvoit être heureux et ne sauroit plus l'être ;
Qu'à lui faire trop tard haïr son peu de foi,
Et pour tout dire ensemble, avoir regret à moi. 1020
Voilà tout le bonheur où mon amour aspire ;
Voilà contre un ingrat tout ce que je conspire ;
Voilà tous les plaisirs que j'espère à le voir,
Et tous les sentiments que vous vouliez savoir.

ORODE.

C'est bien traiter les rois en personnes communes 1025

ACTE III, SCÈNE III.

Qu'attacher à leur rang ces gênes importunes,
Comme si pour vous plaire et les inquiéter
Dans le trône avec eux l'amour pouvoit monter.
Il nous faut un hymen, pour nous donner des princes
Qui soient l'appui du sceptre et l'espoir des provinces: 1030
C'est là qu'est notre force; et dans nos grands destins,
Le manque de vengeurs enhardit les mutins.
Du reste en ces grands nœuds l'État qui s'intéresse
Ferme l'œil aux attraits et l'âme à la tendresse:
La seule politique est ce qui nous émeut; 1035
On la suit, et l'amour s'y mêle comme il peut:
S'il vient, on l'applaudit; s'il manque, on s'en console.
C'est dont vous pouvez croire un roi sur sa parole.
Nous ne sommes point faits pour devenir jaloux,
Ni pour être en souci si le cœur est à nous. 1040
Ne vous repaissez plus[1] de ces vaines chimères,
Qui ne font les plaisirs que des âmes vulgaires,
Madame; et que le prince aye ou non à souffrir,
Acceptez un des rois que je puis vous offrir.

PALMIS.

Pardonnez-moi, Seigneur, si mon âme alarmée 1045
Ne veut point de ces rois dont on n'est point aimée.
J'ai cru l'être du prince, et l'ai trouvé si doux,
Que le souvenir seul m'en plaît plus qu'un époux.

ORODE.

N'en parlons plus, Madame; et dites à ce frère
Qui vous est aussi cher que vous me seriez chère, 1050
Que parmi ses respects il n'a que trop marqué....

PALMIS.

Quoi, Seigneur?

ORODE.

   Avec lui je crois m'être expliqué.
Qu'il y pense, Madame. Adieu.

1. L'édition de 1692 a changé *plus* en *point*.

PALMIS[1].
                          Quel triste augure!
Et que ne me dit point[2] cette menace obscure!
Sauvez ces deux amants, ô ciel! et détournez   1055
Les soupçons que leurs feux peuvent avoir donnés.

1. Dans l'édition de Voltaire (1764) : PALMIS, *seule*.
2. On lit : « Et que ne *nous* dit point, » dans l'édition de 1692.

FIN DU TROISIÈME ACTE.

ACTE IV.

SCÈNE PREMIÈRE.

ORMÈNE, EURYDICE.

ORMÈNE.

Oui, votre intelligence à demi découverte
Met votre Suréna sur le bord de sa perte.
Je l'ai su de Sillace; et j'ai lieu de douter
Qu'il n'ait, s'il faut tout dire, ordre de l'arrêter. 1060

EURYDICE.

On n'oseroit, Ormène; on n'oseroit.

ORMÈNE.

Madame,
Croyez-en un peu moins votre fermeté d'âme.
Un héros arrêté n'a que deux bras à lui,
Et souvent trop de gloire est un débile appui.

EURYDICE.

Je sais que le mérite est sujet à l'envie, 1065
Que son chagrin s'attache à la plus belle vie.
Mais sur quelle apparence oses-tu présumer
Qu'on pourroit...?

ORMÈNE.

Il vous aime, et s'en est fait aimer.

EURYDICE.

Qui l'a dit?

ORMÈNE.

Vous et lui : c'est son crime et le vôtre.
Il refuse Mandane, et n'en veut aucune autre; 1070

On sait que vous aimez; on ignore l'amant :
Madame, tout cela parle trop clairement.
            EURYDICE.
Ce sont de vains soupçons qu'avec moi tu hasardes.

SCÈNE II.

EURYDICE, PALMIS, ORMÈNE.

        PALMIS.
Madame, à chaque porte on a posé des gardes :
Rien n'entre, rien ne sort qu'avec ordre du Roi.   1075
            EURYDICE.
Qu'importe? et quel sujet en prenez-vous d'effroi?
            PALMIS.
Ou quelque grand orage à nous troubler s'apprête,
Ou l'on en veut, Madame, à quelque grande tête :
Je tremble pour mon frère.
            EURYDIDE.
                        A quel propos trembler?
Un roi qui lui doit tout voudroit-il l'accabler?   1080
            PALMIS.
Vous le figurez-vous à tel point insensible,
Que de son alliance un refus si visible...?
            EURYDICE.
Un si rare service a su le prévenir
Qu'il doit récompenser avant que de punir.
            PALMIS.
Il le doit; mais après une pareille offense,   1085
Il est rare qu'on songe à la reconnoissance,
Et par un tel mépris le service effacé
Ne tient plus d'yeux ouverts sur ce qui s'est passé.
            EURYDICE.
Pour la sœur d'un héros, c'est être bien timide.

PALMIS.
L'amante a-t-elle droit d'être plus intrépide? 1090
EURYDICE.
L'amante d'un héros aime à lui ressembler,
Et voit ainsi que lui ses périls sans trembler.
PALMIS.
Vous vous flattez, Madame : elle a de la tendresse
Que leur idée étonne, et leur image blesse;
Et ce que dans sa perte elle prend d'intérêt 1095
Ne sauroit sans désordre en attendre l'arrêt.
Cette mâle vigueur de constance héroïque
N'est point une vertu dont le sexe se pique,
Ou s'il peut jusque-là porter sa fermeté,
Ce qu'il appelle amour n'est qu'une dureté. 1100
Si vous aimiez mon frère, on verroit quelque alarme :
Il vous échapperoit un soupir, une larme,
Qui marqueroit du moins un sentiment jaloux
Qu'une sœur se montrât plus sensible que vous.
Dieux! je donne l'exemple, et l'on s'en peut défendre!
Je le donne à des yeux qui ne daignent le prendre!
Auroit-on jamais cru qu'on pût voir quelque jour
Les nœuds du sang plus forts que les nœuds de l'amour?
Mais j'ai tort, et la perte est pour vous moins amère :
On recouvre un amant plus aisément qu'un frère[1]; 1110
Et si je perds celui que le ciel me donna,
Quand j'en recouvrerois, seroit-ce un Suréna?
EURYDICE.
Et si j'avois perdu cet amant qu'on menace,
Seroit-ce un Suréna qui rempliroit sa place?
Pensez-vous qu'exposée à de si rudes coups, 1115

---

1. Antigone, dans la tragédie de Sophocle qui porte son nom (vers 901 et suivants), exprime avec plus de force la même idée, et dit que la perte d'un frère est plus grande que celle d'un fils et d'un époux, parce qu'elle est plus irréparable. — Voyez aussi la tragédie d'*Horace*, vers 895-916.

J'en soupire au-dedans, et tremble moins que vous?
Mon intrépidité n'est qu'un effort de gloire,
Que, tout fier qu'il paroît, mon cœur n'en veut pas croire.
Il est tendre, et ne rend ce tribut qu'à regret
Au juste et dur orgueil qu'il dément en secret. 1120
Oui, s'il en faut parler avec une âme ouverte,
Je pense voir déjà l'appareil de sa perte,
De ce héros si cher; et ce mortel ennui
N'ose plus aspirer qu'à mourir avec lui.

PALMIS.

Avec moins de chaleur, vous pourriez bien plus faire.
Acceptez mon amant pour conserver mon frère,
Madame; et puisqu'enfin il vous faut l'épouser,
Tâchez, par politique, à vous y disposer.

EURYDICE.

Mon amour est trop fort pour cette politique :
Tout entier on l'a vu, tout entier il s'explique; 1130
Et le prince sait trop ce que j'ai dans le cœur,
Pour recevoir ma main comme un parfait bonheur.
J'aime ailleurs, et l'ai dit trop haut pour m'en dédire,
Avant qu'en sa faveur tout cet amour expire.
C'est avoir trop parlé; mais dût se perdre tout, 1135
Je me tiendrai parole, et j'irai jusqu'au bout.

PALMIS.

Ainsi donc vous voulez que ce héros périsse?

EURYDICE.

Pourroit-on en venir jusqu'à cette injustice?

PALMIS.

Madame, il répondra de toutes vos rigueurs,
Et du trop d'union[1] où s'obstinent vos cœurs. 1140
Rendez heureux le prince, il n'est plus sa victime;
Qu'il se donne à Mandane, il n'aura plus de crime.

1. L'édition de 1682 porte : « Et *de* trop d'union.... »

EURYDICE.

Qu'il s'y donne, Madame, et ne m'en dise rien,
Ou si son cœur encor peut dépendre du mien,
Qu'il attende à l'aimer que ma haine cessée   1145
Vers l'amour de son frère ait tourné ma pensée.
Résolvez-le vous-même à me désobéir ;
Forcez-moi, s'il se peut, moi-même à le haïr :
A force de raisons faites-m'en un rebelle ;
Accablez-le de pleurs pour le rendre infidèle ;   1150
Par pitié, par tendresse, appliquez tous vos soins
A me mettre en état de l'aimer un peu moins :
J'achèverai le reste. A quelque point qu'on aime,
Quand le feu diminue, il s'éteint de lui-même.

PALMIS.

Le prince vient, Madame, et n'a pas grand besoin, 1155
Dans son amour pour vous, d'un odieux témoin :
Vous pourrez mieux sans moi flatter son espérance,
Mieux en notre faveur tourner sa déférence ;
Et ce que je prévois me fait assez souffrir,
Sans y joindre les vœux qu'il cherche à vous offrir. 1160

SCÈNE III.

PACORUS, EURYDICE, ORMÈNE.

EURYDICE.

Est-ce pour moi, Seigneur, qu'on fait garde à vos portes ?
Pour assurer ma fuite, ai-je ici des escortes ?
Ou si ce grand hymen, pour ses derniers apprêts....

PACORUS.

Madame, ainsi que vous chacun a ses secrets.
Ceux que vous honorez de votre confidence   1165
Observent par votre ordre un généreux silence.
Le Roi suit votre exemple ; et si c'est vous gêner,

Comme nous devinons, vous pouvez deviner.
EURYDICE.
Qui devine est souvent sujet à se méprendre.
PACORUS.
Si je devine mal, je sais à qui m'en prendre ; 1170
Et comme votre amour n'est que trop évident,
Si je n'en sais l'objet, j'en sais le confident.
Il est le plus coupable : un amant peut se taire ;
Mais d'un sujet au Roi, c'est crime qu'un mystère.
Qui connoît un obstacle au bonheur de l'État, 1175
Tant qu'il le tient caché commet un attentat.
Ainsi ce confident.... Vous m'entendez, Madame,
Et je vois dans les yeux ce qui se passe en l'âme.
EURYDICE.
S'il a ma confidence, il a mon amitié ;
Et je lui dois, Seigneur, du moins quelque pitié. 1180
PACORUS.
Ce sentiment est juste, et même je veux croire
Qu'un cœur comme le vôtre a droit d'en faire gloire ;
Mais ce trouble, Madame, et cette émotion,
N'ont-ils rien de plus fort que la compassion ?
Et quand de ses périls l'ombre vous intéresse, 1185
Qu'une pitié si prompte en sa faveur vous presse,
Un si cher confident ne fait-il point douter
De l'amant ou de lui qui les peut exciter ?
EURYDICE.
Qu'importe ? et quel besoin de les confondre ensemble,
Quand ce n'est que pour vous, après tout, que je tremble ?
PACORUS.
Quoi ? vous me menacez moi-même[1] à votre tour !
Et les emportements de votre aveugle amour....

---

1. Voltaire (1764) a remplacé *moi-même* par *vous-même*.

ACTE IV, SCÈNE III.

EURYDICE.

Je m'emporte et m'aveugle un peu moins qu'on ne pense :
Pour l'avouer vous-même, entrons en confidence.
   Seigneur, je vous regarde en qualité d'époux : 1195
Ma main ne sauroit être et ne sera qu'à vous;
Mes vœux y sont déjà, tout mon cœur y veut être :
Dès que je le pourrai, je vous en ferai maître;
Et si pour s'y réduire il me fait différer,
Cet amant si chéri n'en peut rien espérer. 1200
Je ne serai qu'à vous, qui que ce soit que j'aime,
A moins qu'à vous quitter vous m'obligiez vous-même;
Mais s'il faut que le temps m'apprenne à vous aimer,
Il ne me l'apprendra qu'à force d'estimer;
Et si vous me forcez à perdre cette estime, 1205
Si votre impatience ose aller jusqu'au crime....
Vous m'entendez, Seigneur, et c'est vous dire assez
D'où me viennent pour vous ces vœux intéressés.
J'ai part à votre gloire, et je tremble pour elle
Que vous ne la souilliez d'une tache éternelle, 1210
Que le barbare éclat d'un indigne soupçon
Ne fasse à l'univers détester votre nom,
Et que vous ne veuilliez[1] sortir d'inquiétude
Par une épouvantable et noire ingratitude.
Pourrois-je après cela vous conserver ma foi, 1215
Comme si vous étiez encor digne de moi;
Recevoir sans horreur l'offre d'une couronne,
Toute fumante encor du sang qui vous la donne,
Et m'exposer en proie aux fureurs des Romains,
Quand pour les repousser vous n'aurez plus[2] de mains?
Si Crassus est défait, Rome n'est pas détruite :
D'autres ont ramassé les débris de sa fuite,

---

1. L'édition de 1692 a changé *veuilliez* en *vouliez*.
2. L'édition de 1692 et celle de Voltaire (1764) ont changé *plus* en *point*.

De nouveaux escadrons leur font enfler le cœur,
Et vous avez besoin encor de son vainqueur.
    Voilà ce que pour vous craint une destinée   1225
Qui se doit bientôt voir à la vôtre enchaînée,
Et deviendroit infâme à se vouloir unir
Qu'à des rois dont on puisse aimer le souvenir.

               PACORUS.

Tout ce que vous craignez est en votre puissance,
Madame; il ne vous faut qu'un peu d'obéissance,   1230
Qu'exécuter demain ce qu'un père a promis :
L'amant, le confident, n'auront plus d'ennemis.
C'est de quoi tout mon cœur de nouveau vous conjure[1],
Par les tendres respects d'une flamme si pure,
Ces assidus respects, qui sans cesse bravés,   1235
Ne peuvent obtenir ce que vous me devez,
Par tout ce qu'a de rude un orgueil inflexible,
Par tous les maux que souffre....

               EURYDICE.
                        Et moi, suis-je insensible?
Livre-t-on à mon cœur de moins rudes combats?
Seigneur, je suis aimée, et vous ne l'êtes pas.   1240
Mon devoir vous prépare un assuré remède,
Quand il n'en peut souffrir au mal qui me possède;
Et pour finir le vôtre, il ne veut qu'un moment,
Quand il faut que le mien dure éternellement.

               PACORUS.

Ce moment quelquefois est difficile à prendre,   1245
Madame; et si le Roi se lasse de l'attendre,
Pour venger le mépris de son autorité,
Songez à ce que peut un monarque irrité.

---

1. Thomas Corneille (1692) et Voltaire (1764) ont modifié ce vers par une inversion :

    C'est de quoi de nouveau tout mon cœur vous conjure.

EURYDICE.

Ma vie est en ses mains, et de son grand courage
Il peut montrer sur elle un glorieux ouvrage. 1250

PACORUS.

Traitez-le mieux, de grâce, et ne vous alarmez
Que pour la sûreté de ce que vous aimez.
Le Roi sait votre foible et le trouble que porte
Le péril d'un amant dans l'âme la plus forte.

EURYDICE.

C'est mon foible, il est vrai ; mais si j'ai de l'amour,
J'ai du cœur, et pourrois le mettre en son plein jour.
Ce grand roi cependant prend une aimable voie
Pour me faire accepter ses ordres avec joie !
Pensez-y mieux, de grâce ; et songez qu'au besoin
Un pas hors du devoir nous peut mener bien loin. 1260
Après ce premier pas, ce pas qui seul nous gêne,
L'amour rompt aisément le reste de sa chaîne ;
Et tyran à son tour du devoir méprisé,
Il s'applaudit longtemps du joug qu'il a brisé.

PACORUS.

Madame....

EURYDICE.

Après cela, Seigneur, je me retire ; 1265
Et s'il vous reste encor quelque chose à me dire,
Pour éviter l'éclat d'un orgueil imprudent,
Je vous laisse achever avec mon confident.

SCÈNE IV.

PACORUS, SURÉNA.

PACORUS.

Suréna, je me plains, et j'ai lieu de me plaindre.

SURÉNA.

De moi, Seigneur?

PACORUS.

De vous. Il n'est plus temps de feindre :
Malgré tous vos détours on sait la vérité ;
Et j'attendois de vous plus de sincérité,
Moi qui mettois en vous ma confiance entière,
Et ne voulois souffrir aucune autre lumière.
L'amour dans sa prudence est toujours indiscret ; 1275
A force de se taire il trahit son secret :
Le soin de le cacher découvre ce qu'il cache,
Et son silence dit tout ce qu'il craint qu'on sache.
Ne cachez plus le vôtre, il est connu de tous,
Et toute votre adresse a parlé contre vous. 1280

SURÉNA.

Puisque vous vous plaignez, la plainte est légitime,
Seigneur ; mais après tout j'ignore encor mon crime.

PACORUS.

Vous refusez Mandane avec tant de respect,
Qu'il est trop raisonné pour n'être point suspect.
Avant qu'on vous l'offrît vos raisons étoient prêtes, 1285
Et jamais on n'a vu de refus plus honnêtes ;
Mais ces honnêtetés ne font pas moins rougir :
Il falloit tout promettre, et la laisser agir ;
Il falloit espérer de son orgueil sévère
Un juste désaveu des volontés d'un père, 1290
Et l'aigrir par des vœux si froids, si mal conçus,
Qu'elle usurpât sur vous la gloire du refus.
Vous avez mieux aimé tenter un artifice
Qui pût mettre Palmis où doit être Eurydice,
En me donnant le change attirer mon courroux, 1295
Et montrer quel objet vous réservez pour vous.
Mais vous auriez mieux fait d'appliquer tant d'adresse
A remettre au devoir l'esprit de la princesse :

ACTE IV, SCÈNE IV.

Vous en avez eu l'ordre, et j'en suis plus haï
C'est pour un bon sujet avoir bien obéi.

SURÉNA.

Je le vois bien, Seigneur : qu'on m'aime, qu'on vous aime,
Qu'on ne vous aime pas, que je n'aime pas même,
Tout m'est compté pour crime ; et je dois seul au Roi
Répondre de Palmis, d'Eurydice et de moi :
Comme si je pouvois sur une âme enflammée
Ce qu'on me voit pouvoir sur tout un corps d'armée,
Et qu'un cœur ne fût pas plus pénible à tourner
Que les Romains à vaincre, ou qu'un sceptre à donner.
Sans faire un nouveau crime, oserai-je vous dire
Que l'empire des cœurs n'est pas de votre empire,
Et que l'amour, jaloux de son autorité,
Ne reconnoît ni roi ni souveraineté ?
Il hait tous les emplois où la force l'appelle :
Dès qu'on le violente, on en fait un rebelle ;
Et je suis criminel de ne pas triompher[1],
Quand vous-même, Seigneur, ne pouvez l'étouffer !
Changez-en par votre ordre à tel point le caprice,
Qu'Eurydice vous aime, et Palmis vous haïsse ;
Ou rendez votre cœur à vos lois si soumis,
Qu'il dédaigne Eurydice, et retourne[2] à Palmis.
Tout ce que vous pourrez ou sur vous ou sur elles
Rendra mes actions d'autant plus criminelles ;
Mais sur elles, sur vous si vous ne pouvez rien,
Des crimes de l'amour ne faites plus le mien.

PACORUS.

Je pardonne à l'amour les crimes qu'il fait faire ;
Mais je n'excuse point ceux qu'il s'obstine à taire,
Qui cachés avec soin se commettent longtemps,

---

1. On lit dans l'édition de 1692 et dans celle de Voltaire (1764) : « de n'en pas triompher. »
2. L'édition de 1682 porte, par erreur, *renonce*, pour *retourne*.

Et tiennent près des rois de secrets mécontents.
Un sujet qui se voit le rival de son maître,
Quelque étude qu'il perde à ne le point paroître, 1330
Ne pousse aucun soupir sans faire un attentat;
Et d'un crime d'amour il en fait un d'État.
Il a besoin de grâce, et surtout quand on l'aime
Jusqu'à se révolter contre le diadème,
Jusqu'à servir d'obstacle au bonheur général. 1335

SURÉNA.

Oui; mais quand de son maître on lui fait un rival;
Qu'il aimoit[1] le premier; qu'en dépit de sa flamme,
Il cède, aimé qu'il est, ce qu'adore son âme;
Qu'il renonce à l'espoir, dédit sa passion :
Est-il digne de grâce, ou de compassion? 1340

PACORUS.

Qui cède ce qu'il aime est digne qu'on le loue;
Mais il ne cède rien, quand on l'en désavoue;
Et les illusions d'un si faux compliment
Ne méritent qu'un long et vrai ressentiment.

SURÉNA.

Tout à l'heure, Seigneur, vous me parliez de grâce, 1345
Et déjà vous passez jusques à la menace!
La grâce est aux grands cœurs honteuse à recevoir;
La menace n'a rien qui les puisse émouvoir.
Tandis que hors des murs ma suite est dispersée,
Que la garde au dedans par Sillace est placée, 1350
Que le peuple s'attend à me voir arrêter,
Si quelqu'un en a l'ordre, il peut l'exécuter.
Qu'on veuille mon épée, ou qu'on veuille ma tête,
Dites un mot, Seigneur, et l'une et l'autre est prête :
Je n'ai goutte de sang qui ne soit à mon roi; 1155
Et si l'on m'ose perdre, il perdra plus que moi.

---

1. L'édition de 1692 a changé *Qu'il aimoit* en *Qu'il aime*.

J'ai vécu pour ma gloire autant qu'il falloit vivre,
Et laisse un grand exemple à qui pourra me suivre;
Mais si vous me livrez à vos chagrins jaloux,
Je n'aurai pas peut-être assez vécu pour vous.   1360
                    PACORUS.
Suréna, mes pareils n'aiment point ces manières :
Ce sont fausses vertus que des vertus si fières.
Après tant de hauts faits et d'exploits signalés,
Le Roi ne peut douter de ce que vous valez;
Il ne veut point vous perdre : épargnez-vous la peine
D'attirer sa colère et mériter ma haine;
Donnez à vos égaux l'exemple d'obéir,
Plutôt que d'un amour qui cherche à vous trahir.
Il sied bien aux grands cœurs de paroître intrépides,
De donner à l'orgueil plus qu'aux vertus solides;   1370
Mais souvent ces grands cœurs n'en font que mieux leur
A paroître au besoin maîtres de leur amour.   [cour¹
Recevez cet avis d'une amitié fidèle.
Ce soir la Reine arrive, et Mandane avec elle.
Je ne demande point le secret de vos feux;   1375
Mais songez bien qu'un roi, quand il dit : « Je le veux.... »
Adieu : ce mot suffit, et vous devez m'entendre.
                    SURÉNA.
Je fais plus, je prévois ce que j'en dois attendre :
Je l'attends sans frayeur; et quel qu'en soit le cours,
J'aurai soin de ma gloire; ordonnez de mes jours. 1380

   1. L'édition de 1692 porte : « *ne* font que mieux leur cour. »

                FIN DU QUATRIÈME ACTE.

ACTE V.

SCÈNE PREMIÈRE.
ORODE, EURYDICE.

ORODE.

Ne me l'avouez point : en cette conjoncture,
Le soupçon m'est plus doux que la vérité sûre ;
L'obscurité m'en plaît, et j'aime à n'écouter
Que ce qui laisse encor liberté d'en douter.
Cependant par mon ordre on a mis garde aux portes,
Et d'un amant suspect dispersé les escortes,
De crainte qu'un aveugle et fol emportement
N'allât, et malgré vous, jusqu'à l'enlèvement.
La vertu la plus haute alors cède à la force ;
Et pour deux cœurs unis l'amour a tant d'amorce, 1390
Que le plus grand courroux qu'on voie y succéder[1]
N'aspire qu'aux douceurs de se raccommoder.
Il n'est que trop aisé de juger quelle suite
Exigeroit de moi l'éclat de cette fuite ;
Et pour n'en pas venir à ces extrémités, 1395
Que vous l'aimiez ou non, j'ai pris mes sûretés.

EURYDICE.

A ces précautions je suis trop redevable ;
Une prudence moindre en seroit incapable,
Seigneur ; mais dans le doute où votre esprit se plaît,
Si j'ose en ce héros prendre quelque intérêt, 1400
Son sort est plus douteux que votre incertitude,

1. Dans l'édition de Voltaire (1764) : « qu'on voit y succéder. »

Et j'ai lieu plus que vous d'être en inquiétude.
Je ne vous réponds point sur cet enlèvement :
Mon devoir, ma fierté, tout en moi le dément.
La plus haute vertu peut céder à la force, 1405
Je le sais : de l'amour je sais quelle est l'amorce ;
Mais contre tous les deux l'orgueil peut secourir,
Et rien n'en est à craindre alors qu'on sait mourir.
Je ne serai qu'au prince.

ORODE.

Oui ; mais à quand, Madame,
A quand cet heureux jour, que de toute son âme....

EURYDICE.

Il se verroit, Seigneur, dès ce soir mon époux,
S'il n'eût point voulu voir dans mon cœur plus que vous :
Sa curiosité s'est trop embarrassée
D'un point dont il devoit éloigner sa pensée.
Il sait que j'aime ailleurs, et l'a voulu savoir : 1415
Pour peine il attendra l'effort de mon devoir.

ORODE.

Les délais les plus longs, Madame, ont quelque terme.

EURYDICE.

Le devoir vient à bout de l'amour le plus ferme :
Les grands cœurs ont vers lui des retours éclatants ;
Et quand on veut se vaincre, il y faut peu de temps.
Un jour y peut beaucoup, une heure y peut suffire,
Un de ces bons moments qu'un cœur n'ose en dédire ;
S'il ne suit pas toujours nos souhaits et nos soins,
Il arrive souvent quand on l'attend le moins.
Mais je ne promets pas de m'y rendre facile, 1425
Seigneur, tant que j'aurai l'âme si peu tranquille ;
Et je ne livrerai mon cœur qu'à mes ennuis,
Tant qu'on me laissera dans l'alarme où je suis.

ORODE.

Le sort de Suréna vous met donc en alarme

EURYDICE.

Je vois ce que pour tous ses vertus ont de charme, 1430
Et puis craindre pour lui ce qu'on voit craindre à tous,
Ou d'un maître en colère, ou d'un rival jaloux.
 Ce n'est point toutefois l'amour qui m'intéresse,
C'est.... Je crains encor plus que ce mot ne vous blesse,
Et qu'il ne vaille mieux s'en tenir à l'amour, 1435
Que d'en mettre, et sitôt, le vrai sujet au jour.

ORODE.

Non, Madame, parlez, montrez toutes vos craintes :
Puis-je sans les connoître en guérir les atteintes,
Et dans l'épaisse nuit où vous vous retranchez,
Choisir le vrai remède aux maux que vous cachez? 1440

EURYDICE.

Mais si je vous disois que j'ai droit d'être en peine
Pour un trône où je dois un jour monter en reine;
Que perdre Suréna, c'est livrer aux Romains
Un sceptre que son bras a remis en vos mains;
Que c'est ressusciter l'orgueil de Mithradate, 1445
Exposer avec vous Pacorus et Phradate[1];
Que je crains que sa mort, enlevant votre appui,
Vous renvoie à l'exil où vous seriez sans lui :
Seigneur, ce seroit être un peu trop téméraire.
J'ai dû le dire au prince, et je dois vous le taire; 1450
J'en dois craindre un trop long et trop juste courroux;
Et l'amour trouvera plus de grâce chez vous.

ORODE.

Mais, Madame, est-ce à vous d'être si politique?
Qui peut se taire ainsi, voyons comme il s'explique.
 Si votre Suréna m'a rendu mes États, 1455
Me les a-t-il rendus pour ne m'obéir pas?
Et trouvez-vous par là sa valeur bien fondée

---

1. Voyez ci-dessus, p. 498, notes 1 et 2.

A ne m'estimer plus son maître qu'en idée,
A vouloir qu'à ses lois j'obéisse à mon tour ?
Ce discours iroit loin : revenons à l'amour, 1460
Madame ; et s'il est vrai qu'enfin....
        EURYDICE.
                               Laissez-m'en faire,
Seigneur : je me vaincrai, j'y tâche, je l'espère ;
J'ose dire encor plus, je m'en fais une loi ;
Mais je veux que le temps en dépende de moi.
        ORODE.
C'est bien parler en reine, et j'aime assez, Madame, 1465
L'impétuosité de cette grandeur d'âme :
Cette noble fierté que rien ne peut dompter
Remplira bien ce trône où vous devez monter.
Donnez-moi donc en reine un ordre que je suive.
    Phradate est arrivé, ce soir Mandane arrive ; 1470
Ils sauront quels respects a montrés pour sa main
Cet intrépide effroi de l'empire romain.
Mandane en rougira, le voyant auprès d'elle ;
Phradate est violent, et prendra sa querelle.
Près d'un esprit si chaud et si fort emporté, 1475
Suréna dans ma cour est-il en sûreté ?
Puis-je vous en répondre, à moins qu'il se retire ?
        EURYDICE.
Bannir de votre cour l'honneur de votre empire !
Vous le pouvez, Seigneur, et vous êtes son roi ;
Mais je ne puis souffrir qu'il soit banni pour moi. 1480
Car enfin les couleurs ne font rien à la chose ;
Sous un prétexte faux je n'en suis pas moins cause ;
Et qui craint pour Mandane un peu trop de rougeur
Ne craint pour Suréna que le fond de mon cœur.
Qu'il parte, il vous déplaît ; faites-vous-en justice ; 1485
Punissez, exilez : il faut qu'il obéisse.
Pour remplir mes devoirs j'attendrai son retour,

Seigneur; et jusque-là point d'hymen ni d'amour.
ORODE.
Vous pourriez épouser le prince en sa présence?
EURYDICE.
Je ne sais; mais enfin je hais la violence. 1490
ORODE.
Empêchez-la, Madame, en vous donnant à nous;
Ou faites qu'à Mandane il s'offre pour époux.
Cet ordre exécuté, mon âme satisfaite
Pour ce héros si cher ne veut plus de retraite.
Qu'on le fasse venir. Modérez vos hauteurs : 1495
L'orgueil n'est pas toujours la marque des grands cœurs.
Il me faut un hymen : choisissez l'un ou l'autre,
Ou lui dites adieu pour le moins jusqu'au vôtre.
EURYDICE.
Je sais tenir, Seigneur, tout ce que je promets,
Et promettrois en vain de ne le voir jamais, 1500
Moi qui sais que bientôt la guerre rallumée
Le rendra pour le moins nécessaire à l'armée.
ORODE.
Nous ferons voir, Madame, en cette extrémité,
Comme il faut obéir à la nécessité.
Je vous laisse avec lui.

SCÈNE II.
EURYDICE, SURÉNA.
EURYDICE.
Seigneur, le Roi condamne 1505
Ma main à Pacorus, ou la vôtre à Mandane;
Le refus n'en sauroit demeurer impuni :
Il lui faut l'une ou l'autre, ou vous êtes banni.
SURÉNA.
Madame, ce refus n'est point vers lui mon crime;

Vous m'aimez : ce n'est point non plus ce qui l'anime.
Mon crime véritable est d'avoir aujourd'hui
Plus de nom que mon roi, plus de vertu que lui ;
Et c'est de là que part cette secrète haine
Que le temps ne rendra que plus forte et plus pleine.
Plus on sert des ingrats, plus on s'en fait haïr :   1515
Tout ce qu'on fait pour eux ne fait que nous trahir.
Mon visage l'offense, et ma gloire le blesse.
Jusqu'au fond de mon âme il cherche une bassesse,
Et tâche à s'ériger par l'offre ou par la peur,
De roi que je l'ai fait, en tyran de mon cœur ;   1520
Comme si par ses dons il pouvoit me séduire,
Ou qu'il pût m'accabler, et ne se point détruire.
Je lui dois en sujet tout mon sang, tout mon bien ;
Mais si je lui dois tout, mon cœur ne lui doit rien,
Et n'en reçoit de lois que comme autant d'outrages,   1525
Comme autant d'attentats sur de plus doux hommages.
Cependant pour jamais il faut nous séparer,
Madame.

                    EURYDICE.
            Cet exil pourroit toujours durer ?
                    SURÉNA.
En vain pour mes pareils leur vertu sollicite :
Jamais un envieux ne pardonne au mérite.   1530
Cet exil toutefois n'est pas un long malheur ;
Et je n'irai pas loin sans mourir de douleur.

                    EURYDICE.
Ah ! craignez de m'en voir assez persuadée
Pour mourir avant vous de cette seule idée.
Vivez, si vous m'aimez.
                    SURÉNA.
                    Je vivrois pour savoir   1535
Que vous aurez enfin rempli votre devoir,
Que d'un cœur tout à moi, que de votre personne

Pacorus sera maître, ou plutôt sa couronne!
Ce penser m'assassine, et je cours de ce pas
Beaucoup moins à l'exil, Madame, qu'au trépas. 1540
EURYDICE.
Que le ciel n'a-t-il mis en ma main et la vôtre,
Ou de n'être à personne, ou d'être l'un à l'autre!
SURÉNA.
Falloit-il que l'amour vît l'inégalité
Vous abandonner toute aux rigueurs d'un traité!
EURYDICE.
Cette inégalité me souffroit l'espérance. 1545
Votre nom, vos vertus valoient bien ma naissance,
Et Crassus a rendu plus digne encor de moi
Un héros dont le zèle a rétabli son roi.
Dans les maux où j'ai vu l'Arménie exposée,
Mon pays désolé m'a seul tyrannisée. 1550
Esclave de l'État, victime de la paix,
Je m'étois répondu de vaincre mes souhaits,
Sans songer qu'un amour comme le nôtre extrême
S'y rend inexorable aux yeux de ce qu'on aime.
Pour le bonheur public j'ai promis; mais, hélas! 1555
Quand j'ai promis, Seigneur, je ne vous voyois pas.
Votre rencontre ici m'ayant fait voir ma faute,
Je diffère à donner le bien que je vous ôte;
Et l'unique bonheur que j'y puis espérer,
C'est de toujours promettre et toujours différer. 1560
SURÉNA.
Que je serois heureux! Mais qu'osé-je vous dire?
L'indigne et vain bonheur où mon amour aspire!
Fermez les yeux aux maux où l'on me fait courir :
Songez à vivre heureuse, et me laissez mourir.
Un trône vous attend, le premier de la terre, 1565
Un trône où l'on ne craint que l'éclat du tonnerre,
Qui règle le destin du reste des humains,

Et jusque dans leurs murs alarme les Romains.
EURYDICE.
J'envisage ce trône et tous ses avantages,
Et je n'y vois partout, Seigneur, que vos ouvrages ; 1570
Sa gloire ne me peint que celle de mes fers,
Et dans ce qui m'attend je vois ce que je perds.
Ah! Seigneur.
SURÉNA.
Épargnez la douleur qui me presse ;
Ne la ravalez point jusques à la tendresse ;
Et laissez-moi partir dans cette fermeté 1575
Qui fait de tels jaloux[1], et qui m'a tant coûté.
EURYDICE.
Partez, puisqu'il le faut, avec ce grand courage
Qui mérita mon cœur et donne tant d'ombrage.
Je suivrai votre exemple, et vous n'aurez point lieu....
Mais j'aperçois Palmis qui vient vous dire adieu, 1580
Et je puis, en dépit de tout ce qui me tue,
Quelques moments encor jouir de votre vue.

SCÈNE III.
EURYDICE, SURÉNA, PALMIS.
PALMIS.
On dit qu'on vous exile à moins que d'épouser,
Seigneur, ce que le Roi daigne vous proposer.
SURÉNA.
Non ; mais jusqu'à l'hymen que Pacorus souhaite, 1585
Il m'ordonne chez moi quelques jours de retraite.
PALMIS.
Et vous partez ?

---

1. Thomas Corneille (1692) a ainsi modifié cet hémistiche :
   Qui fait tant de jaloux....

SURÉNA.
Je pars.

PALMIS.
             Et malgré son courroux,
Vous avez sûreté d'aller jusque chez vous?
Vous êtes à couvert des périls dont menace
Les gens de votre sorte une telle disgrâce,   1590
Et s'il faut dire tout, sur de si longs chemins
Il n'est point de poisons, il n'est point d'assassins?

SURÉNA.
Le Roi n'a pas encore oublié mes services,
Pour commencer par moi de telles injustices :
Il est trop généreux pour perdre son appui.   1595

PALMIS.
S'il l'est, tous vos jaloux le sont-ils comme lui?
Est-il aucun flatteur, Seigneur, qui lui refuse
De lui prêter un crime et lui faire une excuse?
En est-il que l'espoir d'en faire mieux sa cour
N'expose sans scrupule à ces courroux d'un jour,   1600
Ces courroux qu'on affecte alors qu'on désavoue
De lâches coups d'État dont en l'âme on se loue,
Et qu'une absence élude, attendant le moment
Qui laisse évanouir ce faux ressentiment?

SURÉNA.
Ces courroux affectés que l'artifice donne   1605
Font souvent trop de bruit pour abuser personne.
Si ma mort plaît au Roi, s'il la veut tôt ou tard,
J'aime mieux qu'elle soit un crime qu'un hasard ;
Qu'aucun ne l'attribue à cette loi commune
Qu'impose la nature et règle la fortune ;   1610
Que son perfide auteur, bien qu'il cache sa main,
Devienne abominable à tout le genre humain ;
Et qu'il en naisse enfin des haines immortelles
Qui de tous ses sujets lui fassent des rebelles.

ACTE V, SCÈNE III.

PALMIS.

Je veux que la vengeance aille à son plus haut point :
Les morts les mieux vengés ne ressuscitent point,
Et de tout l'univers la fureur éclatante
En consoleroit mal et la sœur et l'amante.

SURÉNA.

Que faire donc, ma sœur ?

PALMIS.

Votre asile est ouvert.

SURÉNA.

Quel asile ?

PALMIS.

L'hymen qui vous vient d'être offert.   1620
Vos jours en sûreté dans les bras de Mandane,
Sans plus rien craindre....

SURÉNA.

Et c'est ma sœur qui m'y con-
C'est elle qui m'ordonne avec tranquillité   [damne !
Aux yeux de ma princesse une infidélité !

PALMIS.

Lorsque d'aucun espoir notre ardeur n'est suivie,   1625
Doit-on être fidèle aux dépens de sa vie ?
Mais vous ne m'aidez point à le persuader,
Vous qui d'un seul regard pourriez tout décider ?
Madame, ses périls ont-ils de quoi vous plaire ?

EURYDICE.

Je crois faire beaucoup, Madame, de me taire ;   1630
Et tandis qu'à mes yeux vous donnez tout mon bien,
C'est tout ce que je puis que de ne dire rien.
Forcez-le, s'il se peut, au nœud que je déteste ;
Je vous laisse en parler, dispensez-moi du reste :
Je n'y mets point d'obstacle, et mon esprit confus....
C'est m'expliquer assez : n'exigez rien de plus.

SURÉNA.

Quoi? vous vous figurez que l'heureux nom de gendre,
Si ma perte est jurée, a de quoi m'en défendre,
Quand malgré la nature, en dépit de ses lois,
Le parricide a fait la moitié de nos rois, 1640
Qu'un frère pour régner se baigne au sang d'un frère,
Qu'un fils impatient prévient la mort d'un père?
Notre Orode lui-même, où seroit-il sans moi?
Mithradate pour lui montroit-il plus de foi[1]?
Croyez-vous Pacorus bien plus sûr de Phradate? 1645
J'en connois mal le cœur, si bientôt il n'éclate,
Et si de ce haut rang, que j'ai vu l'éblouir[2],
Son père et son aîné peuvent longtemps jouir[3].
Je n'aurai plus de bras alors pour leur défense;
Car enfin mes refus ne font pas mon offense; 1650
Mon vrai crime est ma gloire, et non pas mon amour:
Je l'ai dit, avec elle il croîtra chaque jour;
Plus je les servirai, plus je serai coupable;
Et s'ils veulent ma mort, elle est inévitable.
Chaque instant que l'hymen pourroit la reculer 1655
Ne les attacheroit qu'à mieux dissimuler;
Qu'à rendre, sous l'appas d'une amitié tranquille,
L'attentat plus secret, plus noir et plus facile.
Ainsi dans ce grand nœud chercher ma sûreté,
C'est inutilement faire une lâcheté, 1660
Souiller en vain mon nom et vouloir qu'on m'impute

1. Voyez plus haut, p. 498, note 2.
2. Les deux éditions publiées du vivant de Corneille (1675 et 1682) portent : « Que j'ai vu éblouir, » ce qui fait un non-sens et un hiatus.
3. « Hyrodes, après auoir perdu son fils Pacorus en vne bataille, où il fut desfait par les Romains, deuint malade d'vne maladie qui se tourna en hydropisie; et son second fils, Phraates, luy cuydant auancer ses jours, luy donna à boire du jus de l'aconite. La maladie receut le poison, de sorte qu'ilz se chasserent l'vn l'autre hors du corps : à l'occasion de quoy Phraates voyant que son pere commenceoit à se mieux porter, pour auoir plus tost fait, l'estrangla luy-mesme. » (Plutarque, Vie de Crassus, xxxiii.)

D'avoir enseveli ma gloire sous ma chute.
Mais, Dieux! se pourroit-il qu'ayant si bien servi,
Par l'ordre de mon roi le jour me fût ravi?
Non, non : c'est d'un bon œil qu'Orode me regarde;
Vous le voyez, ma sœur, je n'ai pas même un garde;
Je suis libre.

      PALMIS.

     Et j'en crains d'autant plus son courroux :
S'il vous faisoit garder, il répondroit de vous.
Mais pouvez-vous, Seigneur, rejoindre votre suite?
Êtes-vous libre assez pour choisir une fuite? 1670
Garde-t-on chaque porte à moins d'un grand dessein?
Pour en rompre l'effet, il ne faut qu'une main.
 Par toute l'amitié que le sang doit attendre,
Par tout ce que l'amour a pour vous de plus tendre....

      SURÉNA.

La tendresse n'est point de l'amour d'un héros : 1675
Il est honteux pour lui d'écouter des sanglots;
Et parmi la douceur des plus illustres flammes,
Un peu de dureté sied bien aux grandes âmes.

      PALMIS.

Quoi? vous pourriez....

      SURÉNA.

     Adieu : le trouble où je vous voi
Me fait vous craindre plus que je ne crains le Roi. 1680

SCÈNE IV.

EURYDICE, PALMIS.

PALMIS.

Il court à son trépas, et vous en serez cause,
A moins que votre amour à son départ s'oppose.
J'ai perdu mes soupirs, et j'y perdrois mes pas;

Mais il vous en croira, vous ne les perdrez pas.
Ne lui refusez point un mot qui le retienne,   1685
Madame.

EURYDICE.

    S'il périt, ma mort suivra la sienne.

PALMIS.

Je puis en dire autant; mais ce n'est pas assez.
Vous avez tant d'amour, Madame, et balancez !

EURYDICE.

Est-ce le mal aimer que de le vouloir suivre ?

PALMIS.

C'est un excès d'amour qui ne fait point revivre. 1690
De quoi lui servira notre mortel ennui ?
De quoi nous servira de mourir après lui ?

EURYDICE.

Vous vous alarmez trop : le Roi dans sa colère
Ne parle....

PALMIS.

   Vous dit-il tout ce qu'il prétend faire ?
D'un trône où ce héros a su le replacer,   1695
S'il en veut à ses jours, l'ose-t-il prononcer ?
Le pourroit-il sans honte ? et pourrez-vous attendre[1]
A prendre soin de lui qu'il soit trop tard d'en prendre ?
N'y perdez aucun temps, partez : que tardez-vous ?
Peut-être en ce moment on le perce de coups ; 1700
Peut-être....

EURYDICE.

   Que d'horreurs vous me jetez dans l'âme !

PALMIS.

Quoi ? vous n'y courez pas !

EURYDICE.

   Et le puis-je, Madame ?

---

1. Voltaire (1764) a changé le futur en un conditionnel : « et pourriez-vous attendre. »

Donner ce qu'on adore à ce qu'on veut haïr,
Quel amour jusque-là put jamais se trahir?
Savez-vous qu'à Mandane envoyer ce que j'aime, 1705
C'est de ma propre main m'assassiner moi-même?

PALMIS.

Savez-vous qu'il le faut, ou que vous le perdez?

SCÈNE V.

EURYDICE, PALMIS, ORMÈNE.

EURYDICE.

Je n'y résiste plus, vous me le défendez.
Ormène vient à nous, et lui peut aller dire
Qu'il épouse.... Achevez tandis que je soupire. 1710

PALMIS.

Elle vient toute en pleurs[1].

ORMÈNE.

Qu'il vous en va coûter!

Et que pour Suréna....

PALMIS.

L'a-t-on fait arrêter?

ORMÈNE.

A peine du palais il sortoit dans la rue,
Qu'une flèche a parti d'une main inconnue;
Deux autres l'ont suivie; et j'ai vu ce vainqueur, 1715
Comme si toutes trois l'avoient atteint au cœur,
Dans un ruisseau de sang tomber mort sur la place[2].

EURYDICE.

Hélas!

---

1. C'est ici seulement que Voltaire termine la scène IV.
2. « Hyrodes feit mourir Surena pour l'envie qu'il porta à sa gloire. » (Plutarque, *Vie de Crassus*, XXXIII.)

ORMÈNE.
Songez à vous, la suite vous menace;
Et je pense avoir même entendu quelque voix
Nous crier qu'on apprît à dédaigner les rois. 1720
PALMIS.
Prince ingrat! lâche roi! Que fais-tu du tonnerre,
Ciel, si tu daignes voir ce qu'on fait sur la terre?
Et pour qui gardes-tu tes carreaux embrasés,
Si de pareils tyrans n'en sont point écrasés?
Et vous, Madame, et vous dont l'amour inutile, 1725
Dont l'intrépide orgueil paroît encor tranquille,
Vous qui brûlant pour lui, sans vous déterminer,
Ne l'avez tant aimé que pour l'assassiner,
Allez d'un tel amour, allez voir tout l'ouvrage,
En recueillir le fruit, en goûter l'avantage. 1730
Quoi? vous causez sa perte, et n'avez point de pleurs!
EURYDICE.
Non, je ne pleure point, Madame, mais je meurs.
Ormène, soutiens-moi.
ORMÈNE.
Que dites-vous, Madame?
EURYDICE.
Généreux Suréna, reçois toute mon âme.
ORMÈNE.
Emportons-la d'ici pour la mieux secourir. 1735
PALMIS.
Suspendez ces douleurs[1] qui pressent de mourir,
Grands Dieux! et dans les maux où vous m'avez plongée,
Ne souffrez point ma mort que je ne sois vengée!

1. L'édition de 1692 a changé *ces douleurs* en *les douleurs*.

FIN DU CINQUIÈME ET DERNIER ACTE.

TABLE DES TRAGÉDIES

CONTENUES DANS LES SEPT VOLUMES

DU THÉATRE DE CORNEILLE[1].

SUJETS MYTHOLOGIQUES OU DES TEMPS HÉROÏQUES.

PSYCHÉ.............................. Tome VII, p. 277
ANDROMÈDE....................... Tome V, p. 243
LA TOISON D'OR................... Tome VI, p. 221
MÉDÉE............................... Tome II, p. 327
OEDIPE.............................. Tome VI, p. 101

SUJETS HISTORIQUES, RANGÉS SUIVANT
L'ORDRE CHRONOLOGIQUE.

HORACE............................. Tome III, p. 243
AGÉSILAS........................... Tome VII, p. 1
SOPHONISBE........................ Tome VI, p. 447
NICOMÈDE.......................... Tome V, p. 495
RODOGUNE......................... Tome IV, p. 397

1. A la page IX du tome I du *Théâtre des Grecs* du P. Brumoy (édition de 1785), on trouve un *Arrangement des tragédies suivant l'ordre historique des sujets*. Il nous a semblé qu'une table du même genre ne serait pas sans utilité pour les pièces de Corneille, et qu'elle contribuerait peut-être à faire ressortir l'intérêt historique de quelques-uns de ses derniers ouvrages, qui, au point de vue littéraire, n'en présentent pas un bien grand.

TABLE DES TRAGÉDIES.

SERTORIUS	Tome VI,	p. 351
SURÉNA	Tome VII,	p. 455
POMPÉE	Tome IV,	p. 1
CINNA	Tome III,	p. 359
OTHON	Tome VI,	p. 565
TITE ET BÉRÉNICE	Tome VII,	p. 183
POLYEUCTE	Tome III,	p. 463
THÉODORE	Tome V,	p. 1
PULCHÉRIE	Tome VII,	p. 371
ATTILA	Tome VII,	p. 97
HÉRACLIUS	Tome V,	p. 113
PERTHARITE	Tome VI,	p. 1
LE CID	Tome III,	p. 1

TABLE DES MATIÈRES

CONTENUES DANS LE SEPTIÈME VOLUME.

AGÉSILAS, tragédie 1
    Notice 3
    Au lecteur 5
    Liste des éditions qui ont été collationnées pour les variantes d'*Agésilas* 7
    AGÉSILAS 9
ATTILA, roi des Huns, tragédie 97
    Notice 99
    Au lecteur 103
    Liste des éditions qui ont été collationnées pour les variantes d'*Attila* 107
    ATTILA 109
TITE ET BÉRÉNICE, comedie héroïque 183
    Notice 185
    Extrait de Xiphilin 197
    Liste des éditions qui ont été collationnées pour les variantes de *Tite et Bérénice* 199
    TITE ET BÉRÉNICE 201
PSYCHÉ, tragédie-ballet 277

TABLE DES MATIÈRES.

Notice 279
Le libraire au lecteur..................................... 287
Liste des éditions qui ont été collationnées pour les variantes de *Psyché*.............................. 289
Psyché... 291

PULCHÉRIE, comédie héroïque........................ 371
Notice 373
Au lecteur.. 376
Liste des éditions qui ont été collationnées pour les variantes de *Pulchérie*........................... 379
Pulchérie.. 381

SURÉNA, général des Parthes, tragédie................ 455
Notice 457
Au lecteur.. 460
Liste des éditions qui ont été collationnées pour les variantes de *Suréna*.............................. 461
Suréna... 463

Table, suivant l'ordre chronologique, des tragédies contenues dans les sept volumes du théâtre de Corneille........ 535

FIN DE LA TABLE DES MATIÈRES.

PARIS. — IMPRIMERIE DE CH. LAHURE
Rue de Fleurus, 9

PARIS. — IMPRIMERIE DE CH. LAHURE
Rue de Fleurus, 9

www.ingramcontent.com/pod-product-compliance
Lightning Source LLC
Chambersburg PA
CBHW071405230426
43669CB00010B/1453